FAMA
verlag

Gewidmet meiner Familie.

Der Fall Ledl

IM AUFTRAG DES VATIKANS

Ein Bericht

FAMA-Verlag

ISBN 3-900979-00-6

2.Auflage 5.-10. Tausend

Umschlaggestaltung: Robert Kirchner
Gedruckt in Österreich
von Ueberreuter, Korneuburg

Inhalt

„Der Kirchengott und die Kirche schützen den Menschen, bis hinauf zu den höchsten Beamten der Kirche, vor den gröbsten moralischen Entgleisungen keineswegs."

Hermann Hesse

„Ich glaube, daß die Form der Machtausübung in der Kirche ein wirkliches Problem ist, sowohl in der Vergangenheit, als auch in der Gegenwart."

Der brasilianische Theologe Leonardo Boff

Erklärung

Ich möchte zu diesem Buch eine Erklärung abgeben, damit meine Absichten nicht mißverstanden werden. Ich bin ein gläubiger Christ, wenn auch nicht praktizierender oder „engagierter“ Katholik.

Mit aller Deutlichkeit möchte ich festhalten, daß ich mit diesem Buch der Kirche nicht schaden will. Außerdem trifft mich bei vielem eine gewisse Teilschuld, die ich nicht leugnen kann.

Ich kann und will deshalb nicht urteilen, sondern berichte nur über die Geschehnisse, wie ich sie selbst erlebt habe oder wie sie mir erzählt wurden. Das Urteil überlasse ich dem Leser. Meine Meinung werde ich allerdings nicht verbergen.

In der katholischen Kirche arbeiten viele Millionen Menschen, bekannte Persönlichkeiten wie Mutter Theresa und unbekannte Gläubige, in ihrem Wirkungsbereich für eine bessere Welt im christlichen Sinne. Ihr Wirken und ihre Absichten sollten nicht von schwarzen Schafen, auch in hohen und höchsten kirchlichen Ämtern, mit in den Schmutz gezogen werden. Mir geht es in meinem Buch darum, diese schwarzen Schafe beim Namen zu nennen und ihre Machenschaften offenzulegen.

Ich bin in all den Jahren nicht aus der Kirche ausgetreten und habe mehr als ein Jahrzehnt über meine Aktivitäten als Strohmann des Vatikans geschwiegen. Ich hätte mich auch weiterhin nicht geäußert, wenn nicht ohnehin eine Menge anderer Autoren sich dieses Themas angenommen und auch meine Rolle, teilweise recht verzerrt, aufgedeckt hätten. Ich möchte mit meiner Geschichte auch diese unrichtigen Darstellungen zurechtrücken und die Geschehnisse aus meiner Sicht zur Kenntnis bringen.

Wien, am 1. März 1989 — Leopold Ledl

I. Meine Verhaftung

Schon zwei Tage, bevor sie mich abholten, wußte ich Bescheid. Ich wickelte damals im Hotel Intercontinental meine Geschäfte ab. Es war für mich ein angenehmes und preiswertes Büro im Herzen Wiens und ich verfügte auch über einen Telexanschluß. Ich konnte anrufen und angerufen werden, mein Auto stand in der hoteleigenen Garage, ich konnte gemütlich Kaffee trinken und der Concierge erledigte für ein Trinkgeld allerlei kleine Dienste für mich.

An diesem Tag rief mich wieder der Bote aus: „Herr Generalkonsul, Telefon für Sie." Am Apparat war Charles, der junge Ex-König von Burundi im Exil. „Hast du genügend Geld, Leo?" fragte er mich. „Das ist relativ. Weshalb?" „Verlasse bitte sofort Österreich. Ich habe durch einen Mittelsmann bei Interpol soeben erfahren, daß sie dich verhaften wollen. Du weißt, dann scheitern unsere Pläne."

Ich war damals nämlich Sonderbotschafter von Burundi und stellte gerade ein Söldnerheer zusammen, das dem jungen König auf den Thron seines Vaters Mwambutsa IV. zurückhelfen sollte. „Nein, Charles, ich sehe keinen Grund, das Land zu verlassen. Eine Flucht würde mir, was auch immer gegen mich vorliegt, als Schuldbekenntnis ausgelegt. Außerdem würden mich meine mächtigen Freunde im Vatikan binnen 24 Stunden aus dem Gefängnis holen. Das haben sie mir immer wieder versprochen. Und sie haben weltweite Beziehungen."

Heute weiß ich, daß mich meine damaligen Freunde in Rom, die Kardinäle Benelli und Tisserant, Erzbischof Marcinkus und andere, schmählich im Stich gelassen haben. Kaum hatten sie von meiner Verhaftung Wind bekommen, war es ihre größte Sorge, alle Spuren unserer Geschäfte zu vernebeln, ja sogar so zu tun, als ob wir uns nie begegnet wären.

Sie fürchteten nichts so sehr wie einen weltweiten Skandal, der die Glaubwürdigkeit der Kirche schwer erschüttern und ihre Karriere beenden würde.

Ich habe bis jetzt, zwei Jahrzehnte lang, über meine Tätigkeit als Strohmann für den Vatikan geschwiegen. Nicht aus Feigheit, sondern aus Takt und einer Loyalität, die selbst jene Katholiken empfinden, die nicht jeden Sonntag in die Kirche gehen. Meine Eltern haben mich katholisch erzogen; und ich betrachte die Kirche auch heute noch als meine geistige Heimat. Damals, bei meiner Verhaftung, rechnete ich noch damit, nach meiner baldigen Freilassung meine Geschäftstätigkeit für den Vatikan fortzusetzen.

Außerdem war ich früher der Meinung, meine Erlebnisse mit Kardinälen, Bankiers, Falschmünzern und Mafiosi müßten die Vorstellungskraft jedes Menschen überfordern, der nicht die Gelegenheit gehabt hatte, hinter die von Weihrauchduft durchzogenen Brokatvorhänge vatikanischer Paläste und Büros zu blicken.

Wenn ich mich nun trotzdem entschlossen habe, meine Erlebnisse zu veröffentlichen, dann auch deshalb, weil es mir widerstrebt, die wahren Schuldigen in ihren purpurnen Talaren gelobt und in das Pantheon weltlicher und kirchlicher Geschichte gehoben zu sehen, während ihre Handlanger, wie ich, allen möglichen Verleumdungen seitens angeblicher Vatikankenner ausgesetzt sind. Mein Augenzeugenbericht kann die Wahrheit klarer zu Tage bringen als die naturgemäß lückenhaften Darstellungen anderer Autoren.

Im Nachhinein muß ich zugeben, daß ich mir früher wenig Gedanken über die Rechtmäßigkeit meiner Geschäfte im Namen der Kirche gemacht habe. Angesichts der Würde und des weltweiten Ansehens jener Kirchenmänner, die mich zu ihrem Geschäftspartner und Komplizen aussuchten und denen ich mit anerzogener Ehrfurcht begegnete, blieb wenig Raum für grundsätzliche Bedenken. Ich war auch bis zu meiner Verhaftung überzeugt, daß sie mich ihrerseits sicher nie verleugnen und im Stich lassen würden.

Am 10. August 1971 rief König Charles mich noch einmal an, um mich zu warnen. Ich wollte Österreich aber nicht verlassen, ich glaubte auch noch an einen Irrtum der Behörde.

Wie ich später erfuhr, konnten sich Staatspolizei, Kriminalpolizei und Gendarmerie nicht ganz einig werden, in wessen Kompetenz meine Festnahme fiel, deshalb dauerte es zwei Tage, bis es soweit war.

Ungefähr um 13 Uhr holte ich meinen Cadillac aus der Garage des „Intercont", um nach Hause zu fahren. Ich besaß damals in Maria Anzbach, einem romantischen Ort im Wienerwald, eine schöne Villa. Es dürfte 14 Uhr 15 gewesen sein, als ich die schmale, noch aus der Kaiserzeit stammende Bahnunterführung in Maria Anzbach passierte und auf den „Kleinen Weinbergweg" einbog, an dessen Ende die Villa steht, die den Hang beherrscht.

Ich sah von weitem, daß ich erwartet wurde. Vor dem Haus parkten ein unauffälliger Volkswagenbus und zwei weitere Fahrzeuge mit privaten Kennzeichen. Einige Männer in Zivil standen herum und schienen sich die Zeit mit Zigarettenrauchen und scherzhaften Bemerkungen zu vertreiben; ich sah, wie sie lachten.

Ich hielt meinen Wagen mitten im Hof an und stieg aus. Einige der Männer, es waren Beamte des Niederösterreichischen Gendarmeriekommandos, kamen auf mich zu.

„Sind Sie der Herr Generalkonsul Dr. Ledl?"

„Der bin ich."

Inspektor Reitter, der Chef der Gruppe, zeigte mir zunächst keinen Haft- und Hausdurchsuchungsbefehl. Die Beamten verteilten sich dennoch im ganzen Haus, durchwühlten sämtliche Kästen und Schreibtischladen und trugen schließlich insgesamt sechs Waschpulverkartons voller Unterlagen zusammen. Während sie ihre Arbeit taten, saß ich mit Rittmeister Traninger und einem anderen Beamten auf der Terrasse meiner Villa.

„Sie leben hier nicht gerade bescheiden", meinte der Kriminalbeamte, während er seinen Blick über die Villenanlage und das gepflegte Gartenareal gleiten ließ, das mit seinen Sträuchern und Blumen zu dieser Jahreszeit besonders üppig wirkte.

„Sie wollen uns doch nicht weismachen", fügte er mit einem ironischen Lächeln hinzu, „daß Sie das alles lediglich aus dem Verkauf Ihrer Reinigungsbürsten erstanden haben?"

Ich gab keine Antwort. Ich hatte mir generell vorgenommen, nur das unbedingt Nötigste preiszugeben und über die Sache mit dem Vatikan strengstes Stillschweigen zu bewahren.

Meine Frau kam zu meiner Verhaftung gerade noch zurecht. Erst zwei Tage vorher war sie aus einer Trinkerheilstätte entlassen worden. Sie empfand offensichtlich keinen allzugroßen Schmerz, als ich in eines der Gendarmeriefahrzeuge verfrachtet wurde und der kleine Konvoi in der letzten Kurve unterhalb des Kleinen Weinbergweges aus dem Blickfeld verschwand.

Der Übergang zwischen der Empfangshalle des Hotels Intercontinental zur spartanischen Einzelzelle im „Grauen Haus", wie das Gefangenenhaus des Wiener Landesgerichtes im Volksmund heißt, war etwas abrupt. Er blieb nicht ohne Folgen auf meine Gemütslage. Umsomehr hoffte ich auf die Verheißungen aus dem Vatikan. Doch meine Hoffnungen schwanden von Tag zu Tag mehr. Als ich schließlich einsah, daß ich mich offenbar auf einen längeren Aufenthalt in der Zelle gefaßt machen mußte, begann ich verzweifelt, Kassiber zu schreiben, und ließ sie durch einen Gefängnisangestellten hinausschmuggeln. Es kostete mich jeweils vier bis fünf Packungen der österreichischen Zigarettenmarke „Flirt".

„Liebe Sissy", schrieb ich an meine Frau, die in Wirklichkeit Michaela hieß und mich bereits ein-, zweimal besuchen gekommen war, „ich habe Dich sehr lieb. Du siehst sehr gut aus und hast eine herrliche Farbe. Nur war ich enttäuscht, als ich sah, daß Du zur Gendarmerie mit angestrichenen Lippen kamst. Wahrscheinlich hast Du dies deshalb getan, damit Du eine Ausrede hast und mich nicht küssen mußt. Ich war sehr traurig deswegen. Aber vielleicht wird wieder alles gut, so hoffe ich es wenigstens. Ich kann Dir nur sagen, daß ich Dich noch nie betrogen habe. Und ich habe Dich stets sehr lieb gehabt, obwohl Du es mir nicht immer leicht gemacht hast."

Mit knapp 19 Jahren hatte ich meine erste Frau Gertrude geheiratet. Unsere Ehe dauerte neun Jahre, bis meine Gattin 1964 plötzlich verstarb. Ich stand mit meinen zwei Töchtern, neun und acht Jahre alt, allein da. Monate später heiratete ich die Tochter eines meiner Geschäftspartner.

Mein Schwiegervater besaß damals zwei chemische Fabriken. Seine Tochter war eine überaus attraktive, zierliche Blondine. Sie bekam von mir alles, was sich eine Frau ihres Milieus erträumen konnte. Wir hatten drei Bedienstete, sie mußte sich weder ums Kochen noch ums Waschen oder um den Garten kümmern und konnte den ganzen Tag am Swimmingpool oder in der Sauna verbringen, Tennis spielen und Parties geben oder über die teuersten Couturiers der Wiener Innenstadt herfallen, um sich mit deren neuesten Kreationen einzudecken.

Geld spielte keine Rolle. Mein Geschäft mit der modernen Reinigungsbürste, die ich erfunden hatte und patentieren ließ, lief überaus gut. Ich konnte mir den Luxus leisten, an einem einzigen Nachmittag Antiquitäten im Wert von einer Million Schilling zu erstehen, wie andere sich ein Hemd mit Krawatte kaufen. Das Leben im Überfluß tat meiner Frau offenbar nicht gut. Sie verfiel dem Alkohol, hauptsächlich harten Drinks, und entwickelte sich binnen kurzer Zeit zu einer stattlichen Säuferin.

Diese Erkenntnis war für mich schockierend, zumal ich zeitlebens dezidierter Nichttrinker und Nichtraucher war. Solange meine Frau trocken blieb, benahm sie sich durchaus wie eine Dame. Sobald sie aber trank, verfiel sie in eine Wortwahl, neben der die Ausdrucksweise eines Milchkutschers wie der Zungenschlag eines Hofrates anmutete.

Reuige Kniefälle, Tränen und Zärtlichkeiten wechselten mit wüsten Beschimpfungen und Prügelszenen; die letzten Jahre meiner Ehe glichen einer Hölle. Wenn sie nicht gerade an einer ihrer unzähligen Infusionsflaschen in der Trinkerheilstätte hing, führte sie ein flottes Leben, betrog mich mit allen möglichen Männern und verfiel alsbald wieder dem Suff.

Zuletzt versuchte sie, mich, obwohl ich bereits im Gefängnis saß, auch noch zu erpressen. Ich möge ihr eine halbe Million Schilling geben, widrigenfalls sie vor Gericht alles mögliche über mich aussagen werde. Ich lehnte ab, und das Gericht befragte sie nur zu jenen Problemen, die sich auf die diversen Tatbestände der Verhandlung bezogen. Nachdem ich aus der Haft entlassen war, ließen wir uns scheiden. Bald darauf zog sie mit einem alternden Gardinenhändler zusammen, der sie mit argwöhnischer Eifersucht bewachte.

Meine Schwiegermutter betrachtete unser exzessives Leben mit einem weinenden und einem lachenden Auge. Mein Schwiegervater hingegen machte sich eher durch gallige Kommentare bemerkbar. Es ging ihm nicht ein, daß er mit seinen dreihundert Angestellten weit weniger verdiente als ich mit meinem Notizblock als einzigem Arbeitsgerät. Er nannte mich etwas neidisch „die wandelnde Registrierkasse", was freilich nur in einem sehr beschränkten Ausmaß stimmte. Tatsächlich führte ich ein spartanisches Leben, flog nach Erledigung meiner Geschäfte umgehend wieder nach Hause und widmete mich in der übriggebliebenen Freizeit meiner Familie. Ganz anders mein Schwiegervater: daß seine Firmen nacheinander pleite gingen, lag nicht zuletzt daran, daß er mit seinem Geld äußerst großzügig umzugehen pflegte. Tage- und nächtelang saß er am Spieltisch irgendeines Kaffeehauses, um sich seiner Spielleidenschaft zu widmen. Mitunter trug der Kellner am Morgen das Rasierzeug zum Spieltisch. Das Spiel wurde zwecks Morgentoilette kurz unterbrochen, ohne daß mein Schwiegervater den Platz verließ, und ging nachher mit ungeminderter Vehemenz weiter, bis zum letzten Groschen. Nach außen hin hieß es freilich immer, er habe beim Spiel nur gewonnen.

Nun bat ich meine Frau mittels Kassiber, sie möge meinen letzten Vermittlungsvertrag mit dem Vatikan meinem Rechtsanwalt übergeben. Es ging darin um gefälschte Wertpapiere in der Summe von 950 Millionen US-Dollars, die der Vatikan durch meine Vermittlung bei der amerikanischen Mafia bestellt hatte und von denen in diesem Buch noch die Rede sein wird. Sowohl meine Frau als auch der Rechtsanwalt sollten sich unverzüglich mit meinen Geschäftspartnern in Italien in Verbindung setzen, um meinen Anteil an diesem Geschäft einzufordern. Schließlich wollte ich mir einen Spitzenanwalt leisten, und dazu brauchte ich viel Geld. Doch meine Hilferufe verhallten ergebnislos. Die Telegramme aus Italien landeten ausnahmslos bei der Kriminalabteilung der Gendarmerie und wurden lediglich meinem Akt beigelegt.

Seltsamerweise schien es niemandem aufzufallen, daß sich unter den Unterlagen, die direkt oder indirekt auf den Schreibtischen der Kriminalbeamten landeten, auch ein Brief befand, der den Aufdruck der „Vatikanischen Kongregation für die Ordensleute" trug. In ihm waren die diversen Lieferungen der Wertpapiere schön säuberlich aufgelistet und die Bestellung seitens des Vatikans klipp und klar bestätigt. Es stimmt, daß dieses Briefpapier zu jener Zeit nicht mehr in Verwendung stand, da der Name der Kongregation inzwischen auf „Kongregation für die Ordensleute und die Säkularinstitute" abgeändert worden war. Aber das hatte einen ganz bestimmten Zweck, über den ich später noch sprechen werde.

Die Beamten hätten sich von der Echtheit des Briefpapiers leicht überzeugen können: es trug das gemeinsame Wasserzeichen aller Briefpapiere des Vatikanstaates. Ein Brief des Vatikans unter meinen Schriften, in dem die Bestellung von falschen Wertpapieren zu der Riesensumme von fast einer Milliarde US-Dollar „und mehr", wie es in einer Zusatzklausel hieß, bestätigt wurde, hätte die Beamten vom Sessel reißen müssen. So etwas ist doch bei Gott kein alltägliches Dokument! Doch nichts dergleichen geschah.

Ganz im Gegenteil: sowohl der Untersuchungsrichter als auch das

Gericht klammerten das Thema „Vatikan“ vollkommen aus, obwohl Fahnder und Gericht mit Hilfe von Interpol ansonsten in aller Welt jeder noch so kleinen Spur nachgingen, die den vergleichsweise belanglosen Verdacht eines Scheckbetruges oder den Verkauf eines falschen Doktortitels erweckt hatte.

Schlimmer noch, während ich nach der Verbüßung meiner knapp dreijährigen Haft alle seinerzeit bei den Hausdurchsuchungen beschlagnahmten Unterlagen und Gegenstände anstandslos zurück bekam, blieben mein vatikanischer Diplomatenpaß, die Ehrendoktor-Urkunden vatikanischer Universitäten und all jene Bilder, auf denen ich gemeinsam mit höchsten weltlichen und kirchlichen Würdenträgern abgebildet war, spurlos verschwunden und sind dies bis heute. Lediglich eine einzige Urkunde von meiner Privataudienz bei Papst Paul VI., am 9. Juli 1971, blieb mir erhalten. Irgend jemand hatte offenbar lebhaftes Interesse an der Ausklammerung des Themas „Vatikan“ und beseitigte, ob auf höhere Weisung oder aus der privaten Betroffenheit eines gläubigen Christen heraus, sei dahingestellt, all jene Unterlagen, die unter Umständen als Beweisstücke eines unglaublichen Skandals dienen hätten können. Gerne wüßte ich, wo diese Dokumente alle gelandet sind, in der päpstlichen Nuntiatur in Wien oder in Rom? Oder gar bei Kardinal Cooke in New York, der dank des FBI alsbald über das Geschäft unterrichtet wurde, beim Versuch einer restlosen Klärung der Angelegenheit aber zu keinerlei Kooperation bereit war. Kardinal Cooke hatte knapp zwei Wochen vor meiner Gerichtsverhandlung in Wien den damaligen UNO-Botschafter aus Österreich empfangen. Ob dabei über das damals noch geheimgehaltene Geschäft und meine Beteiligung daran gesprochen wurde? Oder ob dabei gar die erwähnten Dokumente zur Weiterreichung an den Vatikan abgeliefert worden sind? Ich weiß es nicht. Niemand weiß es, und die Beteiligten zu befragen ist zwecklos: sie würden mit der gleichgültigsten Miene der Welt leugnen, auch nur meinen Namen jemals gehört zu haben.

Außerdem gab es in den Vereinigten Staaten selbst gewichtige Gründe, die ganze Angelegenheit schleunigst zu vergessen. Nicht genug damit, daß die Nixon-Administration ausgerechnet zu jener Zeit bis zum Hals in der Watergate-Affäre steckte, gab es starke Indizien für eine Mafia-Verbindung des damaligen Finanzministers Connally, die bei genauer Nachforschung ebenso ans Tageslicht gekommen wäre wie die führende Rolle des aus Chicago stammenden Oberbankiers des

Vatikans, Erzbischof Marcinkus, bei allerhand dunklen Geschäften und Transaktionen der Vatikanbank IOR. Höchste Beamte der amerikanischen Regierung neben höchsten Kirchenführern und Top-Managern der Mafia vor dem Tribunal der Gerichte und der Weltöffentlichkeit: eine Horrorvision, auf die die Mächtigen dieser Welt verständlicherweise keinen Wert legten; schon eher auf ihre Vertuschung. Nicht zuletzt aus Enttäuschung über dieses großangelegte Verdunklungsmanöver, bei dem sich das Sprichwort wieder einmal eklatant bewahrheitet hatte, daß man die Kleinen hängt, während man die Großen laufen läßt, übergab der FBI-Beamte Coffey, dem die Aufdeckung des Riesenskandals und der „Vatican connection" zu verdanken ist, die ganze Angelegenheit dem Bestsellerautor Richard Hammer. Dieser veröffentlichte das Material dann im Jahre 1980. Ich werde den Verdacht noch immer nicht ganz los, daß meine plötzliche Verhaftung im Sommer 1971, einen Monat nachdem ich das Wertpapiergeschäft eingefädelt hatte, das dann plötzlich durch die Ungeschicklichkeit der Beteiligten und durch diverse Pannen zu „stinken" begann, nur vordergründig in Verbindung mit dem Doktortitel-Handel erfolgte und in Wirklichkeit die Frucht anderweitiger Bemühungen war, mich aus dem Verkehr zu ziehen. Als ich Ende 1972 in die Vereinigten Staaten reisen sollte, um dort vor der Grand Jury, die den Fall des Mafioso Vincent Rizzo und andere Fragen zu verhandeln hatte, auszusagen, nannte mir der Sicherheitsbeamte der amerikanischen Botschaft in Bern, Mr. Brush, von dem ich vermute, daß er in Wirklichkeit ein hochrangiger Beamter des amerikanischen Geheimdienstes CIA war, tatsächlich einen anderen Grund: Die österreichischen Behörden wären von diversen westlichen Geheimdiensten auf meine Tätigkeit für den Exilkönig von Burundi aufmerksam gemacht und gebeten worden, mich irgendwie aus der Szene auszuschalten. Während meine Geschäfte mit Burundi-Pässen und Konsul-Titeln im Verlaufe des Prozesses stets auf der Tagesordnung blieben, wurde die Angelegenheit mit dem Vatikan diskret zur Seite geschoben. Die einleuchtende Erklärung lautete immer: das sei, selbst wenn es stimme, woran weder die Beamten noch der damit beschäftigte Richter zweifelte, eine Sache, die sich im Ausland abgespielt hätte und deshalb nicht zum Thema der gegenwärtigen Verhandlung gehörte.

Ganz konnten aber weder die amerikanischen noch die deutschen oder österreichischen Behörden ihrer Neugierde entsagen. Sie wollten mehr über die dubiose Angelegenheit erfahren und pilgerten alle brav nacheinander nach Rom, freilich ohne jedweden Erfolg.

Während den Amerikanern von Kardinal Benelli, dem damaligen Substituten im Staatssekretariat und Hauptmitwisser der Sache, höflich die Tür gewiesen wurde, kamen ihre österreichischen Kollegen überhaupt nur bis zur Schweizergarde.

Dort mußten sie kehrt machen. Wenn schon nicht für etwas anderes, ist die Souveränität des Vatikanstaates wenigstens dafür gut, allfällige Skandale unterm Deckel halten zu können.

Die Interpol-Leute aus Österreich kehrten lediglich mit dem mageren Trost ihrer italienischen Kollegen, man werde eine Stellungnahme des Vatikans einholen und nach Wien überstellen, aus Rom an die blaue Donau zurück. Bis heute warten die inzwischen grau gewordenen Beamten in Wien auf eine Antwort aus der Ewigen Stadt.

Da alle meine Versuche, einer längeren Haft zu entkommen, fehlschlugen, versuchte ich es schließlich noch einmal beim lokalen Vertreter des „Heiligen Stuhls", beim Gefängnispfarrer. Pfarrer E. war ein etwas hochnäsiger Typ mit grobschlächtigen Manieren, der uns alle als Gesindel einzustufen schien, aber er kam sofort zu mir, als ich ihm meinen Gesprächswunsch übermitteln ließ. Ich schilderte ihm die Ereignisse und bat ihn, er möge bei Wiens Kardinal König vorsprechen, damit dieser seine römischen Kollegen auf die Gefahr aufmerksam mache, die durch ein Verhör in der Causa Vatikan entstehen könnte. Doch der Gefängnispfarrer verspürte keine Lust zu vermitteln.

„Falls das alles stimmt, was Sie da sagen," meinte er nur, „dann gehören die hohen Herren im Vatikan auch hinter Schloß und Riegel." Aus. Basta. Damit schwand auch meine letzte Hoffnung, doch noch mit Rom, wenn auch auf Umwegen, in Verbindung zu treten. Dumpfe Resignation befiel mich. Die Zeit der endlosen Verhöre begann. Wie ein Film rollte mein bisheriges Leben vor meinem geistigen Auge ab.

II. Wie wird man was?

Die Welt, in die ich hineingeboren wurde, war sonntäglich ernst. Eine bürgerliche Wohnung in der ehemaligen Wiener Vorstadt Simmering. Ein Fuhrwerkerhaus und Lebensmittelgeschäft am Rande der Stadt, schon halb auf dem Land; im Hof rannten Pferde, Kühe, Ziegen und Hunde herum. Irgendwie hatte ich das Gefühl, daß unsere Familie einen ehrfürchtigen Respekt vor der eigenen Behausung besaß: vor den altdeutschen Möbeln, den sorgfältig gepflegten Teppichen und vor dem schwermütigen Schlag der Pendeluhr.

Wochentags aßen wir in der Küche, sonntags nach dem Gottesdienst im Speisezimmer. Das Leben hatte einen unabänderlichen Rhythmus, die Tageseinteilung schien gar nicht von uns zu stammen, sie war einfach vorgegeben, als die einzig richtige und mögliche Lebensform. Wir dienten der Ordnung und waren ihr untertan. Ich hieß „Leo" und keineswegs wienerisch-salopp „Poldi", dafür war unsere Familie schon zu bürgerlich. Meinen Vater konnte man mitunter auch hemdsärmelig erblicken, meine Mutter nie. Sie war stets der Inbegriff der Achtbarkeit.

Ich war ungefähr sechs Jahre alt, als mich meine Mutter in die Grundbegriffe der Religion einzuführen versuchte. Gebet und lieber Gott gingen noch, beim Schutzengel aber stutzte ich. Wozu brauche ich einen Schutzengel, fragte ich, wenn wir ohnehin unseren Schäferhund Rolfi haben? Rolfi sei ein Gehilfe meines Schutzengels, meinte die Mutter; die Antwort konnte mich nicht befriedigen.

Dann kam Hitler und mit ihm der Krieg, die Schutzengel schienen in Streik getreten zu sein. Mein Vater zog als einfacher Soldat ins Feld, was mich kränkte, denn ich konnte mir nicht vorstellen, daß mein Vater jemals im Leben eine untergeordnete Rolle spielte. Für mich war er stets das höchste Wesen. Auch meine Mutter wurde „dienstverpflichtet", und so fiel mir unter anderem die Futterbesorgung für unsere Ziege „Liesl" zu. Die Milch war knapp geworden. Nur unsere ältesten Stammkunden konnten wir noch versorgen.

Mein wichtigster Kunde war Herr Podlowetz, ein deutschnationaler Trafikant. Er gab mir immer fünfzig Pfennig, wenn ich ihn mit „Heil Hitler" begrüßte. Ich bemühte mich, mehrmals am Tag vor seiner Bude vorbeizumarschieren. „Wie schmeckt das?" deutete Herr Podlowetz auf die Ziegenmilch. „Trinken das nicht die Juden? Die fressen und saufen ja alles, was unsereiner meidet!"

Ich beeilte mich zu versichern, daß die Milch einer reindeutschen Ziege niemals in eine nichtarische Kehle fließen würde.

Mit dem Milchverkauf und den „Heil Hitler"-Grüßen begann meine kaufmännische Karriere. Ich scheute mich fortan selbst in der Schule nicht, meinen Mitschülern das Geld abzuknöpfen. Ich verkaufte ihnen Zeichenpapier und Briefmarken, Glaskugeln und Strafarbeiten. Unser Deutschlehrer war ganz geil auf Strafarbeiten. Er ließ den Satz: „Ein deutscher Junge schwätzt nicht während des Unterrichts." von den Ertappten bis zu dreihundertmal niederschreiben. Kinder ohne Taschengeld hatten nichts gegen einen Verdienst einzuwenden, ich wußte das und nutzte es aus. Sie mußten für mich Hunderter-Bögen mit den häufigsten Straftexten herstellen. Ich bezahlte sie mit meinen „Heil-Hitler"-Pfennigen. Die Schreibarbeiten verkaufte ich seitenweise an wohlhabende Offizierskinder. Ich selber bekam kein einziges Mal ein Strafpensum. Schon um das Geschäft nicht zu verderben, saß ich still in der Bank. Meine Erziehung leistete mir dabei gute Dienste. Nach einem Jahr konnte ich mir schon ein Fahrrad kaufen. Nicht für mich. Zum Vermieten. Ein Schulkamerad erzählte mir, wenn er mit einem Fahrrad vorführe, könne er jedem Mädchen den Kopf verdrehen. Allmählich lernte ich die gewinnbringenden Seiten der menschlichen Eitelkeit kennen.

Mein Vater hätte mich am liebsten zum Tierarzt ausbilden lassen, aber ich wollte Fleischhauer werden und trat auch bald die entsprechende Lehre an. Nach der Gesellenprüfung ging ich zum erstenmal in meinem Leben an Bord. Ich arbeitete in der Saison als Koch auf den Donauschiffen „Stadt Passau" und „Johann Strauß". Damals ahnte ich noch nicht, welche Rolle der Name des seligen Walzerkomponisten aus Wien in meinem Leben noch spielen würde. Ich übte den Beruf eines gelernten Fleischhauers allerdings nicht lange aus. Eine Krankheit unterbrach meine Laufbahn, und als ich obendrein bei einem Bombenangriff drei Finger verlor, wurde mir klar, daß ich zu Höherem berufen war.

Ich hängte die Fleischertasche, mit der ich tagsüber liefern ging, an den Nagel und wurde Vertreter für Metzgerei-Geräte.

Mit neunzehn Jahren heiratete ich meine erste Frau Gertrude. Es war eine romantische Zeit. Sie schenkte mir zwei Töchter, mein Leben gewann Sinn und Ziel. Dann aber kam die erste Erschütterung. Meine Tochter wurde von heimtückischen Geschwüren befallen, es bestand akute Lebensgefahr. Entsprechende Medikamente kosteten damals ein Vermögen. Ich wandte mich um Hilfe an meinen Chef. Er war Gouverneur des Lions-Clubs und Lebemann von Kopf bis Fuß, stolz auf seinen Besitz, auf seine Freunde, auf seine Verbindungen. 'Geld ist Macht', war die Kurzformel seines Glaubensbekenntnisses. Daran dachte ich, als ich vor seinem mächtigen Mahagoni-Schreibtisch stand und meine Bitte um einen Gehaltsvorschuß vortrug. Er hörte mich geduldig an, dann zündete er sich eine Zigarre an, blies mir den Rauch ins Gesicht und sagte nein. „Herr Ledl, Sie sind noch ein junger Mann. Lassen Sie doch Ihre Tochter sterben. Es ist vernünftiger und billiger. Schließlich können Sie doch jederzeit ein anderes Kind zeugen. Und haben auch noch Ihren Spaß dabei."

Mir verschlug es die Sprache. Ich kochte vor Wut. Die Chefsekretärin der Firma zog mich zur Seite. „Nicht zürnen", sagte sie, „keine Tränen. Gehen Sie nochmals zum Chef und erzählen Sie ihm, daß Sie in Wirklichkeit einer Freundin ein Kind angedreht haben. Und daß Sie sich seither nicht mehr recht nach Hause trauen. Solchen Geschichten schenkt er immer Gehör." Ich tat wie empfohlen.

„Sehen Sie", grinste der Chef, „ich wußte schon gestern, wie der Hase läuft. Einen verfolgten Ehemann kann ich wohl nicht im Stich lassen. Ich bin schließlich auch verheiratet."

Die Lüge erwirkte einen Vorschuß von achttausend Schilling, und meine Tochter wurde gesund. Doch die düsteren Wolken über meinem Leben lichteten sich nur kurz. Meine Frau mußte sich einem chirurgischen Eingriff unterziehen und erlitt dabei einen Lungen- und Herzinfarkt: es war ihr nicht mehr zu helfen. Mit siebenundzwanzig Jahren starb sie und ließ mich mit unseren beiden minderjährigen Töchtern allein.

Ich erfuhr zum erstenmal, daß das Leben meinen Träumen keine Beachtung schenkt. Was ich dringend brauchte, waren Härte und Einfallsreichtum. Zunächst wurde ich Vertreter von Reinigungsgeräten im Dienste eines Salzburger Reinigungsunternehmens, das in Wien eine Niederlassung betrieb. Ich verkaufte ein Reinigungsmittel namens „Clamoren". Durch meine Erfahrungen beim Verkauf dieses Reinigungsschaumes, der mit einer Bürste auf Polstermöbel und Teppiche aufgetragen wurde, fielen mir einige Verbesserungsvorschläge ein, die ich dem Chef des Unternehmens mitteilte. Er wies mich barsch ab und meinte, ich solle mir weniger Gedanken über neue Produkte machen und lieber mehr verkaufen. Das Gerät möge so an den Mann gebracht werden, wie es ist.

Ich fand mich damit nicht ab und gründete einen eigenen Betrieb. Meine Verbesserungsvorschläge ließ ich patentieren und schuf mit ihrer Hilfe eine Reinigungsbürste, die ich auf den Namen „Caravelle-Putzboy" taufte. Die bürokratisch-biedere Beschreibung des Produktes seitens des Patentamtes reizte mich stets zum Lachen. „Die Erfindung betrifft", hieß es im Dekret, „eine Vorrichtung zum Auftragen von flüssigen Reinigungs- und Pflegemitteln und dergleichen, insbesondere von Schaum unter Verwendung eines aus einem mit Borsten besetzten Kopfteil."

Das Geschäft lief sehr gut an, internationale Verbindungen entstanden, meine Verkaufsorganisation erstreckte sich über die Grenzen Österreichs hinaus auf die Bundesrepublik Deutschland und die Schweiz.

In meinem Leben trat eine Wende ein. Ich hatte Geld, konnte viel reisen und lernte allmählich die Lebensweise internationaler Jet-Setter kennen, die First Class Hotels, die Flughäfen und Konferenzräume. Um über mein Geld freier verfügen zu können, gründete ich in Vaduz zwei Briefkastenfirmen mit den etwas exotisch klingenden Namen „Proco" und „Rami International". Ich fungierte als Präsident des Aufsichtsrates. In der benachbarten Schweiz, genauer gesagt im Hotel Du Rhone in Genf, lernte ich meinen ersten bedeutenden Geschäftspartner kennen: den Griechen Othon Lefas-Tetenes. Der damals Sechsundvierzigjährige schien zum kleinen Kreis des erlesenen Hotel-Stammpublikums zu zählen. Er weilte wegen irgendwelcher Zwischenfinanzierungen in Genf und verbrachte seine Freizeit zwischen den verschiedenen Telefonaten und Geschäftsfahrten an der Theke. Er hatte dort seine eigene Whiskyflasche. Jedesmal, wenn er sein Glas geleert hatte, öffnete der Barmann ein vergittertes Fach und holte eine „Old Gran Dad“-Bottle hervor. An der Theke kamen wir zum erstenmal miteinander ins Gespräch. Er sprach ausgezeichnet deutsch und stellte sich als Berater der griechischen Nationalbank vor, war außerdem so etwas wie ein Schattenfinanzminister und Mitglied des Parlaments, Botschafter für Libyen und den Libanon, Generalkonsul für Griechenland und Burundi und obendrein Präsident der Vereinigung der Auslands-Griechen.

Auch ihn beschäftigte der Gedanke, wie man schnell und leicht zum großen Geld kommen könne. Eine dieser Möglichkeiten bestand zweifellos in Zwischenfinanzierungen und in der Vermittlung diverser Geschäfte. Die Bekanntschaft mit dem Griechen kam mir gerade zurecht.

Ein Hamburger Geschäftsmann namens von Haase, den ich für meine Fleischereimaschinen zu interessieren versuchte, trat damals mit dem Vorschlag an mich heran, mehrere tausend Tonnen griechischer Weichseln oder, wie man in der Bundesrepublik sagt, Sauerkirschen zu besorgen. Er wollte sie in den skandinavischen Ländern auf den Markt bringen. Griechische Sauerkirschen haben den Vorteil, daß sie über einen hohen Zuckergehalt verfügen, man muß nur geringe Mengen Zucker hinzufügen. Ich dachte sofort an Tetenes.

Sie hätten keine Sauerkirschen in der verlangten Menge, sagten die Griechen, dafür aber könnten sie mit honigsüßen Rosinen, „Sultaninen“ genannt, aufwarten. Das Rosinengeschäft wurde ein voller Erfolg, von Haase setzte um die sechs- bis achttausend Tonnen im Norden ab. Noch lukrativer ließ sich allerdings das Baugeschäft an, das Tetenes, von der Ausbildung her Baumeister, eingefädelt hatte. Wir gründeten eine eigene Baufirma, die alsbald in aller Welt Hoch- und Tiefbauaufträge übernahm.

Unser Aktionsradius reichte von Athen bis nach Afrika, vom Libanon bis Bangkok, wo wir am Flughafen einen lukrativen Neuerrichtungsauftrag ausführten - von Rumänien und Jugoslawien übernahmen wir die sogenannte Skelettbauweise. Wir errichteten zunächst das Skelett der gewöhnlich mehrstöckigen Hochhäuser und fragten dann nach den Appartementwünschen der diversen Interessenten. Die Ausführung richtete sich nach den Vorstellungen unserer Kunden. Das relativ billige Baumaterial holten wir aus Rumänien und Bulgarien.

Wir hatten im Herzen von Athen, am verkehrsreichen Syntagma-Platz, gegenüber dem griechischen Parlament und mit Blick auf den Athener Hausberg Lykabettos ein schön eingerichtetes Büro mit einem griechischen Sekretär, der allerdings auch gut deutsch sprach.

Tetenes war ein Meister im Geldbesorgen. Es fiel ihm als Berater der Nationalbank und Freund König Konstantins nicht schwer, größere Summen zu beschaffen.

Einige unserer Geschäfte freilich drohten in die Hose zu gehen. So bestellten wir im spanischen Cadiz bei einer dortigen Werft zwei Frachtschiffe, die wir weiterverkaufen wollten. Wir fanden einen indonesischen Interessenten, doch als wir im Hafen von Cadiz die Besichtigung des Schiffes beendeten und den Kaufvertrag abschließen wollten, stellte sich heraus, daß die Schiffsbaufirma das fragliche Schiff bereits längst an andere Interessenten veräußert hatte. Wir standen da und mußten den Verdacht einstecken, betrügerische Absichten gehegt zu haben, indem wir ein Schiff zu verkaufen versucht hätten, das gar nicht uns gehörte. Wahrlich, das Leben ist hart, aber ungerecht.

Natürlich gab es in unserem Leben auch fröhliche Momente. Tetenes besaß im Norden von Athen, im eleganten Kurort Ekali, eine wunderschöne Villa mit einem riesigen Swimmingpool und einem gepflegten Garten voller Blumen, Orangen- und Zitronenbäume. Immer wieder gab er dort rauschende Parties, an denen alles teilnahm, was in Griechenland und Umgebung Rang und Namen hatte. Einige meiner wichtigsten Bekanntschaften, von denen ich noch reden werde, schloß ich bei solchen Zusammenkünften. Die unter freiem Himmel aufgestellten Tische bogen sich unter der lukullischen Vielfalt der Speisen und Getränke. Weiß livrierte Diener bewegten sich zwischen den Gästen, die in Gruppen herumsaßen und -standen. Schöne Frauen sorgten für erotische Spannung und übermütigen Klatsch, Gaukler und Feuerschlucker für willkommene Abwechslung.

Bei einem dieser Gartenfeste lernte ich den kleinwüchsigen, korpulenten und äußerst jovialen Erzbischof der griechisch-orthodoxen Kirche, Kyprianos Papadopoulos, kennen. Er war Metropolit des orthodoxen Erzbistums von Zentralafrika mit Sitz in Kinshasa, Zaire. Es gehörte zum orthodoxen Patriarchat von Alexandrien. Der 1916 geborene Kyprianos entstammte einer Familie, deren Mitglieder entweder Offiziere oder Priester wurden. Er studierte zunächst am Gymnasium von Piräus und später an der nach dem Kirchenvater Athanasius benannten Theologischen Hochschule von Athen. Im Jahre 1945 wurde er zum Priester geweiht und schließlich 1958 als Bischof dem Patriarchat von Alexandrien zugeteilt. Kyprianos war ein überaus fähiger Mann, der zahlreiche Arbeiten über die Rolle der griechisch-orthodoxen Kirchengemeinschaft in Zentralafrika veröffentlicht hatte. Er beherrschte mehrere Sprachen und pflegte gute Kontakte zu allen Gesellschaftsschichten seines Landes.

Er war auch mit Tetenes gut befreundet. Trotz seiner schweren Zuckerkrankheit wirkte er nie verdrossen und genoß mit mediterraner Lebensfreude die vielen Feste, bei denen er stets ein gerngesehener Gast war.

Nachdem mich Tetenes als einen fähigen jungen Geschäftsmann aus Österreich vorgestellt hatte, dauerte es nicht lange, bis mich Kyprianos zu seinem Berater in wirtschaftlichen und diplomatischen Angelegenheiten ernannte. Noch mehr. ich bekam die Vollmacht, an verdiente Persönlichkeiten, die für das orthodoxe Erzbistum von Zentralafrika etwas zu tun oder zu spenden trachteten, Auszeichnungen zu verleihen. Allmählich kam ich dahinter, daß Auszeichnungen, Diplome, Ehrenurkunden und Gedenkmünzen zu den bevorzugten und lukrativen Einnahmequellen der diversen kirchlichen Institutionen und Behörden zählten. Die orthodoxe Kirche machte davon ebenso Gebrauch wie der Vatikan. Es gab stets genügend Anwärter, die zur Hebung ihres Selbstwertgefühls nach solchen Auszeichnungen lechzten. Eines meiner diesbezüglichen Geschäfte führte mich nach Istanbul.

Erzbischof Kyprianos hatte ein sehr gutes Verhältnis zum Patriarchen von Konstantinopel, Athenagoras. Ich kannte die hochgewachsene, ehrfurchtgebietende Gestalt dieses Kirchenfürsten bis dahin nur aus Illustrierten und aus dem Fernsehen. Nun wartete ich gespannt auf die Begegnung mit ihm.

Kyprianos legte dem Patriarchen nahe, seine Kirchenkasse durch den Verkauf von Gedenkmünzen und handsignierten Porträt-Postkarten aufzubessern. Er, Tetenes und ich flogen von Athen nach Istanbul. Der greise Patriarch empfing uns äußerst höflich und zuvorkommend. Seine hagere Gestalt mit den stechenden Augen unter den buschigen Brauen übte auf mich eine eigenartige Faszination aus. Sein Blick war gütig, aber durchdringend. Man hatte das Gefühl, ihm bliebe nichts verborgen, er durchschaue selbst die geheimsten Gedanken seiner Gesprächspartner. Während unseres Aufenthaltes in Istanbul

PASSEPORT SPECIAL DE SERVICE

N⁰ 1973

Nous, Ministre des Affaires Etrangères, prions les Autorités civiles et militaires des Pays amis et requérons celles du Royaume de Grèce de laisser passer librement Dr. Leopold LEDL

Membre du Corps Diplomatique.

se rendant à Pour tous les pays du Monde.

En mission ,du Ministere de la Presidence du Conseil.

et de lui prêter en cas de besoin, toute aide et assistance qui dépendent d'Elles.

Ce passeport est valable pour cinq (5) annees avec retour

et expire le 15.6.1975 19

Délivré à Athènes le 16.6.1970 19

Le Ministre des Affaires Etrangères et p.a.
Le Chef du Personnel

MINISTERE DES AFFAIRES ETRANGERES

Signature du porteur

Leo Ledls 1970 vom griechischen Außenministerium ausgestellter Diplomatenpaß wohnten wir im Gästehaus des Patriarchats.

Die Gespräche fanden in dem mit schweren Ledermöbeln ausgestatteten Empfangszimmer des Patriarchen statt. Das Geschäft lief gut an. Die Stuttgarter Firma „Drei Haasen" druckte die Postkarten, die italienische „Compagnia Internazionale Preziosi" in der römischen Via Lombardia die Gedenkmünzen. Die Auflage der Silber- und Goldmünzen betrug 2.500 Stück und sollte durch eine Athener Bank an den Käufer gebracht werden. Doch Athenagoras überlegte es sich später und ließ die Münzen durch einige kleinere Münzhändler veräußern, damit auch diese etwas verdienen konnten. Sowohl Erzbischof Kyprianos als auch Tetenes und ich kassierten eine beträchtliche Provision.

Was dem Patriarchen recht ist, darf auch einem Erzbischof von Zentralafrika willkommen sein. Auch Kyprianos versuchte die magere Kasse seines Kirchensprengels durch diverse Münzprägungen aufzubessern. Mit einem entsprechenden Regierungsdekret ausgestattet, ließ ich auch für ihn Gedenkmünzen prägen und kassierte dafür ebenfalls gute Provisionen. Freilich verursachte auch diese Art von Vermittlungstätigkeit nicht immer nur Freude. Im April 1971 hatten Tetenes und ich auch für den damaligen israelischen Verteidigungsminister Moshe Dayan Silber- und Goldmünzen herstellen lassen. Ich weilte zwecks entsprechender Verhandlungen öfters in Tel Aviv und fand in dem einäugigen Helden des Sechstagekrieges allemal einen jovialen und gastfreundlichen Verhandlungspartner. Dayans Büro befand sich unweit des Hotels Rothschild, wo ich abzusteigen pflegte. Dayan und Tetenes kannten sich sehr gut, ich weiß bis heute nicht genau, woher, doch hatte ich stets den Eindruck, daß Tetenes selbst Halb- oder Ganzjude war. Jedenfalls bewegte er sich nicht nur im Libanon, wo wir an einem Hotelbau beteiligt waren, wie zu Hause, sondern nahezu im gesamten Nahen Osten.

Die römische Pretiosenfirma wollte die Moshe-Dayan-Gedenkmünzen im Laufe des Jahres 1971 liefern, doch bis es soweit war, saß ich bereits im Wiener Landesgericht. Als ich später nach meiner Entlassung die Provision einzufordern versuchte, erklärte mir Tetenes, das Geschäft wäre nicht zustandegekommen. Was nicht stimmte, wie ich später in Erfahrung bringen konnte. Ob die Münzen von der genannten römischen Firma hergestellt worden waren oder von einem anderen Betrieb, konnte ich nicht eruieren. Jedenfalls behauptete auch Luciano Battenti, Chef der „Compagnia Internazionale Preziosi", die Münzen

ΒΑΣΙΛΕΙΟΝ ΤΗΣ ΕΛΛΑΔΟΣ

ΥΠΟΥΡΓΕΙΟΝ ΕΠΙ ΤΩΝ ΕΞΩΤΕΡΙΚΩΝ

ΕΙΔΙΚΟΝ ΥΠΗΡΕΣΙΑΚΟΝ ΔΙΑΒΑΤΗΡΙΟΝ

ΑΡΙΘ. 1973

Ἡμεῖς, Ὑπουργὸς ἐπὶ τῶν Ἐξωτερικῶν παρακαλοῦμεν τὰς πολιτικὰς καὶ στρατιωτικὰς Ἀρχὰ τῶν φίλων Δυνάμεων καὶ προσκαλοῦμεν τὰς τοῦ Βασιλείου τῆς Ἑλλάδος ν' ἀφήσωσιν ἐλευθέραν τὴ διοδον εἰς τὸν Δρ.Λεοπόλδον Λέδλ,μέλος τοῦ Διπλωματικοῦ Σώματος, μεταβαίν- ἐπὶ ἀποστολῇ Ὑπουργείου Προεδρείας Κυβερνήσεως-------------

ἀπερχόμενον εἰς ΟΛΑΣ ΤΑΣ ΧΩΡΑΣ

καὶ ἀνάγκης τυχούσης νὰ παράσχωσιν εἰς αὐτ πᾶσαν δυνατὴν βοήθειαν καὶ ὑπεράσπισιν.

Ἡ ἰσχὺς τοῦ παρόντος εἶναι 5/ετή

καὶ λήγει τὴν 15.6.1970

Ἐξεδόθη ἐν Ἀθήναις τῇ 16.6.1970 19

Ὁ ἐπὶ τῶν Ἐξωτερικῶν Ὑπουργὸς καὶ ὁ
Ο Προσωπάρχης

MINISTERE DES AFFAIRES ETRANGERES

Ὑπογραφὴ κατόχου

nicht in seinem Betrieb hergestellt zu haben. Dayan hätte den dafür verlangten Preis als zu hoch empfunden, was möglich sein könnte, denn er war ein ausgesprochen geldgieriger Mann, der einen beträchtlichen Teil seines Vermögens in der neutralen Schweiz, genauer gesagt in der Onassis-Bank in Genf deponiert hatte.

Das blühende Geschäft unter dem blauen Himmel von Hellas fand durch den April-Putsch der Generäle im Jahre 1967 ein jähes Ende.

Zwar konnte sich König Konstantin noch 236 Tage lang halten, doch dann hatten die Generäle genug von ihm und gaben ihm den Laufpaß. Die Militärjunta unter Oberst Georgios Papadopoulos, einem entfernten Verwandten des Erzbischofs Kyprianos, übernahm die Macht. Unsere Tage waren gezählt, denn in unserem Unternehmen steckte unter anderem auch das Geld des Königs, auf das nun die Obristen ein besonders scharfes Auge geworfen hatten.

Wir mußten mit Enteignungsmaßnahmen rechnen. In dieser Situation blieb uns nichts anderes übrig als zu retten, was noch zu retten war. Wir gruppierten unsere Beteiligungen so um, daß schließlich ich als Mehrheitsteilhaber unseres gemeinsamen Unternehmens mit Tetenes aufschien. Mir als Österreicher werden die neuen Machthaber schon nichts antun, dachten wir. Doch es half uns wenig.

Eines Abends, es war kurz nach dem Putsch, saßen wir, Dr. Tetenes, der gestürzte Innenminister Konstantins und einige weitere königstreue Funktionäre in der Villa meines Geschäftspartners zusammen, als gegen 22 Uhr das Telefon läutete. Am Apparat war eine Verwandte des damaligen Wirtschaftsministers Nikolaos Makarezos. Sie überbrachte eine Warnung vom Minister persönlich: Tetenes möge etwas unternehmen, denn für den nächsten Morgen sei seine Verhaftung vorgesehen. Wir blickten aus dem Fenster. Die Straße unterhalb der Villa war ruhig, aber nicht menschenleer. Tatsächlich standen vor dem schmiedeeisernen Tor des zur Villa führenden Kiesweges bereits zwei Militärjeeps mit entsprechender Besatzung. Wir hielten einen improvisierten „Kriegsrat“ ab.

Da nach griechischem Gesetz nach Sonnenuntergang niemand verhaftet werden darf und somit die Festnahme von Tetenes nicht vor Tagesanbruch stattfinden konnte, mußten wir die Nacht zum Handeln nützen.

Ich wohnte während meiner Aufenthalte in Griechenland fast ausschließlich in der Villa von Tetenes, man sah mich täglich mit meinem

Jaguar aus einer der drei im Kellertrakt befindlichen Garagen fahren. Es fiel also kaum sonderlich auf, als ich frühmorgens um sechs aus dem Haus fuhr und dem Gärtner, wie üblich, durch zwei kurze Hupsignale das Zeichen gab, daß er mir das Tor öffnen möge.

Die Militärpolizisten schauten nur kurz herüber, machten aber keinerlei Anstalten, mich anzuhalten. Es war ihnen sicherlich bekannt, daß Tetenes stets um sieben Uhr das Haus zu verlassen pflegte. Das konnte er an diesem Morgen nicht mehr tun, denn er kauerte zusammen mit dem Ex-Innenminister des Königs im breiten Kofferraum meines Wagens. Es war eine überaus unbequeme Lage, aus der ich die beiden blinden Passagiere erst nach einigen Kilometern befreien konnte.

Wir fuhren zur griechisch-jugoslawischen Grenze, wo meine Gefährten noch einmal in den Kofferraum kriechen mußten. Ich zeigte meinen Diplomatenpaß vor und konnte anstandslos die Grenze passieren. An der jugoslawisch-österreichischen Grenze gab es keinerlei Komplikationen. Schließlich besaßen die beiden Griechen ihre regulären Reisepässe.

Vorsorglich hatte Tetenes seine Frau und seine beiden Kinder bereits Wochen vorher per Flugzeug in die Schweiz verfrachtet. Nun traf sich die Familie in Genf, zog später in die Bundesrepublik und machte sich in München seßhaft. Tetenes versuchte sich in einem Büro am Rabensburger Ring eine neue Existenz aufzubauen.

Der gestürzte Innenminister blieb in Wien, wohnte im vierten Bezirk auf der Wiedner Hauptstraße und träumte beharrlich von einem Volksaufstand gegen die Obristen.

Einige Zeit später fuhr ich wieder nach Griechenland, um die beiden PKWs von Tetenes außer Landes zu bringen. Er besaß neben einer Jaguar-Limousine auch ein Jaguar-Coupé. Als ich die Fahrzeuge im Hafen von Piräus verladen ließ, erschien plötzlich die Militärpolizei, stoppte die Aktion und drohte mit meiner Verhaftung. Zum Glück begleitete mich Erzbischof Kyprianos. Da er - wie erwähnt - ein entfernter Verwandter des Juntachefs Papadopoulos war, gelang es ihm nach längerem Hin- und Hertelefonieren, die Erlaubnis zu meiner Ausreise zu erwirken. Die Fähre fuhr mit einer halben Stunde Verspätung aus dem Hafen.

Der Leiter der Polizeistreife deutete mir an, daß man mich verdächtigte, Tetenes außer Landes gebracht zu haben, wofür allerdings keine Beweise vorlagen. Jedenfalls rieten sie mir, mich nie mehr in Griechen-

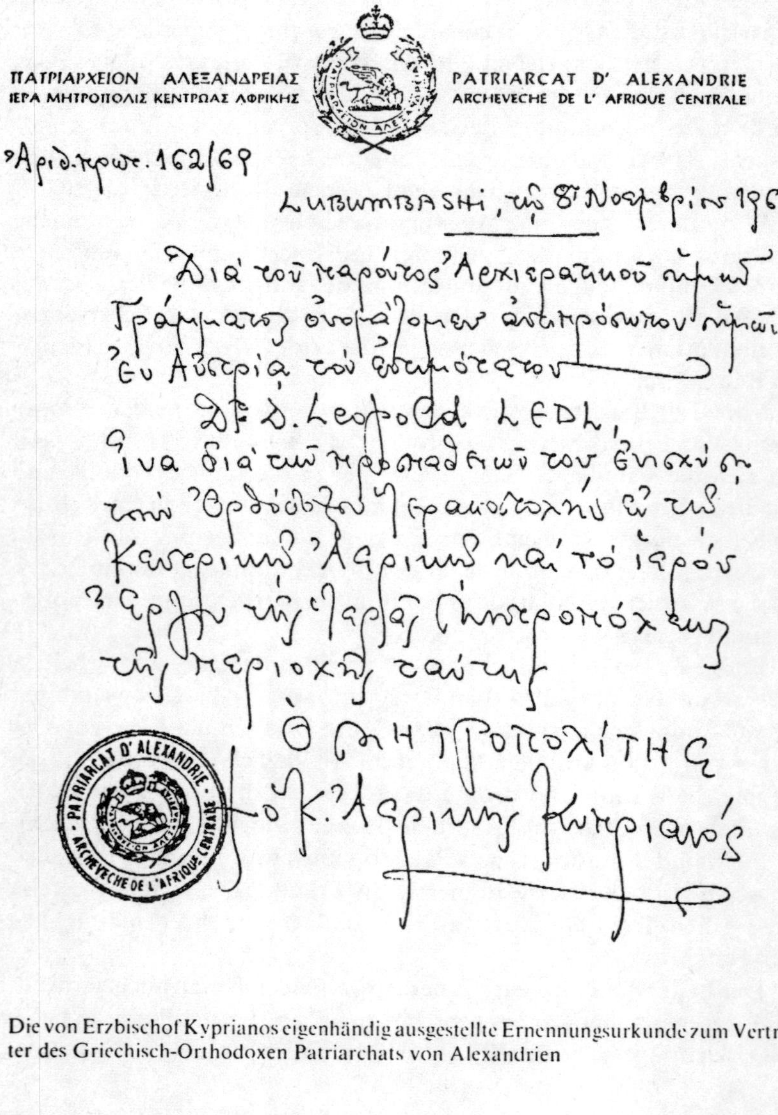

ΠΑΤΡΙΑΡΧΕΙΟΝ ΑΛΕΞΑΝΔΡΕΙΑΣ
ΙΕΡΑ ΜΗΤΡΟΠΟΛΙΣ ΚΕΝΤΡΩΑΣ ΑΦΡΙΚΗΣ

PATRIARCAT D' ALEXANDRIE
ARCHEVECHE DE L' AFRIQUE CENTRALE

Ἀριθ. πρωτ. 162/69

LUBUMBASHI, τῇ 8ῃ Νοεμβρίου 196

Διά τοῦ παρόντος Ἀρχιερατικοῦ ἡμῶν Γράμματος ὀνομάζομεν ἀντιπρόσωπον ἡμῶν ἐν Αὐστρίᾳ τόν ἐντιμότατον

Dr. D. Leopold LEDL,

ἵνα διά τῶν προσπαθειῶν του ἐνισχύσῃ τήν Ὀρθόδοξον Ἱεραποστολήν ἐν τῇ Κεντρικῇ Ἀφρικῇ καί τό ἱερόν ἔργον τῆς Ἱερᾶς Μητροπόλεως τῆς περιοχῆς ταύτης

Ὁ Μητροπολίτης
ὁ Κ. Ἀφρικῆς Κυπριανός

PATRIARCAT D'ALEXANDRIE
ARCHEVECHE DE L'AFRIQUE CENTRALE

Die von Erzbischof Kyprianos eigenhändig ausgestellte Ernennungsurkunde zum Vertreter des Griechisch-Orthodoxen Patriarchats von Alexandrien

625

-------- <u>Beglaubigte Übersetzung aus dem Neugriechischen.</u> ---------

-------------------- PATRIARCHAT ALEXANDRIA --------------------

-------- GEWEIHTE METROPOLITANKIRCHE VON ZENTRALAFRIKA ----------

Prot. Nr. 162/69 --------------- Lubumbashi, am 8. November 1969. -

Mit unserem gegenwärtigen erzbischöflichen Schreiben verleihen wir dem sehr ehrenwerten Herrn D r . D. L e o p o l d L e d l ----- die Bezeichnung eines unsrigen Vertreters in Österreich, damit er durch seine Bemühungen die Orthodoxe Heilige Mission in Zentralafrika und das geweihte Werk der Geweihten Metropolitankirche dieses Gebietes stärke. ---

------------------- Der Metropolit von Zentralafrika, Kyprianos: -

------------------------ (Unterschrift unleserlich) -------------

(L.S.) Patriarchat Alexandria, der Erzbischof von Zentralafrika. ----

---

Die [illegible] Übereinstimmung der vorstehenden Übersetzung mit der mir vorliegenden Urschrift bestätige ich unter Berufung auf meinen Dolmetscheid. -------------------------------------

Wien, am 11. März 1972. -----------------

(Stempelfrei über amtlichen Auftrag.) ----

land blicken zu lassen.

Ich fuhr einstweilen tatsächlich nicht mehr nach Griechenland, doch Erzbischof Kyprianos sorgte dafür, daß mein Kontakt dorthin nicht abriß. Er ernannte mich - wie erwähnt - zum Sonderbotschafter seines Erzbistums von Zentralafrika und bat mich, bei der Gründung eines von ihm geplanten Hilfswerkes mitzuarbeiten.

Ihm schwebte eine Art Vereinigung nach dem Muster der Lions- oder Rotary-Clubs vor. Sie sollte den Namen „Helfe" tragen. Als Markenzeichen wählte Kyprianos einen von einer weißen und einer schwarzen Hand hochgehobenen Erdball. Die finanzielle Basis sollte durch Spenden, Mitgliedsbeiträge, Sammlungen und Veranstaltungen herbeigeschafft werden. Wie die weiße und die schwarze Hand unter dem Erdball signalisierten, sollte die Organisation keine Rassen- oder Religionsgrenzen kennen. Als Ziel nannte der Erzbischof die Schaffung von Jugendclubs, die Errichtung von Kinderheimen und Schulen und die Herausgabe einer Zeitschrift. Auch Erste-Hilfe-Stationen und Spitäler sollten von „Helfe" erbaut werden. Besonders der hungernden Bevölkerung in der Dritten Welt wollte Kyprianos helfen.

Wer der Vereinigung beitreten wollte, sollte einen beträchtlichen Mitgliedsbeitrag zahlen, dafür aber mit dem Hausorden des Erzbischofs dekoriert werden.

Freilich hatte der Erzbischof bei all seiner christlich-humanitären Einstellung auch ein wenig an sich selbst gedacht. Er brauchte nicht nur für seine Pläne Geld, sondern auch für seine zahlreichen Frauengeschichten. Es war ein offenes Geheimnis, daß er eine ausgesprochene Schwäche für junge hübsche Frauen hatte. Ich zählte während der Zeit unserer Bekanntschaft nicht weniger als rund zwanzig weiße und schwarze Frauen, die er teils in Europa, teils in Afrika um sich geschart hatte und die er stets als seine Nichten auszuweisen pflegte. Sie bedeuteten für ihn so etwas wie einen nie versiegenden Jungbrunnen. Seine lebenslustige Art stand in einem gewissen Widerspruch zu seinem stets salbungsvollen Gehabe, das offenbar Ergebnis seiner kirchlichen Erziehung war. Es verlieh ihm, wenn man ihn nicht näher kannte, die Aura eines Heiligen. Allerdings versuchte Kyprianos seine Neigungen nie sonderlich zu tarnen. Er war mit Sicherheit kein Heuchler. Er sah in den schönen Mädchen und Frauen vielmehr Geschöpfe, die Gott ihm zur Linderung seiner Einsamkeit geschenkt hatte. Trotz ihres Geschenkcharakters kosteten ihn diese wohlgebauten Himmelsgaben freilich eine schöne Stange Geld.

Aus der geplanten Vereinigung wurde schließlich doch nichts. Sie blieb in den Anfängen stecken, woran vor allem der Tod des Erzbischofs schuld ist.

III. Vom Metzgerlehrling zum Generalkonsul von Burundi

Je lockerer ich mich auf dem internationalen Parkett unter den diversen Exzellenzen, Eminenzen, Rittern, Marquis und Baronen bewegte, umso schmerzlicher wurde mir die Schmucklosigkeit meiner Visitenkarte bewußt. Neben meinem vom Erzbischof Kyprianos verliehenen Titel: „Berater des griechisch-orthodoxen Patriarchats und des Erzbischofs von Zentralafrika“ oder besser: „Conseiller de Patriacat d'Alexandrie et d'Archevêché de l'Afrique Centrale“, wie es in beeindruckendem Französisch hieß, hätte der schlichte Name Leopold Ledl in meinem Briefkopf wie die Faust aufs Auge gewirkt. Die Tatsache, daß ich bei Empfängen von der Dienerschaft mit der Frage: „Exzellenz, Champagner oder Whisky?“ belästigt wurde und daß mich die Kellner in meinen Wiener Stammlokalen mit einem unüberhörbaren „Habe die Ehre, Herr Direktor“ oder „Meine Verehrung, Herr Doktor“ begrüßten, empfand ich nachgerade als Verpflichtung, mir einen Titel zu erwerben. Ich wußte freilich schon seit langem, daß man sich für einen klingenden Doktortitel nicht unbedingt an einem Dissertationsthema versuchen muß und daß auch sonstige Titel durchaus mit Geld erwerbbar sind, ohne daß es dazu weitergehender Anstrengungen bedarf.

Und Titel wirken nun einmal wie ein Zauberstab, mit dem selbst die Türen exklusivster Clubs und hochmütigster Gesellschaftskreise geöffnet werden können. Nur so kommt man auf dem von Bestechungsgeldern gepflasterten und von Verbindungen gekennzeichneten Schlachtfeld der Wirtschaft auch an lukrative Aufträge heran.

In den guten alten Zeiten war es eine völlig normale Angelegenheit, einen Titel zu kaufen. Könige und Päpste verhökerten sie gerne für bares Geld und gründeten auch reihenweise Ritterorden, wenn es darum ging, ihre leergejubelten Kassen wieder aufzufüllen.

Wohlhabende Eltern kauften ihrem Erstgeborenen meistens ein Amt, dem Zweitgeborenen einen Bischofssitz und dem Dritten ein Offizierspatent. Größere Stiftungen an Klöster und Kathedralen wurden ebenfalls mit Titeln, Orden und Privilegien vergütet. Nur Heuchler möchten uns weismachen, solcherart Ehren würden heute ausschließlich auf Grund von Leistungen vergeben.

Wie so oft in meinem Leben kostete es mich auch diesmal keine Mühe, einen Doktortitel h.c. zu erwerben. Das Schicksal kam mir in der Person des Dr. Dr. h.c. Kornel Baron von Tarcaly, Ritter des Heiligen und Unabhängigen Johanniterordens, Generalbevollmächtigter seiner Durchlaucht des Großfürsten von Thomond, Membre de Syndicat des Ecrivains et Journalists Paris (das muß nun einmal französisch gesagt werden), Inhaber dreiundzwanzig verschiedener Visitkarten und zweier schlecht funktionierender Herzklappen, wieder einmal entgegen.

Von den Namen und Titeln des Barons war lediglich das Ypsilon am Ende seines Familiennamens echt. Er hieß einst Samuel Löwy. Das Ypsilon ist in Ungarn ein Zeichen der adeligen Abstammung. Tarcaly behielt es als Erinnerung an seinen vorherigen Namen und an seine ehemalige Heimat. Manche meinten, Löwy habe die Judenverfolgung in Ungarn nur als Sproß einer adeligen Familie überleben können. Tatsächlich haben ungarische Adelige, um Menschenleben zu retten, während der Pfeilkreuzlerherrschaft (die ungarische Version der NSDAP) ihre unehelichen Kinder jüdischer Herkunft als eigene anerkannt.

Tarcaly war ein geschickter Zwischenhändler, der stets auf der Suche nach titelhungrigen Zeitgenossen war.

„Mein lieber Leopold“, sagte er zu mir, als ich, aus Athen zurückgekehrt, wieder einmal unser gemeinsames Stammlokal betrat, „Sie haben auf Ihrem Gebiet, wie ich höre, Hervorragendes geleistet. Es wäre an der Zeit, daß Sie sich mit einem akademischen Grad dekorieren. Es wird Ihnen ganz sicher nützen.“

Ich wußte schon immer, daß Tarcaly allerhand skurrile Titel und Orden verlieh, fragte aber dennoch mit gespielter Unschuldsmiene: „Wie meinen Sie das?“

„Mein verehrter Freund, der Fürst Petrucci“, sagte der Baron, indem er seinen dicken Daumen zwischen seine Westenknöpfe schob, „der in Rom mit voller Hingabe die Tradition der venezianisch-österreichischen Beziehungen pflegt, bat mich erst vor kurzem, einige Persönlichkeiten zu nennen, die für eine Ehrendoktorwürde in Frage kämen. Ich dachte sofort an Sie. Fürst Petrucci unterhält auf Grund einer Familienstiftung eine private Universität." Der Baron hielt inne und fügte dann hinzu: „Die Stipendien an der Wirtschaftsfakultät werden allerdings von edeldenkenden Kaufleuten ausgelegt."

Ich verstand. Natürlich wußte ich, daß es in Amerika ganze Doktorfabriken gibt. Sie werden, wie selbst die besten Universitäten des Landes, als Privatfirmen - in der Form von Aktiengesellschaften - geführt. Die wenigen Staatsuniversitäten, „State Universities" genannt, gelten drüben als zweitrangig, weil sie aus Steuergeldern erhalten werden. Viele der privaten Universitäten gehören Kirchengemeinschaften und Sekten. Es ist niemandem verwehrt, eine Sekte zu gründen, dazu eine entsprechende Universität als Aktiengesellschaft zu etablieren, die dann in aller Welt Doktortitel verleiht.

So machte ein gewieftes Schlitzohr, ein selbsternannter Bischof namens Kirby Hensley mit seiner Universal Life Church in den siebziger Jahren gute Geschäfte, indem er für einen Preis zwischen 1.000 und 30.000 DM reihenweise den Honorardoktortitel „of divinity" (etwa Dr. h.c. theol.) verscherbelte.

Da in der Bundesrepublik Deutschland und in Österreich das Führen eines Titels mit strengen gesetzlichen Einschränkungen verbunden ist, steht jeder, der einen gekauften Doktortitel führt, stets mit einem Fuß im Gefängnis. „Was kostet der Spaß?" wollte ich von Baron Tarcaly wissen. Mein Gesprächspartner schwieg. Ein Anflug von Melancholie schien seinen Gesichtsausdruck zu trüben. Dann sagte er mit einem fast um Vergebung bittenden Lächeln: „Gewöhnlich entrichten freundlich gesinnte Kandidaten eine Studienbeihilfe von viertausend US-Dollar. Aber ich denke, auf Grund unserer Freundschaft würde Fürst Petrucci diesmal eine Ausnahme machen und den Titel schon um zweitausend Dollar an Sie verleihen."

Diesmal wollte ich keinen Kuhhandel betreiben. In dieser Branche kannte ich die Preise noch nicht.

„Es würde mir Freude machen", sagte ich, „wenn ich dem Fürsten Petrucci die genannte Spende überweisen dürfte." Ich bat den Baron um die Kontonummer des Italieners.

Tarcaly hüstelte leise. „Sie können den Scheck gleich mir geben", sagte er. Und nach einem weiteren Hüsteln: „Ich genieße das uneingeschränkte Vertrauen des Fürsten."

Eine Woche später fand in den Amtsräumen des Generalkonsuls von Honduras und Besitzers des renommierten Frick-Verlages in der Wiener Innenstadt, Engleder, die Verleihung meiner neuen Würde statt. Alle erschienen festlich-schwarz gekleidet. Natürlich wäre der Fürst Petrucci am liebsten persönlich gekommen, hieß es, doch eine plötzliche Unpäßlichkeit hätte ihn daran gehindert. Auf Baron Tarcalys müden Schultern hing ein mit Hermelin reich verzierter Rektorenmantel. Er trug einen eigentümlichen Doktorhut und las mit feierlicher Stimme meine Ernennung zum Ehrendoktor der Wirtschaftswissenschaften vor. Ringsum brannten Kerzen. Konsul Engleder hißte die Flagge jener mittelamerikanischen Republik, die er ehrenamtlich vertrat, seine Frau hielt einen Strauß langstieliger Rosen in der Hand. Die Zeremonie wurde mit einem kalten Buffet beschlossen, dazu gab es reichlich erlesene Weine und teuren Sekt. Die einzige Dissonanz verursachte die Sekretärin des Konsuls, als sie mit der völlig deplacierten Meldung in die Runde platzte, die Kostümverleihanstalt Lambert Hofer habe angerufen und ließe fragen, ob der Mantel und der Doktorhut auch für den Nachmittag benötigt werden.

Als frischgebackener Doktor erhielt ich von Baron Tarcaly noch weitere interessante Angebote. Ich hätte Graf oder Botschafter oder beides werden können. Das Land seiner unbegrenzten Möglichkeiten hieß Thomond.

Es wäre eine vergebliche Mühe, dieses Land auf der Landkarte zu suchen. Thomond ist weder Mitglied der Vereinten Nationen noch hat es Sitz und Stimme in sonstigen Organisationen. Es ist lediglich ein vierhundert Hektar großer südenglischer Landstrich, der zu Zeiten der Kämpfe zwischen den Lancasters und Yorks einige Wochen lang Unabhängigkeit genossen hatte. Ein Niemandsland, das lediglich einem Gastwirt gehörte. Ein späterer Nachkomme dieses Schankhausbesitzers erinnerte sich der ruhmreichen Vergangenheit, ließ von irgendwelchen Heraldikern ein Wappen des „Großfürstentums Thomond" erstellen, verfaßte eine Konstitution, erklärte sein Haus samt Hof zum freien Thomondschen Gebiet und teilte in einem durchaus freundlichen Schreiben dem Buckingham-Palast mit, daß er sich als der legale Großfürst von Thomond betrachte. Er und seine Untertanen würden mit allen Mitteln darauf pochen, daß die Unabhängigkeit des Großfürstentums anerkannt werde.

Die Briten sind tolerant und haben einen ausgeprägten Sinn für

Humor. Nicht zuletzt deshalb ist England der Nährboden solcher Skurrilitäten. Der frischgebackene Großfürst versprach übrigens, innerhalb des Commonwealth zu verbleiben und den Pfundsterling als Währung zu gebrauchen. Das Königshaus beantwortete den Brief nie, was der clevere Gastwirt als Zustimmung deutete. Zur Unterstützung seines Großfürstentums begann er fortan serienweise Grafen- und Botschaftertitel zu verkaufen. Die Ernennungen werden nach dem Eingang einer entsprechenden Spende umgehend ausgesprochen. (Midland Bank, Expositur Croydon, current account 330152.)

Bei allem Respekt gegenüber dem Großfürstentum von Thomond, dies ging nun doch zu weit. Mir genügte der Dr.h.c. und die dazugehörige auf feinstem Bütenpapier mit Goldprägung versehene Urkunde der Privatuniversität des Fürsten Petrucci.

Mit neuer Würde ausgestattet, flog ich wieder einmal nach Athen. Unter den illustren Gästen, die Tetenes diesmal in seine Villa geladen hatte, befand sich auch der König eines Landes, das ich später noch sehr genau kennenlernen sollte, von dem ich aber im Augenblick nicht einmal wußte, wo ich es auf der Landkarte suchen sollte: Seine Majestät, König Mwambutsa IV. von Burundi. Tetenes war Generalkonsul von Burundi in Griechenland. Der König wollte sich untersuchen lassen, und Tetenes brachte ihn mit den besten Ärzten Griechenlands in Verbindung.

„Ich werde Sie dem König vorstellen“, sagte der Grieche zu mir.

Der Name Burundi sagte mir nicht viel. Am Rande meiner kommerziellen Tätigkeit in der Schule hatte ich mich auch mit Briefmarkensammeln beschäftigt. Ich erinnerte mich nun, daß sich in meiner Tauschkollektion auch Briefmarken mit dem exotisch klingenden Aufdruck „Ruanda-Urundi“ befanden. Sie standen nicht sehr hoch im Kurs, manche bezweifelten sogar die Existenz eines Landes dieses Namens.

Die kleine, rund 27.000 Quadratkilometer große ostafrikanische Republik Burundi mit ihren 4,5 Millionen Einwohnern ist eines der schönsten Länder des südlichen Kontinents. Angelpunkt für die Beurteilung der Vorgänge ist der seit mehr als fünfhundert Jahren andauernde Zustand, daß im Gebiet des heutigen Burundi die aus dem Norden stammende Minderheit der Watussi (14 % der Bevölkerung) die Vorherrschaft über die zu den Bantu zählenden Bahutus (80 %) ausübt.

Trotz ihrer Minderheitenlage betrachteten sich die baumlangen

Watussi stets als das „Herrenvolk" und hielten alle wichtigen Positionen im Staat inne. Sie errichteten Anfang des 16. Jahrhunderts eine absolute Monarchie, die sich bis in die jüngste Zeit halten konnte. Der König (Wami) war nicht nur Herr über Grund und Boden, Mensch und Vieh, er übte auch die Funktionen des Obersten Richters und Priesters aus. Der erste Wami von Burundi habe mit seinem bürgerlichen Namen Cambarantama geheißen, weiß die Geschichte zu erzählen, und zeichnete sich dadurch aus, daß er mit einem Schaffell bekleidet und mit Schwert und Beil bewaffnet den Fluß Kanyera durchquerte, um in einer Höhle ein Ungeheuer zu töten, das seit Urzeiten eine Unzahl von Menschenopfern gefordert hatte, aber dennoch von den Bahutus verehrt wurde. Die Expedition war ein voller Erfolg, Cambarantama wurde von den Watussis zum König ausgerufen und in Erinnerung an seine Heldentat „Ntare", der Löwe, genannt.

Die Geschichte der Monarchie von Burundi kennt nur vier abwechselnd benutzte Königsnamen: Ntare, Mwezi, Mutaga und Mwambutsa. In dieser Reihenfolge wurden sie den aufeinander folgenden Königsanwärtern verliehen. Mit jedem dieser Namen war eine vorbestimmte Rolle verbunden. Ein Ntare hatte die Aufgabe, sein Land durch offensive Kriege zu vergrößern. Ein Mwezi (Mondschein) durfte sich nur zur Wehr setzen, wenn das Land selber angegriffen wurde. Er durfte den Feind bis an die Grenze jagen, aber die Grenze seines Landes selbst nie überschreiten. Mutage, die Mittagssonne, wiederum durfte sowohl Verteidigungs- als auch Angriffskriege führen, aber das Land nicht vergrößern. Schließlich gab es noch den Königsnamen Mwambutsa (Fährmann), der stets einen Übergangskönig benannte. Als Vorläufer des nächsten Ntare (man hielt den Vier-Namen-Zyklus all die Jahrhunderte hindurch ein) hatte er die Aufgabe, das Erbe der Vorfahren zu ordnen, damit für seinen Nachfolger die Bahn frei war, um große Taten zu vollbringen. Die Königsherrschaft der Watussi blieb auch während der deutschen Kolonialzeit von 1892 bis 1918 und der anschließenden Mandatshoheit der Belgier erhalten. Im Nachbarstaat Ruanda befreiten sich die Bahutus bereits 1959 von der Vorherrschaft der Watussi, während in Burundi das Zepter auch nach der Ausrufung der Unabhängigkeit am 1. Juli 1962 in den Händen der Watussi-Dynastie verblieb.

Wie überall in der Welt kamen mit den Kolonialherren und Mandataren auch die christlichen Missionare ins Land. Sie errichteten Kirchen, Spitäler und Schulen. Die meisten von ihnen bekannten sich zum römisch-katholischen Glauben. Der überwiegend katholischen Mehrheit (60 %) stehen auch heute lediglich 3 % Protestanten und 1 % Muslims gegenüber. Der Rest verteilt sich auf die Anhänger der Naturreligionen.

Doch bevor sich die Belgier eingerichtet hatten, waren schon die Griechen da. Sie sind in ganz Afrika stark vertreten. Drei von vier Griechen leben im Ausland, und der schwarze Erdteil war schon seit jeher ihr bevorzugtes Ansiedlungsgebiet.

In Ostafrika teilten sie sich die wirtschaftliche und Handelsmacht mit den nicht minder fleißigen und begabten Asiaten.

Die Belgier waren in Burundi keineswegs so verhaßt wie etwa im Kongo, wo sie die Macht viel deutlicher usurpiert hatten. Die belgische Beamtenschaft war dennoch kein Vorbild. Der katholisch getaufte Afrikaner galt in den Augen eines katholischen Belgiers selten als Bruder, da verhielten sich die Griechen schon anders. Sie waren mehrheitlich Kaufleute, und der Kunde war für sie auch in Afrika ein König. Hier hatten es die Einheimischen mit Europäern zu tun, die sie nie herabwürdigend behandelten und die sich in vielen Bereichen des Lebens ähnlich verhielten wie sie.

Der orthodoxe Glaube der Griechen, ihre stammesmäßig wirkende Kirchengemeinschaft war im Gegensatz zu dem Glauben und der Kirche der Katholiken unbelastet von kolonialer Prägung.

Wenn die Griechen Spitäler, Schulen oder was auch immer errichteten, mußte der Einheimische nie befürchten, dafür mit einem Stück seiner erst frisch gewonnenen Unabhängigkeit zu bezahlen. Bei den katholischen Belgiern hatte er dieses Gefühl der Unbefangenheit nicht. Aus historischer Erfahrung, und auch deshalb, weil die Belgier noch immer unentbehrlich waren. Schließlich waren jahrzehntelang alle wichtigen Schlüsselpositionen des technisch-industriellen Bereiches in ihren Händen gelegen.

Angesichts dieser Situation hatte Tetenes in seiner Doppelfunktion als Präsident der Auslandsgriechen und Generalkonsul von Burundi einen unbestreitbaren Einfluß am Hof des Königs Mwambutsa.

Es würden rund zwei Jahre nach der Ausrufung der Unabhängigkeit des Landes verstreichen, bis die allernotwendigsten Umstellungs- und Aufbauarbeiten vollendet sind. Wenigstens hatte man sich das so vorgestellt, obwohl sehr bald klar wurde, daß die Phase viel zu kurz berechnet war. Nun begann das Land Anschluß an die Wirtschaft und die Kultur der übrigen Welt zu suchen. Ohne Schaukelpolitik zu betreiben oder die Weltmächte gegeneinander auszuspielen war Burundi bestrebt, mit allen Staaten der Welt freundschaftliche und vorteilhafte Beziehungen anzuknüpfen.

Nach Meinung des Königs sollten die Rohstoffe des Landes: Kaffee, Baumwolle, Ölfrüchte, Häute und Mineralien zunächst unverarbeitet auf den Weltmarkt gebracht werden, um mit Hilfe des Erlöses Industriegüter einzukaufen und die Industrialisierung des Landes voranzutreiben.

In diesem Konzept wäre mir die Aufgabe zugefallen, Kontakte zu östlichen Handelspartnern im Bereich des kommunistischen Wirtschaftspaktes COMECON anzuknüpfen.

Das klang nicht schlecht. Die Lage Wiens an der Grenze zwischen dem kapitalistischen und kommunistischen Wirtschaftsbereich bot sich dafür wie von selbst an.

Zunächst war es aber noch nicht soweit.

Die Soiree, bei der ich dem Wami von Burundi vorgestellt wurde, fand wieder einmal in der Villa von Tetenes statt.

Neben dem griechischen Königspaar waren auch der Bürgermeister von Athen, der gerade im Lande seiner Väter weilende damalige Senator und spätere Vizepräsident der Vereinigten Staaten von Amerika, Spiro Agnew, und König Mwambutsa samt seinem in Europa studierenden Sohn Charles anwesend. Zum Gefolge des Königs gehörte unter anderen auch ein damals noch junger Offizier namens Michael Micombero, Hauptmann der Palastwache. Kaum jemand unter den Gästen schenkte ihm Beachtung. Selbst die im königlichen Gefolge scharenweise auftretenden weißen Mädchen nahmen keine Notiz von ihm. Vielleicht entflammte gerade bei solchen Anlässen im Herzen des jungen Bahutu-Offiziers jenes Haßgefühl, das später so verhängnisvolle Früchte trug ...

Mwambutsa erschien an diesem Abend in einer phantasievollen Uniform mit goldenen Epauletten. Er war äußerst freundlich und redegewandt, ein gutaussehender Vierziger mit würdiger Haltung und gepflegten Manieren. (Später lernte ich jedoch auch die Schattenseiten seines Charakters kennen: seine krankhaft übertriebene Geldgier und eine an Monomanie grenzende Sucht nach weißen Frauen. Wahrscheinlich hat er in dieser Hinsicht sogar den diesbezüglich ebenfalls nicht gerade zimperlichen Sukarno übertroffen.)

Mon cher président, wie Tetenes von König Mwambutsa betitelt wurde, stellte mich überaus familiär vor. Zum jungen Thronfolger Charles meinte er, ich würde ein sicherer Freund der Königsfamilie werden, ein verläßlicher und anhänglicher Freund, der - wie Tetenes launig hinzufügte - selbst vor des Kerkers Gittern nicht zurückschrecke, wenn dem Freund Gefahr drohe. An diese damals pathetisch klingenden Worte mußte ich Jahre später denken, als ich im Gefängnis saß. Es war eine bitterernste Prophezeiung!

Wir unterhielten uns mit dem König in Deutsch und Englisch, der Faden des Gesprächs wurde von Tetenes gesponnen. Ich wußte, daß der Wami erst vor kurzem in Moskau gewesen war.

„Welche Eindrücke haben Sie von der Sowjetunion, Majestät?" fragte ich. Der König nahm einen riesigen Schluck Whisky. „Die Sowjets sind imposant. Nur hatte ich nicht den Eindruck, mit Russen verhandelt zu haben."

„Wie soll ich das verstehen?"

„Wörtlich. Ich kann kein Russisch, wollte aber die Russen kennenlernen! Also las ich etwa zwanzig russische Romane, es gibt sehr gute französische Übersetzungen. In keinem dieser Bücher traf ich eine Figur, die mich an meine Gesprächspartner erinnert hätte. Sie benahmen sich martialisch, eckig, ungehobelt und überheblich. Sie wollten uns Geschenke machen, wir wollten gleichwertige Beziehungen herstellen. Das ist leider nicht gelungen. Viel zu lange haben russische Führer ihre Landsleute wie Sklaven behandelt. Offenbar hat sich dieses Gehabe auch auf ihr Verhalten gegenüber ausländischen Verhandlungspartnern übertragen. Vielleicht könnten wir mehr erreichen, wenn wir indirekt miteinander verhandeln würden. Mon cher président meinte, Sie wären dabei ein geeigneter Mann."

„Herzlichen Dank für den Vertrauensvorschuß, Majestät", sagte ich. „Ich habe tatsächlich einige Kontakte zum Osten. Allerdings erfordert die Anbahnung solcher Beziehungen viel Geduld. Ich lebe auch mentalitätsmäßig nicht weit entfernt von Warschau, Prag, Budapest oder Laibach ..."

„Sehr interessant", nickte der König, „wir sprechen darüber am besten bei mir in Bujumbura weiter. Ich lade Sie samt dem Herrn Präsidenten zu mir ein."

Ich wollte gerade weitere Gedanken über die Besonderheiten des Ostens entwickeln, als mich der König mit einer plötzlichen Geste entließ. „Monsieur le docteur, schauen Sie sich das an, das kann ja noch ein schöner Abend werden“, sagte er noch, während er bereits über meinen Kopf hinweg auf die vier reizenden Damen starrte, die ihm Tetenes gerade vorgeführt hatte. Mwambutsa vergaß die Welt. „Auf Wiedersehen in Burundi!“ rief er noch aus und rauschte mit einer vollbusigen Blondine ab. Zurück blieb ein sichtlich verärgerter Prinz Charles. Der junge Afrikaner trug einen weißen Smoking ohne Schmuck oder Ordensband.

Als wir zu vorgerückter Stunde in ein vertrauliches Gespräch miteinander kamen, machte Charles kein Hehl daraus, daß er sich einen König von Burundi nicht so vorstellte. „Der König kann nicht immer Privatmann sein“, sagte er. „Wenn ich ein Mädchen will, lasse ich es mir nicht servieren.“ Ich gab keine Antwort.

Mwambutsa benahm sich an diesem Abend tatsächlich immer weniger königlich. Er tanzte eng umschlungen mit seiner Blondine und vergaß offenbar völlig, wo er sich befand. Mit seiner Rechten griff er in die Haare der Frau, mit seinen Lippen saugte er rote Flecken auf ihre Wangen und auf ihren Hals. Tetenes beobachtete die Szenerie mit sorgenvollem Gesichtsausdruck. „Soweit wollte ich es nicht kommen lassen, Prince“, entschuldigte er sich bei Charles. Dieser blickte zu Boden: „Wenn Sie ihm keine Mädchen bringen, würde er sie woanders aufgabeln. Er käme mit dem ärgsten Pack in Berührung. Auf diese Weise gelangt er wenigstens nicht in die Hände von Erpressern.“

„Wenn die Musik aufhört, könnten wir Seine Majestät zu unserem Tisch lotsen“, schlug ich vor. „Gute Idee“, sagte Tetenes. Eine kurze Geste Richtung Kapelle genügte. Die Musik verstummte, und wir umstellten das ungleiche Paar. Das Mädchen wurde von Tetenes mit einigen kurzen Sätzen beurlaubt. Der König ließ seine Hände sinken und sah uns verdutzt an. Seine Uniformknöpfe sprangen auf, seine Orden hingen durcheinander auf seiner Brust. „Wie ein besoffener Christbaum“, dachte ich mir.

Der Kellner brachte eine Packung Alka-Seltzer und eine Tasse starken Kaffee. Mwambutsa erholte sich langsam. Es wurde spät. Die Gesellschaft löste sich bereits auf. Hauptmann Micombero stand wie versteinert hinter seinem Herrn. Nur mit Mühe unterdrückte er den Ausdruck seines Unmuts. „Es war ein schöner Abend, mon président“, sagte der König zu Tetenes. „Wir sehen uns in Bujumbura wieder.“ Er ging samt seinem Gefolge. Nach einigen Schritten blieb er stehen, drehte sich um und klopfte Tetenes auf die Schulter: „Schicken Sie mir das Mädchen ins Hotel. Wir werden uns erkenntlich zeigen."

Der Flugplatz von Bujumbura - vor Erlangung der Unabhängigkeit hieß die Hauptstadt Usunbura - war dem weltweiten Luftverkehr kaum gewachsen. Unsere DC 3 schwebte mit der minimalsten Landegeschwindigkeit nieder, die stark gedrosselten Motoren ließen bei herabgelassenen Horizontklappen ruckartige Vibrationswellen durch die Maschine strömen; wir waren froh, als wir endlich festen Boden unter unseren Füßen hatten. Prinz Charles begrüßte uns vor dem nicht allzu hauptstädtischen Empfangsgebäude; etwa zwanzig Wachsoldaten, angeführt von Hauptmann Micombero, standen Spalier. Die Uniformknöpfe glänzten, die Schuhe weniger.

„Willkommen, mon chér président, willkommen, mon chér docteur", begrüßte uns Charles. Sehr gewinnend fand ich, daß er dem wesentlich älteren Tetenes trotz des Rangunterschiedes nicht die Hand reichte; er wartete ab, bis dieser ihm seine Rechte entgegenstreckte, dann erst und mit einer leichten Verbeugung hielt auch er ihm die Hand entgegen. Bei mir gab es das gleiche Zeremoniell.

Micombero salutierte und schaute uns mit ausdruckslosen Augen an. Prinz Charles ging mit Tetenes vor; der Hauptmann stand noch immer unbewegt. Ich wandte mich ihm zu und gab ihm die Hand. Er nahm die Kappe ab und lächelte dankbar.

„Herzlich willkommen, mon chér président."

„Ich bin kein Präsident", sagte ich und legte meine Hand auf seine Schulter. Unter der lässig getragenen Uniform verbarg sich eine athletische Muskulatur.

„Wie darf ich Sie titulieren?" fragte Micombero erstaunt. „Wenn Sie mir die Bemerkung erlauben, Monsieur, Sie sind der erste Gast hier, der keinen schönen Titel hören möchte."

„Wenn es unbedingt sein muß, sagen Sie 'docteur' zu mir, mon commandant." Ich wußte, daß er nur Hauptmann war, aber kleine Beförderungen festigen die Freundschaft. „Haben Sie übrigens Seine Majestät glücklich nach Hause gebracht?"

„Es war keine leichte Aufgabe, mon docteur", sagte er mit starrem Gesicht. „Übrigens habe ich nicht das erste Mal die Ehre gehabt ..."

Vor dem Flughafengebäude bestieg die Begleitmannschaft einen Militärlastwagen. Dr. Tetenes und ich wurden in den schneeweißen Cadillac von Prinz Charles verfrachtet. Die elegante Karosse war ein

Geschenk der Paramount-Filmgesellschaft, die zu jener Zeit in Burundi den Film „König Salomos Diamanten“ drehte. In einer kleinen Szene konnte man auch den jungen Prinzen kurz erblicken. Nach Beendigung der Dreharbeiten überließ die Filmgesellschaft dem Prinzen den extravaganten Wagen.

Micombero fuhr uns mit seinen Soldaten durch die Stadt zum Königspalast. Der Stadtkern Bujumburas - die Stadt zählte damals rund 80.000 Einwohner - bestand lediglich aus einer beinahe schnurgeraden Straße, der Rue de Nation. Sie reichte von der Bahnstation bis zum Königspalast am Nordufer des siebenhundert Kilometer langen Tanganjikasees. Die einzige Unterbrechung bildet der viereckige Place de Nation, der sich ungefähr in der Mitte der Rue de Nation befindet.

Hier waren die meisten Ämter und Residenzen angesiedelt. Die Rundfunkanstalt, das Innen- und Außenministerium standen genauso hier wie die Botschaften der USA, der Sowjetunion und der Schweiz. In dieser Nachbarschaft residierten auch Erzbischof Kyprianos und das griechische Generalkonsulat.

Da Bujumbura keine Luftabwehr hatte - die Gesamtstärke der burundischen Luftwaffe belief sich auf eine alte Jagdmaschine - wäre es mit Fallschirmjägern binnen kürzester Zeit leicht zu erobern gewesen. Man hätte die Soldaten mittels Transporthubschrauber bequem herbeischaffen können. Später, als der König bereits im Exil weilte, spielten derartige Erwägungen angesichts mehrerer Rückkehrversuche eine nicht unerhebliche Rolle.

Die Armee zählte samt Landgendarmerie rund 3.000 Männer, sie wurde von drei Panzern und vier Panzerspähwagen unterstützt. Eine schlecht organisierte und leicht besiegbare Truppe. Die Hauptstadt Burundis schien mir leblos und arm zu sein, keine Spur von Industrieanlagen, keine öffentlichen Verkehrsmittel, nur einige griechische Läden, Hotels und Erfrischungsräume. Die meisten Häuser waren ebenerdig, höchstens einstöckig, die Straßen nur mangelhaft asphaltiert.

Le Palais, wie die königliche Residenz hieß, befand sich am Ende der Rue de Nation und war früher der Sitz des Gouverneurs. In den Augen der Kolonialbeamten galt Bujumbura als gottverlassener Strafposten. Wenigstens innerhalb des Palastbereiches versuchte man deshalb eine Atmosphäre der Behaglichkeit zu schaffen. Tatsächlich steht das Gebäude inmitten eines hundertfünfzigtausend Quadratmeter großen prachtvollen Gartens am Ufer des Tanganjikasees. Den langsam und gleichgültig an das Ufer stoßenden Wellen entströmt Stille und Ruhe. Die weitläufige Gartenanlage ist ein Stück gezähmter, gerodeter Urwald. Zwischen den blühenden Kakteen führen hunderte Papageien ihr ununterbrochenes Sprechkonzert vor. „Sie haben Redefreiheit", flüsterte mir Micombero, auf die bunten Vögel deutend, ins Ohr, als ich ihn auf einem seiner Rundgänge im Palastgarten traf.

Über eine Freitreppe hinter dem Gebäude gelangte man zum Seeufer. Hier waren große Netze gespannt, um den Krokodilen den Weg abzuschneiden. Dennoch kam es bei gelegentlichen Überschwemmungen in der Regenzeit vor, daß mehr oder minder ausgewachsene Exemplare dieser Reptiliensorte dem Palastgarten einen ungebetenen Besuch abstatteten.

Die Wehrhütte der Leibwächter lag ebenfalls hinter dem Palast, die kleine Kompanie schien nicht gerade Vertrauen einzuflößen. Dem aufmerksamen Beobachter konnte kaum lange verborgen bleiben, daß Prinz Charles und Micombero zwei entgegengesetzte Kraftpole im politischen Spektrum des Landes bildeten. Beide waren strebsame junge Reformer, denen der liederliche Lebenswandel des Monarchen wenig Zustimmung entlockte. Während der Prinz allerdings die etablierte Macht hinter sich wußte, schien Micombero, der gegenüber dem Königshaus eher aus Berechnung denn aus Überzeugung Loyalität bekundete, eher isoliert zu sein. Hinter dem undurchdringlichen Gesicht des damals noch jungen Offiziers staute sich wachsende Abneigung, ja Auflehnung gegen seinen Arbeitgeber auf. Tetenes, der die Situation gut kannte, nahm kein Blatt vor den Mund. „Wenn der alte Suff die belgische Wirtschaftshilfe nicht in seine eigene Tasche stecken würde, hätte er nicht einmal einen Knopf an der Hose. Wissen Sie, wieviel Geld dieser Bandit eigentlich hat?"

Damals ahnte ich es noch nicht. Als Mwambutsa später im Genfer Exil lebte, wußte ich darüber besser Bescheid. Schließlich mußte ich in der Schweiz, aber auch in Brüssel mehrere feudale Apartmenthäuser für ihn erstehen. Außerdem besaß der König eine aus Burundi mitgebrachte wertvolle Bilder- und Münzensammlung. In seiner Exilzeit betrug sein Vermögen runde 50 Millionen US-Dollar.

Tetenes hielt nichts von dem Plan, die Rohstoffe des Landes für Bargeld zu verkaufen. Er war der Ansicht, es würde vom vergnügungssüchtigen König sofort verpraßt werden, für Produkte, die wohl auch von ungebildeten Arbeitskräften hergestellt werden könnten. Wir müßten - bei entsprechender Provision - ausländische Firmen für Betriebsgründungen in Burundi gewinnen. Tatsächlich fanden Verhandlungen mit einer Frankfurter Werkzeugfirma, aber auch mit anderen Unternehmen statt, die sich aber nacheinander zerschlugen. Trotz einer auf 25 Jahre garantierten Steuerfreiheit hatten die diversen Unternehmen kaum Lust zu investieren, da die Ausbildung der einheimischen Arbeitskräfte und die Entlohnung der für die Ausbildung benötigten Fachkräfte viel zu viel gekostet hätte.

Ich schlug vor, aus Burundi ein Steuerparadies wie das Fürstentum Liechtenstein zu machen. Jede Kapitalgesellschaft müßte einheimische Aktionäre und einen burundischen Direktor aufweisen. Auch der Aufsichtsrat müßte zur Hälfte aus Burundesen bestehen. Denn so, wie die Dinge lagen, litt die Staatskasse an ständiger Ebbe.

Lediglich die Einheimischen berappten eine Pro-Kopf-Steuer. Die reichen Ausländer hatten meistens eine Doppelstaatsbürgerschaft, die sie sowohl in ihrer Heimat als auch in Burundi der Steuerpflicht enthob. In ihren Heimatländern zahlten sie nichts, weil sie dort als Burundesen galten, in Burundi zahlten sie wiederum deshalb nichts, weil sie hier als Ausländer eingestuft wurden. Außer kleinen Bestechungsgeldern floß kaum etwas in die Staatskasse, auch die Belgier hätten kaum etwas gegeben, wenn sie nicht die katangesische Grenze damit hätten absichern wollen.

Wir einigten uns mit Tetenes darauf, zunächst die Pläne des Königs zu erkunden. Der Wami lud uns für 19 Uhr zum Abendessen ein. Der Raum, in dem die Begegnung stattfand, dürfte das Schlafzimmer des Gouverneurs gewesen sein. Die französischen Tapeten mit ihren eindeutigen Figuren stammten noch aus der Kolonialzeit. Auf einem Empire-Marmortisch entdeckte ich zwei reizende Elfenbeinfiguren.

Zwei Minister mit unaussprechlichen Namen waren ebenfalls zum Essen geladen. Sie begrüßten uns mit einem breiten Lächeln.

„Herzlich willkommen" - der König war über unser Kommen sichtlich erfreut. Während des Abendessens sprachen wir Französisch, später, als die beiden Minister dank des ausgezeichneten Whiskys bereits ein wenig außer Gefecht gesetzt waren, wechselten wir zu einem Idiom, das dem Englischen nicht unähnlich war.

Der König erwähnte, daß ihm die Moskauer Narodni-Bank sofort einen Kredit gewähren würde, wenn er den Sowjets die Ausbeutung des Edelholzbestandes von Burundi überließe. Außerdem verlangten die

Russen die Unterstützung der arabischen Staaten in der UNO und den Ausbau der sowjetischen Mission in Bujumbura.

„Natürlich bin ich ein absoluter Gegner des Kommunismus und ein Freund des Westens. Aber es bringt uns nichts."

„Ich sagte Ihnen vor Monaten bereits, Majestät", begann Tetenes, „was zu tun wäre. Leider haben Sie es vorgezogen, wieder einmal eine Studienreise nach Europa zu unternehmen, anstatt Emissäre auszusenden, die bessere Verkaufsbedingungen für burundische Waren erkundet hätten. Kaffee und Baumwolle gehören im Osten, die Edelhölzer in Hamburg, in den Vereinigten Staaten und notfalls in Jugoslawien angeboten. Die Jugoslawen sind gerade dabei, eine florierende Möbelindustrie aufzubauen; Indonesien kann nicht die ganze Welt beliefern."

„Unser Land braucht Devisen", antwortete der Wami. „Ihr Griechen genießt bei uns eine Reihe von Vorteilen. Ihr könntet einmal eine anständige Sondersteuer entrichten."

„Das wird nicht gehen. Meine Landsleute leben gerne in Burundi, aber sie möchten ihr Leben nicht preisgeben. Sie fühlen sich nicht sicher." Der König wies empört auf die Tatsache hin, daß in seinem Land Friede herrsche und seit der Unabhängigkeit niemand um sein Leben bangen müsse.

„Wenn Sie in gewissen Genfer Nachtlokalen etwas weniger bekannt wären", provozierte der Grieche, „sähe vieles anders aus."

Der Vorwurf saß. „Wir sind in keinem Nachtlokal bekannt!" brüllte Mwambutsa. „Außer wenn gewisse Leute unsere Gunst zu erschleichen trachten, indem sie uns zweifelhafte Mädchen auf den Hals hetzen."

„Ihr Hals, Majestät, scheint einiges auszuhalten. Ich habe Sie in Paris nur einmal allein gelassen, und schon sind Sie zwei Transvestiten aufgesessen. Denn Sie können offenbar harte Währung von Burundi-Geld unterscheiden, aber keine Strichjungen von Prostituierten."

Ich war über den Ton, in dem Tetenes dem König die Leviten las, überrascht. „Was erlauben Sie sich?" begehrte der Wami auf. „Wenn in meinem Herzen nicht soviel Geduld wäre ..."

„Dann", fiel ihm der Grieche ins Wort, „hätte ich noch nie für Sie eine Hotelrechnung begleichen dürfen."

Die Konversation nahm einen immer erregteren Ton an. Es war da von einer Nachtschönen namens Tabidje die Rede, die der Negus dem Wami übergeben hätte und von der man bis heute nicht wisse, was aus ihr geworden sei. Die Tatsache wurde erwähnt, daß eine Genferin

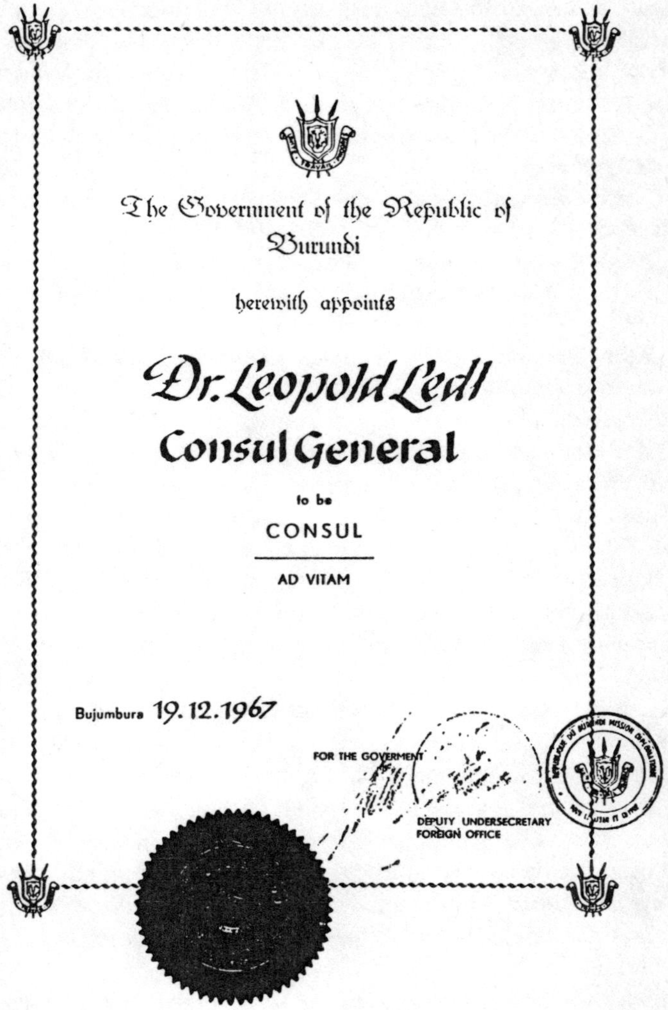

The Government of the Republic of Burundi

herewith appoints

Dr. Leopold Ledl

Consul General

to be

CONSUL

AD VITAM

Bujumbura 19. 12. 1967

FOR THE GOVERMENT

DEPUTY UNDERSECRETARY
FOREIGN OFFICE

Ernennungsurkunde zum Generalkonsul der Republik von Burundi namens Danielle Hermin von ihrem Kind standhaft behauptet, es sei vom König. „Oder gebären Genferinnen neuerdings schokoladebraune Kinder mit Kräuselhaaren?“ schrie Tetenes. Er warf dem König vor, daß er für runde drei Millionen Francs, die die Belgier seinem Land als Wirtschaftshilfe zugedacht hatten, zwei Häuser in Genf gekauft hätte, und ähnliches mehr. „Ich werde euch Griechen aus dem Land werfen!“ tobte der Wami. „Achten Sie darauf, Majestät, daß Sie nicht früher das Land verlassen müssen“, sagte Tetenes ruhig. Einige Sekunden lang kehrte lähmende Stille ein.

Der König stand reglos da. Dann erschienen Tränen in seinen Augen; es war ein peinlicher, demütigender Anblick.

„Freunde sollten nicht zanken“, sagte der Wami versöhnlich.

„Es freut mich, Majestät, daß ich zu den Freunden Burundis zählen darf.“

„Zum Thema, Herr Präsident. Glauben Sie wirklich, daß mir Gefahren drohen?“

„Ich würde die Palastwache austauschen, mehr im Land herumreisen, Auslandsbesuche mit nächtlichen Aktivitäten unterlassen, mich mehr um meine Familie kümmern. Den Rest besorgen wir. Mein Freund braucht nur die Vollmacht, um im Osten verhandeln zu können.“ Der König wandte sich nun mir zu:

„Docteur, ab heute sind Sie unser Sonderbotschafter und Sonderbevollmächtigter. Unser Außenminister wird Ihnen die entsprechende Vollmacht überbringen. Ihre Ernennung nehmen Sie aus meiner Hand.“

Ich atmete auf. Trotz der nächtlichen Geräusche aus dem Palastgarten schlief ich rasch ein.

Am nächsten Tag erhielt ich meine Ernennung zum Generalkonsul von Burundi mit den Dienstbereichen Österreich, CSSR, Ungarn und Jugoslawien. Die Republik Österreich nahm meine Funktion zur Kenntnis. Lediglich die amtliche Ausübungsgenehmigung, das sogenannte Exequatur, konnte mir nicht erteilt werden, da zwischen meiner Heimat und dem Königreich Burundi keine diplomatischen Beziehungen bestanden.

In den folgenden Monaten entfaltete ich eine fieberhafte Reisetätigkeit. Sie war bald von ansehnlichem Erfolg gekrönt. Entsprechend unseren Vorstellungen bezüglich Gegengeschäften wollte Ungarn eine Schuhfabrik in Burundi errichten, die Tschechen eine Bierbrauerei und

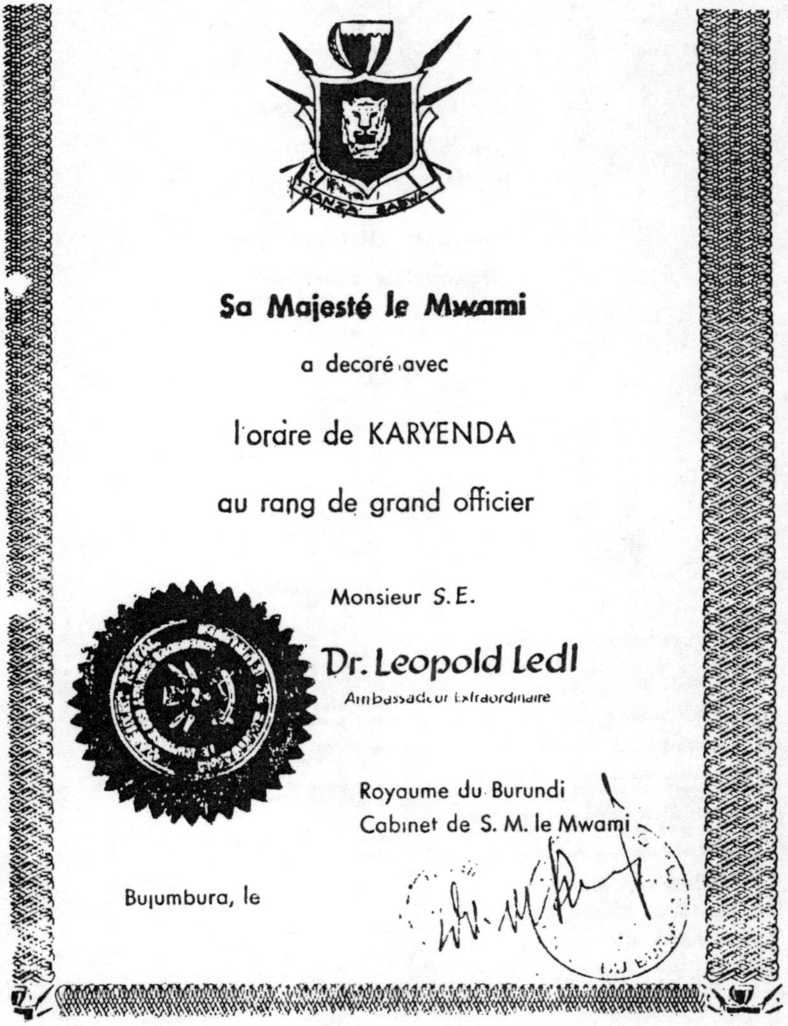

Sa Majesté le Mwami

a decoré avec

l'ordre de KARYENDA

au rang de grand officier

Monsieur S.E.

Dr. Leopold Ledl

Ambassadeur Extraordinaire

Royaume du Burundi

Cabinet de S. M. le Mwami

Bujumbura, le

Verleihung des „KARYENDA-Ordens" und Bestellung zum Großoffizier

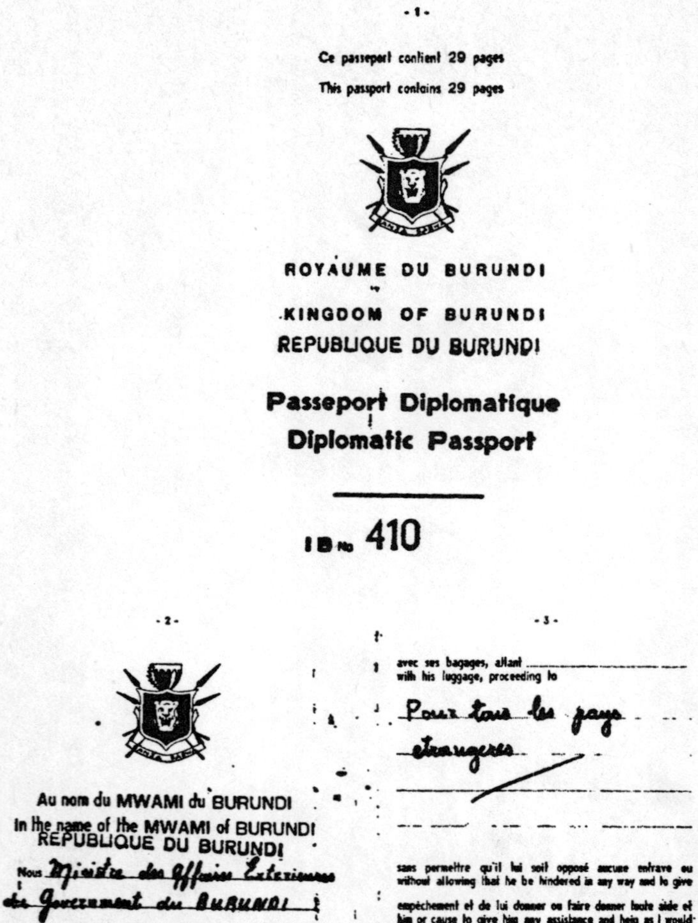
- 1 -

Ce passeport contient 29 pages

This passport contains 29 pages

ROYAUME DU BURUNDI

KINGDOM OF BURUNDI

REPUBLIQUE DU BURUNDI

Passeport Diplomatique

Diplomatic Passport

ID No 410

- 2 -

Au nom du MWAMI du BURUNDI

In the name of the MWAMI of BURUNDI

REPUBLIQUE DU BURUNDI

Nous Ministre des Affaires Exterieures du Gouvernement du BURUNDI

prions tous les Magistrats ou Officiers, tant Civils que Militaires, quels qu'ils puissent être, des Princes et Etats Etrangers, de laisser passer librement S. Ex. le Dr. Leopold LEDL Ambassadeur Plenipotentiaire Extraordinaire

ask all Magistrates or Officers, as well Civilian as Military, whoever they are, of Foreign Princes and States, to let pass freely

- 3 -

avec ses bagages, allant

with his luggage, proceeding to

Pour tous les pays etrangeres

sans permettre qu'il lui soit opposé aucune entrave ou empêchement et de lui donner ou faire donner toute aide et secours ainsi que Nous le ferions Nous-même, en étant requis.

without allowing that he be hindered in any way and to give him or cause to give him any assistance and help as I would do myself, being so requested.

Délivré à / Issued at Bujumbura

Le 22/12/1967

Pour le Ministre

Faksimile aus Leopold Ledls burundischem Reisepaß

-4-

SIGNALEMENT - DESCRIPTION

Taille / Height: 1.84 m

Visage / Face: Ovale

Profession / Profession: Membre du Corps Diplomatique

Domicile / Residence: Bujumbura-BURUNDI

Signes particuliers / Special peculiarities: Néant

Nombre d'enfants accompagnant / Number of children accompanying: Néant

Signature du porteur / Signature of bearer

-5-

En tout état de cause, le présent passeport cessera d'être valable 2 (deux) années après la date de sa délivrance.

In any case the validity of this Passport expires 2 (two) years after date of issue.

Photo / Photograph

MINISTERE des AFFAIRES ETRANGERES Royaume du BURUNDI et du COMMERCE EXTERIEUR

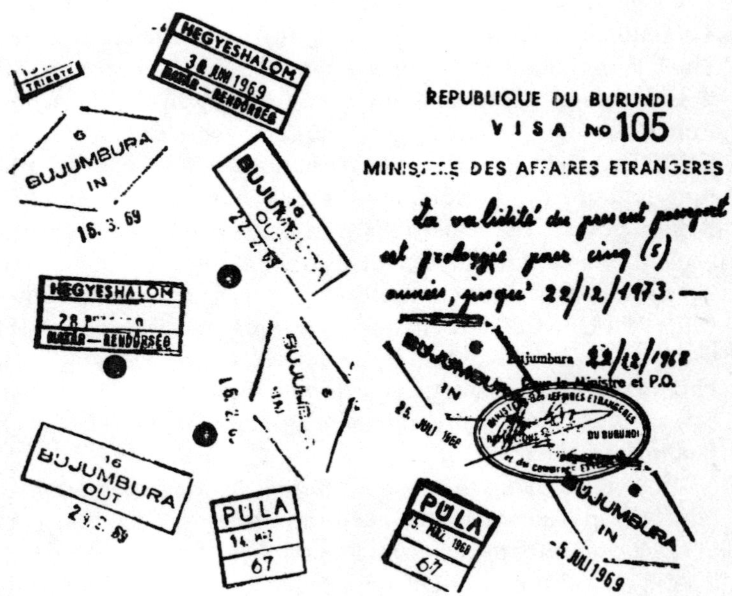

REPUBLIQUE DU BURUNDI

VISA No 105

MINISTERE DES AFFAIRES ETRANGERES

La validité du présent passeport est prolongée pour cinq (5) années, jusqu'à 22/12/1973.—

Bujumbura 22/12/1968

Pour le Ministre et P.O.

HEGYESHALOM 30 JUN 1969

BUJUMBURA IN 16. 3. 69

BUJUMBURA OUT

HEGYESHALOM

BUJUMBURA OUT 29. 3. 69

PULA 67

BUJUMBURA IN 25 JULI 1968

BUJUMBURA IN 5 JULI 1969

eine Fertigungsanlage zur Glasproduktion und die Jugoslawen einen Konfektionsbetrieb. Nach der Rückkehr von meiner Rundreise durch den Osten begann ich erste Schritte zur Anerkennung meiner Position als Generalkonsul zu unternehmen. Ich gestehe freilich, daß ich die Sache nur halbherzig betrieb. Ich war von meinem Naturell her nicht sonderlich an all dem Drum und Dran interessiert, das mit einer solchen Aufgabe notgedrungen auf mich zukommen mußte: zeitraubende und kostenaufwendige Empfänge und Parties ohne entsprechenden Nutzen, die Unterhaltung eines Büros und ähnliches mehr. Ich hatte auch wenig Zeit für derlei Überlegungen, denn inzwischen nahmen die Ereignisse in Burundi eine dramatische Wendung.

Trotz seiner Eskapaden, die auch seinen Untertanen nicht verborgen blieben, war der Wami sowohl beim eigenen Stamm, den Watussi, als auch bei den Bahutus beliebt. Bei letzteren machte er dadurch Eindruck, daß er sein Kabinett fast ausschließlich mit Bahutu-Ministern ausgestattet hatte. Einfachere Bürger seines Landes sahen in ihm sogar einen menschgewordenen Gott, einen „Imana".

Noch hielt er die Zügel in der Hand. Noch konnte er auch mit der Loyalität der Militärs rechnen. Aber unter der scheinbar friedlichen Oberfläche gärte es bereits. Der alte Konflikt zwischen den beiden Volksstämmen schwelte weiter. Bahutu-Extremisten sannen auf seinen Sturz. Am 15. Januar 1965 wurde der vom König eingesetzte Ministerpräsident Pierre Ngendandumwe von Attentätern niedergeschossen. Er war einer der Bahutus innerhalb der regierenden Einheitspartei UPRONA. Sein Programm zielte hauptsächlich auf Arbeitsbeschaffung und auf die Versöhnung der beiden Volksgruppen hin. Einige Repräsentanten der Linken standen im Verdacht, den Mordanschlag geplant zu haben. Kurz nach dem Attentat löste Mwambutsa das Parlament auf und übernahm selbst die Regierungsgeschäfte. Der linke Flügel der UPRONA trat immer stärker in Opposition zum König. Aus den Kreisen der im Ausland ausgebildeten jungen Watussi-Akademiker kam wachsender Widerstand. Einige Bahutus befürchteten einen Staatsstreich, dem sie durch einen eigenen Umsturzversuch zuvorzukommen trachteten.

Er sollte die langersehnte Umkehrung der Machtverhältnisse bewirken. Wie in Ruanda sollten auch in Burundi die Bahutus die Macht übernehmen. In der Nacht zum 18. Oktober 1965 versuchten die Rebellen mit der Hilfe einiger Offiziere den Königspalast zu stürmen.

Der Premierminister wurde angeschossen, der König konnte heil entkommen. Mit einem Maschinengewehr vertrieb der Wami die Rebellen. Für ihn war die Sache damit erledigt. Bereits einige Tage später verließ er das Land und flog nach Genf. Zu Hause blieben nur einige Minister, die ihre Beschlüsse fortan dem in Genf weilenden Monarchen unterbreiten mußten. An der Abreise des damals 54jährigen Mwambutsa war seine weiße Freundin Josy freilich nicht ganz unbeteiligt. Der König entdeckte die 32jährige Belgierin im Frühjahr 1964 im Genfer Nachtclub Ba-Ta-Clan. Dort enthüllte die Stripperin mit der tadellosen Figur allabendlich zu rhythmischen Klängen ihre ansehnlichen Reize. Mwambutsa war sofort Feuer und Flamme. Von der Bühne weg nahm er die Nackttänzerin als Privatsekretärin nach Afrika mit. Doch die schöne Belgierin fand weder an Krokodilen noch an meuternden Untertanen Gefallen, sie wollte in die friedliche Schweiz zurück.

Die nächtliche Schießerei im Königspalast brachte das bescheidene Faß ihrer Gefühle zum Überlaufen. Genf versprach vergnüglichere Nächte. Sie ließ die Koffer packen und rauschte ab. Der König folgte ihr nach. Den Militärs entlockte die Abreise des Wami keineswegs Abschiedstränen. Ganz im Gegenteil, sie sahen endlich den Zeitpunkt gekommen, mit den Bahutus abzurechnen. Ihnen war die versöhnliche Politik des Königs gegenüber den Kurzbeinen ohnehin schon lange ein Dorn im Auge.

Die Hinrichtungsmaschinerie lief an. Innerhalb kürzester Zeit wurden 86 Todesurteile gefällt. Fast die gesamte Bahutu-Prominenz wurde im Prinz-Louis-Rwagasore-Stadion niedergemäht, während sich einige Häuser weiter eine internationale Juristenkommission um die Akteneinsicht der Verurteilten bemühte.

Unter den Ermordeten befand sich der ehemalige Ministerpräsident, der ehemalige Vorsitzende und vier Vizepräsidenten des Parlaments, der Wirtschaftsminister und der Vorsitzende der christlichen Gewerkschaften. Auch im Landesinneren wurden Tausende Bahutus erschossen.

Micombero erwies sich als absolut königstreu. Seine Stunde hatte noch nicht geschlagen, und so stand er im Zweifelsfalle, obwohl selbst ein Bahutu, stets auf der Seite der Sieger.

Der König gab sich in seiner Genfer Residenz äußerst reserviert. Er war für niemanden zu sprechen. Auf Anfragen von wißbegierigen Journalisten antwortete die Privatsekretärin nur: „Der Imana steht über solchen Dingen."

Gemäßigte Burundi-Politiker, die den König wieder heim ins Reich holen wollten, um weitere Katastrophen zu verhindern, mußten unverrichteter Dinge die Rückreise antreten.

Ohne viele Gedanken an die Lage seines Königsreiches zu verschwenden, stürzte sich Mwambutsa jetzt noch mehr in jenen Trubel, den er für das volle Leben hielt.

Unter Genfer Nachtschwärmern sprach es sich bald herum, daß sie im Nachtklub Ba-Ta-Clan einen echten Watussi-König erleben könnten, wie er gerade Watussi tanzt - und im noblen Walliser Wintersportort Crans sahen Hunderte Touristen genüßlich zu, wie die Negermajestät mit seiner Sekretärin die Hänge hinunterflitzte. Daneben gab sich der Wami ausgedehnten Parties mit entsprechendem Whiskykonsum hin und ließ allmonatlich bei seinem Genfer Leib-Urologen seine Hoden abtasten, da er panische Angst vor Geschlechtskrankheiten hatte.

Der ausgedehnte Auslandstrip des Staatsoberhauptes wirkte sich auf die Lage in Burundi fatal aus. Mwambutsas abergläubische Landeskinder schrieben Mißernten, Fehlgeburten, Erdstöße und ähnliches gleichermaßen auf das Schuldkonto seiner Abwesenheit. Dies bewog ihn im Frühjahr 1966 schließlich dazu, seinen einzigen überlebenden Sohn, den damals erst 19jährigen Charles Ndizeye, nach Burundi zu entsenden.

Der junge Kronprinz wurde im ganzen Land mit Enthusiasmus begrüßt. Er hatte in Harvard und in Heidelberg Staatswissenschaften studiert, war sympathisch und hatte gute Manieren.

Doch seine Jugend und sein Mangel an Erfahrung machten ihn bald zum Spielball der Politiker. Als er im Sommer 1966 plötzlich seinen Vater für entmachtet erklärte und sich am 8. Juli des selben Jahres an dessen Stelle zu König Ntare V. krönen ließ, war dies allerdings nur für Uneingeweihte ein Akt des Ungehorsams und der Undankbarkeit.

Wie erwähnt, hatte ein Mwambutsa (Fährmann) ohnehin stets nur die Aufgabe, für einen Ntare den Weg freizumachen. Obendrein war der Wechsel diesmal eine abgemachte Sache. Der Wami wollte einfach nicht mehr. Das süße Leben in Europa gefiel ihm ungleich besser als die Scherereien mit seinen Untertanen.

Ntare V. übernahm ein verhältnismäßig ruhiges Erbe. Das Amt des Ministerpräsidenten bekam der zu jener Zeit 32jährige Micombero, dem die wachsende Macht nicht sosehr als Möglichkeit zur Verwirklichung irgendwelcher Reform-Ideen als eher zur Befriedigung seiner Eitelkeit und seines Geltungsdranges diente.

Er sorgte dafür, daß Charles nach der Devise: 'Der König herrscht, aber regiert nicht', nacheinander alle seine Rechte abgeben mußte. Seine Bewegungsfreiheit wurde drastisch eingeschränkt, jeder direkte Kontakt zum Volk unterbunden.

Der junge Monarch behandelte seinen Ministerpräsidenten freundlich und versuchte ihn für sein Aufbauprogramm zu gewinnen. Dabei verschloß er sich keineswegs Micomberos Anregungen. Erzbischof Kyprianos, der dem König beratend und helfend beistand, behandelte den Premier mit väterlicher Güte, wenn auch abwartend und mit gewissen Vorbehalten. Sowohl Dr. Tetenes als auch ich waren äußerst bemüht, den schweigsamen Premierminister nicht zu verärgern.

Ntare hatte auch im Ausland Freunde, vor allem Kaiser Haile Selassie und König Hassan von Marokko.

Der junge König wollte vorrangig den Ausbau des Straßennetzes in Angriff nehmen, denn der Schlüssel zur Hebung des afrikanischen Lebensstandards war der Warenumschlag innerhalb des Kontinents. Zwischen den ehemaligen Kolonialstaaten bestanden kaum Verkehrsverbindungen, die Schienenstränge endeten an den Grenzen. Zur Schaffung eines kontinentalen Bahnnetzes wären außer geschultem Personal Vereinbarungen nötig gewesen, um ein technisch einheitliches Schienen- und Rollgütersystem mit einem einheitlichen Tarifpaket erstellen zu können. Trotzdem wäre ein solches Bahnnetz eine ewige Defizitquelle geblieben, weil dafür kein Zuschuß aus Steuergeldern zur Verfügung gestanden wäre.

Als einzige Lösung des Problems bot sich daher der Straßenbau an. Umsomehr, als der Straßentransport gleichzeitig viele Zweige der Industrie und des Handels fördert, sei es, daß es sich um die Fahrzeugindustrie mit den dazugehörigen Service- und Reparaturleistungen handelt oder um die Errichtung von Tankstellen, Rasthäusern und Hotels. Der Ausbau eines solchen Servicenetzes war schon in Hinblick auf die Ankurbelung des Fremdenverkehrs, etwa die Umwandlung der Ufergebiete des Tanganjikasees in ein Ferien- und Freizeitparadies, eine unabdingbare Voraussetzung. Doch die Pläne des Königs blieben in ihren Ansätzen stecken.

Am 25. November 1966 reiste Ntare V. zu einem Staatsbesuch zu

Oberst Mobutu in den Kongo. Vorher hielt er noch eine Ansprache, in der er die UPRONA-Partei zur einzig legitimen Partei des Landes erklärte. Das nutzte ihm aber nichts mehr. Kaum hatte sich das Flugzeug des Königs von der Startpiste erhoben, nahm die Revolte ihren Lauf. Micomberos Palastwache rückte mit drei Lastautos aus: die Soldaten rollten dreißig vollgefüllte Bezinfässer auf die Landebahn und teilten Ntare durch den Rundfunk mit, jeder Rückkehrversuch wäre zwecklos, er würde ihn nicht überleben.

Der König war entmachtet, ohne daß auch nur einziger Schuß gefallen wäre.

Am 28. November rief Micombero die Republik aus. Er selber übernahm das Amt des Staatspräsidenten. Bis heute ist nicht geklärt, welche Rolle der kongolesische Staatschef Oberst Mobutu bei der Angelegenheit gespielt hatte. Ich bin der festen Überzeugung, daß es ein von langer Hand vorbereitetes, abgekartetes Spiel westlicher Geheimdienste war, das da über die Bühne ging. Von Mobutu ist ja bekannt, daß er eine „Entdeckung" des amerikanischen Geheimdienstes CIA war, um, wie es hieß, dem Kongo „zur rechten Zeit mit dem rechten Mann zu helfen". Zwar stand Micombero selbst links, fühlte sich aber schon auf Grund seiner Ausbildung im Westen diesem zugehörig. Seine linke Position nährte sich nicht so sehr aus ideologischen Quellen als aus seiner Zugehörigkeit zum stets unterdrückten Bahutu-Stamm und aus seinem Haß gegen das korrupte Regime des vom Westen ausgehaltenen WatussiKönigs.

Die Doktrin der „Nationalen Sicherheit" bildete seit dem Ende des Zweiten Weltkrieges das Fundament der amerikanischen Außenpolitik. Wie auf Kommando stürzten nämlich Mitte der sechziger Jahre die Militärs der Dritten Welt die Zivilregierungen ihrer Länder. Am 25. November 1965 erklärte im Kongo Oberst Mobutu seinen Staatspräsidenten Kasavubu für abgesetzt. Am 22. Dezember 1965 fegte Oberst Soglo in Dahomey zum drittenmal binnen zwei Jahren eine Clique korrupter Politiker aus ihren Ämtern. Am 1. Januar 1966 jagte Oberst Bokassa in der Zentralafrikanischen Republik seinen Vetter Dacko davon. Am 4. Januar 1966 zwang Generalstabschef Lamizana den Staatschef von Obervolta, Yameogo, seinen Hut zu nehmen. Am 16. Januar 1966 übernahm General Al Ironsi die Macht in Nigeria. Er wurde noch im selben Jahr von General Gowon abgesetzt. Am 24. Februar 1966 stürzten Armee und Polizei von Ghana den im Ausland weilenden Diktator Kwama Nkrumah, und in Uganda trieb der ehemalige Zuckerrohrschneider Dr. Apollo Milton Obote mit Hilfe der Armee den Staatspräsidenten außer Landes.

Ungefähr zur gleichen Zeit übernahmen auch in einer Reihe lateinamerikanischer Länder Militärs die Macht. Kein Wunder, daß die westlichen Geheimdienste unruhig wurden und auf meine Ausschaltung hinarbeiteten, als sie Jahre später davon erfuhren, daß ich gerade dabei war, eine Söldner-Truppe zusammenzustellen, die dem abgesetzten König Ntare V. wieder auf den Thron von Burundi zurückhelfen sollte ...

ROYAUME DU BURUNDI
CABINET ROYAL

Genf am [illegible]

D E K R E T

Wir bestätigen das under Sonderbotschafter Herr Dr. Leopold Ledl weiter in Amt und Würden bleibt. Er wird noch als mein ständiger Berater mir zu Verfügung stehen.

Herr Dr Leopold Ledl bleibt auch mit dem Einverständnis der Republic Burundi, dem Einverständnis des Präsedenten Michael Micombero in Amt und Würden.

Wir bitten alle Regierungen und Militärs den Besitzer dieses Dekretes alle nur möglichen Hilfen zu kommen zu lassen.

NTARE V du Burundi
Secretariat Cabinet Exil
2, Rue Bartjoloni

IV. Der Umsturzversuch

Einmal an die Macht gelangt, machte Präsident Micombero mit seinen Feinden kurzen Prozeß. Zunächst ließ er die Botschafter des Königsreiches zur Berichterstattung nach Bujumbura kommen. Der Empfang war kurz und tödlich. Micombero ließ die Diplomaten beim Betreten des Palastes über den Haufen schießen.

Lediglich Charles Baranyanka, Botschafter in Brüssel und Bonn, verblieb noch einige Zeit auf seinem Posten. Er war ein Karrierediplomat, der einerseits Loyalität gegenüber dem Präsidenten zeigte, andererseits aber zum jungen König hielt und mit Dr. Tetenes und mir gegen Micombero konspirierte. Aus welchen Erwägungen die neue Regierung Baranyanka vorläufig weiter wirken ließ, war nicht ganz klar. Wahrscheinlich wollte sie damit den Schein der Kontinuität bewahren und ihre Legalität unterstreichen. Möglicherweise diente Baranyanka aber auch als geheimer Verbindungsmann zum König.

Jedenfalls bat er die Honorarkonsule um weitere Mitarbeit und bestätigte sie im Namen der neuen Regierung in ihren Ämtern. Meine Einstufung als Sonderbotschafter wurde im Dezember 1967 ebenfalls bestätigt, ich erhielt einen neuen Diplomatenpaß. Auch Österreich erkannte das Micombero-Regime an, an eine Aufnahme von diplomatischen Beziehungen wurde aber nicht gedacht. Ich schloß das Konsulat mit Jahresende.

Als Sonderbotschafter sollte ich die alten Pläne im COMECON-Bereich verwirklichen. Da ich mich bei den neuen Machthabern einerseits nicht verdächtig machen, andererseits aber einem usurpatorischen System keine Devisen zuschanzen wollte, zog ich die Verhandlungen in die Länge.

In Burundi wurde die Lage immer schlechter. Micombero widmete sich mit Hilfe seiner einstigen Untergebenen in der Armee dem Aufbau der Geheimpolizei. Mittels Begünstigungen und Beförderungen versuchte er die Loyalität der Armee und des Staatssicherheitsdienstes zu erwerben. Um ihre Privilegien zu sichern, scheuten die Mitglieder dieser „neuen Klasse" tatsächlich vor keiner Untat zurück.

Natürlich stießen die Maßnahmen des Präsidenten nicht überall auf einhellige Zustimmung. So entzweite er sich sehr bald sogar mit den Mitgliedern seines eigenen Kabinetts. Zehn Minister ließen daraufhin Ntare durch Erzbischof Kyprianos die Nachricht zukommen, daß sie loyal zu ihm stünden.

Angesichts dieser Umstände erwogen weder der Mwambutsa noch der junge König die Bildung einer Exilregierung, das Ziel war vielmehr, Micombero zu stürzen.

Die Frage war nur: wie?

Die Belgier hätten an Burundi jegliches Interesse verloren, und das Volk begehrte nicht auf, obwohl wir wußten, daß die Mehrheit der beiden Stämme insgeheim die Monarchie zurückhaben wollte. Mit dem Kongo des Oberst Mobutu bestand ein Nichtangriffs- und Beistandspakt. Weder die republikanischen noch die monarchistischen Regierungen des übrigen Afrika zeigten viel Lust, sich mit Burundi zu beschäftigen. Sie hatten ihre eigenen Probleme.

Wir konnten nur mit unseren eigenen Kräften rechnen.

An dieser Stelle möchte ich ein klärendes Wort über die Motive einfügen, die mich veranlaßten, für die Sache eines Landes zu streiten und dafür nicht unerhebliche Gefahren auf mich zu nehmen, das ich vorher nur von Briefmarken gekannt hatte. Es wäre gelogen, würde ich behaupten, ich hätte mich selbstlos dieser Aufgabe verschrieben. König Ntare sah in mir einen Freund, er schätzte mich als guten Organisator und fähigen Kaufmann, der imstande sein würde, nach seiner Rückkehr einige Aufgaben innerhalb der Wirtschaft des Landes zu übernehmen. Er sagte mir eine Reihe von Privilegien zu. Ich sollte das internationale Geschäft mit Briefmarken ankurbeln, die Vergabe von Import-Export-Lizenzen besorgen und mich um den Aufbau des Fremdenverkehrs kümmern. Lauter verlockende Angebote, denen ich teils aus Sympathie zu diesem Volk, teils aus finanziellem Interesse nicht zu widerstehen vermochte. Es gab also ausreichende Gründe, mich für Burundi und die Rückkehr des jungen Königs einzusetzen. Im Herbst 1968 begann ich mit den berüchtigten Söldnerführern der damaligen Zeit, Müller und

ROYAUME DU BURUNDI
CABINET ROYAL

Genf am, 10.1. 1969

G E N E R A L V O L L M A C H T

Wir bevollmächtigen unseren Sonderbotschafter Herrn Leopold Ledl Industrielle sowie hochgestellte Persönlichkeiten den Titel eines Generalkonsules oder eines Konsules zu verleihen.
Die dekurierten Persönlichkeiten müssen eine Spende für die wieder einsetzung des Königs 20,000 Dollar als einmalige Zahlung leisten.
Dieser Betrag wird von Herrn Leopold Ledl in Empfang genommen und an uns weitergeleitet.

NTARE V du Burundi
Secretariat Cabinet Exil
2, Rue Bartjoloni

Steiner, zu verhandeln. Steiner, ein ehemaliger Feldwebel der französischen Fremdenlegion und Oberst der Biafra-Armee, war ständig auf der Suche nach lukrativen Kriegsgeschäften. Laut eigener Aussage störte ihn am Zivilleben eben das zivile Leben. Ein anderes Kaliber war General Salan, zu dem ich ebenfalls Kontakt aufnahm.

Offenbar wurde er von dem Geheimdienst seines Kollegen und Staatschefs General de Gaulle ständig beobachtet, denn als ich damals eines Abends einen Spaziergang am Münchner Sendlinger-Tor-Platz machte, begegnete ich plötzlich einem überaus freundlichen Herrn, der sich als Monsieur J. vorstellte und mir liebe Grüße vom französischen Geheimdienst überbrachte. Er machte mich nachdrücklich darauf aufmerksam, daß seine Regierung keineswegs wünsche, daß ich mit Salan auf französischem Territorium Putschpläne gegen Burundi schmiede. Der General mußte sich zu diesem Agreement verpflichten.

Wir hätten eine gutbewaffnete Truppe von nicht mehr als dreißig weißen Söldnern benötigt, die wir mit Transporthubschraubern ins Land befördern wollten. Sie hätten Micombero samt seinen Soldaten binnen zwei Stunden schachmatt gesetzt. Die Aktion hatte natürlich ihren Preis; für den geplanten Einsatz verlangten Müller und Steiner je 400.000 US-Dollar im voraus und eine weitere Million nach der Wiederherstellung des Königreiches.

Die beiden waren professionelle Killer und Umstürzler, wir wollten sie nur so lange im Land behalten wie unbedingt nötig. Ihre wirre Ideologie von der Vorrangstellung des weißen Mannes, die sie freilich keineswegs daran hinderte, für bares Geld der Sache eines „Negerkönigs" zu dienen, erweckte in uns allen Abscheu.

Wie sollten wir das nötige Geld beschaffen?

Als eine relativ leicht anzuzapfende Quelle bot sich uns die menschliche Eitelkeit an. Ich dachte an Tarcaly und seine Geschäfte. Weder König Mwambutsa noch Ntare V. hatten während ihrer Regierungszeit Konsularämter oder Auszeichnungen verkauft. Es dürfte ein offenes Geheimnis sein, daß viele afrikanische und mittelamerikanische Staaten mehr Honorarkonsule beschäftigen als die USA und England zusammen.

Die Ernennungstaxen lagen damals bei 20.000 US-Dollar, und nur zu gerne ließ der eine oder andere Geschäftsmann diese Summe springen, um seinen Geltungsdrang und seine Titelsucht zu befriedigen.

Auf Grund solcher Überlegungen wurde der Plan gefaßt, an einwandfreie Personen des europäischen Wirtschaftslebens gegen Entgelt Diplomatenpässe und Konsulardekrete zu verleihen. Die einfließenden Beträge dienten zur Bildung eines Fonds zur Wiederherstellung des burundischen Königreiches. Jedem Kandidaten wurde ausdrücklich erklärt, daß der König zur Zeit keine Autorität ausübe, ihre Ernennung werde daher erst nach einem Sieg der königstreuen Revolte in Burundi wirksam werden. Aus Burundi trafen inzwischen ermutigende Nachrichten ein, die uns in unseren Bemühungen bestärkten. Auf Micombero wurden im Laufe der Zeit mehrere Attentate verübt, denen er aber immer wieder entgehen konnte. Auf Grund meiner Sonderstellung hatte ich auch zu dieser Zeit keine Schwierigkeiten, nach Burundi einzureisen. Der Geheimdienst wußte damals noch nichts von unseren Umsturzplänen. Anläßlich einer solchen Reise erfuhr ich, daß auch Charles Baranyanka das Los seiner Diplomaten-Kollegen eingeholt hatte.

Als er nach längerer Zeit wieder einmal in seine Heimat flog, wurde er verhaftet, vor Gericht gestellt, zu 16 Jahren Haft verurteilt und in ein südlich von Bujumbura errichtetes Konzentrationslager gebracht.

Das Areal - so erzählte man mir - befand sich auf einem Hochplateau, wo es extrem hohe Temperaturschwankungen gibt. Die Nächte sind klirrend kalt, während es tagsüber unbarmherzig heiß wird. Unter diesen Bedingungen mußte Baranyanka, in einen engen Wellblechverschlag gesperrt, seine Haft verbüßen. Seine Frau, eine Belgierin, und seine beiden Kinder blieben in Brüssel zurück. Ob Baranyanka, den ich als einen ausgeglichenen, versöhnlichen Mann kannte, diese Jahre überlebt hat oder nicht, entzieht sich meiner Kenntnis. Ich habe den Kontakt zu seiner Familie bald verloren.

Im Grunde seines Herzens blieb Micombero trotz seiner Umtriebe der kleine Bahutu, der sich riesig freuen konnte, wenn ich etwa mit einem schneeweißen Anzug angerückt kam und ihm diesen zum Geschenk machte. „Sie sind der einzige Weiße, der nie überheblich ist", bekräftigte er seine Meinung über mich, „die anderen interessieren sich immer nur für den König, aber nicht für das Volk".

Ich mußte regelmäßig an diese Worte denken, sooft ich Augenzeuge jener hektischen Bemühungen wurde, mit denen sich allerhand Pseudoprominenz um die Gesellschaft der heimatlosen Watussi-Herrscher riß.

Da wimmelte es nur so von echten und falschen Diplomaten und sonstigem Prestigevolk. Neben Honorarkonsuln verschiedenen Ranges wie Heuer, Bodo von Roy oder dem Vertreter eines südamerikanischen Staates, Hermann Stiehler, der zusammen mit seiner südamerikanischen Frau, die wegen ihrer Herkunft aus einer Edelstein-Dynastie auch die „Smaragden-Vally“ genannt wurde, aufzukreuzen pflegte, obwohl ihm der Ruf eines lediglich zu dekorativen Zwecken benutzten Homosexuellen voranging, tummelten sich da reihenweise Leute aus dem Neureichen-Milieu der Bundesrepublik, die vor Partybeginn noch schnell in Reader's Digests Großem Weltatlas nachschlagen mußten, um herauszufinden, wo Burundi eigentlich liegt.

Auch der „schöne“ Konsul Weyer, prominentester Titelhändler der sechziger Jahre, unternahm einige Annäherungsversuche, die aber rasch scheiterten. König Ntare hielt den geschniegelten Partylöwen für einen windigen Dampfplauderer. Zwar behauptete Weyer später in einer deutschen Illustrierten, mit dem König in Burundi gewesen zu sein, doch davon stimmte kein Wort.

Charles selber suchte eher traditionelle Bindungen. Eine Zeitlang nahm er sich der schönen Nichte des belgischen Premiers Spaak an und ging auch im Königshaus ziemlich ungeniert ein und aus.

Außer dem Verkauf von Honorarkonsul-Dekreten brauchten wir noch andere Möglichkeiten, um Geldmittel für den geplanten Umsturz aufzutreiben. Da meldete sich plötzlich die amerikanische Mafia zu Wort.

Schon seit jeher suchten die Paten der „Ehrenwerten Gesellschaft“ ein Land, in dem all ihre Freunde eine neue Heimat finden könnten, über die sich bei den diversen Staatsanwaltschaften und Gerichten ein dickes Aktenbündel angesammelt hatte. Burundi schien für diesen Zweck ein idealer Boden zu sein. Es lag einigermaßen außerhalb der Reichweite von FBI und Interpol und bot allerhand Möglichkeiten für gewinnbringende Investitionen. Nun legte der Verbindungsmann der Mafia, James Evans, von dem im nächsten Kapitel noch ausführlicher die Rede sein wird, einen auf den ersten Blick abenteuerlich wirkenden, im Grunde aber recht nüchternen Plan vor: Er und drei Mafia-Familien - so Evans - würden als Gegenleistung Burundi in ein Steuerparadies à la Liechtenstein verwandeln, mit allem dazugehörigen Komfort. Der Fremdenverkehr würde auf Grund großzügiger Investitionen einen mächtigen Aufschwung erfahren. Scharen von Touristen aus aller Welt, vor allem aus den Vereinigten Staaten, würden das Land mit harter Währung überschwemmen.

Er und seine Freunde waren sofort bereit, zu diesem Zweck tief in den Sack zu greifen und unsere Ausgaben für den Putsch bis zu 60 % vorzufinanzieren. Nun hatten weder der König noch ich große Lust, Burundi zum ersten Mafia-Staat der Welt zu machen. Die Verhandlungen wurden schließlich abgebrochen.

Neben dem Erlös aus dem Verkauf von burundischen Konsultiteln floß ein gewisser Anteil des benötigten Geldes auch aus dem Verkauf von Doktortiteln und Urkunden herein; eine Aktion übrigens, die mir nicht gerade viel Spaß machte.

Die Idee stammte von einem meiner Bekannten. Dieser joviale und äußerst gewandte Typ nannte sich Commander des „Sovereign Order of the Hospitallers of Saint John of Jerusalem“ und „Ritter von Malta“, führte als Berufsbezeichnung den Titel eines Diplomaten und UNO-Beraters, stammte aus Ungarn und gab als seinen Wohnsitz Wien und New York an, wo er angeblich eine Wohnung besaß.

Er stand in Verbindung mit einem Sir Earl A. James, der seinerseits im Namen einer fiktiven Nationaluniversität von Kanada in alle Welt Honorardoktortitel verscherbelte. Er lebte davon, gemäß seinem Wappenspruch: „Solange wir leben, sollten wir leben“, nicht schlecht. Nur nebenbei sei erwähnt, daß Sir James keineswegs zum kriminellen Untergrund der amerikanischen Gesellschaft zählte. Ganz im Gegenteil, er war Bischof einer protestantischen Religionsgemeinschaft und erfreute sich öffentlicher Wertschätzung. So sehr, daß er am 23. August 1960 im amerikanischen Repräsentantenhaus mit dem Diplom und dem Großkreuz der Eloy-Alfaro-Stiftung ausgezeichnet wurde, wie jedermann im entsprechenden Bericht der Congressional Records nachlesen kann. Der Name der Eloy-Alfaro-Foundation bezieht sich auf den ecuadorianischen General Olmedo Alfaro, der auch als Abraham Lincoln von Südamerika bezeichnet wird und der zweimal, von 1895 bis 1901 und von 1906 bis 1911, das Amt des Staatspräsidenten von Ecuador innehatte. Als Kämpfer für die Menschenrechte und den Weltfrieden bekannt, gründete Alfaro seine Foundation nur zu dem Zweck, all jene Persönlichkeiten auszuzeichnen, die die gleiche Gesinnung wie er zeigten.

Durch diese Preisverleihung geriet Sir James in die Gesellschaft so prominenter Leute wie Harry Truman, Präsident Eisenhower, Herbert Hoover, Lyndon Johnson, Averell Harriman, General MacArthur und last but not least FBI-Boß J. Edgar Hoover.

Tatsächlich war Sir James keineswegs kleinlich. Für jeden verkauften Doktortitel seiner Nationaluniversität ließ er eine Provision von zweitausend Dollar auf das Putschkonto von König Ntare überweisen. Ich ließ in Wien Blankoformulare von burundischen Diplomatenpässen drucken, die teilweise zusammen mit den Doktortiteln von Sir James abgesetzt wurden.

Das Kapital für den Staatsstreich wuchs. Im Februar 1970 wollte der König losschlagen. Ich riet davon ab. Das kongolesische Beistandsabkommen lief erst Ende 1971 aus, vorher konnte man kaum an eine Aktion denken. Mobutu hätte unsere Pläne zunichte machen können. Außerdem war ich überzeugt, daß wir bis zu diesem Termin die nötigen Mittel zur Finanzierung des Umsturzes aufbringen würden.

Doch die österreichischen Behörden machten einen Strich durch meine Rechnung. Offenbar waren unsere Pläne nicht nur dem französischen Geheimdienst bekannt, auch andere Staaten fanden wenig Gefallen an unserem Alleingang; und so kam der 10. August 1971 heran, an dem mich König Ntare anrief und mir mitteilte, daß meine Verhaftung bevorstünde. Den Grund für meine Festnahme lieferten einige mit Konsultiteln bedachte Industrielle und Kaufleute, die nicht beachtet hatten, daß ihre Titel von einem nichtamtierenden Exil-König vergeben worden waren und somit solange keine Grundlage für echte Ansprüche bildeten, solange Ntare V. nicht die Macht zurückerobert hatte. Obwohl sie diesbezüglich aufgeklärt worden waren, zeigten sie sich enttäuscht und empfanden die Angelegenheit als Betrug. Für das Gericht schmolz die ganze Sache zu einer simplen Betrugsaffäre mit gefälschten Diplomatenpässen und Ernennungsurkunden zusammen. Burundi war weit weg und schien lediglich die Rolle eines exotischen Alibis zu spielen, mit dem ein hochstaplerischer Fleischhauergeselle, den man sich auf Grund seiner Schulbildung einfach nicht als Honorarkonsul von Burundi vorstellen konnte, aufschneiden wollte.

Die Sätze, mit denen das Wiener Landesgericht für Strafsachen ein halbes Jahr später die Verhaftung eines Mitarbeiters begründete, waren typisch für die ganze Affäre: „Der Genannte steht im Verdacht, im September 1969 in Amerika und in anderen Staaten gefälschte Diplomatenpässe und Ernennungsurkunden zum Generalkonsul des Staates Burundi sowie gefälschte Ehrendoktorurkunden der Universität Toronto verkauft zu haben und auch derzeit den Handel mit den angeführten gefälschten Urkunden zu betreiben."

Ebensowenig wie die Vergabe von Diplomatenpässen eine simple Betrugsabsicht beinhaltete, stimmte es, daß die Ehrendoktor-Urkunden des Sir James „gefälscht" waren. Ganz im Gegenteil, sie waren durchaus echt, nur konnten sie auf Grund der bundesdeutschen und österreichischen Gesetzeslage hierzulande nicht anerkannt und daher auch nicht in der üblichen Weise verwendet werden. Das heißt noch lange nicht, daß sie im Ausland nicht als gültig anerkannt worden wären. Die kanadischen Behörden hätten sonst den Aktivitäten des Bischofs kaum tatenlos zugesehen, geschweige denn hätte ihn das amerikanische Repräsentantenhaus mit dem Alfaro-Preis ausgezeichnet. Man konnte freilich weder vom Gericht noch von der Öffentlichkeit erwarten, daß sie sich mit einer so komplexen Materie sachgerecht auseinandersetzten. Für die Presse war meine Verhaftung willkommener Anlaß zu spöttischen Bemerkungen über den „falschen Doktor" und seine „Gaunereien".

Als ich im September 1972 vor Gericht stand, überboten sich die Boulevardblätter und Illustrierten mit Schlagzeilen wie „Opfer seiner krankhaften Eitelkeit und Titelsucht", „Bevor man Geschäfte mit der Eitelkeit macht: erst schauen, ob der König noch ein König ist", „DDDr. h.c. für Eitelkeit" oder ähnlichem.

Auf Grund der österreichischen Rechtslage wurde ich trotz der begründeten Einwände meiner Verteidiger zu drei Jahren Haft verurteilt.

Während ich mich mit Gerichten und Anwälten herumschlagen mußte, bahnte sich für Ntare V. die Tragödie seines Lebens und seines Volkes an. Im Sommer 1971 waren alle Vorbereitungen abgeschlossen, Kenya und Uganda, die wichtigsten Nachbarländer, informiert. Monatelang verhandelte ich mit den einflußreichsten Stammeshäuptlingen, die auch über die Grenzen hinaus ein gewichtiges Wort mitzureden hatten, um sie für unsere Pläne zu gewinnen. Nun wurde ich „ausgeschaltet", obwohl ich mir keiner kriminellen Handlung bewußt war. Der König blieb mit seinen Problemen allein. „Auch wenn Du nur vorübergehend Schwierigkeiten hättest, könnte sich das für uns katastrophal auswirken." Das waren die letzten Worte, die ich aus seinem Munde vernahm.

Dann brach die Hölle los.

Dem war ein raffiniert eingefädeltes Spiel zwischen Micombero und dem Staatschef von Uganda, Idi Amin, vorausgegangen. Nachdem

Micomberos Geheimpolizei von den Putschplänen erfahren hatte, setzte sich der burundesische Außenminister M. A. Shimbanaiye im Einvernehmen mit Idi Amin für die Rückkehr Ntares in seine Heimat ein. Gleichzeitig gab Micombero eine schriftliche Garantie ab, daß dem König nichts zustoßen werde, falls er gewillt sei, als gewöhnlicher Staatsbürger ohne politische Ansprüche im Land zu leben.

Auf Grund dieser Versprechungen flog Charles am 30. März 1972 nach Bujumbura. Er wurde vom Flugplatz direkt in seinen Palast gebracht und dort unter Hausarrest gestellt. Man eröffnete ihm, daß man von seinen Putschplänen, mit Hilfe weißer Söldner an die Macht zu gelangen, erfahren habe, und daß man annehme, er sei sich der Konsequenzen bewußt. Der König hatte ausgespielt.

Am 28. April 1972 fand im Präsidentenpalast von Bujumbura eine außerordentliche Sitzung des Ministerrates statt, die praktisch seine Hinrichtung beschloß. In den Abendstunden des nächsten Tages wurde Ntare V. von Mitgliedern der Palastwache getötet und gevierteilt. Gleichzeitig brach ein landesweiter Aufstand der Bahutus aus, der besonders stark im Süden tobte. Dies legt den Schluß nahe, daß Charles der Meinung war, ausreichend für einen Angriff vorbereitet zu sein, zumal wir schon immer wußten, daß es in den Reihen der Bahutu-Bevölkerung gefährlich gärte.

Doch durch das vorzeitige Bekanntwerden der Umsturzpläne war Micombero alarmiert; der Rückkehrversuch Ntares wurde zu einem einzigen blutigen Desaster. „Wir haben erfahren", ließ Micombero in einer Regierungserklärung über den Rundfunk verlesen, „daß die Feinde des Landes, aus dem Ausland hereingekommen, zur gleichen Zeit in Rumonge, Bujumbura, Kitega, Gitwenge und an anderen Stellen des Landes angegriffen haben ..." Zweifelsohne haben die Bahutus im Rausch ihres Rachefeldzuges regelrechte Massenmorde begangen, aber diese wurden von den Vergeltungsmaßnahmen Micomberos, dieses Verräters an seinem Volk, noch weit übertroffen. Zehntausende Bahutus, darunter eine Anzahl katholischer Priester, wurden grausam niedergemetzelt. Mit dem Schlachtruf „Gu tu tema tema simba simba!" (Los, tötet die Löwen!) ermordeten Watussi-Truppen wahllos alle Bahutus, auch Frauen und Kinder, derer sie irgendwie habhaft werden konnten.

Die europäische Presse sprach vom größten Massaker in Afrika seit der Kongo-Rebellion. Tatsächlich schien es so, als wollten die Watussi die endgültige Vernichtung des Bahutu-Volkes erreichen, seine Intelligenz rotteten sie ohnehin fast zur Gänze aus. Selbst vor dem Heimatort des Präsidenten Micombero, Rutovic, machte der blutige Feldzug der Watussi nicht halt. Kein einziger Bahutu-Mann im Ort, darunter viele ehemalige Schulkollegen des Präsidenten, überlebte. Die Leichen der erschossenen, mit Speeren und Hackmessern gräßlich zerstückelten Opfer wurden in Massengräber geworfen oder im Tanganjikasee versenkt. Rund 150.000 Menschen dürften Micomberos Rachefeldzug zum Opfer gefallen sein.

V. Kontakte zur Mafia

Nicht umsonst sind die Engländer wegen ihres Humors berühmt. Als die Beamten von Scotland Yard im Jahre 1976 nach monatelangen mühsamen Beobachtungen, Nachforschungen und Verhören einer der größten Geld- und Wertpapierfälscherbanden das Handwerk legten, taten sie dies an einem Freitag, der zugleich der Dreizehnte war, am 13. August 1976. Im Morgengrauen dieses Tages schlugen 250 Beamte an zehn verschiedenen Adressen los. Den Chef der Bande erwischten sie unter der Anschrift Vere Court 9. Er war gerade im Begriff, keuchend in den Keller zu flüchten, als die flinken Bobbies den fast eineinhalb Zentner schweren kleinwüchsigen Mann mit chronischer Zuckerkrankheit einholten.

„O.k., ihr habt mich. Ich bin ein schlechter Mensch, aber was soll's", soll er dazu gesagt haben.

Henryk Orlander, Spitzname „Nuti", war den Fahndern kein Unbekannter. Er hatte als Falschgeldmacher einen legendären Ruf. Zum Zeitpunkt seiner Verhaftung belief sich sein Vermögen, zusammen mit dem seiner engsten „Mitarbeiter", nach Schätzungen der Polizei auf rund 250 Millionen Deutsche Mark. Falsch wie das Geld, mit dem er große Geschäfte machte, war meistens auch sein Name. Einmal hieß er Henry Orlander, dann wiederum Henry Oberlander, Henrik oder Heinrich bzw. Henrique, auch Charles Rosenthal, dann wiederum Irving Spector und schließlich James Evans. Dazwischen legte er sich spaßhalber auch den Namen Alejandro Bond zu.

Bereits im Juli 1964 wurde er wegen Scheckbetruges gesucht. Ja, man verlieh ihm sogar die Bezeichnung „Großbetrüger", was in der Unterwelt etwa dem Rang eines Großfürsten entspricht.

Die kanadische Interpol fahndete ebenso fieberhaft nach ihm wie die Münchner Kriminalpolizei oder die Staatsanwaltschaft in Ravensburg. Im Wiesbadener Bundeskriminalamt lief gegen ihn unter dem Aktenzeichen 0-5695 fA sogar eine internationale Großfahndung mit entsprechendem Haftbefehl. Doch Orlander gelang es immer wieder, durch die Maschen des Gesetzes zu schlüpfen.

Es war ein langer Weg für den jungen Juden Henryk Orlander aus der Karpato-Ukraine, bis er sich in James Evans, den Finanzmakler der Mafia, verwandelt hatte.

„Nuti" kam am 7. Februar 1926 in Mukacevo auf die Welt. Die Stadt hieß früher Munkács und gehörte zu Ungarn. Später gab er, zu den diversen Decknamen passend, Prag oder Ottawa als Geburtsort an und verschleierte mehr oder minder geschickt, daß er als Sohn ungarischer Juden das Licht der Welt erblickt hatte.

Außer Ungarisch sprach er noch mindestens fünf andere Sprachen perfekt, darunter auch Russisch. Nach der „Befreiung" der Karpato-Ukraine durch Truppen der Roten Armee kam Orlander 1945 mit ihnen nach Wien.

Er war damals kaum zwanzig Jahre alt und noch sehr anständig. Als jüdischer Idealist schloß er sich in Wien, vielleicht auch schon in Mukacevo, der legendären jüdischen Fluchthilfeorganisation Brichah an. Zwischen 1944 und 1948 flohen rund 250.000 Juden aus den von der Roten Armee befreiten Gebieten aus dem Osten in den Westen. Das Ziel der meisten Flüchtlinge war Palästina, das sich damals noch unter britischer Herrschaft befand.

Die Brichah wurde im Herbst 1944 im russisch-polnischen Grenzgebiet, in Rowno, gegründet. Von hier aus versuchten die jüdischen Freiheitskämpfer Eliezer Lidovsky, ein Überlebender des Warschauer Ghettos, sein Bruder Abraham und der aus der kommunistischen Jugendbewegung kommende Yitzhak „Pascha" Rajchmann Fluchtwege für ihre jüdischen Landsleute zu erkunden. In Zusammenarbeit mit geheimen Emissären der zionistischen Untergrundarmee in Palästina, der Haganah, und der illegalen Einwanderungsorganisation Mossad schleusten sie jene Juden, die aus Polen, der Sowjetunion und der Tschechoslowakei nach Palästina auswandern wollten, durch Rumänien ins gelobte Land.

Später entwickelte sich Wien immer mehr zur Drehscheibe des illegalen Menschenschmuggels.

Leiter der Wiener Brichah-Zentrale war ein polnischer Jude namens

Bronislaw Teichholz, der 1943 auf abenteuerlichen Wegen von Lemberg nach Budapest gekommen war. Als Mitglied einer im ungarisch-polnischen Grenzgebiet herumziehenden Partisanengruppe wurde er beim Versuch, die ungarische Grenze zu überqueren, verhaftet und in Orlanders Geburtsort Munkács brutal verhört, bevor er nach Budapest verfrachtet wurde. Zum Glück kam er hier in ein Spital, aus dem er flüchten konnte.

Teichholz wurde zur zentralen Figur des zionistischen Untergrundes. Viele ungarische Juden verdanken ihm ihr Leben. Kein Wunder, daß man gerade ihn zum Leiter des Wiener Brichah-Stützpunktes ausgewählt hatte. Mit Hilfe der amerikanischen Besatzer richtete er im halbzerstörten Gebäude des ehemaligen jüdischen Spitals, das von Rothschild gestiftet worden war und deshalb Rothschild-Spital genannt wurde, ein Büro ein. Hier wurden die aus den verschiedenen Ostländern geflüchteten Juden gesammelt, bevor sie in die steirische Hauptstadt Graz weitertransportiert wurden, um von dort aus nach Italien zu gelangen.

In Bari befand sich das Ausbildungslager der Haganah, wo die zukünftigen Freiheitskämpfer noch schnell den Umgang mit Maschinenpistolen und Sprengstoff erlernten, bevor sie als Untergrundkämpfer nach Palästina eingeschifft wurden, wo sie den Engländern das Leben sauer machten.

All diese Aktivitäten erforderten Umsicht, Gerissenheit und die Fähigkeit zu kaltblütigem Handeln. Während seiner Mitarbeit bei der Brichah kam Orlander auf den Geschmack: das Fälschen von Ausweispapieren, Reisepässen und anderen Dokumenten gehörte ebenso zu seinem täglichen Leben wie der Umgang mit Bestechungsgeldern und deren Adressaten wie Grenzwachen, Polizisten und Vorzimmerdamen. Bei all seiner philanthropischen Tätigkeit im Geiste des Zionismus vergaß „Nuti" freilich auch sich selbst nicht.

Tabak, Zigaretten, Fleisch und Sprit waren im viergeteilten Österreich der Nachkriegszeit ausgesprochene Mangelware. Also fuhr Orlander nach Ungarn, holte, was der Schwarzmarkt benötigte, und steckte dabei einen nicht unansehnlichen Gewinn ein.

Er schreckte aber auch vor Raubzügen nicht zurück, wenn es um lukrative Geschäfte ging. Mitunter schlüpfte er in eine russische Uniform, schwang sich auf ein von den Russen gekauftes oder geliehenes Armeefahrzeug, räumte mal hier, mal dort ein Warenlager aus und kehrte dann zufrieden in seine Wohnung zurück.

Vor den Besatzern mußte er sich kaum fürchten. Er hatte unter ihnen einige hochgestellte Freunde.

Im Jahre 1947 schlug Orlander selbst den Weg ein, den er bis dahin anderen geebnet hatte. Er ging nach Israel und stellte sich ganz in den Dienst der Haganah. Ja, er wurde eines ihrer radikalsten Mitglieder. Er erhielt die israelische Staatsbürgerschaft, sein Reisepaß lautete nunmehr auf den Namen „Charles Rosenthal". Doch „Nutis" Israel-Gastspiel war nur von kurzer Dauer. Seine Jagdlust auf Verräter in den eigenen Reihen machte ihn so unbeliebt, daß man ihm nach der Erlangung der Unabhängigkeit im Jahre 1948 nahelegte, Israel zu verlassen. Er überquerte den großen Teich und ging nach Südamerika. Nach mehr oder minder langen Aufenthalten in verschiedenen lateinamerikanischen Staaten ließ er sich Anfang der fünfziger Jahre in Rio de Janeiro nieder. Er heiratete dort eine schwarzhaarige, attraktive Brasilianerin, die ihr Studiengeld als Kinobilleteuse verdiente und rund fünfzehn Jahre jünger war als er.

Der Ehe entstammten zwei Kinder, die „Nuti" in einem vornehmen Madrider Internat erziehen ließ. Das Geschäft lief gut an, Orlander exportierte Fleisch und Edelsteine in alle Welt, aber auch Kokain und andere Rauschmittel. Daneben gab es Geschichten mit ungedeckten Schecks und hinterzogenen Steuern.

Als ihm in Brasilien der Boden zu heiß wurde, übersiedelte er nach New York. In den Staaten angekommen, wechselte er wieder einmal Paß und Namen. Fortan hieß er ganz offiziell „James Evans". Als Taufpate stand ihm dabei das Büro eines prominenten Rechtsanwalts zur Seite, der später Vizepräsident und Präsident der Vereinigten Staaten wurde, die Kanzlei Richard Nixons. Nutis Sündenregister wurde auf Null zurückgestellt; einer von der Vergangenheit unbelasteten Zukunft stand nichts mehr im Wege. Was die wenigsten wußten:

Henryk Orlander, alias Charles Rosenthal, alias James Evans, war schon seit längerer Zeit Mitglied der Mafia, Sektion Lateinamerika. Die südamerikanische Mafia ist etwas anders strukturiert als ihre Brudergesellschaften in Italien oder in den USA. Vor allem legte man dort immer viel Wert auf den „ehrenwerten" Charakter des Geheimbundes.

Zu jener Zeit, als „Nuti" in Rio seine Pläne und Diamanten schliff, hieß der oberste Richter der südamerikanischen Mafia Luis Horowitz.

Horowitz, ebenfalls ein ungarischer Jude, stammte aus Siebenbürgen und ging 1938 zunächst nach Spanien, bevor er sich in Lateinamerika niederließ. Er war ein hochgewachsener, stets korrekt gekleideter Mann mit aristokratischen Umgangsformen, graumeliertem Haar und einer Sonderportion Charme, der Damen aller Altersklassen prompt erlagen. Horowitz wußte daraus Kapital zu schlagen. Eine Witwe vererbte ihm eine Hazienda in der Nähe von Rio, auf der er sich eine Pferde- und Rinderzucht aufbaute. Er war in den verschiedensten Kreisen von Geschäftemachern sehr beliebt, bildete eine der tragenden Säulen der lateinamerikanischen Mafia und wurde von ihr schließlich zum höchsten Amt, dem eines obersten Ehrenrichters, bestellt. Er sprach fließend mehrere Sprachen und paßte überhaupt nicht in das Klischeebild eines skrupellosen Gangsters, der mit der Kanone unterm Kopfpolster schläft. Wer sich allerdings nicht nach den Regeln der „ehrenwerten Gesellschaft“ richtete, konnte bei ihm auf keine Gnade hoffen. Er empfahl in solchen Fällen diskret, lieber den Hut zu nehmen als den darunterliegenden Kopf zu riskieren. Wahrscheinlich verdankte auch Orlander seine Übersiedlung in die Vereinigten Staaten einem solchen väterlichen Rat seines Freundes Horowitz.

Mit Hilfe italo-amerikanischer und jüdischer „Brüder“ eröffnete Evans, nunmehr in der Fifth Avenue Nummer 663, ein elegantes Büro, das zehn oder zwölf Räume, darunter einen riesigen Konferenzsaal, umfaßte, in denen er seine „Evans Import-Export Trading Company“ eingerichtet hatte.

Im Vorzimmer saß neben der Empfangsdame stets ein finster blickender Sekretär mit ungewöhnlich geschwollenem Brustkorb. Seine Erfahrungen, Geschäfte und Feinde veranlaßten „Nuti“ auch sonst zu einem vorsichtigen Lebenswandel, der mitunter skurrile Züge annahm. Er wurde zu einem regelrechten Reinlichkeitsfanatiker, der sich mehrmals täglich wusch, nur in den Toiletten vornehmer Luxushotels pinkeln ging und mindestens dreimal am Tag das Hemd wechselte. Seine Telefonate erledigte er immer nur von Postämtern aus, damit man nicht seinen Standort herausfinden konnte. An Hotelrezeptionen verlangte er nach Erledigung der Formalitäten seinen Reisepaß sofort zurück. Er wußte nur zu gut Bescheid über die Geschäfte mit gestohlenen Reisepapieren. Bei seinen Italienaufenthalten ließ er besondere Vorsicht walten. Es war ihm nicht verborgen geblieben, daß gerade italienische Hotelportiers außerordentlich gute Geschäfte mit Reisepässen machten, deren Verschwinden sie dann vor dem aufgebrachten Hotelgast mit einer geradezu mitleiderweckenden Unschuldsmiene bedauerten.

Auch was sein äußeres Erscheinungsbild betraf, hatte sich „Nuti" gewaltig verändert. Aus dem schmalbrüstigen Zionisten der Wiener Zeit war inzwischen ein schwergewichtiger, schwitzender und keuchender Geschäftsmann geworden, der, wenn's ums Geld ging, weder vor Freund noch Feind Respekt kannte. Hinter der dicken Hornbrille versteckten sich zwei unruhige Augen, deren Ausdruck zwischen eiskalter Skrupellosigkeit und einem entwaffnend warmherzigen Lächeln hin und her schwankte.

Mit Hilfe einiger Mitarbeiter und einem Dutzend Telexgeräten knüpfte „Nuti" seine Geschäfte in alle Welt.

Ich lernte Orlander-Evans durch einen gemeinsamen Freund kennen. Welche Machtposition Evans Anfang der siebziger Jahre in der amerikanischen Mafia innehatte, ging mir bei einem gemeinsamen Abendessen in New York auf.

Er lud mich in das bekannte Steak-House „The Cattleman" in der 5 East 45th Street ein. Es war nicht nur das Lokal, das Wildwestatmosphäre ausstrahlte, sondern auch die Art, wie Evans dort seinen Auftritt inszenierte. Er kam in Begleitung von vier muskulösen Herren, die er als seine Freunde vorstellte, von denen sich aber bald herausstellte, daß sie seine Leibwächter waren. Wir gingen in das Lokal, und nun folgte ein erstaunliches Schauspiel. Zwei seiner Leibwächter, die vorausgingen, bedeuteten mit einer kurzen Bewegung ihrer Daumen den anwesenden Gästen in jenem Raum, in dem „Nuti" zu speisen gedachte, sie hätten sich gefälligst zu entfernen. Ich konnte es kaum glauben: die Gäste standen tatsächlich auf, nahmen folgsam ihre Teller, Gläser und Servietten und übersiedelten ohne Murren in einen anderen Raum. Die hinter uns herstampfenden Gorillas schlossen die Türe, das Abendessen konnte beginnen.

Wir verhandelten über ein Schiffsbauprojekt, das ich mit meinem griechischen Geschäftspartner Tetenes zu verwirklichen trachtete. Damals begann die Ära der Container, die eine revolutionierende Neuerung auf dem Gebiet des Transportwesens bedeuteten. Tetenes und ich wollten an dem vielversprechenden Geschäft nicht vorbeigehen.

Zusammen mit einem weiteren Griechen, einem Freund von Tetenes namens Costas Stassinopoulos, gründeten wir im März 1970 die Interterra-Schiffscharter-Gesellschaft mit Sitz in der liberianischen Hauptstadt Monrovia. Staaten wie Panama oder Liberia haben sogenannte „billige Flaggen“, und es gibt keine Vorschriften bezüglich der Nationalität der Schiffsbesatzung. Rechtsanwalt Kolb in Zürich, damals Generalkonsul von Liberia, erstellte die notwendigen Unterlagen. Mit Hilfe der griechischen Nationalbank, die uns einen entsprechenden Kredit in Aussicht stellte, sollten 25 Schiffe für 4- bis 8-Tonnen-Container und zwei Bull-Carriers angekauft werden. Wir wollten sie an verschiedene Reedereien vermieten. Sowohl Onassis als auch andere Unternehmer zeigten Interesse für unser Angebot. Die einzige Bedingung, von der die griechische Nationalbank den Kredit abhängig machte, war, daß die Container in Griechenland gekauft werden müssen.

Sobald wir entsprechende Verträge mit Charterfirmen aufweisen konnten, war die Bank bereit, den Kredit flüssig zu machen. Schwierigkeiten verursachte uns lediglich die Frage, wo wir die Schiffe bauen lassen sollten. Sowohl die Japaner als auch die Spanier waren auf mehrere Jahre hinaus mit Aufträgen ausgebucht. Die Russen beschäftigten sich ausschließlich mit dem Ausbau ihrer Kriegsflotte, um die Amerikaner auf diesem Gebiet ausstechen zu können. Die Skandinavier und die Deutschen waren uns zu teuer, und Italien konnte infolge der dauernden Streiks keine verläßlichen Liefertermine nennen. Nun bot sich Evans an, die Schiffe bauen zu lassen. Sein Angebot war vor allem deshalb attraktiv, weil er für exakte Liefertermine sorgen konnte. „Wir haben die Gewerkschaften fest in der Hand, da mußt Du keinen Arbeitsausfall befürchten“, sagte er zu mir. Leider hat sich das Geschäft wegen der politischen Ereignisse in Griechenland zerschlagen. Auf ein anderes Angebot Orlanders stieg ich gar nicht mehr ein. Seine Leute hatten ein Warenlager ausgeräumt, in dem mehrere Tausend goldene Omega-Armbanduhren aufbewahrt wurden. Die Polizei entdeckte den Diebstahl, konnte die Diebe aber nicht fassen. Die Versicherung zahlte den Schaden, und Evans witterte ein gutes Geschäft. Ich sollte die Uhren für eine entsprechende Provision im Vorderen Orient absetzen. Um den Chronometern zusätzlichen Glanz zu verleihen, ließ Orlander siebenzackige Kronen in das Gehäuse der Uhren stanzen. Ich lehnte dankend ab. Erfolgversprechender schien mir das Geschäft mit den getürkten Wertpapieren, die vom Vatikan bestellt worden waren, aber davon später.

Durch Evans kam ich auch mit anderen Mitgliedern der jüdischen und italo-amerikanischen Mafia zusammen. Der Pate der „Familie“, mit der Evans eng zusammenarbeitete, war ein großväterlich-gütiger Italiener, Matteo de Lorenzo, ein sympathischer, wortkarger Rechtsanwalt aus Los Angeles, dem niemand eine Untat zugetraut hätte und der unter der Maske auffälliger Gleichgültigkeit - er nuckelte stets an seiner unerläßlichen Zigarre - ein äußerst aufmerksamer Verhandlungspartner war. Sein Adlatus und späterer Clan-Führer Vincent Rizzo hingegen war ein ganz anderer Typ. Er gehörte im Gegensatz zu Opa Matteo zu jenen Scharfmachern, die keine Skrupel kennen, wenn es, mitunter sogar tödliche, Sanktionen wegen Verstößen gegen die eigene Gruppe zu setzen gilt.

Während andere „Familien" bis hin zu Prostitution und Drogenhandel mit allen schmutzigen Geschäften zu tun hatten, verlegten sich de Lorenzo und seine Freunde eher auf den Bereich der Wirtschaftskriminalität. Die Mafia entwickelte sich damals zum Industriegiganten, dessen jährlicher Reingewinn bis zum Anfang der achtziger Jahre auf 150 Milliarden Dollar stieg, doppelt so hoch wie der Ertrag von General Motors. Dieses Wirtschaftsimperium konnte von den amerikanischen Unternehmern nicht mehr geduldet werden. Um es knacken zu können, ging das FBI mit allen Mitteln vor. Indem man ihnen Immunität versprach, wurden beichtwillige Mafiosi zu Geständnissen veranlaßt. Fallweise ließ man durch plastische Operationen ihr Äußeres verändern, um sie so der Rache der Paten zu entziehen. Das FBI sorgte auch dafür, daß sie, ihren Fähigkeiten entsprechend, in jenen 150 Betrieben untergebracht wurden, die mit dem FBI zusammenarbeiten.

All diese Bemühungen des FBI, für die es jährlich rund vierzehn Millionen Dollar ausgab, erbrachten aber nur einen Teilerfolg. Immerhin war das ein Fortschritt im Vergleich zu den siebziger Jahren, in denen der Stern der de Lorenzos und ihrer Gesinnungsgenossen noch hell leuchtete.

Evans war für die „Familie" ein willkommener Partner, wenn sie ihm auch nicht ganz vertraute, da es bekannt war, daß er auch den besten Freund skrupellos betrog, wenn er dabei einen Gewinn erhoffen konnte.

Zu den Gentleman-Betrügern internationalen Formats gehörte auch Jerry Jacobs, ein eleganter und freundlicher Herr mit einem musterhaften Familienleben und verschiedenen Decknamen. Auch Jacobs lernte ich durch Evans kennen. Unsere Bekanntschaft war eher flüchtig, dennoch erfuhr ich sehr bald, daß Jacobs' Einfluß bis in die höchsten Finanz- und Regierungskreise der USA reichte. Als die Mafia später für den Vatikan falsche Wertpapiere zu produzieren begann, stellte sich natürlich auch die Frage, was geschehen würde, wenn der Vatikan, wie mir Kardinal Tisserant angedeutet hatte, eines Tages die Absicht hätte, die Papiere weiterzuverkaufen. Möglicherweise würde der Käufer die Echtheit der Pakete überprüfen lassen wollen und der Schwindel dadurch auffliegen.

Jacobs beschwichtigte mich: ich müsse keine Angst haben, die Sache liege in guten Händen. Wie ich bald herausfand, gehörten die „guten Hände" einem Mr. John B. Connally junior, der niemand anderer als der Finanzminister der Vereinigten Staaten war.

„Connally spielt mit. Du kannst ganz sicher sein." sagte Jacobs. Als ich mich noch immer skeptisch zeigte, brachte er mich mit dem Finanzminister persönlich zusammen. Der Amerikaner kam damals mit einem großen Gefolge nach München und logierte im Hotel „Bayerischer Hof". Dort zog mich Jacobs zur Seite und führte mich zu Connally. Er trug dem Minister meine Bedenken vor, worauf ihm dieser mit einem beruhigenden Lächeln zur Antwort gab: „Ricky, ich habe Dir bereits meine Zusage erteilt. Soll ich es Dir schriftlich geben?"

Zum Kreis der jüdischen Mafia-Mitglieder gehörte auch ein gutaussehender Filmproduzent in London, Sy Stuart. Sein Haus in der Duke-Street war so etwas wie der Treffpunkt der großen Gesellschaft. Nur wenige seiner zahlreichen Bekannten wußten, daß seine Produktionsfirma von der Mafia finanziert wurde.

Sein Bruder war im Gegensatz zu ihm ein ausgesprochen brutaler Typ, ein bekannter Killer der „Ehrenwerten Gesellschaft". Ich traf ihn einmal in New York, und er machte auf mich tatsächlich den Eindruck eines verschlagenen, skrupellosen Typs, der zu allem fähig ist.

Sy Stuart war neben seiner Filmproduktion auch in allerlei andere Geschäfte verwickelt. Er betrieb ein italienisches Restaurant, einen Import-Export-Handel und war auch dem Schacher mit gestohlenen Aktien und Bankschecks nicht abgeneigt. Er pflegte einen äußerst lockeren Umgang mit seinen Freunden, was mitunter zu peinlichen Situationen führte. Als ich mich einmal in einem Wiener Hotel von ihm verabschiedete, schrie er mir mit kaum überhörbarer Stimme nach: „Übrigens, ich hätte zehn Millionen falsche Dollars für Dich! Willst Du sie kaufen?" Zum Glück hielten die verdutzten Hotelpagen das Ganze für einen Scherz.

Auch Erwin Stern, ein weiterer in Mafia-Geschäfte verstrickter Mann, war Jude. Er stammte aus Ungarn, flüchtete nach der Niederschlagung der ungarischen Revolution im Spätherbst 1956 in die Vereinigten Staaten und ließ sich dort mit seinen Eltern nieder. Sein Vater konnte mit dem mitgebrachten Vermögen in Kalifornien bald eine kleine Privatbank eröffnen. Sohn Erwin, ein unangenehm öliger Mensch, kam sehr rasch mit der Mafia in Verbindung und richtete mit einem großzügigen Kredit der Geheimgesellschaft zwei Wechselstuben in Las Vegas ein.

Er betrieb dort einen recht lukrativen Geldverleih, allerdings zu beinharten Bedingungen. Es handelte sich um kurzfristige Kredite mit 2-3 % Zinsenaufschlag pro Tag. Falls sich der Kreditnehmer bis zur vereinbarten Rückzahlungsfrist nicht gemeldet hatte, bekam er umgehend düster dreinblickenden Besuch, der ihm unmißverständlich klarmachte, daß der aufrechte Gang auf zwei heilen Beinen keine Selbstverständlichkeit sei. Wie schnell das Wetter im Dunstkreis der Mafia umschlagen kann, bekam Stern selber zu spüren. Kaum hatte er versucht, sich mit einem Vierhunderttausend-Dollar-Kredit seiner Paten aus dem Staub zu machen, als die Killer aus New York bereits auf seiner Spur waren. Er bezahlte und kam heil davon.

Kurz nach Sterns Rückkehr in die Staaten meldete sich auch bei Evans, der sich damals in Wien aufhielt, ungebetener Besuch an. Auch Evans stand bei der Mafia in der Kreide, obwohl die Summe, die er seinen Freunden schuldig geblieben war, sich in der vergleichsweise geringen Höhe von 17.000 Dollar bewegte. Doch beim Geld hört der Spaß auf. Als Evans eines Tages sein Hotelzimmer verließ, um in die Stadt zu gehen, warteten in der Hotelhalle bereits drei bullige Herren auf ihn. Von Todesangst gepackt rief er mich an, ich möge ihn mit der geforderten Summe aus den Händen seiner Beschützer befreien. Die drei Killer machten kein Hehl daraus, daß sie sich solange nicht von der Stelle rühren wollten, bis Evans entweder zahlen oder sich in eine Leiche verwandeln würde. Die großkalibrigen Pistolen in den Schulterhaftern der Männer, die diese ungeniert hervorlugen ließen, sprachen eine deutliche Sprache. Ich beschwichtigte die Abgesandten aus Amerika, zahlte die ausständige Summe und verhalf dadurch Evans wieder zu seiner normalen Gesichtsfarbe.

Durch seine Skrupellosigkeit hatte Orlander zu dieser Zeit das Vertrauen der Mafia wohl bereits verwirkt. Er suchte in einem Kreis von ungarischen Landsleuten Trost, die damals in den internationalen Fahndungskarteien als der „Ungar-Kreis“ bekannt waren. Mit ihnen führte er großangelegte Betrügereien durch, in denen angeblich auch der ungarische Geheimdienst seine Finger hatte.

Die Interpol tat sich zunächst schwer, doch dann sammelten sich immer mehr Indizien, und schließlich schloß sich der Kreis.

Orlander wurde verhaftet. Er mußte für einige Jahre hinter Gitter und soll nach der Verbüßung seiner Haft wieder nach Lateinamerika ausgewandert sein.

VI. Unterwegs zum Vatikan

Es begann eigentlich in Wien. Hier tauchte - durch die Vermittlung von Geschäftsfreunden - eines Tages ein Herr aus der Bundesrepublik auf, der in der Nähe von Rom, im kargen Notstandsgebiet des Mezzogiorno, eine Fabrik zur Herstellung von Tonbandkassetten errichten wollte. Er habe gehört, ich hätte Geld oder zumindest Freunde, die über größere Summen verfügen, und möchte mich gerne zur Finanzierung dieses Projektes gewinnen.

Heinrich Sauter, Jahrgang 1922, aus Stuttgart, war nicht irgendjemand. Seine Mutter hatte in die schwäbische Werkzeugmaschinenfabrik Hahn & Kolb eingeheiratet und dadurch Sohn Heinrich zu Wohlstand und einer gesellschaftlichen Stellung verholfen, die es ihm ohne besondere Mühe ermöglichte, seinerseits ein hübsches Fräulein mit dem Kosenamen „Bobby" aus dem Hause „3M" zu ehelichen. Die Mitgift betrug runde 150 Millionen Dollar in Aktien.

Sauter zog es nach Rom, nicht nur wegen des freundlichen Klimas und der lukrativen Investitionsmöglichkeiten, sondern auch wegen des dort Mitte der sechziger Jahre aufblühenden süßen Lebens, das dieser Stadt, unbeschadet ihres Charakters als Zentrum der katholischen Christenheit, schon immer die eigenartige Atmosphäre einer ausgelassenen heidnischen Metropole verliehen hatte.

Um ein Haar wäre ihm freilich seine Gier nach dem süßen Leben zum Verhängnis geworden. Denn als am 2. Mai 1963 das blauäugige, aus München stammende Callgirl Christa Wanninger, das lange Zeit hindurch mit ihm liiert war, durch sieben Messerstiche von einem Unbekannten ermordet wurde, meinten manche sehr wohl zu wissen, wie der Mörder des stadtbekannten Mädchens mit der langen Liste von Freiern in höchsten Ämtern hieß, nämlich Heinrich Sauter.

Doch Sauter war alles andere als der Typ eines Gewalttäters, ganz im Gegenteil. Der feinhaarige mittelgroße Geschäftsmann aus der Bundesrepublik mit dem dandyhaften Gebaren, der gewählten Ausdrucksweise und den graumelierten Schläfen hätte kaum einer Fliege etwas antun können. Eher mußte man höllisch aufpassen, ob auch noch alle Ringe an den Fingern steckten, nachdem man ihm die Hand gereicht hatte. Er beschäftigte sich mit allen möglichen, meist krummen Geschäften, die man sich nur vorstellen konnte, und so interessierte ihn auch am Notstandsgebiet Mezzogiorno nicht so sehr die Errichtung der Tonbandkassettenfabrik wie die Förderungsgelder, die die italienische Regierung zur Sanierung dieses Armenhauses der Nation zur Verfügung gestellt hatte.

Sie wollte damit den abertausenden Arbeitslosen, die hier ihr Leben fristeten, wieder Beschäftigung verschaffen. Wer auch immer hier investieren wollte, war herzlich willkommen. Er konnte mit der fast hundertprozentigen Rückvergütung seiner Investitionen seitens der italienischen Regierung rechnen. Außerdem mußten Unternehmen in diesem Gebiet in den ersten zwanzig Jahren keine Wasser- und Stromgebühren und auch keine Abgaben zahlen.

Wie gesagt, Sauter interessierte sich nicht so sehr für die Investition als solche wie vielmehr für jene Gelder, die er aufgrund einer solchen Investition dem italienischen Staat herausreißen könnte.

Nebenbei bemerkt: Er verstand eher etwas von Frauen als vom Geschäft. Auch in Italien sollte ihm die Kastanien ein anderer aus dem Feuer beziehungsweise aus den Banken holen: Francesco Mauro, ein ehemaliger französischer Widerstandskämpfer italo-französischer Herkunft, der von der Vichy-Regierung zum Tode verurteilt, der Hinrichtung durch eine abenteuerliche Flucht nach Mailand entkommen konnte. Mauro, der inzwischen gegenüber der Mailänder Börse eine florierende Export-Import-Firma namens AFROPA gegründet hatte, wäre durchaus dazu bereit gewesen, doch Sauter hatte inzwischen schon wieder andere Pläne.

Sie wurden meistens in einem wechselnden Kreis verschiedener Freunde erörtert, die Sauter mit Vorliebe in sein mit jedem Luxus ausgestattetes Schloß an der Via Cassia 1951 im Norden Roms einlud. Dieses Schloß, das den schönen Namen „Castello Incisa della Rochetta all'Olgiata“ trug und für das er rund 10.000 DM Monatsmiete zahlte, stand inmitten einer herrlichen, 500 Hektar großen Parklandschaft, war durch einen Schranken abgesichert und von Privatpolizisten bewacht. Nur nach vorheriger telefonischer Anmeldung konnten Besucher Einlaß finden.

Dem Industriellen stand dort ein auserlesenes Personal, vom Gärtner bis zum Koch, vom Butler bis zum Dressurreiter des hauseigenen Gestüts, zur Verfügung.

Der Grund, auf dem Sauters feudales Schloß stand, gehörte der größten und bekanntesten Grundstücks- und Baugesellschaft Italiens, der Società Generale Immobiliare, die ihrerseits das bekannteste Unternehmen des vatikanischen Finanzimperiums war.

Ihre Blütezeit erlebte die Immobiliare (in der Folge: SGI) unter dem Pacelli-Papst Pius XII. Der überaus kluge, aber auch einsame Pius hatte nur wenigen Menschen sein Vertrauen geschenkt. Zu ihnen gehörten vor allem seine eigenen Neffen, die Fürsten Carlo, Marcantonio und Giulio Pacelli und der Präsident der SGI, der Architekt Graf Enrico Galeazzi. Bis in die Zeiten Pauls VI. hinein behielt die vatikanische Finanzverwaltung jene Struktur, die ihr Pius XII. und seine Manager verliehen hatten.

Um einen Eindruck der Verflechtungen der Vatikan-Gelder in den späten fünfziger und Anfang der sechziger Jahre zu gewinnen, ist es nicht uninteressant, einen Blick auf jene Ämter zu werfen, die die oben genannten Herren sowohl innerhalb der vatikanischen als auch der italienischen Finanzwelt bekleideten.

So wurde Fürst Carlo Pacelli, der nicht nur Präsident der römischen Rückversicherungsgesellschaft „Compagnia di Roma Riassicurazioni", mit einem Kapital von 600 Millionen Lire, sondern auch Präsident des Verlagshauses Gherardo Casini Editori und Aufsichtsrat im bekannten Verlagshaus Sansoni war, zum Finanzberater des Vatikans ernannt und hatte damit bei allen Finanzangelegenheiten des Kirchenstaates Mitspracherecht.

Sein Bruder Marcantonio Pacelli saß im Verwaltungsrat der SGI, deren früherer Präsident und späterer Ehrenpräsident unter Graf Galeazzi, Eugenio Gualdi, zum Vorstand jener mit zwei Milliarden Lire Kapital ausgestatteten Spaghettifabrik „Molini e Pastificio Panella" gehörte, deren Präsident ebenfalls Marcantonio Pacelli hieß.

Derselbe Pacelli war auch der Präsident einer anderen Großmühle, der „Molini Antonio Biondi" (600 Millionen Lire Kapital), Vorstandsmitglied der Großversicherung „Assicurazioni Generali" (Kapital 14,52

Milliarden Lire) und der Firma „Ceramica Pozzi", die sich mit der Herstellung von sanitären Anlagen beschäftigte und über ein Kapital von rund 23 Millionen Lire verfügte. Außerdem saß der Papst-Neffe auch im Verwaltungsrat der IANA (Italo-Americana Nuovi Alberghi), die das Cavalieri Hilton Hotel in Rom erbaut hatte.

Der Vertrag zum Bau dieses Luxushotels, in dem ich öfters die Ehre hatte, mit Würdenträgern des Vatikans zu dinieren, entstand auf Initiative des amerikanischen Hotelpapstes Conrad Hilton. Als der Amerikaner im April 1956 zur Hochzeit Fürst Rainiers mit Grace Kelly nach Monaco eingeladen war, machte er auch einen Abstecher nach Rom, um mit dem Vatikan beziehungsweise der SGI über ein Grundstück für sein Hotel am Monte Mario zu verhandeln. Roms Kommunisten machten anfangs Schwierigkeiten, doch der Plan konnte letztlich reibungslos durchgeführt werden. Zu diesem Zweck wurde eigens die Italo-Americana Nuovi Alberghi gegründet, deren Aktienkapital bis zu 75 % im Besitz der SGI war. Später schrieb Hilton in seinen Erinnerungen „Be my guest": „In Rom traf ich auf ein christliches Italien, das sich scheute, ein Hotel zu besitzen, dessen Ziel die Pflege der italienisch-amerikanischen Beziehungen war, und ein kommunistisches Italien, das befürchtete, Stockschläge einstecken zu müssen. Ohne die Verbindung zu Gott wäre unser Anliegen wohl kaum jemals gelungen ..."

Nun, so hoch mußte Hilton gar nicht greifen. Seine guten Beziehungen zu „Gottes Bodenpersonal" taten es auch.

Auch Giulio Pacellis Ämter und Titel ließen sich sehen. So war er nicht nur Rechtsberater der Verwaltung der Missionskongregation Propaganda Fide, sondern auch Vertreter des Vatikans in einem der größten Bankhäuser Italiens, der „Banco di Roma". Außerdem bekleidete er noch das Amt eines Vizepräsidenten der größten italienischen Gesellschaft für Gaslieferungen, der „Società Italiana per il Gas" (damaliges Kapital 37,412 Milliarden Lire). Nicht zuletzt war er auch Aufsichtsratsvorsitzender in jenem Vatikanunternehmen, dem Istituto Farmacologico Sereno, in dem zur selben Zeit, als Papst Paul VI. in seiner Enzyklika „humanae vitae" gegen die Antibabypille Stellung bezog, unter der Medikamentenbezeichnung Luteolas eine eigene Antibabypille hergestellt und vertrieben wurde, wie der italo-amerikanische Vatikan-Journalist Nino Lo Bello herausfand.

Die SCI war und blieb die größte und erfolgreichste Firma des Vatikans. Sie baute in den sechziger Jahren eine ganze Reihe von Hotels in aller Welt. In Frankreich sorgte sie für Büros, Läden, Garagen und Wohnungen an den vornehmen Champs Elysées. In Kanada erbaute sie den höchsten Wolkenkratzer der Welt, den 185 Meter hohen Börsenturm von Montreal, und in den USA das inzwischen weltbekannte Watergate Hotel. In Italien errichtete sie mehrere luxuriöse Wohnsiedlungen, von Rom bis Turin und von Florenz bis Catania. Dazu gehörte auch das überaus snobistische Wohnviertel Olqiata im Norden Roms an der Via Cassia, wo Sauters Schloß war. Ein ebenfalls hier etablierter exklusiver Golfklub mit dem dazugehörigen riesigen Golfplatz dient bis heute als Treffpunkt der internationalen Hautevolée. Neben diversen Bankiers und Hotelbesitzern zählen zu den Besuchern der mit Vorliebe hier veranstalteten Golfolympiaden auch so illustre Persönlichkeiten wie Cinzano-Präsident Alan Farrar oder Opel-Vorsitzender Paul Schneeberger. Und damit man weiß, auf wessen Grund man sich eigentlich befindet, ist auch immer ein großgewachsener athletischer, in letzter Zeit freilich etwas angeschlagen wirkender Monsignore, ein Golfexperte in römischem Priesterzivil dabei, Erzbischof Marcinkus, trotz bedeutender Finanzskandale die Eminenz der vatikanischen Finanzen und langjähriger Leiter der Vatikanbank IOR.

Unter Sauters zahlreichen Gästen sah man anläßlich einer der üblichen Partys auch einen schmalbrüstigen italienischen Aristokraten namens Petrucci, genauer Fürst Professor Basilio Petrucci, noch genauer (laut Visitenkarte) „Principe Professor Basilio Petrucci di Vacone e Siena Presidente Generale dellas CISCA (Corporazione Internationale Stella Croce d'Argento), Cavaliere del Bene“.

Wir können uns die Übersetzung ersparen. Petrucci hieß wirklich Basilio und war tatsächlich ein echter Fürst. Seine übrigen Titel entstammten eher seiner beruflichen Tätigkeit: er handelte bekanntlich mit Titeln und Orden. Im Verlauf unseres Gesprächs, das mittels Dolmetscher geführt werden mußte, da ich der italienischen Sprache nicht mächtig war und der Professore nicht Deutsch sprechen konnte, bekam ich ein Angebot: ich sollte seine Orden in Österreich und überall sonst, wo ich es schaffen würde, verkaufen.

Petrucci verscherbelte die diversen Hausorden vatikanischer Würdenträger und vermittelte auch Privataudienzen beim Papst. Für all diese Tätigkeiten streifte er stattliche Provisionen ein und verdiente damit nicht schlecht. Ich ging auf das Geschäft nicht ein, da ich Titel und Orden woanders viel billiger einkaufen konnte. Dennoch war mir

Petrucci eine wertvolle Bekanntschaft, da er sehr viele Persönlichkeiten des öffentlichen Lebens in Italien kannte und einen guten Zugang zum Vatikan hatte.

Ebenfalls in Sauters freundlichem Schloß lernte ich den sizilianischen Teigwaren-Händler Tomaso Amato kennen. Im Zuge unserer Gespräche stellte sich freilich heraus, daß Amato weniger mit Spaghetti als mit Bildern gehandelt hatte. Er beschäftigte eine ganze Reihe am Rande des Hungertodes entlangbalancierender römischer Künstler, die ihm in Akkordarbeit Kopien berühmter Gemälde ins Haus lieferten. Er verkaufte sie dann in seinen Galerien weiter. Amato hatte ein explosives Temperament. Er war ein ausgesprochener Choleriker mit rabenschwarzem Haar, stechenden Augen und lebhafter Gestik, genau so, wie sich der Mitteleuropäer einen leibhaftigen Sizilianer vorstellt - und außerdem gehörte er zur sizilianischen Mafia, was freilich nicht jedermann wußte. Nach außen hin führte er das Leben eines biederen Geschäftsmannes, dessen Ehe mit einer Belgierin, die ihm zwei Söhne schenkte, durchaus bürgerlichen Maßstäben entsprach; auch in der Art, wie er seine Liebschaften pflegte. Dabei gehörten die Damen, zu denen er nähere Beziehungen unterhielt, stets höheren Kreisen an, sowohl was ihr Alter als auch ihre gesellschaftliche Geltung betraf. Sie öffneten ihm zahlreiche Türen zu wichtigen Ämtern in Kirche und Staat. Eine seiner treuesten Freundinnen war die Tochter eines italienischen Ministers und die Witwe eines hohen deutschen NATO-Offiziers aus Venedig, Marina Neubert. Sie sprach perfekt Deutsch und hatte auch bei unseren Geschäften mit dem Vatikan einiges mitzureden.

In Sauters Villa traf ich auch zum erstenmal einen etwas korpulent wirkenden Prälaten mit wallendem Bart und federndem Gang. Er schien in der Gesellschaft hohes Ansehen zu genießen und wurde mit offensichtlicher Ehrfurcht begrüßt. Er entpuppte sich als Eugène Kardinal Tisserant, Kardinaldekan der Heiligen Römischen Kirche. Unsere erste Begegnung war nur flüchtig. Wir saßen lediglich am selben Tisch, unterhielten uns kurz mit Hilfe von Dolmetschern und verloren einander dann wieder aus den Augen, bis mich Sauter zwei Jahre später mit der Nachricht überraschte, der Vatikan wolle die Aktienmehrheit einer Waffenfabrik erwerben und brauche dafür einen Vermittler, da der Heilige Stuhl bei solchen Geschäften lieber im Hintergrund bleibe. Daß sich der Vatikan zu allen möglichen, nicht im Einklang mit biblischer Armut und moralischer Lauterkeit stehenden, teils legalen, teils illegalen Finanzmanövern hinreißen ließ, lag nur zum Teil an der zunehmend angespannten Wirtschaftslage Italiens und des Heiligen Stuhls. Es spielten sowohl politische als auch recht persönliche Interessen eine maßgebliche Rolle dabei. Da erwies sich so mancher hohe Kirchenfürst für die Einflüsterungen des Gottes Mammon viel anfälliger als für die Ermahnungen des Heiligen Geistes und seines eigenen Gewissens.

Natürlich wußte man schon immer, daß der Vatikan über beträchtliche finanzielle Mittel verfügt, sein in Zahlen nicht auszudrückendes Vermögen an Kunstschätzen gar nicht mitgerechnet.

Aber niemand konnte genauere Summen nennen. Die notorische Geheimniskrämerei des Vatikans erreichte stets dann ihren absoluten Höhepunkt, wenn der eine oder andere Vertreter der neugierigen Journalistenzunft Näheres über den Kontostand des Heiligen Petrus erfahren wollte. Statt exakter Zahlen gab es somit nur wilde Gerüchte und recht divergierende Schätzungen, die irgendein Pressesprecher des Kirchenstaates dann mit beleidigter Miene als infame Verleumdung hartgesottener Kirchenfeinde hinzustellen pflegte.

Brenzlig begann die Situation erst im Jahre 1962 zu werden. Was zunächst nur unfrisierte Blumenkinder auf ihre Spruchbänder malten: „Der Vatikan soll seine Steuern zahlen!“, wurde jetzt als Forderung der italienischen Regierung an den Vatikan herangetragen. Im Dezember des selben Jahres beschloß nämlich das italienische Parlament die Besteuerung der Einkünfte aus Aktienbesitz. Der Papst verstand den Wink. Ein fast einjähriges Tauziehen zwischen dem vatikanischen Staatssekretariat und der damaligen christdemokratischen Regierung begann. Es endete mit einem Notenwechsel zwischen dem Heiligen Stuhl und dem Quirinal: „Es wäre im Sinne des Konkordats und in Anbetracht des Gesetzes vom Oktober 1942 außerordentlich wünschenswert“, schrieb Kardinalstaatssekretär Cicognani am 11. Oktober 1963, „daß man dem Heiligen Stuhl eine besondere Beurteilung seiner Steuerschuld zugestünde.“ Unter „besonderer Beurteilung“ verstand Cicognani weiterhin Steuerfreiheit für die vatikanischen Finanzkörperschaften. Dabei berief er sich auf das faschistische Gesetz vom 31. Dezember 1942 bzw. auf einen Erlaß vom 2. Oktober des selben Jahres, in dem Mussolinis damaliger Finanzdirektor mit dem sinnigen Namen Buoncristiano die Befreiung des Heiligen Stuhls von der sogenannten „cedolare“ (so hieß die Steuer, weil sie auf Coupons=Zetteln eingehoben wurde) verordnete. Noch am selben Tag erfolgte die Antwort der

Regierung. „Ich habe die Ehre", schrieb der italienische Vatikanbotschafter an Kardinal Cicognani, „Eure hochwürdige Eminenz darüber zu informieren, daß die italienische Regierung mit sämtlichen Punkten Ihrer oben zitierten Vorschläge einverstanden ist."

Damit wurde den beiden vatikanischen Banken, der Außerordentlichen Vermögensverwaltung und der IOR Steuerfreiheit zugesichert.

Doch das Thema kam nicht mehr von der Tagesordnung. Nachdem in den folgenden Jahren noch öfters die Klingen gekreuzt worden waren, erklärte schließlich die Regierung Leone im Jahre 1968, der Vatikan müsse sehr wohl für seinen gesamten Aktienbesitz Steuern zahlen.

Umsonst versuchte der vatikanische Pressesprecher Fausto Vallainc mit der wirtschaftlich bedeutenden Präsenz des Vatikans im Herzen Roms und mit den damit verbundenen Einnahmen des italienischen Staates aus dem frommen und weniger frommen Tourismus zu argumentieren, vergeblich bemühte sich auch Kardinal Vagnozzi, Unterhändler des Vatikans, mit dem damaligen Finanzminister Mario Ferrari-Agardi, eine Steuernachzahlung von eineinhalb Milliarden Lire auszuhandeln; die Sozialisten machten ihre Regierungsbeteiligung von der vollständigen Bezahlung der „cedolare" abhängig. Nachdem der später von Terroristen ermordete Ministerpräsident Aldo Moro beim Papst persönlich intervenieren ließ, machte der Vatikan einen Rückzieher. Statt eineinhalb Milliarden Lire zahlte er im Sommer 1968 sechseinhalb Milliarden Lire Steuern an die italienische Staatskasse. Aber das war nur ein Startsignal für das Chaos, in das die Finanzen des Vatikans in den kommenden Jahren während des Pontifikats Pauls VI. hineinschlittern sollten.

Unter Papst Johannes XXIII. zeigten die Bilanzen des Vatikans noch eine steigende Tendenz. Es ist ein offenes Geheimnis, daß der vom Kirchenvolk in aller Welt gespendete Peterspfennig ein getreuer Gradmesser für die Beliebtheit eines Papstes ist.

Werkt ein populärer Papst in Rom, steigen die Einnahmen, sitzt ein weniger sympathischer Mann auf Petri Stuhl, herrscht Ebbe in der Kirchenkasse.

Kein Wunder, daß während des fünfjährigen Pontifikats des ungeheuer populären Johannes die Einnahmen aus dem Peterspfennig in Rekordhöhen schnellten. Der schlaue Roncalli-Papst wußte mitunter auch seine bewährten diplomatischen Fähigkeiten einzusetzen, wenn es

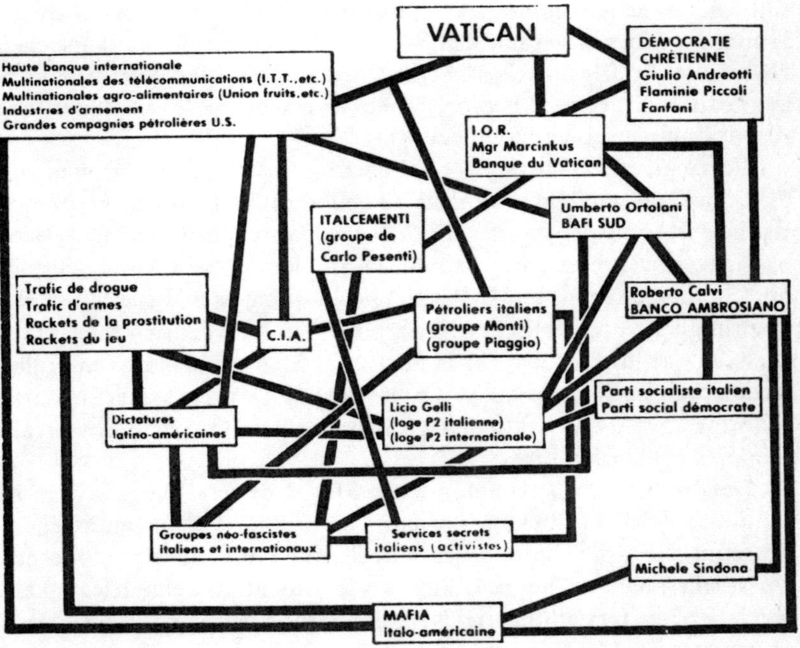

Die „Vatikan Connection“ Anfang der achtziger Jahre
Aus: „Le canard enchaine“

- wie im Falle Kuba - um gefährdete Kirchengelder ging. Bekanntlich hatte der Heilige Stuhl während des Zweiten Weltkrieges seine Goldreserven nach Kuba transferiert. Nach dem Sturz des Diktators Batista fiel dieser Schatz in die Hände Fidel Castros. Der bärtige Revolutionär machte kein Hehl daraus, daß er die Kirche von ihren Verflechtungen mit dem Staat befreien wollte. Der Papst vermied alles, was Castro hätte verärgern können. Er berief weder den Nuntius aus Havanna zurück noch ließ er Castro exkommunizieren, so sehr dies auch von rechten Kreisen gewünscht wurde. Die Kirche respektierte Castro, und dieser wiederum schonte den Goldschatz des Vatikans.

Während unter Johannes die Finanzgeschäfte der Kirche noch einigermaßen im Rahmen blieben, gerieten sie unter Paul VI. regelrecht aus den Fugen. Zwar reichte die vom Vatikan-Budget für eine Konzilssession vorgesehene Summe gleich für die gesamte Dauer der Kirchenversammlung, aber insgesamt ließ Paul VI. das Defizit des vatikanischen Haushaltes kräftig ansteigen. Seine Kurienreform brachte zwar durchaus positive Ergebnisse hervor, dennoch verschlang der angewachsene Apparat immer höhere Summen.

Von 1961 bis 1977 stieg die Zahl der im Vatikan Beschäftigten von 1.322 auf 3.000 an. Hinzu kam die bisweilen an Größenwahn grenzende Baubegeisterung des Papstes. Er ließ in elf Jahren mehr bauen als seine Vorgänger während eines ganzen Jahrhunderts. Sein kostspieligstes und in den Augen seiner Kritiker überflüssigstes Erbe blieb die ursprünglich vom römischen Stararchitekten Nervi entworfene Audienzhalle mit ihren 6.300 Sitz- und 12.000 Stehplätzen. Das mit allen technischen Raffinessen ausgestattete Bauwerk kostete samt dem dazugehörigen 5.000 Quadratmeter großen Vorplatz und dem Souterrain runde 13 Milliarden Lire.

Der Neubau des Archäologischen Museums verschlang weitere 80 Millionen DM. Dazu kam im Jahre 1973 ein 55 Säle umfassendes Museum unter der Sixtinischen Kapelle für Exponate der modernen christlichen Kunst. Deren Ankauf kostete ebenfalls keine Kleinigkeit. Auch bei der Herstellung und Neuadaptierung der päpstlichen Gemächer sparte Paul VI. nicht an kostspieliger Ausstattung. Kein Wunder, daß die Renovierung des päpstlichen Wohntraktes und des Staatssekretariats mit rotem Damast und Brokat zu mancherlei Kritik Anlaß gab. „Erinnert das alles nicht allzusehr an ein Boudoir?“ fragte bei Gelegenheit ein römischer Prälat den Kardinal Vagnozzi. „Ich weiß es nicht, ich war noch nie in einem Boudoir", antwortete darauf der Kardinal.

Als Zugabe ließ Paul VI. für seinen persönlichen Gebrauch auf dem Dach des Apostolischen Palastes eine aufwendige Dachterrasse erbauen, um sich vor neugierigen Blicken geschützt entspannen zu können. Während durch solche Investitionen die Ausgaben ständig stiegen, zeigten die Einnahmen, vor allem beim Peterspfennig, eine sinkende Tendenz.

Der meistens griesgrämig dreinblickende, selten lächelnde und stets gequält wirkende Papst, dem konservative Intellektuelle und alternde Plaudertaschen wie Jean Guitton mehr zusagten als der Umgang mit dem einfachen Volk, war nicht gerade der geeignete Mann, um die Herzen und Geldtaschen seiner Schäfchen zu öffnen.

Die Einberufung der Päpste in das weltweite Heer der Steuerzahler ließ Paul VI. einen bereits seit längerer Zeit gehegten Plan verwirklichen. Da sowohl die Società Generale Immobiliare als auch die Ceramica Pozzi, aber auch das Unternehmen „Molini e Pastifici Pantanella" Ende der sechziger Jahre immer tiefer in die roten Zahlen gerieten, entschloß sich der Papst, sie abzustoßen. Zur Unwirtschaftlichkeit der Unternehmungen gesellte sich die Furcht vor ständigen Lohnforderungen und den damit verbundenen Streiks.

„Wie würde die öffentliche Meinung reagieren", wurde dem Papst nahegelegt, „wenn Gruppen von Arbeitern den Petersplatz überfluten und gegen Eure Heiligkeit protestieren?"

Von diesem Zeitpunkt an versuchte der Vatikan, seine Aktienanteile vom italienischen Markt abzuziehen und ins Ausland zu transferieren. Im Zuge der Kurienreform im Jahre 1968 unternahm Paul VI. eine Zentralisierung der vatikanischen Finanzverwaltung. Seither fungiert die „Präfektur für die wirtschaftlichen Angelegenheiten des Heiligen Stuhls" als Finanzministerium des Vatikans. Zu ihrem Präsidenten wurde Kardinal Egidio Vagnozzi ernannt. Vagnozzi war zwischen 1959 und 1967 Apostolischer Delegat in Washington. Hier freundete er sich mit Kardinal Spellmann an, der ihn in die Kreise der amerikanischen Hochfinanz einführte. Ihm standen zwei weitere Kardinäle zur Seite. Einer von ihnen war der Kölner Kardinal Josef Höffner. Eine ganze Reihe von Laienexperten aus der italienischen Finanzwelt sollten den geistlichen Würdenträgern wirtschaftlichen Beistand leisten.

Die zweite Finanzverwaltung, die „Verwaltung der Güter des Apostolischen Stuhls", ist noch wichtiger. Sie entstand aus der Zusammenlegung der Besitzverwaltung des Heiligen Stuhls mit der „Sonderverwaltung“. Die beiden Wirtschaftsbereiche heißen jetzt „ordentliche“ und „außerordentliche“ Abteilung. Zu ihrem Präfekten wurde Kardinal Villot ernannt. Die Vatikanbank IOR (Instituto Opere Religioni, auf deutsch: Institut für die religiösen Werke) arbeitet mit beiden Finanzverwaltungen zusammen. Zu ihrem Chef ernannte Paul VI. den amerikanischen Priester litauischer Herkunft Paul Casimir Marcinkus. Mit dem Einzug des baumlangen Papstleibwächters, leidenschaftlichen Golfspielers, Zigarrenrauchers und Finanzspekulanten im geistlichen Habit aus Chikago begann 1971 die Hochkonjunktur der geheimen Kofferträger im Vatikan.

Den Reigen, an dem auch wir teilnahmen, führte Michele Sindona an, der die Transaktion mit der „Immobiliare“ besorgte, zunächst als Vermittler, später als Käufer. Er ging bereits seit 1958 im Vatikan ein und aus, dennoch beteuerten Marcinkus und Co., als Sindona eineinhalb Jahrzehnte später vor Gericht stand, nicht gewußt zu haben, daß der Blitzkarrierist aus Sizilien der Bankier der Mafia war. Wäre ich wegen meiner Verbindungen zum Vatikan ins Rampenlicht der Öffentlichkeit geraten, hätten die Monsignoris auch von mir behauptet, nicht gewußt zu haben, daß ich gute Kontakte zu Evans und somit zur amerikanischen Mafia hatte. Während die einen, mit denen Marcinkus und seine Freunde krumme Geschäfte machten, in die Schlagzeilen gerieten, wie der venezianische Makler Marzolle, der unglückliche Calvi oder Béla Rabelbauer, blieben die anderen wie unsereins im Hintergrund. Stets konnte aber ein jeder von uns sicher sein: wenn etwas schiefgeht, hat der Vatikan nichts davon gewußt. Mein Fehler war, daß ich dies nicht recht glauben konnte. Wenn schon in der ganzen Angelegenheit keine Rede von irgendeiner Moral sein konnte, dann erwartete ich wenigstens so etwas wie Solidarität unter Geschäftspartnern.

VII. Kreuz am Revers, Butter am Kopf

Es war einer jener sonnigen Frühlingsvormittage, an denen ich am liebsten einen ziellosen Bummel durch die Straßen der Ewigen Stadt gemacht hätte. Aber ich erwartete Gäste und saß etwas unzufrieden und ungeduldig im eleganten Foyer des Hotels Excelsior an der Via Veneto im Herzen Roms. Tomaso Amato hatte mich bereits in aller Herrgottsfrüh aus dem Bett gerissen, um mir telefonisch mitzuteilen, er werde im Laufe des Vormittags vorbeikommen und mich mit einer wichtigen Persönlichkeit aus dem Vatikan bekannt machen.

Die Neugierde, die mich vor jeder neuen Begegnung mit Spannung auflud, konnte meine Ungeduld und Nervosität nur vorübergehend in den Hintergrund drängen. Plötzlich kamen die beiden daher. Ich war zunächst ein wenig überrascht, denn der Monsignore aus dem Vatikan - mittelgroße Statur, leicht gebogene Nase, gewelltes schwarzes Haar, das durch einen Scheitel geteilt war - machte auf mich eher den Eindruck eines Playboys als einer Eminenz, wie Amato ihn mir angekündigt hatte. Auf Grund meiner konservativen Erziehung stellte ich mir einen Würdenträger der Kirche als einen hoheitsvollen Mann vor, der grundsätzlich einen langen Talar trägt, distinguierten Ernst mit salbungsvoller Unverbindlichkeit zu verbinden weiß und trotz seiner Intelligenz und Weltgewandtheit über ein gewisses Ausmaß an Frömmigkeit verfügt.

„Monsignore Pretta", wie der hochwürdige Herr aus dem Vatikan mir vorgestellt wurde, zeigte nichts von alledem. Er trug einen eleganten lichtgrauen Flanellanzug zu einem weißen Hemd mit offenem Hemdkragen. Um seinen Hals hing eine dicke Goldkette mit einem Kreuz als Anhänger. An seinen Fingern, mit denen er unentwegt mit dem Schlüsselbund zu seinem teuren BMW spielte, funkelten goldene Herrenringe.

Als er mich sah, stieß er einen schrillen Pfiff aus.

„Das ist doch kein Priester, sondern ein Playboy", flüsterte ich Amato ins Ohr. Zu meinem Entsetzen übersetzte dieser den Satz sofort.

Wenn ich es nicht glauben könne, daß er „Monsignore Pretta" sei, solle ich ihn doch morgen in seinem Büro im Vatikan aufsuchen, ließ mir der Priester ausrichten. Tatsächlich empfing er uns am nächsten Tag in priesterlicher Amtskleidung in seinem Büro.

Das blieb aber auch die einzige Gelegenheit, bei der ich ihn im Priesterhabit erlebte. Es dauerte nicht lange, bis ich herausfand, daß der von meinen Vorstellungen eigentlich angenehm abweichende, gutaussehende Endvierziger mit dem gewinnenden Naturell in Wirklichkeit der zu hohen Ehren gelangte Paulanerpater Alberto Barbieri war.

Wie Papst Pauls allmächtiger Staatssekretär Kardinal Giovanni Benelli stammte auch Barbieri aus der Toscana, mit all den ungestümen Charakterzügen heißblütigen Temperaments, das diesen Menschenschlag kennzeichnet. Sein fröhliches, kumpelhaftes Wesen ließ sofort jede Distanz schmelzen, offenbar auch Frauen gegenüber, denn für Keuschheit und Zölibat hatten weder er noch die anderen Prälaten des Vatikans viel übrig, wenn sie auch natürlich, wie ich es nicht anders erwartet hatte, wortreich stets das Gegenteil beteuerten.

Als wir uns näher kennenlernten und die Scheu voreinander verloren (wir verständigten uns in seinem gebrochenen Deutsch), lud er mich auch zu seiner Freundin ein, die in einem mehrstöckigen römischen Apartmenthaus eine Eigentumswohnung besaß. Er hatte mit ihr ein herziges kleines Mädchen. Während sich Barbieri keineswegs bemühte, seine Beziehung zu der schwarzhaarigen Italienerin zu verbergen, zeigte die Frau verständlicherweise eine gewisse Scheu, vor einem Fremden ihre Gefühle äußern. Dies führte mitunter zu grotesken Situationen. Während sie sich eher reserviert verhielt und die Rolle einer guten Bekannten spielte, indem sie ihm beispielsweise zur Begrüßung devot die Hand küßte, sprang ihm seine Tochter mit der unschuldigen Spontaneität eines Kindes um den Hals, sobald sie ihn erblickte. Sie rief ihm auch auf dem Flughafen zum Abschied laut „Papa" zu. Wir flogen damals zur Besichtigung eines Grundstücks, auf dem Barbieri einen Betrieb aufbauen wollte, um seiner geheimen Familie eine solide Existenzgrundlage zu schaffen. Es kostete seine Freundin einige Mühe, dem Kind klarzumachen, daß es nicht opportun sei, seinen Gefühlen in aller Öffentlichkeit so laut Ausdruck zu verleihen.

Mein Umgang mit den geistlichen Würdenträgern des Vatikans

überzeugte mich überhaupt sehr rasch davon, daß die überwiegende Mehrheit unter ihnen dem Zölibatsgebot und der Forderung nach Enthaltsamkeit nicht viel abgewinnen konnte. Sie hatten alle ihre mehr oder minder hübschen Freundinnen, die sie als Haushälterin oder Nichte getarnt in ihrem eigenen Haushalt oder in irgendwelchen Häusern und Apartments beherbergten. Als ich Kardinal Tisserant einmal auf dieses Problem ansprach und meinte, warum man die für mich unsinnige Zölibatsverpflichtung, die ohnehin kaum jemand schätzte, nicht aufhebt, meinte er temperamentvoll, wie er nun einmal war: „Wo denken Sie hin? Damit wir auch noch für die Witwenpensionen aufkommen müssen!“

Barbieris unkonventionelle Art machte auf mich einen angenehmen Eindruck, und wir verstanden uns bereits nach kurzer Zeit recht gut. Wir trafen uns seit damals einige Male in dem kleinen Feinschmeckerlokal „piccolo mondo“ in der Nähe des Hotels Excelsior. Die Kellner kannten ihn hier unter dem Vornamen „Mario“ und begrüßten uns stets mit ausgesuchter Höflichkeit.

Kaum hatten wir die mit Spiegeln getäfelten Räume betreten, fing der hauseigene Musiker auch schon an, unsere Kennmelodien zu spielen, „Goldfinger“ für Barbieri und „Arrivederci Roma“ für mich.

Barbieri hatte tatsächlich goldene Finger, denn alles, was er unternahm, verwandelte sich in klingende Münze. Ganz so hatte es der Ordensgründer der „Pia Società San Paolo“, der Priester Giacomo Alberione, aus dem kleinen Ort San Lorenzo in der Provinz Cuneo, dessen persönlicher Sekretär Barbieri eine Zeitlang war, freilich nicht gemeint. Ganz im Gegenteil: „Macht keine Geschäfte“, schärfte er seiner Gefolgschaft ein, „sondern beschäftigt euch mit geistlichen Dingen ... keinen Betrieb, sondern betreibt das Heil der Seelen; sammelt kein Geld, sondern ewige Schätze.“

Das Ziel des nach dem Heiligen Paulus benannten Ordens war, den Absichten des Gründers entsprechend, die Verbreitung der christlichen Botschaft mit allen Mitteln der modernen Nachrichtentechnik, konkret: mit Hilfe der Presse. Deshalb genoß auch Barbieri eine solide journalistische Ausbildung und verdiente seine ersten Sporen im ordenseigenen Großverlag Edizione Paoline in der Via della Conziliazione in der Nähe des Petersplatzes.

Don Alberione gründete nicht nur den Priesterorden der Paulaner mit seiner spezifischen Aufgabe des Presseapostolats, sondern auch eine weibliche Sektion, die „Töchter des Heiligen Paulus", die unter anderem das Spital in Albano betrieben, in dem Kardinal Tisserant schließlich starb. Tisserant stand in enger Verbindung mit dem Paulanerorden: Eine der verschiedenen Vereinigungen des Ordens, die „Fromme Vereinigung Christlicher Familien", wurde auf seine Anregung hin ins Leben gerufen. Durch seine Position innerhalb des Ordens, der auch Herausgeber der größten italienischen Wochenzeitschrift, der „Famiglia Christiana" ist, war Barbieri mit Tisserant, aber auch mit seinem Landsmann Benelli gut befreundet. Sowohl Tisserant als auch Benelli und Marcinkus, den Barbieri ebenfalls gut kannte, gehörten zu den Schlüsselfiguren der vatikanischen Finanzszene.

Mit der Zeit behielt Barbieri seine Finger immer weniger auf der Tastatur seiner Schreibmaschine. Er steckte sie lieber in lukrative Geschäfte, bis er sie sich bei einer europaweiten Butterverschiebungsaffäre beinahe verbrannt hätte. Der Butterberg begann zu stinken, als sich am 7. April 1970 der holländische Sozialist und Europa-Parlamentarier Henk Vredeling mit der sibyllinischen Anfrage an die Europäische Gemeinschaft wandte, ob die Kommission „eine nach Mitgliederstaaten aufgegliederte Übersicht über die Ausfuhr landwirtschaftlicher Erzeugnisse der Gemeinschaft nach dem Vatikan seit dem Inkrafttreten des Vertrages" vorlegen könne.

Die Kommission konnte. Allerdings nur für das Jahr 1969. Allein in diesem Jahr sind rund 126 Tonnen Butter und 1.300 Tonnen Zucker aus den EWG-Ländern Deutschland, Frankreich und Italien in den Vatikanstaat eingeführt worden.

Findige Rechner fanden sehr bald heraus, daß angesichts des beträchtlichen Butter- und Zuckerberges die damals rund 900 Beschäftigten des Vatikans praktisch den ganzen Tag hindurch mit dem Verzehr von Butter beschäftigt sein müßten, was doch ein wenig unwahrscheinlich schien.

Vredeling vermutete Betrug. Da die EWG einerseits den Butterpreis hoch hielt, andererseits aber zur Förderung der Konkurrenzfähigkeit ihrer Mitgliedsstaaten gegenüber Drittländern einen niedrigen Verkaufspreis erlaubte, wurde der Verlust, den die Verkäufer durch den niedrigen Preis erleiden mußten, aus dem Agrarfonds der Gemeinschaft erstattet. Das wäre an sich in Ordnung gewesen, wenn die enorme Butter- und Zuckermenge im Drittland Vatikan verblieben und verbraucht worden und nicht - wie es tatsächlich geschah - auf dem italienischen Schwarzmarkt gelandet wäre. Wie immer in solchen Situationen versuchte der Vatikan zunächst zu dementieren, daß er in der Bundesrepublik und Frankreich Butter eingekauft hätte. Man decke, hieß es, seinen Butterbedarf seit Jahren aus Österreich und Dänemark.

Etwas später erinnerten sich die Leute im Kirchenstaat dann doch, auch in der Bundesrepublik Deutschland Butter eingekauft zu haben. Nur läge die Buttermenge pro Kopf in Wirklichkeit bei weitem nicht so hoch, wie es die EWG-Experten errechnet hätten, schrieb der Osservatore Romano, da ja der Vatikan das Recht habe, auch seinen Angestellten aus Rom samt Familien Waren zu niedrigeren Preisen abzugeben. Und außerdem, hieß es erwartungsgemäß weiter, entspringe die ganze Angelegenheit einer „verleumderischen Absicht, die leider immer häufiger nach einem Skandal in der Kirche sucht". Als Vredeling nachhakte und nunmehr wissen wollte, welche Buttermengen der Vatikan im Jahre 1969 aus Österreich und Dänemark eingeführt hätte, beantwortete die EWG-Zentrale, die sich durch ein Telefonat durchaus darüber Klarheit hätte verschaffen können, die Anfrage mit dem lakonischen Satz: „Die Kommission ist nicht in der Lage, die erbetenen Auskünfte zu erteilen."

Aber was geschah nun mit den 65,8 Tonnen Butter und Käse, die die Italiener dem Vatikan verkauft hatten, zumal kraft einer Zollvereinbarung zwischen Italien und dem Vatikan auf die von Italien nach dem Vatikan ausgeführten Produkte keine EWG-Vergütungen gestattet werden können?

Nun, diese billigen Lebensmittel sollten hauptsächlich in Waisenhäusern, Spitälern, Kindergärten und Altersheimen verteilt werden. Dazu kam es aber nicht, denn auch dieser Butterberg, der angeblich via Rotterdam aus den Vereinigten Staaten und Neuseeland gekommen war und eigentlich für den Ostblock bestimmt gewesen wäre, landete auf dem italienischen Schwarzmarkt.

Barbieri verdiente dabei nicht schlecht. Als die Sache aufflog, wurden seine Mitwisser, darunter auch ein hochgestellter Prälat, aus dem Vatikan gefeuert. Er selber kam noch einmal heil davon.

Der Handel mit EWG-Butter war zu dieser Zeit ein ausgesprochener Hit in gewissen geistlichen Kreisen Roms. Nur vollständigkeitshalber sei erwähnt, daß auch ein cleverer Jesuit, P. Mario Schoenenberger, zeitweilig Assistent des damaligen Jesuiten-Generals Pedro Arrupe, gute Geschäfte mit dem Streichfett machte. Auf weiß Gott welche Weise fand er heraus, daß die Deutschen auf einem Butterberg sitzen, dessen Lagerung ihnen Kosten in der Höhe von 5,7 Millionen Mark verursachte. Der Jesuit aus Rom kam ihnen in dieser Situation äußerst gelegen. Schoenenberger, der vorgab, im Auftrag einer Gesellschaft namens „Humanitas“ zu verhandeln, die ihr Herz für die Dritte Welt und deren Arme entdeckt hätte, versprach, die 2.000 Tonnen Butter zu übernehmen und verlangte dafür als Provision exakt jene 5,7 Millionen Mark, die die Deutschen für die Lagerung des Fettes ohnehin ausgegeben hätten. So kam keiner zu kurz, und Schoenenberger verschwand samt Butter und Geld. Er war sorgsam darauf bedacht, in den Vertrag mit den Deutschen die Klausel aufzunehmen, wonach „Humanitas über den Einsatz der Mittel (Geld und Butter) keine Rechenschaft ablegen muß.“ Das Geschäft dürfte Schoenenberger nicht schlecht bekommen sein, denn er besaß neben seiner bescheidenen Zelle in Roms Jesuitenhofburg am Borgo Santo Spirito ein Fünfzimmer-Appartement und jede Menge Sekretärinnen. Und er flog, wie seine Ordensbrüder erzählten, „wie ein Fabriksdirektor“ in der ganzen Welt herum. Dies ging längere Zeit gut, bis es dem asketischen Jesuitengeneral Arrupe zu bunt wurde. Er feuerte Schoenenberger aus dem Orden. Als gelernter Nationalökonom und Exportkaufmann betrieb der Ex-Jesuit fortan in der Schweiz eine Beratungsstelle für Entwicklungsprojekte.

Wieweit Barbieri mit Schoenenberger zusammengearbeitet hatte, entzieht sich meiner Kenntnis. Die angespannte finanzielle Situation des Vatikans ließ die Monsignori und Eminenzen jeden Finanzspekulanten und jede Unternehmung willkommen heißen, sobald sie sich davon einen Gewinn versprachen. Kein Wunder, daß der klerikale Ministaat zum Eldorado für alle möglichen Finanzgaukler und Manipulanten wurde.

VIII. Geschäfte mit der Pille

Der 29. Juli 1968, ein Montag, ist für viele Menschen, nicht nur für Katholiken, ein denkwürdiges Datum. An diesem Tag erschien Papst Pauls berühmt-berüchtigte Enzyklika vom menschlichen Leben, „humanae vitae". In ihr verurteilte er unter anderem die Verwendung der damals gerade ihrer Hochkonjunktur entgegenrollenden „Antibabypille".

Die Aufregung in aller Welt war groß. Man nannte das päpstliche Pillenverbot einen neuen Fall Galilei, das fatalste katholische Fehlurteil des Jahrhunderts, ein Todesurteil für die Katholiken in den unterentwickelten Ländern, einen Sieg der Weltfremdheit und vieles andere mehr. Die Lutherische Kirche Schwedens sprach von einem „verheerenden und tragischen Irrtum", und der Pillen-Miterfinder Hoagland witterte hinter der päpstlichen Entscheidung, die übrigens gegen die Empfehlung der Mehrheit der Fachwissenschaftler zustande kam, ein „mittelalterliches theologisches Konzept, dessen Aufrechterhaltung ein moralisches Verbrechen an der Menschheit ist"

Es war vorauszusehen, daß selbst kirchentreue Katholiken vor die Wahl „Papst oder Pille" gestellt, für letztere optieren würden.

Tatsächlich zeigten später durchgeführte Umfragen in allen Ländern der Welt, daß die Mehrheit der Gläubigen das Pillenverbot einfach ignorierte. Jedenfalls zogen sie diese Methode der Verhütung unsicheren Zyklusberechnungen, unerwünschten Schwangerschaften und der Abtreibung eindeutig vor.

Selbst Bischöfe, ja ganze Bischofskonferenzen unterliefen das römische Verbot, indem sie in der mehrdeutigen Amtssprache kirchlicher Rundschreiben ihre Schäflein wissen ließen, daß sie im Zweifelsfall durchaus dem eigenen Gewissen folgen dürfen.

Dies sind alles mehr oder minder bekannte Tatsachen. Weniger bekannt ist bis heute die Art und Weise, in der der Vatikan seine eigene Verordnung ignorierte und munter finanziell am seinerzeitigen Pillenboom mitnaschte; und dies zu einem Zeitpunkt, an dem der Papst seine Vertreter per Geheimerlaß bei verschiedenen Regierungen intervenieren ließ, die, wie etwa der philippinische Diktator Marcos oder die indische Regierung, die Familienplanung per Pille, Kondom und Spirale als willkommenes Hilfsmittel gegen die drohende Bevölkerungsexplosion ihrer Länder einzusetzen begannen.

Es sei „beunruhigend festzustellen", meinte Paul VI., „daß Gelder leichter in Familienplanungsprogramme fließen als in andere Vorhaben, beispielsweise in Projekte zur Bewässerung von Wüstenland".

Es war Ende 1968, Anfang 1969, als ich meine Weihe zum Strohmann des Vatikans erhielt. Dem waren einige für mich sehr beeindruckende und überaus genaue Erkundigungen seitens des Vatikans vorangegangen, meine Person und mein Vorleben betreffend. Ich wurde zu Kardinal Tisserant eingeladen. Außer mir war auch noch ein hochgewachsener, hagerer Priester mit Stoppelfrisur und Brille anwesend, der sich einfach als „Pater Josef" vorstellte. Er fungierte seit damals immer wieder als Dolmetscher und Miterfinder von Plänen. Bis heute weiß ich nicht, wer dieser „Pater Josef" war. Im Gegensatz zu „Monsignore Pretta", den ich bald als Alberto Barbieri identifizieren konnte, gelang es mir trotz intensiver Nachforschungen nicht herauszufinden, wer dieser mysteriöse Priester war, der stets in der Begleitung Tisserants auftauchte. Auf Befragen wurde mir lediglich mitgeteilt, Pater Josef sei ein Jesuitenpater. Seiner Aussprache nach hätte er ein Schweizer oder ein Schwabe sein können, er sprach fließend Deutsch mit starker Dialektfärbung.

Wie mehrere Beispiele zeigten, war es im Vatikan offenbar Sitte, Laien gegenüber, die man als Strohmänner zur Abwicklung diverser Geschäfte benötigte, aus Gründen der eigenen Sicherheit die wahre Identität nur dann preiszugeben, wenn es unbedingt notwendig erschien. Natürlich hätte die Tatsache, daß mein bärtiges Gegenüber Kardinal Tisserant war, nie geheim gehalten werden können, dazu stand der Dekan des Kardinalskollegiums allzu sehr im Rampenlicht der Öffentlichkeit. Aber seine Mitarbeiter wie Barbieri, „P. Josef" und andere Kleriker versteckten sich gerne hinter der Maske frei erfundener Namen und Titel. Selbst als die italienische Polizei gegen den geschäftstüchtigen Paulaner-Pater bereits Ermittlungen eingeleitet hatte, konnten die Medien trotz energischer Nachforschungen nicht sofort herausfinden, wer sich hinter dem Pseudonym „Monsignore Pretta" verbarg.

Zunächst hatte mir „Pater Josef" einige Fragen gestellt, die meinen privaten Lebenslauf betrafen. Ich war erstaunt, wie genau die Herren im Vatikan über meine Herkunft, mein Elternhaus und meine familiären Verhältnisse Bescheid wußten. Selbst die genaue Todesursache meiner ersten Frau, die an Lungenembolie gestorben war, blieb ihnen nicht verborgen, sosehr ich auch über diesen schmerzhaften Punkt meines Lebens hinwegzugehen trachtete. Als ich angesichts der beeindruckenden Fülle und Genauigkeit der Informationen über meine Person die Frage stellte, woher sie das alles so exakt und detailliert wüßten, bemerkte der Kardinal mit freundlichem Lächeln: „Vergessen Sie nicht, lieber Freund, daß die Kirche selbst im letzten Nest einen Vertreter hat, den sie gegebenenfalls direkt oder durch die Nuntiaturen des betreffenden Landes um Auskunft ersuchen kann."

Als ich aufgrund verschiedener Empfehlungen als würdig befunden war, im Auftrag des Vatikans Finanzierungsmöglichkeiten zu erkunden, wurde ich mit den nötigen Dokumenten ausgestattet. Der Kardinal riet mir, bei harmlosen Reisen nach Möglichkeit meinen österreichischen Reisepaß zu verwenden, bei Geldtransporten aber stets meinen burundischen Diplomatenpaß vorzuweisen. Zur Sicherheit bekam ich auch noch den kleinen roten Vatikan-Diplomatenpaß, der mich als Staatsbürger des Ministaates auswies.

Die Reinerträge, die bei den diversen Geschäften übrig blieben, brachte ich immer in meinem braunen Krokodilleder-Koffer zu meinen Auftraggebern. Irgendwelche Quittungen, Übernahmebestätigungen und ähnliches gab es aus einleuchtenden Gründen nie. Das Ganze war auf gegenseitigem Vertrauen aufgebaut. Ich hätte ja mit manch einer Million das Weite suchen können, tat es aber nicht, weil ich auch weiterhin an guten Geschäften interessiert war, wie meine vatikanischen Auftraggeber genau wußten. Mitunter, wenn es riskant oder zumindest nicht opportun erschien, die Sperren der Zollabfertigung zu passieren, warteten meine Freunde schon an der Flugpiste auf mich. Die schwarze Limousine des Vatikanstaates durfte in solchen Fällen bis ans Rollfeld hinausfahren, sodaß ich vom Flugzeug sofort in den in der Nähe abgestellten Pkw steigen konnte. Unbehelligt von jeglicher Kontrolle brachte mich der jeweilige Fahrer in mein Domizil am Monte Cristallo, einer kleinen Gasse im Nordosten Roms. Die beherzten Mitarbeiter Tisserants und später Benellis sorgten auch immer dafür, daß meine Flugtickets am Schalter der vorgesehenen Fluglinie termingerecht auflagen. Ich holte sie mittels Vorweisens meines Reisepasses dort ab.

Das erste Geschäft, das dem Vatikan durch meine Vermittlung eine größere Summe Geldes und mir eine ansehnliche Provision einbrachte, war eine stattliche Lieferung von Antibabypillen, die von Marseille nach Spanien und von dort nach Indien und Ghana ging.

Die Pillen sollten durch den Zwergstaat Andorra nach Spanien gebracht werden. Laut Legende soll Andorra jener Fleck auf der Welt sein, an dem nach der Sintflut die Erde zuallererst wieder trocken geworden ist. Am Gipfel des Mont Argent soll Noah Anker geworfen haben. Vielleicht ist dies der Grund, weshalb die emsigen Forscher im Kaukasus noch immer nicht auf die Spuren der biblischen Fähre gestossen sind. Der Ring, den Noah zum Vertäuen seiner Arche benutzt hat, wartet, wie es heißt, unter einem Gletscher noch immer auf seine Entdeckung.

Die Herrschaft über den 453 Quadratkilometer kleinen Zwergstaat mit seinen rund 20.000 Einwohnern üben seit Jahrhunderten die Bischöfe von Urgel in Nordspanien und die französischen Nachbarn aus. Heute vertritt je ein Landvogt den Bischof von Urgel und die Franzosen. Der Wettstreit der geistlichen und weltlichen Herren um Andorra sorgte vor allem im Mittelalter für dauernde Unruhen. Immer wieder versuchten die Fürsten in der Umgebung von Urgel die geistlichen Herren in die Knie zu zwingen. Roms Rache war ihnen deshalb stets gewiß. Einen der verbissensten Feinde der Bischöfe, den Grafen Arnaud de Castellbó hat die Heilige Inquisition sogar noch im Grabe verfolgt. Dreiundvierzig Jahre nach seinem Tod ließen ihn die Inquisitoren ausgraben, um seine Gebeine feierlich verbrennen zu können. Die Macht der Kirche ist in Andorra bis heute ungebrochen. Noch immer wacht der Bischof von Urgel über die dortigen Sitten und Gebräuche, während sich Frankreich eher um die Auslandsvertretung des Kleinstaates kümmert.

Der Taufschein gilt als Staatsbürgerschaftsnachweis, geheiratet wird nur kirchlich, Scheidungen sind verpönt, „wilde Ehen“ üblich. Gesprochen wird Katalanisch und Französisch, bezahlt in Pesetas und Francs. Es gibt nur eine kümmerliche Landwirtschaft, dafür aber einen blühenden Handel, vor allem durch Schmuggel.

Ich mietete mir eine kleine, aber komfortable Wohnung in Jardi Valira 6, einer hübschen Gartenstadtsiedlung in der Hauptstadt La Vella. Ende der sechziger Jahre, als ich in Andorra Anker warf, stand Francesco Mauro mit einer Fabrik in Marseille in Verbindung, die pharmazeutische Produkte herstellte, darunter die empfängnisverhütende Pille.

Die Herren in Marseille rochen das große Geschäft und vertrieben die Pille in alle Welt. Als eines der nächstliegenden Abnehmerländer bot sich das ultrakatholische Spanien unter Franco an, umsomehr, als in Spanien der offizielle Verkauf von Antibabypillen damals verboten war.

Die spanischen Bischöfe nahmen das päpstliche Pillenverbot sehr ernst, und die Regierung, zu der eine ganze Reihe von Ministern gehörte, die Mitglieder der streng konservativen katholischen Geheimorganisation „Opus Dei" waren, unterstützte die Haltung Roms.

Typisch für die Einstellung der spanischen Kirchenführer war auch der Standpunkt des geistlichen Oberhauptes von Andorra, des Bischofs von Seu d'Urgel. Er war ein ausgesprochener Asket, der jede Lockerung der Sitten ablehnte. Als einige deutsche Unternehmer in Andorra Sex-Shops eröffnen wollten, drohte er ihnen mit der Garotte. Mein Plan, an der andorranischen Grenze zu Frankreich, am Pas de la Casa, ein Spielkasino zu eröffnen, nachdem wir bereits rund einhundert Spielautomaten, sogenannte „einarmige Banditen", aufgestellt hatten, scheiterte am Widerstand des Bischofs.

Auch den Bau dieses Spielkasinos hätte der Vatikan finanziert. Francos Schwiegersohn war für den Direktorsposten vorgesehen. Natürlich mußte der Plan dem Bischof von Seu d'Urgel vorgelegt werden, der ihn aber ablehnte. Daraufhin versuchten wir, Mauro und ich, von der staatlichen israelischen Schiffahrtsgesellschaft drei Schiffe zu chartern. An Bord dieser Schiffe wollten wir Spielkasinos einrichten. Nach unseren Vorstellungen hätten diese schwimmenden Spielhallen drei Meilen vor der Küste in internationalen Gewässern kreuzen sollen, das Publikum wäre durch Zubringerdienste hingefahren worden. Aber wie viele andere Pläne scheiterte auch dieser an verschiedenen Hürden. Das Geschäft mit den Antibabypillen schien realisierbarer zu sein. Wir brauchten aber einen Financier, der die ganze Transaktion nach Spanien unterstützen sollte.

Was lag näher, als mich an Kardinal Tisserant zu wenden, da ich wußte, daß er stets auf der Suche nach Finanzierungsmöglichkeiten war, die mit geringen Risiken einhergingen, dafür aber mit hohen Gewinnen lockten. „Ich hätte ein Bombengeschäft für Sie", sagte ich zu ihm, als wir uns in Rom trafen. „Es hat nur einen Haken, es handelt sich nämlich um sogenannte Mutterschutzpillen, wenn Sie verstehen, was ich meine; es sind in Wirklichkeit Antibabypillen." Außerdem, sagte ich, sei das Geschäft nicht ganz ohne Risiko. Es war nicht gänzlich auszuschließen, daß die Ware am spanischen Zoll beschlagnahmt würde, aber nicht sehr wahrscheinlich. Nachdem ich dem Kardinal versichert hatte, daß ich für eine umsichtige Organisation des Transports sorgen würde, willigte er ein, ohne irgendwelche moralischen Bedenken anzumelden.

Ich bekam die verlangte Summe von 100.000 US-Dollar, verstaute sie sorgfältig in meinem Koffer und reiste wieder ab.

Nun gingen wir mit Mauro an die Arbeit. Die Überführung der „Mutterschutzpillen" von Frankreich nach Andorra bereitete uns kaum Kopfzerbrechen. Wir konnten die Lieferung offen deklarieren, da in Andorra jedes Medikament rezeptfrei zu bekommen ist, und gegen „Mutterschutzpillen", die lediglich den Menstruationszyklus regeln sollten, wie die offizielle Deklaration lautete, konnte selbst der Bischof von Seu d'Urgel kaum etwas einwenden, wenn es überhaupt jemals bis an sein Ohr gedrungen war, daß es ein solches Medikament überhaupt gab.

Das Problem war vielmehr: wie schmuggeln wir die Pillen weiter nach Spanien, ohne dabei erwischt zu werden? Zunächst dachten wir an Lkws mit doppelten Böden und Geheimfächern. Doch es stellte sich sehr rasch heraus, daß ein solcher Plan undurchführbar war. Es durfte nämlich kein ausländischer Lastwagen Andorra in Richtung Spanien verlassen, ohne daß die Spanier ihn peinlichst genau kontrolliert hätten, und obendrein durften weder andorranische Lkws die spanische noch spanische Lastwagen die andorranische Grenze passieren. Ganz gleich, um welche Ware es sich handelte, sie mußte im Niemandsland umgeladen werden.

Da uns dieser Weg also nicht gangbar erschien, mußten wir eine andere Lösung finden. Wir verhandelten deshalb mit einigen uns bekannten Lenkern von Linientaxis, die zwischen Andorra und der katalanischen Hauptstadt Barcelona verkehrten. Für eine angemessene Belohnung erklärten sie sich bereit, die rund 3 Millionen Pillen nach

Spanien einzuführen, wo unsere spanischen Partner bereits auf die Lieferung warteten. Es ging alles reibungslos. Der Transport konnte ungehindert durchgeführt werden. Binnen einer Woche war alles vorbei. Wir stiegen mit einem Reingewinn von rund 120.000 US-Dollar aus.

Freudestrahlend nahm der Kardinal die insgesamt 200.000 Dollar in Empfang, die ich ihm wie üblich in meinem Geldkoffer überbrachte. Er verstaute das Geld in seinem Schreibtisch. Die Provision, die Mauro und ich untereinander aufteilten, betrug 20.000 US-Dollar.

Wofür diese und auch andere Gewinnsummen, die der Vatikan einstrich, verwendet wurden, weiß ich nicht. Behauptet wurde stets, daß man das Geld kirchlichen Hilfswerken in der Dritten Welt zukommen lasse.

Es blieb nicht bei Spanien allein. Auch nach Indien, und in geringeren Mengen nach Ghana, sollten „Mutterschutzpillen" verfrachtet werden. Wir kamen mit einem indischen Großimporteur überein, solche Pillen im Gesamtwert von 20 Millionen US-Dollar zu liefern. Doch dann überlegte er es sich und wollte nur mehr für 7 Millionen Dollar einkaufen. Wir gingen daraufhin mit dem Preis etwas höher, dennoch kam das Geschäft zu einem guten Abschluß. Der Gesamtumsatz betrug 6 Millionen Dollar, wovon nach Abzug der vom Vatikan vorgestreckten Finanzierungssumme von 1,5 Millionen Dollar ein Reingewinn von 4,5 Millionen verblieb. Ein Drittel der Summe kassierten die Inder, ein weiteres Drittel der Vatikan und den Rest Mauro und ich.

Auch nach Ghana lieferte die Firma aus Marseille die Pille, doch das Geschäft wurde hier mit anderen Warenlieferungen gekoppelt. Außerdem konnten unsere Partner in Ghana nicht mit harter Währung zahlen. Uns schien ein Tauschgeschäft dann lukrativer zu sein. Im Gegenwert der Lieferungen kauften wir in Ghana Südfrüchte und Holz ein, das wir auf dem italienischen Markt mit Gewinn absetzen konnten.

Unser Geschäftspartner in Accra hieß Fred Mills und war ein schwarzer Landesfürst, der es durch seine Intelligenz und Bildung, er hatte in England studiert, zu fabelhaftem Reichtum brachte. Er besaß eine große Zementfabrik, eine Bierbrauerei und vertrat außerdem eine ganze Reihe von deutschen Industrieunternehmen in Ghana. Er verfügte damals, mit Mitte Vierzig, über eine feudale Villa am Meer und ein großes Büro mit hübschen weißen Sekretärinnen.

Von den Geschäften, die ich in den späten sechzigerJahren und

Anfang der siebziger Jahre für den Vatikan abwickelte, konnte ich der Kirchenführung in Rom nach und nach insgesamt rund 35 Millionen US-Dollar abliefern; keine geringe Summe.

Ich würde freilich lügen, wenn ich leugnete, dabei selbst auch nicht schlecht abgeschnitten zu haben.

Ein lustiges Detail am Rande meiner Geschäftstätigkeit für den Vatikan in bezug auf die Finanzierung der Pillentransaktion aus Marseille ging mir erst später auf. Während Tisserant, Benelli, Marcinkus und Co. gegen den Massenverkauf der Pille überallhin nichts einzuwenden hatten, betonten sie stets, daß Italien diesbezüglich nicht in Frage käme. Ihr Argument lautete damals: man wolle mit den italienischen Behörden vor den Toren Roms keine Schwierigkeiten bekommen.

Erst als der römische Korrespondent der in Paris erscheinenden „International Herald Tribune", der italo-amerikanische Journalist Nino Lo Bello, ein versierter Vatikankenner, aufgrund eigener Nachforschungen dahinter kam, daß das Instituto Farmacologico Sereno in der Via Casilina 125 in Rom, das sich mit der Herstellung von Arzneimitteln beschäftigte und dem Vatikan gehörte, unter der Bezeichnung „Luteolas" selbst eine Antibabypille für den italienischen Markt produzierte, ging mir ein Licht auf, warum wir von Spanien bis nach Indien, nicht aber nach Italien „Mutterschutzpillen" verkaufen sollten. Offenbar wollte man der eigenen Produktion keine Konkurrenz schaffen.

IX. Waffengeschäfte

Ende 1985 schlug eine der größten katholischen Zeitschriften Italiens Alarm: „Unsere Waffen morden in aller Welt: der italienische Export von Kriegsgeräten aller Art hat 1983 die Höhe von 4.400 Milliarden Lire erreicht, 90 % davon werden in die Dritte Welt geliefert."

Die Zahlen seien, fügte die Zeitschrift hinzu, nicht offiziell, denn ein königliches Gesetz aus dem Jahr 1941 breite auch heute noch den Mantel des Schweigens über den Handel mit Kriegsgerät. Die Sache rangierte unter der Bezeichnung „militärisches Geheimnis".

Gefinkelte Journalisten fanden dennoch durch geschwätzige Politiker allerhand über das Geschäft mit dem Tod heraus. Demnach versorgten italienische Waffenhändler nicht nur Argentinien und Brasilien, Ecuador und Ägypten mit hochwertigem Kriegsgerät, sondern auch den inzwischen gestürzten Diktator von Haiti, Jacques „Baby Doc" Duvalier. Er bekam FS-260 Kampfflugzeuge zur - wie es hieß - Guerillabekämpfung. Dem Irak verkauften die Italiener für seinen Langzeitkrieg gegen den Iran 224 Aspide-Raketen, 4 Fregatten der Klasse „Lupo", 60 Otomat-Raketen, 2 Stromboli-Zerstörer und 6 Corvetten.

Auch die Südafrikaner kamen nicht zu kurz. Trotz des von der UNO verfügten Waffenembargos versorgte die Triester Waffenfabrik Meteor die Regierung Botha mit einer ansehnlichen Ladung Fernlenkraketen zur Luftabwehr. Am meisten freilich brachte jene Tatsache die italienische Öffentlichkeit auf, daß der libysche Revolutionsführer Muammar Gadaffi neben Militärfahrzeugen mit Aspide-Raketen auch Helikopter und Kampfflugzeuge diverser Typen ebenso geliefert bekam wie Fernlenkflugkörper, die mit einigen Griffen zu hochwirksamen Raketen umgewandelt werden können.

Es könnte die makabre Situation eintreten, warnte der Moralist Enrico Chiavacci, daß die italienischen Verteidigungsanlagen auf Sizilien und Sardinien mit italienischen Raketen angegriffen würden. Prompt drohte Gadaffi ein paar Monate später, als die Amerikaner vor seiner Küste kreuzten, er werde die amerikanischen Militärbasen in Italien unter Feuer nehmen.

Kein Wunder, daß die Italiener wenig Lust zeigten, mit den Amerikanern gemeinsame Maßnahmen gegen den unberechenbaren Wüstensohn in Tripolis zu ergreifen.

Inzwischen regte sich in Italien lebhafter Prostest gegen den Waffenhandel, an dessen Spitze sich so profilierte Kirchenmänner stellten wie der Mailänder Kardinal Carlo Maria Martini oder der Triester Bischof Monsignore Lorenzo Belloni.

„Der Waffenhandel ist eine beunruhigende Tatsache“, verkündete Martini, „die bislang keine angemessene Aufmerksamkeit erweckt hat“. Für Aufmerksamkeit sorgte dann der Bischof von Triest, indem er die Italiener zum Steuerboykott aufrief, falls die Regierung keine Schritte zur Aufklärung und Eindämmung des Waffenhandels unternehme. Der Bischof von Ivrea, der Vorsitzende der italienischen Sektion der weltweiten katholischen Akademiker-Bewegung „Pax Christi“, Betazzi, verlangte für Waffenhändler sogar die Exkommunikation. Was die immer breiter werdende, von katholischen Organisationen mitgetragene Protestbewegung am meisten störte, war die beharrliche Weigerung der Regierung, das Geheimhaltungsgesetz über den Waffenhandel aufzuheben.

Ein allfälliger in Richtung des Waffenhandels geschleuderter Bann würde den Vatikan freilich in arge Schwierigkeiten bringen, denn das Gerücht, der Ministaat seiner Heiligkeit, des Stellvertreters Christi auf Erden, sei schon immer an Waffengeschäften beteiligt gewesen, konnte bis heute nicht aus der Welt geschafft werden.

Bereits in den dreißiger Jahren, als Mussolini seinen Feldzug gegen Äthiopien begann und dafür Waffen benötigte, wurde er von einer Waffenfabrik beliefert, die dem Vatikan gehörte.

Für den Heiligen Stuhl hatte diese Waffenfabrik der berühmte Chef der vatikanischen Sonderverwaltung, Signor Bernardino Nogara, erstanden. Er war der Bruder eines Monsignore Nogara im Vatikan, der seinerseits mit Pius XI. freundschaftlich verbunden war. Nogara leitete lange Jahre hindurch die türkische Tochter der italienischen Handelsbank, der Banca Commerziale. Seine Fähigkeiten waren stets unbestritten. Nogara verstand es, die Entschädigungssumme, die die Faschisten dem Vatikanstaat für den Verlust der weltlichen Macht zukommen ließen, runde 1.500 Millionen Lire (damals 340 Millionen DM) nutzbringend anzulegen. Er bekam vom Papst vollkommen freie Hand, konnte Geschäfte in aller Welt abschließen, Beteiligungen erwerben oder ganze Betriebe aufkaufen.

Der hochgewachsene, schweigsame Nogara, ein zum Katholizismus konvertierter Jude, der völlig in seiner Aufgabe aufzugehen schien und als tief religiös galt, hatte aber keine Skrupel, das Geld des Heiligen Petrus auch in Waffengeschäften anzulegen. Niemand kontrollierte ihn damals, kein Mensch konnte, nicht einmal schätzungsweise, sagen, wieviel, was und wo im Namen des Vatikans gekauft, finanziert und investiert wurde.

Bilanzen wurden nie veröffentlicht; man schätzte, daß Nogara das von den Faschisten erhaltene Geld mehrmals vervielfacht hatte.

So ein erfolgreicher Mann hatte natürlich auch Neider. Diese setzten das Gerücht in Umlauf, er habe Mißwirtschaft betrieben. Pius XII., aufgeschreckt durch solche Denunziationen, ließ sofort eine interne Kassaprüfung durchführen, die aber nur bestätigte, daß der Heilige Stuhl mit Signor Nogara einen guten Fang gemacht hatte.

Meine eigene, eher bescheidene Rolle am Rande einer vatikanischen Beteiligung an einer Waffenfabrik bestätigt nur die Vermutungen jener, die behaupten, daß der Vatikan ohne viele Skrupel bereit ist, Geschäfte in allen Handelsbranchen zu machen, sobald es ihm ein wenig Gewinn einbringt.

Ende der sechziger Jahre trug sich einer der Miteigentümer der Waffenfabrik Manzolini in Rom mit der Absicht, Aktienanteile zu veräußern und sich vom Geschäft zurückzuziehen. Der am 28. Juli 1879 geborene Conte Ettore Manzolini, Gründer der „Società Romana Construzione Meccaniche“ war eine eigentümliche Mischung aus einem Landfürsten und leidenschaftlichen Landwirt mit einem Industriellen. Er war Präsident und Verwalter mehrerer Industrieunternehmen, darunter auch jene Waffenfabrik, die sich, soweit ich mich erinnere, „Società A.E. Manzolini et c. Apuania“ nannte.

Von seinem Haus in der Via del Mare 63 aus regierte der Conte seine Industrieunternehmungen. Die Kunde, daß Firmenanteile der Manzolini-Fabrik zu erwerben wären, gelangte rasch bis zum Vatikan.

Tisserant ließ mich rufen, erzählte mir die Geschichte und tat seine Absicht kund, diese Anteile zu erwerben. Die Zielvorstellung des Kardinals spiegelte ziemlich getreu die Wirtschaftspolitik des Vatikans wider. Die Bestrebungen richten sich immer auf den Erwerb von mindestens 51 % der Aktien, also auf eine solide Mehrheit, damit man im Falle eines Falles den Partner auszahlen kann und nicht gezwungen ist, seine eigenen Karten aufzudecken. So lautete auch mein Auftrag: Ich sollte mit der Firmenleitung in Kontakt treten, um 51 % der Aktien zu erwerben.

Die Waffenfabrik Manzolini war eine der größten Waffenfabriken Itaiens. Sie befand sich damals noch in Privatbesitz und beschäftigte rund 6000 Arbeitnehmer. Sie stellte verschiedene Typen von hochentwickelten Kriegsgerät wie Waffen, Flugzeuge, Hubschrauber und Raketen her.

Manzolini verfügte über eine große Anzahl von Patenten, die er unter anderem nach Belgien, Frankreich und Spanien verkauft hatte. Soviel ich weiß, wurde auch der erste Hubschrauber mit Düsenantrieb bei Manzolini hergestellt.

Bevor ich mit der Firmenleitung in Kontakt trat, holte ich meine Unterlagen hervor. Ich verhandelte ja immer in meinem eigenen Namen, über meine Postkasten-Firma „Proco“ in Liechtenstein. Natürlich konnte sich jeder, der mit mir in geschäftlichen Kontakt trat, von meiner Bonität überzeugen. Falls er bei der Wiener Länderbank anrief, bekam er die stereotype Auskunft, daß man mich dort sehr wohl kenne, zwar keine konkreten Zahlen nennen könne, aber wisse, daß ich vermögend sei. Ich verhandelte ja auch im Namen einer Finanzierungsgruppe. Von dieser Seite her gab es also keine Schwierigkeiten.

Meine erste Fühlungnahme mit der Waffenfabrik Manzolini durch einen für diese Angelegenheit bevollmächtigten Ingenieur D. zeigte, daß der Miteigentümer lediglich 25 bis 30 % der Anteile zu veräußern gedachte, was bei meinen Auftraggebern im Vatikan auf wenig Gegenliebe stieß. Der Conte selbst wäre gerne bereit gewesen, seine Anteile abzugeben, doch seine Frau weigerte sich, ihre Beteiligungen zu veräußern. Insgesamt hätte ich etwa 48 % der Anteile ergattern können. Da es verschiedene juristische Probleme gab, mußte ein römischer Rechtsanwalt - er wohnte in der Nähe der Via Veneto, unweit des Café de Paris - eingeschaltet werden. Dieser Anwalt führte dann die Verhandlungen mit Ingenieur D. weiter. Auf die Frage, wieweit meine Vermittlungstätigkeit noch erwünscht sei, antwortete Tisserant: „Interessieren Sie sich jetzt nicht weiter. Wir müssen die ganze Angelegenheit klären und werden sehen, wieweit wir mit unseren Verhandlungen kommen. Sobald wir einen Schritt weiter sind, werde ich Sie informieren und mit weiteren Verhandlungen betrauen." Etwa ein halbes Jahr lang hörte ich nichts mehr von der Angelegenheit.

Dieses Geschäft hätte mich eigentlich schon sehr interessiert, da ich bei einer Verhandlungsbasis von 180 Millionen Dollar eine vereinbarte Provision von 2 Millionen Dollar bekommen hätte. Als ich mich später bei Tisserant nach dem Stand der Verhandlungen erkundigte, weil ich das Gefühl hatte, der Rechtsanwalt würde sich nicht energisch genug hinter die Sache klemmen, bekam ich vom Kardinal die Antwort: „Fragen Sie einmal nach!"

Ich ging also zu dem Rechtsanwalt, der mir wortreich erklärte, die Sache sei nicht mehr aktuell, da Manzolini inzwischen in aller Welt seine Patente verkaufe und der Vatikan deshalb kaum Interesse haben könne, an dieser Fabrik Anteile zu erwerben, da ja gerade die Vergabemöglichkeit von Lizenzen den Reiz des Ankaufs ausgemacht hätte. Der Rechtsanwalt bedankte sich für meine Vermittlertätigkeit und schenkte mir im Namen der Firmenleitung von Manzolini, wie er sagte, eine kunstvoll gearbeitete Pistole, vergoldet, mit vergoldeten Kugeln. Das Geschenk wurde mir in einer Schatulle, die mit blauem Samt ausgeschlagen war, überreicht. Ich war über diese Wendung nicht gerade erfreut, da sie für mich den Verlust meiner Provision bedeutete. Ich hatte aber vor, mit anderen Geschäften diese Schlappe wettzumachen. Das Schicksal brachte es irgendwie mit sich, daß ich eines Tages anläßlich eines Besuches bei Kardinal Tisserant ein ähnliches Geschenk der Firma Manzolini, wie ich es bereits besaß, auf dem Schreibtisch erblickte.

„Haben auch Sie, Herr Kardinal, ein Präsent bekommen?"

Für einen Moment schien der Kirchenfürst verlegen zu sein, sagte aber dann: „Unser Anwalt hat mir diese Pistole überbracht. Es ist sozusagen eine Abschiedsgeste des Expräsidenten Manzolini. Sie haben sich damit für das entgangene Geschäft mit uns entschuldigt, denn sie haben die Firma angeblich an eine Schweizer Holding verkauft."

Ich fragte lächelnd: „Wem gehört sie denn, die Schweizer Holding, dem Vatikan?"

„Nein. Sie müssen es ja wissen. Sie hätten ja weiterverhandeln sollen." „Ich habe das Gefühl", sagte ich, „Ihr wolltet Euch die zwei Millionen Dollar ersparen."

„Glauben Sie wirklich, daß eine solche Summe bei diesem Geschäftsvolumen eine Rolle gespielt hätte?" lächelte der Kardinal.

Ich war nicht überzeugt und hatte immer wieder das Gefühl, daß das Geschäft hinter meinem Rücken zustande gekommen war.

Einige Monate später saßen wir in einem Fischrestaurant zusammen. Irgendjemand aus der Runde, Kardinal Benelli oder Kardinal Tisserant, feierte seinen Geburtstag. Marcinkus und „Pater Josef" waren ebenfalls unter den Gästen. Da kam plötzlich Barbieri zur Tür herein. Wir sangen zu seiner Begrüßung ein Lied. Im Verlauf des Abends sprach dann Marcinkus plötzlich von der Fabrik.

Ich sagte zu „Pater Josef": „Der hat ja jetzt bestätigt, daß die Fabriksanteile gekauft worden sind."

„Sicher, weißt Du das nicht?"

„Dann habt Ihr mich in der Schnelligkeit um zwei Millionen Dollar geprellt", antwortete ich.

Der Jesuit war eine Sekunde lang sprachlos. „Ja, hast Du das nicht erfahren?" sagte er dann verlegen.

Ich erzählte daraufhin die Geschichte mit den vergoldeten Pistolen. „Tisserant muß es ja wissen, er war ja beim Abschluß dabei", bekräftigte Pater Josef.

Natürlich hatte ich nichts Eiligeres zu tun, als am nächsten Tag Tisserant aufzusuchen und um eine Erklärung zu bitten. Der Kardinal war über „Pater Josefs" Ungeschicklichkeit sichtlich erbost. Er ließ ihn rufen; ich mußte warten, da er nicht sofort kommen konnte. Als Tisserant ihn mit der Situation konfrontierte, wurde der Jesuit ganz klein. Er wandte sich mir zu und sagte schließlich: „Ich habe einen Fehler gemacht. Es war ein Hörfehler. Ich meinte gehört zu haben, daß die Fabrik gekauft wurde, aber das stimmt offenbar nicht. Der Vatikan wollte nur kaufen, hat aber dann diese Absicht fallen lassen, als er erfuhr, daß die Società Manzolini inzwischen viele Patente veräußert hatte."

Gestern hatte es noch geheißen, der Kardinal sei selbst beim Abschluß der Vereinbarungen dabei gewesen, heute hatte das Geschäft gar nicht stattgefunden; wahrlich ein starkes Stück. Doch was blieb mir übrig? Ich mußte die Erklärung akzeptieren, obwohl ich bis heute nicht daran glaube. Ich hätte mir auch die zwei Millionen bei irgendeinem anderen Geschäft holen können. Was soll's?

Ich wollte meine Kontakte zum Vatikan nicht gefährden, geschweige denn abbrechen. Also ging ich über die Angelegenheit hinweg und zur Tagesordnung über. Nicht so meine Freunde, sie überlegten sich von diesem Zeitpunkt an sichtlich, was sie zu mir oder vor mir sagten. Ich sah es ihnen an, daß sie sich durch das ungeschickte Verhalten von „Pater Josef" mir gegenüber etwas düpiert fühlten.

X. Aus dem Vorlesungsverzeichnis einer Hochschule für Gaunerei

Die Affäre mit der Waffenfabrik Manzolini war bald vergessen, mein Verhältnis zu „Pater Josef" hatte darunter kaum gelitten. Wir schwiegen über die peinliche Episode und richteten unser Augenmerk auf neue, erfolgversprechende Geschäftsideen.

Josef war ein cleverer Typ, der sich bei jeder Art gehobener Gaunerei auskannte und sich darüber auch kaum Gewissensbisse machte.

„Wir beide könnten eine Art Hochschule für Gaunerei errichten", pflegte ich scherzhaft zu ihm zu sagen. Er lachte nur. Von ihm erfuhr ich auch, daß Tisserant vorher einen anderen Priester in seine Geschäfte eingeweiht hatte, aber der Mann erwies sich bald als allzu fromm für derlei Angelegenheiten. Meistens war es auch dieser „Josef", der mich vom Flughafen abholte und zu meinem Terrassenappartement in der Via Monte Cristallo im Nordosten Roms brachte. Es war ein nobles Haus mit fünf Zimmern, Küche, Bad und Toilette.

Ich wohnte freilich selten in den Räumen, da ich meistens bereits früh um 9 Uhr das Haus verließ und erst um 11 Uhr abends zurückzukommen pflegte. Eine unsichtbare Frauenhand sorgte für frisches Obst, Milch, Mineralwasser und Blumen.

Eugène Kardinal Tisserant war freilich nicht der einzige Purpurträger, dem allerhand, bisweilen recht ungewöhnliche Geschäftsideen einfielen, wenn es darum ging, Gott Mammon gnädig zu stimmen. Neben ihm und neben Paul Marcinkus erwies sich vor allem Giovanni Kardinal Benelli aus der Heimat Barbieris als eine unerschöpfliche Fundgrube glänzender Einfälle.

Diese Behauptung wird so manchen Insider der Kirche möglicherweise irritieren, zumal Benelli trotz seiner vielen Feinde, die er sich als allmächtiger Substitut der Kurie während der Regierungszeit Pauls VI. gemacht hatte, in der uneingeweihten Öffentlichkeit als der Saubermann des Vatikans schlechthin galt. Dem war leider nicht so. Deshalb mußte ich auch laut lachen, als ich in David A. Yallops Bestseller „Im Namen Gottes" las, wie dieser sich darin auf die Spuren der angeblichen Mörder des kurzlebigen Papstes Johannes Paul I. setzt und Benelli dabei als den Ehrenmann der römischen Kurie hinstellt.

Yallop beging den Fehler, den freilich vor ihm auch schon andere machten, dem äußerlich charmanten, aber mit allen Wassern gewaschenen schlauen Benelli auf den Leim zu gehen und seinen Aussagen absolutes Vertrauen zu schenken. Er konnte nicht wissen, daß er damit den Bock zum Gärtner machte.

Wie immer in solchen Fällen packte Benelli die Gelegenheit beim Schopf und versorgte Yallop mit entsprechenden Desinformationen, die der englische Autor für bare Münze hielt. So hatte Benelli, der stets schneller schaltete als seine Gegner, nichts Eiligeres zu tun, als die ganze Geschichte mit den gefälschten Mafia-Zertifikaten, die ich für den Vatikan besorgt hatte, wovon ich später noch ausführlich berichten werde, verschiedenen Personen, darunter auch dem damaligen Patriarchen von Venedig, Albino Luciani (dem späteren Papst Johannes Paul I.) zuzutragen, sobald die Sache aufflog. Dabei vergaß er natürlich nicht, die ganze Angelegenheit, deren hochgradiger Mitwisser er war, Marcinkus in die Schuhe zu schieben. Natürlich hatte Marcinkus von dem geplanten Geschäft gewußt, aber er war eben nicht der einzige daran Beteiligte im Vatikan.

Durch solche Manöver stand Benelli immer mit weißer Weste da, während Marcinkus das Odium des Sündenbocks zu tragen hatte. Als im Jahre 1973 drei Beamte des amerikanischen Bundeskriminalamtes FBI in Rom erschienen, um bei der Kurie Auskunft über die dubiose Zertifikat-Affäre zu erbitten, gingen sie zunächst zu Benelli. Er empfing die drei Fahnder Aronwald, Lynch und Tamarro nur kurz und verwies sie dann an seine Mitarbeiter, die Prälaten Rauber, Rigali und Martinez. Die ganze Angelegenheit war wirklich eine einzige Farce, denn alle Beteiligten wußten von vornherein, daß die Reise über den großen Teich außer einer Rombesichtigung auf Staatskosten nichts, aber schon gar nichts einbringen würde. Der Vatikan ist ein souveräner Staat, und die Amerikaner mußten sich mit jenen Erzählungen zufrieden geben, die ihnen die drei Benelli-Adjutanten mit Mühe aufgetischt hatten. Diese hatten natürlich nicht die geringste Lust, ihre Sünden ausgerechnet amerikanischen Kriminalbeamten zu beichten. Es blieb eine pure

Augenauswischerei. Das einzige, was die netten Herren aus Amerika, welche auch ich die Ehre hatte, persönlich kennenlernen zu dürfen, in Erfahrung brachten, war die Bestätigung eines Verdachtes, den sie ohnehin schon hegten: daß Marcinkus in die Sache verwickelt sein mußte. Als die Crew aus den Staaten dann auch bei Marcinkus zu einem Kurzbesuch auftauchte, war es natürlich nur verständlich, daß dieser die Schuld auf Benelli abschob, teils um sich selber reinzuwaschen, teils aber auch zu Recht, denn Marcinkus wußte genauso wie ich, daß Benelli an der Sache beteiligt war.

Da aber Marcinkus von vornherein als der Hauptverdächtige galt (Tisserant, der Promotor dieses Geschäfts, war zu diesem Zeitpunkt schon tot), interpretierten die drei FBI-Beamten seinen Hinweis auf Benelli ausschließlich als den Versuch, sich selber von dem Verdacht der Mitwisserschaft oder gar Urheberschaft zu befreien. Kein Wunder, daß Yallop, der Benellis Erzählungen volles Vertrauen schenkte, die Szenerie wie folgt schildert:

„Was Benelli zu diesem Zeitpunkt nicht wußte, war, daß Paul Marcinkus bei seinem Gespräch mit den amerikanischen Ermittlern ihn, Benelli, als einen möglicherweise an dem Schwindelgeschäft Beteiligten darzustellen versucht hatte."

Nun, Benelli war nicht nur „möglicherweise", sondern ganz tief in die Affäre verstrickt. Er ist schon längst tot, ich wüßte also nicht, was ich davon hätte, wenn ich ihn hier fälschlicherweise beschuldigen würde.

Nicht nur, weil er am 12. Mai 1921 im Sternzeichen des Stiers das Licht der Welt erblickt hatte, nannte man den bulligen, aus einem kleinen Ort nahe Pistoia in der Toskana stammenden Benelli den „Stier von Pistoia". Der wendige, blitzgescheite und temperamentvolle Priester mit dem Stiernacken erwarb seine Doktorate in Theologie und Kirchenrecht an der päpstlichen Universität „Gregoriana". Mit dem späteren Papst Paul VI. war er seit den vierziger Jahren freundschaftlich verbunden, damals hieß dieser noch Giovanni Battista Montini und arbeitete im Staatssekretariat von Pius XII. Montini erkannte die Fähigkeiten seines Freundes und machte ihn zu seinem Privatsekretär. Benelli diente dem Heiligen Stuhl an verschiedenen Nuntiaturen in aller Welt, Dublin, Paris, Rio de Janeiro und Madrid waren Stationen seiner Karriere. Dann wurde er Beobachter des Vatikans bei der UNESCO. In dieser Eigenschaft vertrat er den geistlichen Ministaat bei den

UNESCO-Konferenzen in Teheran und Caracas.

Im Jahre 1966 ernannte ihn sein Freund Paul VI. zum Erzbischof und Apostolischen Pronuntius für Senegal. Zugleich wurde er als Apostolischer Delegat für Westafrika eingesetzt. Ein Jahr später holte ihn der Papst als Substitut ins Staatssekretariat. Wie es in der Kurie üblich ist, erwarb er danach eine ganze Reihe weiterer Ämter und Würden. Er konnte sich überaus diplomatisch und schlau geben, wurde aber auch unvermittelt kompromißlos und hart, wenn er es für nützlich in Hinblick auf seine Zielsetzungen hielt. Man bezeichnete ihn nicht ohne Grund als „Gauleiter" oder „die Berliner Mauer".

Als Substitut war Benelli die rechte Hand des Papstes und erledigte für ihn so manche unangenehme Aufgabe, für die der Papst persönlich nicht einstehen wollte. Ich bin deshalb auch fest überzeugt, daß Paul VI. über unsere jeweiligen Geschäfte genau im Bilde war. Weshalb er all das schweigend geduldet hat, ist mir ein Rätsel. Ich habe schon geschildert, daß der Vatikan gerade unter Paul VI. aus verschiedenen Gründen dauernd in Geldnot war. Kein Wunder, daß Benelli, um seinen oft recht dubiosen Plänen und Zielsetzungen leichter nachgehen zu können, bestrebt war, seine Aktivitäten weitgehend der öffentlichen Kontrolle zu entziehen.

Um neugierige Journalisten fernzuhalten und dem ständigen Klatsch wenigstens einigermaßen einen Riegel vorzuschieben, versetzte er das vatikanische Presseamt aus seiner näheren Umgebung in die Via della Conziliazione. Besuche empfing er stets außerhalb seines Büros. Ich traf ihn meistens in Tisserants Arbeitszimmer und später im Vorraum seines Büros. Auch für seine Untergebenen führte er ein strenges Reglement ein. Seine Mitarbeiter durften nicht einmal darüber Auskunft geben, in welcher Abteilung sie werkten, in welchem Zimmer sie saßen, mit welchen Aufgaben sie gerade beschäftigt waren. Sein Zimmer war von dem Büro seiner Mitarbeiter durch eine Doppeltür getrennt, die sich nur auf Knopfdruck von innen öffnen ließ. Man sprach nicht zu Unrecht davon, daß das Staatssekretariat während Benellis „Herrschaft" sogar die Glaubenskongregation an Geheimniskrämerei übertraf.

Hinter verschlossenen Türen sprudelte der Springbrunnen von Informationen und Klatschgeschichten freilich umso munterer. Es gab keine Affäre, keine Intrige, keinen Vorfall in und um den Vatikan, über den Benelli nicht im Bilde gewesen wäre. Über den Handel mit Vatikanpässen war er ebenso gut informiert wie über die zahlreichen Skandale und Skandälchen in der weltlichen und kirchlichen Gesellschaft. Daß er mit Vehemenz gegen gewisse, ihn selbst nicht tangierende Mißstände auftrat, nährte nur seinen Ruf als unbestechlicher Saubermann. Eingeweihte mußten allerdings kaum auf die Aussagen des berüchtigten Bankiers Sindona vor Gericht warten, um zu wissen, daß der Kardinal alle seine Finger tief in den Geschäften und Geldaffären des Vatikans hatte. Es ist nur zu verständlich, daß es dabei immer wieder zu Reibereien zwischen ihm und Marcinkus kam.

Als Sindona beispielsweise bei der Sanierung der Società Immobiliare Zweifel geäußert hatte, empfahl ihm Marcinkus, seine Bedenken direkt dem Papst vorzutragen. Als Sindona daraufhin um eine Privataudienz bat, landete er bei Benelli. Seine Heiligkeit, ließ der Substitut wissen, beschäftige sich nicht mit wirtschaftlichen Fragen, da müsse sich Sindona schon mit ihm, Benelli, zufriedengeben. Überflüssig zu sagen, daß sich der Kardinal mit allen Finanzgrößen Italiens und der ganzen Welt bestens verstand.

Seine scharfe Intelligenz, gepaart mit einer bisweilen ungestümen Dynamik und durchtriebenen Schläue, machten ihn zu einer der undurchsichtigsten, ja unheimlichsten Figuren der kurialen Szenerie.

„Benelli macht zu viel, als daß er alles richtig machen könnte!" war eine eher vornehme Formulierung zur Kennzeichnung seiner undurchschaubaren Aktivitäten. Es traf schon eher zu, was der tödlich verunglückte deutsche Prälat Johannes Schütte formulierte: „Benelli ist für die Kirche gefährlich." Wie weit solche Aussagen der Wahrheit entsprechen, möge der Leser an dem einen Beispiel messen, das ihm meine Begegnung mit Benelli bietet.

Mitte der sechziger Jahre wurde Italien von einer wachsenden Welle krimineller Aktivitäten auf dem Gebiet des illegalen Handels mit Kunstwerken überflutet, die bisweilen in dreisten Kunstraubaffären ihren Höhepunkt erreichten. Kein anderes Land der Welt ist so reich an Kunstwerken aus den verschiedenen Epochen der Kunstgeschichte wie Italien. Der gesamte Wert der kulturellen Güter des Landes soll sich laut Schätzungen bei etwa 50 Billionen Dollar bewegen. Rund dreißigtausend Kirchen, zwanzigtausend Schlösser, sechzigtausend sakrale Gebäude und zweihundert staatliche Museen bergen einen unschätzbaren Wert an menschlicher Schaffenskraft. Unschätzbar deshalb, weil die Frage, wie man überhaupt den Wert des „Letzten Gerichtes" oder

der „Pietà“ von Michelangelo feststellen soll, nicht beantwortet werden kann. Keine wie immer geartete Summe kann den wahren Wert dieser Werke für die gesamte Menschheit adäquat ausdrücken.

Aber nicht nur der Zahn der Zeit nagt an all den Kostbarkeiten dieses Landes, sondern auch der ständige Diebstahl im Auftrag des weltweit mit allen Mitteln arbeitenden illegalen Kunsthandels.

Einen scheinbar unüberbietbaren Höhepunkt erreichte die Diebstahls- und Plünderungswelle Anfang der siebziger Jahre. Gab es 1967 noch rund 1.300 Kunstdiebstähle, erhöhte sich diese Zahl bis zum Jahr 1970 bereits auf rund 4.000 Einbrüche und Raubfälle, wobei es sich nur um die polizeilich registrierten Fälle handelt. Die Dunkelziffer des illegalen Handels und die wahre Anzahl der Entwendungen kennt kein Mensch.

Zur Häufung der Kriminalität auf diesem Gebiet trug nicht nur die Tatsache bei, daß Italien nur über eine ungenügende Anzahl von qualifizierten Museumswärtern verfügt, sondern auch die leichte Zugänglichkeit von Schlössern und Kirchen, deren Türen allzu oft äußerst mangelhaft versperrt sind. Zu allem Überfluß verfällt in den meisten europäischen Staaten der Rechtsanspruch auf die Rückgabe gestohlener Kunstwerke bereits nach fünf Jahren.

Der legendär gewordene Minister für die kulturellen Güter Italiens, Roberto Siviero, der inzwischen bereits einem anderen seinen Platz übergeben hat, war zwar redlich bemüht, die geraubten oder leichtfertig veräußerten Kulturgüter Italiens, die mitunter in diversen Industriellen-Villen Europas auftauchten, zurückzukaufen. Doch er hatte nur wenig Erfolg dabei. Nun ereignete sich Anfang der siebziger Jahre ein aufsehenerregender Kunstdiebstahl in der Nähe von Mailand. Rund 130 Bilder älteren Datums verschwanden aus einer privaten Bildergalerie. Der Wert der Kunstwerke belief sich auf rund 330 Millionen US-Dollar, eine zweifellos sehr hohe Summe. Es gab einen Riesenwirbel. Die Polizei schien durchzudrehen. Man versuchte fieberhaft, den Tätern auf die Spur zu kommen. Ohne Erfolg.

Die Tatsache, daß Tomaso Amato unter anderem auch eine eigene Bildergalerie besaß und im Auftrag der Mafia einen gutgehenden Handel mit Kunstwerken betrieb, brachte Kardinal Benelli bei einer unserer Tafelrunden im Vatikan auf die Idee, wir sollten die möglicherweise zum Kauf angebotenen Bilder aus diesem Diebsgut aufkaufen, um sie dann nach einer angemessenen Frist wieder weiterzuverkaufen. Ich sollte dabei den potentiellen Käuferkreis ermitteln.

Ich hielt die Sache allerdings für äußerst bedenklich und fragte den Kardinal, wie er sich das vorstelle. „Wir kaufen die Bilder auf, hängen sie in unsere Galerien und verkaufen sie nach einer gewissen Zeit als unseren Besitz.“ „Das klingt mir viel zu einfach“, warf ich ein, „schließlich wird man ja die Bilder als das gesuchte Diebsgut erkennen. Und was dann?“

Der Kardinal lachte: „Wer kann uns schon nachweisen, daß die Kunstwerke aus dem genannten Diebstahl stammen? Vielleicht haben wir sie von einem anonymen Mäzen geerbt? Es mag schon sein, daß aus der Villa bei Mailand ähnliche Bilder verschwunden sind. Aber es kann sich dabei nur um Fälschungen handeln, denn die Originale haben ja wir.“

Benellis Idee war zweifellos verlockend, seine Argumentation überzeugend, zumal uns tatsächlich niemand nachweisen hätte können, daß die Bilder aus dem großen Diebstahl bei Mailand stammten.

Amato streckte umgehend seine Fühler aus, auch ein anderer Kunsthändler im Münchner Raum wurde in den Plan eingeweiht. Dennoch wurde nichts aus dem erhofften Millionengeschäft. Niemand nahm die vorgesehenen Hehlerdienste in Anspruch, Diebe und Bilder blieben verschollen und wir alle ohne den erwarteten Gewinn.

Wie das Geschäft mit den gestohlenen Bildern gingen leider auch einige andere Pläne Benellis daneben, zum Beispiel der Coup mit den Münzen. Er meinte, es müsse doch möglich sein, wertvolle, auf dem Weltmarkt hoch im Kurs stehende Münzen nachzuprägen, und zwar auf eine Art und Weise, daß sie von den echten Münzen nicht zu unterscheiden sind. Er legte mir den bekannten Münzkatalog von Schlumberger vor, in dem alle vorhandenen Münzen mit ihren Werten angeführt sind.

Ich sollte meine Verbindungen auf geeignete Münzenhersteller hin durchforsten. Ich dachte sofort an Winfried Ense in München, von dem ich wußte, daß er in dieser Richtung über gute Verbindungen verfügte. Er machte mich mit dem Zigeunerkönig Ruttko bekannt, der auf der Hamburger Reeperbahn ein Kaffeehaus betrieb und unter den in der Bundesrepublik Deutschland lebenden Sinti eine führende Rolle spielte. Sein Bruder war Vertreter der Sinti bei der UNO und nahm in dieser Eigenschaft auch an einer Privataudienz bei Johannes XXIII. teil. Es ging um Wiedergutmachungen für die unter dem Hitlerregime erlittenen Leiden der Zigeuner. Ruttkos Bruder bat auch den Papst um seine Unterstützung.

Der Zigeunerkönig war ein äußerst jovialer Mann und hatte einen Schweizer Bekannten, der wegen illegaler Münznachprägung in Abwesenheit zu zwanzig Jahren Gefängnis verurteilt worden war. Dieser Eidgenosse betrieb eine offizielle Münzprägeanstalt, hatte aber neben den offiziellen Aufträgen auf Grund fingierter Bestellungen, die ihm Freunde besorgten, auch Nachprägungen hergestellt, die er dann der renommierten Leu-Bank zu verkaufen versuchte. Es handelte sich um englische Einpfund-Münzen in Gold, südafrikanische Rands und um das Schweizer Ein-Fränkeli.

Er setzte sich, ohne seine Strafe zu verbüßen, nach Mailand ab, wo er eine Italienerin heiratete. Da sie ein Kind bekam, lieferten die Italiener ihren Mann nicht an die Schweiz aus. Ich bestellte bei diesem Schweizer in Mailand Nachprägungen jener fünf Münzen, von denen man in Rom eine größere Menge herstellen lassen wollte. Mit den angefertigten Proben flog ich nach Rom, wo sie von zwei Experten, die man eingeweiht hatte, begutachtet wurden. Die beiden Italiener waren hellauf begeistert. „Phantastisch, sehr gut gelungen“, lautete ihre Beurteilung.

Die im Schlumberger angeführten fünf Originalmünzen repräsentierten einen Wert von 450.000 DM. Nachdem die Präsentation gut vor sich gegangen war und alle sich zufrieden gaben, wollte Benelli lediglich wissen, ob nicht trotzdem irgendwo auf dem Weg von der Herstellung bis zur Ablieferung irgendwelche Pannen auftreten könnten. Meine Antwort lautete wie immer, daß es stets unvorhersehbare Probleme geben könne, daß ich aber, soweit die Sache von meiner Warte aus zu beurteilen sei, keinerlei echte Gefahren sähe.

Mich störte eher die Tatsache, daß meine Freunde im Vatikan gleich hundert Stück von einer Münze herstellen lassen wollten, von der es laut Katalog auf der ganzen Welt nur drei Exemplare gab.

Als ich „Pater Josef“, unserem Verbindungsmann, gegenüber diese Bedenken vorgebracht hatte, sagte er zu mir: „Zerbrich Dir nicht den Kopf für andere. Wenn Benelli hundert Stück bestellt, dann weiß er schon, weshalb und wie er das rechtfertigt. Der Schlumberger kann nicht das Gegenteil beweisen, wenn wir behaupten würden, wir hätten die fraglichen Münzen schon seit zwei Jahrhunderten in unserem Besitz.“

Tatsächlich ist die vatikanische Münzsammlung ein eigenes Kapitel, über das man kaum irgendwo ausführlich lesen kann. Man weiß nur, daß es dieses „Medagliere“, das Münzkabinett, gibt, aber niemand kann genau sagen, wieviele wertvolle Münzen wirklich im Vatikan liegen. Die Schätzungen reichen von mehreren Tausend bis Hunderttausenden Münzen und Medaillen.

Eine gewisse Berühmtheit erlangte die Münzensammlung des Kardinals Alessandro Albani (1692-1770), der Bibliothekar der Kirche war und außer über die Münzen auch über eine Sammlung von antiken Statuen verfügte. Sie sind in der Villa Albani an der Via Salaria untergebracht, die eigens für diesen Zweck erbaut wurde.

Die vatikanische Münzsammlung verfügt über alte Römer- und Byzantinermünzen, ebenso über Münzen und Medaillen neueren Datums. Während der Herrschaft Napoleons wurde ein Teil dieser Münzsammlung nach Paris verschleppt und kehrte nach längerer Zeit ziemlich dezimiert wieder nach Rom zurück.

Es besteht also kein Zweifel, daß niemand im Stande gewesen wäre, einen Verdacht über die Echtheit der Münzen zu äußern, weil niemand genau weiß, welche Münzen tatsächlich und in welcher Stückzahl im Vatikan vorhanden sind. Insgesamt war die Nachprägung von einigen tausend Münzen vorgesehen. Allein von der Siebeneinhalbpfund-Rubel-Münze in Platin sollten hundert Stück hergestellt werden.

Nun war unser Schweizer Partner in Mailand durchaus bereit zu liefern, aber er verlangte eine Vorfinanzierung, denn schließlich kosteten ja das Rohmaterial und die ganze erforderliche Prozedur eine Menge Geld. Es war von rund 18 Millionen Dollar die Rede. Ich klopfte bei Benelli auf den Busch, doch er wollte nur zwei Millionen herausrücken, den Rest hätte ich auslegen sollen. Ich konnte dieses Risiko natürlich nicht eingehen.

Das war überhaupt der Grund, weshalb mehrere geplante Geschäfte nicht zustande kamen. Keiner hatte genug Vertrauen zum anderen Partner, da jeder den anderen als Strolch einschätzte, der sich eines Tages ohne Gegenleistung aus dem Staub machen könnte. Immer wieder stritten wir, weil der Vatikan stets eine möglichst hundertprozentige Sicherheit bei minimalem Risiko erreichen wollte. Ich als Vermittler sollte das Risiko zur Gänze oder zum größten Teil übernehmen, womit ich klarerweise nicht einverstanden sein konnte. Die Weigerung des Vatikans war teilweise nicht unverständlich. Es handelte sich ja nicht um reguläre Geschäfte mit Liefergarantien und den üblichen Sicherstellungen, sondern um illegale Transaktionen, bei denen man immer mit einem Fuß im Gefängnis stand oder zumindest hart an der Grenze der Legalität entlangspazierte. Während sich aber meine Auftraggeber in Rom jederzeit zurückziehen und taub stellen konnten, mußte ich agieren und riskierte dabei stets meine Freiheit. Genauso endete die ganze Geschichte dann auch leider.

Als ich dies wieder einmal offen darlegte und bemerkte, daß ich nicht gewillt sei, die Vorfinanzierung zu übernehmen, winkte Benelli ab. Wenn ich nicht soviel Vertrauen zu meinem Geschäftspartner in Mailand hätte, daß ich das Risiko der Finanzierung auf mich nehmen wolle, meinte er, dann könne der Vatikan dies noch weniger tun, es handle sich schließlich um einen Gauner, dem man im Falle eines Falles nicht einmal offiziell auf den Pelz rücken könne.

Damit war auch dieser Plan begraben.

Da die Gazetten damals sehr viel über das angebliche Hitler-Gold, das irgendwo in den Tiroler Bergen vergraben sein sollte, fabulierten, tauchte kurzfristig auch der Plan auf, Hitler-Gold anzukaufen und dann weiterzuverkaufen. Auch in diesem Fall hätte es sich natürlich nur um Nachprägungen gehandelt, die wir billiger erstehen, aber zum Schwarzmarktpreis weiterverkaufen hätten können.

Ich bekam in Rom die Adresse und Telefonnummer eines Innsbrucker Händlers und setzte mich mit diesem in Verbindung. Es war eine lustige, bisweilen abenteuerliche Angelegenheit. Ich wurde mit verbundenen Augen in den Bergen und Wäldern Tirols herumkutschiert und kletterte wie eine Gemse durch die Gegend, doch das nachgemachte Hitler-Gold erwies sich sehr rasch als recht plumpe Fälschung, die sofort als solche erkannt worden wäre. Also habe ich selbst Benelli diese Angelegenheit ausgeredet.

Auch noch eine andere Möglichkeit, ans große Geld heranzukommen, wurde in Erwägung gezogen. Benelli wußte, daß ich Zugang zur amerikanischen Mafia hatte. Er wußte auch, daß es für diese Leute keine besondere Schwierigkeit darstellte, originalgetreue Bundesschatzschein-Falsifikate herzustellen. Deshalb beauftragte er mich, in den Staaten Erkundigungen durchzuführen, zu welchen Bedingungen der Vatikan Bundesschatzscheine und andere Wertpapiere erwerben könnte.

Ich kannte eine ganze Reihe sogenannter Stockbroker, jene Zauberkünstler der Börse, die stets nach neuen Gewinn-Abenteuern aus sind und die auch jederzeit bereit sind, unkundige Klienten zu beraten, wie und wo sie ihr Geld am besten anlegen könnten.

Natürlich wären nach unserem Plan die Originalzertifikate in den Safes geblieben und lediglich liebevoll hergestellte Fälschungen angekauft worden. Am liebsten hätten wir Papiere erworben, die von inzwischen verstorbenen Klienten bei den Stockbrokern deponiert worden waren und bei denen wir keine habgierigen Erbschleicher befürchten mußten.

Die ganze Sache schien trotzdem etwas riskant. Die amerikanische Finanzbehörde hat sehr strenge Vorschriften: solche Papiere müssen alle registriert werden, An- und Verkauf sind mit einer ganzen Reihe von Auflagen und Bedingungen verbunden. Und wenn es sich einmal um den Besitz eines Kunden handelt, den das Zeitliche gesegnet hat, interessiert sich die Behörde sofort für die Erbschaftssteuer.

„Und wie wär's mit der Schweiz?" fragte Benelli. „Dort gibt es genügend geheime Konten, deren Inhaber unglückseligerweise in Auschwitz, Treblinka oder Dachau ums Leben gekommen sind. Hätten Sie nicht die Möglichkeit, an solche toten Konten heranzukommen?"

So attraktiv der Gedanke auch war, so wenig konnte er kurzfristig verwirklicht werden. Die Organisation eines solchen Coups verlangt umsichtige Planung und eine vorsichtige Vorgangsweise. Natürlich kannte ich einige Kontoführer in Schweizer Großbanken, die über die geheimnisvollen Nummern der Konten verfügten. Aber wären sie auch bereit mitzutun? Welche Höhe muß eine Bestechungssumme erreichen, um das Rückgrat eines biederen Schweizers zum Schmelzen zu bringen?

Ich sagte, daß ich mir schon vorstellen könnte, daß die Angelegenheit trotz der relativ hohen Investitionen noch immer gewinnbringend genug wäre, um sie nicht unversucht zu lassen.

Viele Juden, die den Holocaust beizeiten kommen sahen, hatten in den dreißiger Jahren ihre Gelder auf Schweizer Nummernkonten transferiert. Ohne diese Vermögen je wieder nutzen zu können, kamen viele in den KZs ums Leben. In vielen Fällen ereilte das selbe Los auch ihre Erben. So hatte sich auf den Nummernkonten ein beträchtliches Vermögen angesammelt, ohne daß irgendjemand sich je dafür interessiert hätte. Es war eine verworrene Zeit; viele jüdische Geschäftsleute wollten die Höhe ihrer Einlagen selbst ihren eigenen Verwandten nicht verraten, da sie darauf hofften, ihre Gelder eines Tages wieder abheben und damit arbeiten zu können. Man sprach von einer Summe in der Höhe von 150 Milliarden US-Dollar, die auf toten Konten in der Schweiz lag. Sie waren bis zum Jahr 1985 gesperrt. Nach dieser Sperrfrist sollte das Geld ins Eigentum des Schweizer Staates übergehen.

Ich kannte damals eine leitende Persönlichkeit des Schweizer Bankwesens, der Betreffende lebt heute in Schweden, die Zugang zu solchen Konten hatte. Als ich mich bei ihm im Auftrag des Vatikans vorsichtig erkundigte, zeigte er sich prinzipiell nicht abgeneigt. Wie erwartet, wies er auf das hohe Risiko hin, das er dabei eingehen würde. Schließlich konnte sich damals noch irgendjemand melden und als Erbe oder sonstiger Zeichnungsberechtigter ausweisen. Wenn das Geld dann nicht vorhanden gewesen wäre, hätte man mit Nachforschungen rechnen müssen. Dabei wäre der Verdacht in erster Linie auf den Kontoführer gefallen.

Er hätte nicht nur seinen Posten, sondern auch seine Freiheit aufs Spiel gesetzt. Ich persönlich war überzeugt, daß der eine oder andere Kontoführer sich ohnehin bereits an den „toten Konten" gütlich getan hatte; wer konnte das Ganze denn schon kontrollieren? Und auch Kontrolleure sind schließlich bestechlich.

Ich habe all diese Punkte in meinen Gesprächen mit Benelli und Tisserant erörtert, wobei mich natürlich vor allem die Frage interessierte, was ich den Leuten in den Banken anbieten könnte. Wieviel war der Vatikan bereit, für die Dienste der Kontoführer zu bezahlen? Welche sonstigen Sicherheiten wollten und konnten die geistlichen Herren im Falle des Auffliegens der Angelegenheit den betroffenen Beamten bieten?

Ich selbst konnte in diesem Plan keine kriminelle Affäre sehen. Schließlich wurde ja niemand geschädigt. Die Eigentümer der Konten waren tot, ihre Erben, sofern überhaupt solche vorhanden waren, hätten genügend Zeit gehabt, sich zu melden. Der an der Aktion mitbeteiligte Bankbeamte hätte lediglich eine Unkorrektheit seiner Bank gegenüber begangen, wirklich geschädigt hätte er sie nicht.

Allerdings ist das Schweizerische Bankgeheimnis die Heilige Kuh der Nation schlechthin. Wer daran rüttelt, erntet nicht nur saftige Strafen, sondern auch die Verachtung des Volkes. Der Artikel 47 des Schweizerischen Bankgesetzes sieht Gefängnisstrafen bis zu sechs Monaten und Geldbußen bis zu 50.000 Schweizer Franken für denjenigen vor, der, wie es im Gesetzestext heißt, „ein Geheimnis offenbart, das ihm als Organ, Angestellter, Beauftragter, Liquidator oder Kommissär einer Bank ... anvertraut worden ist."

Auch dieser Plan, der sowohl Benelli als auch Tisserant lebhaft beschäftigt hatte, war dadurch zum Scheitern verurteilt, daß sich die hohen Herren nicht entschließen konnten, die für die Öffnung der Konten notwendigen Bestechungsgelder auf den Tisch zu legen und entsprechende Sicherheiten zu bieten. Auch hier hätte ich Kopf und Kragen riskieren und die Gelder auslegen sollen. Darauf stieg ich natürlich nicht ein.

Etwas verstimmt über das plötzliche Zögern meiner Freunde schlug ich vor, direkt mit den potentiellen „Mitarbeitern" in den Banken zu verhandeln. Ich schlug vor, sie nach Rom einzuladen. Aber meine Anregung wurde entrüstet abgelehnt.

Diese Situation wiederholte sich immer wieder. Ob es sich um Benelli, Tisserant oder andere handelte, sie alle hatten entsprechend ihrer Intelligenz hervorragende Pläne, was ihnen aber fehlte, war der Mut, sich zu diesen Plänen auch zu bekennen oder gar das Risiko des Scheiterns auf sich zu nehmen. Es sollte alles immer im Geheimen vor sich gehen, nichts sollte nach außen dringen, man versuchte stets peinlichst genau von vornherein alles zu verhindern, was auch nur den Keim eines möglichen Skandals in sich geborgen hätte.

Natürlich hegten Benelli und Co. auch mir gegenüber Mißtrauen, besonders seit der Affäre mit der Waffenfabrik Manzolini. Sie hätten auch diesmal nicht kontrollieren können, ob die von mir verlangten Bestechungsgelder auch tatsächlich zur Gänze an die Bankbeamten in der Schweiz ausbezahlt worden wären. Ich hätte mir dabei mit Leichtigkeit eine zusätzliche Provision verschaffen können.

Ein Zeichen dieses Mißtrauens war der Versuch Tisserants, eine Art Kaution zu verlangen. Ich sollte einen Blankowechsel unterschreiben, auf den die Eminenzen im Falle meiner Untreue jene Summe eingetragen hätten, um die sie sich geprellt fühlten. „Das ist unsere Rückversicherung", sagte Tisserant lächelnd, „falls Sie von einer größeren Reise nicht mehr zurückkehren sollten."

„Eminenz", antwortete ich, „ich habe weder die Absicht, Sie persönlich noch die Kirche zu betrügen, ich möchte lediglich Geschäfte machen. Ich würde überhaupt nie einen Geschäftspartner betrügen, und Sie sind ja mein Partner."

Schließlich ließen sich die beiden Kardinäle durch das Argument überzeugen, daß ich mir ja nur selber schaden würde, wenn ich über unsere gemeinsamen Pläne etwas ausplaudere. Natürlich hatte auch ich kein volles Vertrauen zu meinen Freunden im Vatikan. Nur stellte sich das Problem für mich wesentlich einfacher dar. Ich wußte, daß sie mich brauchten und daß sie mich auch nicht leichtfertig fallen lassen würden, weil sie nichts so sehr fürchteten wie ihre Enttarnung und den damit verbundenen weltweiten Skandal.

Wie üblich saßen wir eines Tages wieder beisammen und erörterten einen Zeitungsbericht, in dem von der Tatsache die Rede war, daß 25 % aller amerikanischen Dollarscheine gefälscht sind. Ich erwähnte dabei, daß ich schon selbst Erlebnisse mit falschen Dollarscheinen gehabt hatte. Meine Freunde im Vatikan waren früher gelegentlich ein wenig irritiert, wenn sie mir, wie meistens, meine Provision in Dollarscheinen ausbezahlt hatten und ich diese Scheine einzeln zu prüfen begann.

„Weshalb prüfst Du die Scheine so genau?" fragte Pater Josef verwundert.

„Weil die Hälfte der Scheine vermutlich falsch ist", sagte ich.

„Glaubst Du, wir geben Dir Falschgeld?"

„Nein, aber Ihr könnt selbst nicht wissen, ob die Scheine falsch oder echt sind."

Ich hatte eine recht einfache Methode, Dollarscheine auf ihre Echtheit zu prüfen, die eigentlich jedem Bankkassier geläufig ist oder zumindest geläufig sein sollte. Es ist eine mehr oder minder bekannte Tatsache, daß echte Dollarscheine abfärben. Man muß den Schein nur auf ein weißes Papier legen und ein wenig auf dieser Unterlage abstreifen. Färbt er ab, ist er echt. Färbt er nicht ab, ist er eine Fälschung. Ein falscher Dollarschein ist nämlich drucktechnisch besser als ein echter. Ein weiteres Unterscheidungsmerkmal ist der Klang des Scheines. Um diesen Klang herauszukriegen, nimmt man den Schein an den beiden Enden seiner Breitseite zwischen die Finger und läßt ihn durch eine ruckartige Zerreißbewegung „schnalzen". Der echte Schein hat einen weicheren Klang als der falsche. Wer mit der Sache vertraut ist, entwickelt ein feines Gehör für die Echtheit oder Falschheit der in Frage kommenden Dollarscheine. Tisserant amüsierte sich bei meiner diesbezüglichen Vorführung köstlich. Nachdem ihm „Josef" die Technik des Geldprüfens übersetzt hatte, wandte sich der Kardinal mir zu und ließ mich fragen, was die Herstellung von Falschgeld wohl koste? „Handelsüblich", sagte ich, „sind zwischen 8 bis 12 % des Nominalwertes. Es kommt darauf an, ob man die Scheine auf alt fälscht oder auf neu." In Frage wären dafür 10-, 20- und 50-Dollarscheine gekommen, diese werden am meisten gefälscht.

Der Kardinal zeigte sich überrascht. Er besprach sich mit seinem Sekretär und fragte mich dann, ob das Falschgeld über Bankschalter in Umlauf gebracht werden könnte. Ich sagte ihm, daß ich selber bereits an einem Bankschalter (in Genf) Falschgeld ausbezahlt bekommen hätte.

Sooft ich aus Wien abflog, nahm ich rund 15.000 Schilling in bar mit. Ich flog nach Zürich, ging dort zu der Handelsbank, bei der ich ein Konto hatte, und hob dort Schweizer Franken oder Dollar ab.

Oft wechselte ich auch Währungen, die ich gerade benötigte, am Bankschalter des Flughafens Genf ein. Hier geschah es, daß ich bei einer dieser Wechselaktionen vom betreffenden Bankbeamten auch vier falsche Dollarscheine ausgehändigt bekam. Er sah, wie ich die Scheine prüfte und fragte, was nicht in Ordnung sei. „Diese vier Scheine sind falsch", sagte ich.

„Wie können Sie so etwas behaupten?" entrüstete sich der Schalterbeamte. „Weil ich mich auf diesem Gebiet genau auskenne", antwortete ich. „Geben Sie mir andere Scheine", fügte ich hinzu, „sonst müßte ich die Polizei verständigen."

„Das ist nicht nötig", kehrte der Beamte wieder zum höflichen Ton zurück, „aber Sie müßten mir wenigstens erklären, woher Sie den Verdacht schöpfen, daß diese Scheine falsch sind. Ich tausche sie unabhängig davon gerne um."

Der Beamte tauschte die Dollarnoten tatsächlich um, wobei ihm noch einmal ein falscher Zwanzigdollarschein unter die Finger kam. Er tauschte auch diesen gegen einen echten um, sodaß ich schließlich zufrieden war. Außerdem ließ ich mir immer über die gekauften Scheine eine Bestätigung aushändigen, auf der die Nummern der erworbenen Noten angeführt waren. Dies war eine gezielte Vorsichtsmaßnahme, ich wollte nicht das Risiko eingehen, eines Tages als Falschgeldverkäufer festgenommen zu werden.

Mein Lebenswandel war ohnedies reichlich gewagt, die Behörden trauten mir im Laufe der Zeit alles mögliche zu, nur nichts Gutes. Zu diesen Vorsichtsmaßnahmen möchte ich einem jeden, der mit Dollarscheinen zu tun hat, wärmstens raten. Wie ich schon einmal erwähnt habe, gebe ich aus den selben Sicherheitsgründen auch meinen Reisepaß nie an den Hotelrezeptionen ab. Ich warte lieber geduldig, bis meine

Daten kontrolliert und eingetragen sind und nehme dann meinen Paß sofort wieder an mich. Manche Rezeptionisten haben sich darüber geärgert, aber ihr Unmut ist mir lieber als die Möglichkeit, meinen Paß zu verlieren und mir dadurch Schwierigkeiten einzuhandeln. Ich habe schließlich selbst erlebt, daß mir gestohlene Reisepässe - das Stück zu 7.000 DM - zum Kauf angeboten wurden.

Es hätte mir keine größeren Schwierigkeiten bereitet, Falschgeld einzukaufen, allein in Frankreich arbeiteten damals rund zwanzig Falschgeldhersteller, die sich hauptsächlich auf amerikanische Dollars spezialisiert hatten. Kein Wunder: der Dollar notiert meist relativ hoch auf dem Geldmarkt und ist am leichtesten nachzudrucken.

Das angekaufte Falschgeld wäre an eine Zentralbank eingezahlt worden und von dort aus an die Schalter der einzelnen Bankinstitute und dann weiter zum Kunden gelangt. Es wäre nicht leicht nachzuweisen gewesen, wer dabei die Betrüger und die Betrogenen sind. Leider wäre die Sache meinen Auftraggebern doch zu teuer gekommen, zumal sie die Scheine auf „alt" frisiert haben wollten, also wurde auch dieser Plan verworfen.

Eines Tages überraschte mich Kardinal Tisserant mit der Nachricht, daß er von einer Gruppe Kenntnis erhalten habe, die sich in England mit der Herstellung von falschem Weißgold beschäftigte. Wie ich später erfuhr, bestand diese Gruppe aus einem Emigranten weißrussischer Herkunft, einem Holländer und einem Schweizer.

Ihr Laboratorium befand sich auf einem Schiff, das in der Themsemündung ankerte. Ich flog einige Male nach London, nachdem ich mit den Leuten bekannt gemacht worden war. Sie fanden eine Legierung, mit deren Hilfe sie perfekt nachgemachte Weißgoldbarren herstellen konnten. Der Goldgehalt der Legierung betrug lediglich 18 %.

Jeder handelsübliche Zwölfeinhalbkilo-Goldbarren weist drei Bohrlöcher auf. An diesen Stellen entnimmt man die Probe, das Gold wird angebohrt, geschmolzen, geprüft, zentrifugiert, und wenn es in Ordnung ist, wird die Probe wieder in den Barren zurückgegossen. Meine Partner in London gaben mir einen Musterbarren nach Rom mit. Die drei Bohrlöcher waren ausgegossen und mit einer Ummantelung versehen, die es erlaubte, jederzeit auch eine Prüfung mit Scheidewasser und Scheidestein durchzuführen. Wenn man den Barren allerdings mittels Wasserverdrängungsmethode im Wasserglas geprüft hätte, wäre eine zweieinhalbprozentige Gewichtsabweichung feststellbar gewesen. Dies ist die maximal zulässige Abweichung vom Gesamtgewicht eines Barrens. Genauer kriegten die drei den Goldklotz nicht hin.

Das Muster wurde in Rom eingehend geprüft, und Tisserant erklärte, daß er solche Barren sofort in größeren Mengen kaufen würde, nur sollte dieses Geschäft durch ein Ostblockland an den Vatikan herangetragen werden. Er dachte dabei an die Israelis, die ja auch nie direkt an die Araber Gold verkaufen würden. Sie verkaufen ihr Gold an Rumänien, und die Rumänen verkaufen es mit einer angemessenen Provision an die Araber.

„Es ist mir nicht klar, Herr Kardinal, wie Sie sich das vorstellen?" fragte ich. Doch Tisserants Plan, hinter dem ich Marcinkus vermutete, war tatsächlich genial. Wir sollten, meinte er, in einem Ostblockland Energie, etwa Öl oder Strom, einkaufen. In erster Linie wäre die DDR dafür in Frage gekommen. Der Handel sollte unsererseits von Firmen abgewickelt werden, die das Vertrauen des Vatikans genossen. Als Bezahlung wären die falschen Weißgoldbarren angeboten worden.

Diese Barren wollten wir bei einer Treuhänderbank deponieren, um dadurch dem Verkäufer die Sicherheit zu bieten, daß die Kaufsumme für das beabsichtigte Geschäft vorhanden sei.

Der Kaufvertrag sollte indes eine Klausel enthalten, die uns erlaubt hätte, noch vor der Durchführung des Handels vom Kauf zurückzutreten. Die in der Treuhänderbank deponierten Goldbarren wären inzwischen bereits in den Kreislauf des internationalen Goldbarrenhandels gelangt. Also hätten wir beim plötzlichen Rücktritt von dem vorgetäuschten Geschäft und der entsprechenden Rückerstattung der deponierten Kaufsumme statt der falschen diesmal echte Goldbarren zurückbekommen.

Um sicherzugehen, daß wir nicht wieder unsere eigenen Goldbarren kassieren, hatten wir eine sechsmonatige Zeitspanne bis zum Rücktritt vom Kauf eingeplant. Vor einer Prüfung der Barren hatten wir keine Angst, denn die Leute in London hatten, abgesehen von der zweieinhalbprozentigen Gewichtsabweichung, die sich immerhin noch an der Grenze der maximal üblichen Gewichtsschwankungen bei Goldbarren bewegte, perfekte Arbeit geleistet.

Wir wollten dieses Falschgold zunächst nach Rom beziehungsweise in Schweizer Banken transferieren. Kardinal Tisserant und seine Freunde wollten Goldbarren im Gesamtgewicht von etwa fünfzig Tonnen herstellen lassen. Auch dieses Geschäft fiel ins Wasser, weil die

Hersteller in London für jeden Verbesserungsversuch mehr verlangten. Außerdem sollte auch hier eine Vorfinanzierung stattfinden, bei der wiederum das alte Spiel begann. Der Vatikan wollte kein Geld auf Risiko auslegen, ich selbst ging das Wagnis ebenfalls nicht ein. Also ließen wir - zur großen Enttäuschung unserer Londoner Geschäftspartner - die Angelegenheit fallen.

Die Liste der abenteuerlichen Ideen und Vorschläge, die immer wieder neue Geldquellen erschließen sollten, war damit noch lange nicht erschöpft.

Sowohl Benelli als auch Tisserant wußten, daß ich etwas mit dem Schiffsgeschäft zu tun hatte. Meine diesbezüglichen Kenntnisse sollten einem geplanten Versicherungsbetrug Vorschub leisten.

„Wir hätten da eine Möglichkeit", erzählten mir meine Freunde, „für billiges Geld ausgeschlachtete Computerteile in der Bundesrepublik Deutschland aufzukaufen. Der Listenpreis würde sich auf rund 250.000 DM belaufen. Wir könnten diese an sich nicht mehr brauchbaren Teile aber für einen Bruchteil dieser Summe erwerben. Wir schließen auf den Listenpreis eine Versicherung ab und lassen dann die Fracht irgendwo im ostasiatischen Raum untergehen."

Ich sollte also ein Schiff chartern, das nach unserer Vorstellung mit einer taiwanesischen Besatzung belegt werden sollte. Natürlich hätte sich die Schiffsmannschaft beizeiten retten können und wäre dann nach Taiwan zurückgekehrt. Man dachte gerade an dieses Land, da in diesem Fall keine Auslieferungsgefahr drohte.

Ich gab zu bedenken, daß die Versicherungsgesellschaften speziell bei größeren „Brocken" nicht leicht zu Zahlungen bereit sind. Sie würden den Fall genauestens untersuchen wollen, was sehr lange Zeit in Anspruch nehmen könnte. Am Ende wäre es noch immer nicht ganz sicher, ob aus der Angelegenheit auch nur ein Pfennig herausgeholt werden könnte. Das leuchtete offenbar ein. Gehörte ein geplanter Versicherungsbetrug der geschilderten Art eher zu den gängigen Gaunereien, verblüfften mich zwei weitere Vorschläge umso mehr. Dabei beeindruckten mich nicht einmal die Ideen selber so sehr als eher die Kenntnisse, die zu all diesen Überlegungen notwendig waren und über die der Vatikan offenbar in unbeschränktem Ausmaß zu verfügen schien.

So tauchte neben dem Plan mit den Computerteilen auch die Erwägung auf, in gleicher Art und Weise einen Versicherungsbetrug zu begehen, diesmal allerdings mit Hilfe einer versenkten Zementladung. Tisserant und Benelli überraschten mich dabei mit der Überlegung, in Nordkorea Zement einzukaufen und zu verschiffen. Diese Zementladung sollte dann irgendwo im südchinesischen Meer untergehen. Als ich etwas verwundert fragte, weshalb der Zement ausgerechnet in Nordkorea eingekauft werden sollte, erklärten sie mir, daß Zement dort billiger zu haben und in größeren Mengen minderwertiger Qualität vorhanden sei. Im Gegensatz zu der in Europa üblichen fünffachen Verpackung verwendeten die Nordkoreaner nur eine dreifache Verpackung, der Zement war gegen Feuchtigkeit schlecht geschützt. Rund 100.000 Tonnen sollten den Kommunisten abgekauft und dann samt Schiff auf den Meeresboden befördert werden. Auch diese Idee wurde aufgrund meiner Bedenken bezüglich der Vorgangsweise der Versicherungen verworfen.

Neben der geplanten „Herstellung" von Benzingutscheinen, die vor allem in der touristischen Hauptsaison im Sommer in Frage gekommen wäre, stand die Ausstellung von Pässen für wohlhabende Flüchtlinge aus Kambodscha knapp vor der Verwirklichung.

In Rom wußte man Ende der sechziger Jahre bereits genau, daß die kommunistische Machtübernahme in Vietnam, Laos und Kambodscha nur mehr eine Frage der Zeit war. Vor allem in Kambodscha gab es eine ganze Reihe wohlhabender Geschäftsleute, die sich hauptsächlich in der Hauptstadt Phnom Penh befanden und einen schwunghaften Schmuckhandel betrieben. Diese Leute waren brennend daran interessiert, das Land beizeiten verlassen zu können. Meine Freunde im Vatikan witterten auch hier eine gute Geschäftschance. Sie wären bereit gewesen, zu einem Stückpreis von 100.000 DM Reisepässe zu liefern. Es hätte sich dabei nicht nur um vatikanische Reisepässe gehandelt, sondern auch um südamerikanische, englische und andere. Ich sollte die Kunden, die solche Pässe erwerben wollten, ausfindig machen. Für derartige Angelegenheiten hatte ich einen geeigneten Verbindungsmann, einen indonesischen Rechtsanwalt namens David Nadjamuddin. Er war kein unbeschriebenes Blatt, hatte aber sehr gute Verbindungen in ganz Südostasien. Seine Frau war eine thailändische Prinzessin und mit dem thailändischen Königshaus verwandt.

Nadjamuddin hatte tatsächlich 28 Reisepaß-Anwärter aufgetrieben, die Kambodscha verlassen wollten. Der hohe Preis für die Pässe beinhaltete als Gegenleistung nicht nur das Reisedokument selbst, sondern auch eine spezielle Dienstleistung. Der Vatikan machte sich erbötig, die wertvollsten Preziosen der Flüchtlinge durch Diplomaten-Kuriere außer Landes zu schaffen.

Die potentiellen Kunden sollten den Kaufpreis zur Hälfte bei der Bestellung im voraus erlegen, die zweite Hälfte bei der Aushändigung des Reisedokumentes. Nadjamuddin wollte das Geld übernehmen und so lange behalten, bis die Pässe übergeben würden. Rom wollte das Geld aber sofort haben. Es folgte eine längere Diskussion. Das Tauziehen endete mit dem Rückzug des Vatikans.

Bei der Herstellung der gefälschten Pässe traten ohnehin Schwierigkeiten auf. Vor allem der britische Reisepaß erwies sich als äußerst widerstandsfähig gegenüber Fälschungen. Bereits der Einband wies siebzehn verschieden tiefe Farbschattierungen auf. Außerdem begannen die Engländer, die Paßfotos in die Pässe hineinzuschweißen anstatt sie nur mit Ösen zu befestigen, sodaß ein Austausch der Bilder, ohne daß diese Manipulation Spuren hinterläßt, nahezu unmöglich geworden ist.

XI. Vatikan und Mafia — die ungleichen Geschäftspartner

Nach einer ganzen Reihe blendender Einfälle, die allesamt daran krankten, daß ihre Verwirklichung nahezu unüberwindliche Schwierigkeiten bereitete, entwickelten Marcinkus, Benelli und Tisserant einen Plan, der Hand und Fuß zu haben schien und zu dessen Verwirklichung ich maßgeblich beitragen sollte. Es handelte sich um den Ankauf einer größeren Menge gefälschter Wertpapiere.

Irgendwann im Sommer 1970 bat Tisserant um meinen Besuch. Wie immer lag auch diesmal das Flugticket beim Schalter der Alitalia im Flughafen Schwechat bereit.

Ich verstaute meine Reiseutensilien in meinem Krodokillederkoffer und flog nach Rom. Wenn ich privat in die Ewige Stadt reiste, stieg ich entweder bei Sauter oder bei Amato ab, mitunter aber auch in der Via Monte Cristallo. Diesmal wurde ich im Zimmer 338 des Hotel Columbus, das dem Vatikan gehört, einquartiert.

Ich ging mit Marina Neubert, ihrem Freund Amato und dem immer lustigen „Monsignore Pretta" alias Pater Alberto Barbieri zum Abendessen. Die Stimmung war ausgezeichnet, aber meine Gedanken wanderten immer wieder zu Tisserant, den ich am nächsten Vormittag treffen sollte. Was wollte der alte Herr von mir, welche Lausbubenstücke waren ihm diesmal eingefallen?

Am nächsten Morgen holte mich „Pater Josef" ab. Wir gingen an der Schweizer Garde vorbei in den Vatikan zum Büro Tisserants. Eigentlich konnte man das feudal wirkende Vier-Zimmer-Appartement kaum als Büro bezeichnen, es glich eher einer mittleren Residenz. Auf dem Fußboden lagen wertvolle Teppiche, an den Wänden hingen kunstvoll gestickte französische Gobelins, die hauptsächlich Jagdszenen darstellten und aus Tisserants Familienbesitz stammten. Der Kardinal kam mir mit seinem stereotypen Ausruf entgegen:

„Ach, mein guter Freund Johann Strauß aus Wien ist eingetroffen!“ Er streckte mir mit einer jovialen Geste seine rechte Hand entgegen und bat uns, Josef und mich, zum Tisch. Wir tranken heißen Pfefferminztee, und der Kardinal erging sich in einem längeren Monolog über die vortrefflichen Eigenschaften gerade dieser Teesorte, die man, wie er etwas schulmeisterlich ausführte, im heißen römischen Sommer am besten heiß genießen sollte.

Später übersiedelten wir in eine bequeme Sitzgarnitur und kamen dann zum Kern unserer Unterredung. „Pater Josef“ fungierte wie immer als Übersetzer.

Tisserant machte kein Hehl daraus, daß sich sowohl der Vatikan als auch der italienische Staat in großer Geldnot befänden. Die Steuerforderungen des Staates hätten den Vatikan vor eine Situation gestellt, der er finanziell nicht gewachsen sei, der italienische Staatshaushalt wiederum sei durch die dauernden Streiks und die ständige Inflation geschwächt. Beide, sowohl der Vatikan als auch der italienische Staat, würden dringend eine kräftige Finanzspritze brauchen.

Da sich viele unserer Pläne als unrealisierbar erwiesen hätten, habe er diesmal an etwas Konkretes gedacht: Wie wäre es mit dem Ankauf von Wertpapieren? Ich sagte, daß es sicherlich mehrere Möglichkeiten gäbe, Wertpapiere zu erwerben, darunter freilich auch solche, die nicht gerade „sauber“ genannt werden könnten.

Der Kardinal wurde ohne weitere Umschweife deutlich: selbstverständlich denke er vor allem an gefälschte Zertifikate, die man zu einem Bruchteil ihres Nennwertes einkaufen könne. Ich könnte dieses Geschäft gemeinsam mit meinen Freunden in den USA sicher bewerkstelligen.

Ich sagte, daß ich es durchaus versuchen könnte, daß aber meine Freunde keine Kleinhändler wären und sich vermutlich nur dann auf ein solches Geschäft einlassen würden, wenn es sich dabei um einen entsprechend großen und auch für sie lohnenden Brocken handelte.

„Was verstehen Sie unter einem großen Brocken?“ fragte Tisserant.

„Jedenfalls einige hundert Millionen Dollar“, antwortete ich.

Er müsse sich das überlegen und auch mit anderen Leuten im Vatikan darüber beraten, meinte der Kardinal.

Es war die erste Fühlungnahme in dieser Angelegenheit. Ich flog nach dieser Unterredung wieder zurück nach Wien. Es vergingen einige Wochen, ich beschäftigte mich inzwischen mit Burundi und anderen

Angelegenheiten, als ich eines Tages aus Rom einen Anruf bekam. „Pater Josef“ war am Apparat. Er lud mich im Namen seiner Eminenz, des Herrn Kardinals, nach Rom ein.

Diesmal nahm an der Unterredung auch Erzbischof Benelli teil. Als ich später, während meiner Haft in Wien, von den amerikanischen Fahndern darüber befragt wurde, wer bei der Wertpapiersache seitens des Vatikans mitgemacht hätte, sagte ich wahrheitsgemäß, daß außer Marcinkus und Tisserant auch noch ein Erzbischof mitgespielt hatte. Ich erwähnte den allmächtigen Substituten im Staatssekretariat nicht namentlich, da ich ihn in die Affäre nicht hineinziehen wollte und damit rechnete, nach der Verbüßung meiner Haftzeit mit und für Benelli weitere Geschäfte machen zu können.

Dies führte, wie die Bücher diverser Autoren beweisen, zu einer völligen Verkennung der zentralen Rolle Beneilis, nicht nur in dieser Affäre, sondern in der gesamten vatikanischen Finanzwirtschaft. Sicher hatte auch Marcinkus ein gerüttelt Maß an Mitschuld bei all den blamablen Ereignissen, die Anfang der achtziger Jahre in aller Welt durch die Medien gingen, nur vergaß man allzu leicht, daß Marcinkus bei all seiner Geschäftstüchtigkeit und Verschlagenheit lediglich der Bankier des Vatikans war, während Benelli als enger Freund des Papstes und tatsächlicher Leiter des Staatssekretariats eine praktisch unbegrenzte Machtfülle besaß und über die letzte Entscheidungsgewalt verfügte. Kein Wunder, daß er die Pläne seines Bischofskollegen Marcinkus mitunter recht energisch durchkreuzte.

Nun kamen Tisserant und Benelli zur Sache. Grundsätzlich hätten sie die Absicht, so erklärten sie mir, Wertpapiere in der Höhe von vier- bis fünfhundert Millionen Dollar zu erwerben. Ich fand die Summe zu niedrig, denn schließlich wollten auch die anderen Beteiligten ordentliche Provisionen einstreifen.

Nach einer längeren Diskussion einigten wir uns auf den Einkauf von Wertpapieren im Nominalwert von 950 Millionen Dollar, wobei wir übereinkamen, daß es sich bei dieser Summe um eine untere Grenze handeln sollte. Falls sich das Geschäft als Erfolg erweisen würde, sollten weitere Lieferungen bestellt werden. Einen Teil dieser Lieferung sollte die „Banco di Roma“ bekommen, einen weiteren Anteil die „Banca d’Italia“, also die italienische Nationalbank, und den Rest die Vatikanbank IOR, deren Direktor damals bereits Marcinkus war. Ich wußte zu jenem Zeitpunkt noch nicht, daß die „Banco di Roma“ gleich doppelt mit dem Vatikan verbandelt war: einmal durch die vatikanische Beteiligung an diesem Geldinstitut, und dann noch durch einen der Direktoren, Mario Barone, der ein enger Freund Sindonas war und seinen Posten dessen Hilfe verdankte.

Ich traf Marcinkus etwa dreimal persönlich, und er verlor dabei nie auch nur ein Wort darüber, daß er Mitwisser oder gar Urheber dieses Planes sei. Da aber die größte Summe aus dem geplanten Schwindelgeschäft in den Opferkasten der IOR geflossen wäre, ist seine Mitwisserschaft oder gar Urheberschaft kaum auszuschließen.

Es stand damals noch nicht fest, welche Teilbeträge die einzelnen Beteiligten vom gesamten Brocken abbekommen sollten. Dies würde erst festgelegt werden, wenn es anhand von Mustersendungen einigermaßen abschätzbar wäre, ob die Angelegenheit reelle Chancen auf Verwirklichung hätte.

Soviel war freilich klar, daß der größte Teil der Wertpapiere in die Tresore der IOR verschwinden sollte.

Sowohl Tisserant als auch Benelli wollten hauptsächlich gefälschte Treasure Notes und Treasure Bills, also amerikanische Staatsschuldverschreibungen bestellen. Ich riet davon aus mehreren Gründen ab. Vor allem wies ich den Kardinal und den Erzbischof darauf hin, daß der Ankauf solcher Falsifikate gewisse Schwierigkeiten mit sich bringen würde.

Erstens muß man über Schuldscheine jährlich am Bankschalter abrechnen, und zweitens kann man sie nicht jederzeit veräußern. Diese Schwierigkeiten fallen bei gefälschten Zertifikaten weg. Diese kann man längerfristig anlegen, jederzeit belehnen lassen oder verkaufen. Überdies sind Treasure Notes and Treasure Bills leichter zu kontrollieren als Zertifikate, deren Seriennummer und Besitzer schwieriger zu eruieren sind. Schließlich kann ja jeder Zertifikatbesitzer seine Papiere jederzeit verpfänden.

Wir diskutierten eine Weile hin und her und einigten uns schließlich auf den Erwerb von gefälschten Zertifikaten in der genannten Höhe von 950 Millionen US-Dollar „und mehr“.

Gekostet hätte dieses Riesenpaket von Aktienpapieren in Wirklichkeit 625 Millionen Dollar, wovon Tisserant, Benelli und Marcinkus je rund 150 Millionen eingesteckt hätten, während die Restsumme abzüglich der Herstellungskosten mir und den potentiellen Herstellern gehört hätte. Wir einigten uns auch darauf, daß der Gegenwert der

Wertpapier-Falsifikate in westdeutscher und schweizerischer Währung ausbezahlt werden muß. Ich wollte keine, womöglich gefälschten, Dollars haben. Aber auch die italienische Lira interessierte mich nicht. Und zwar nicht nur deshalb, weil sie der ständig steigenden Inflation unterlag, sondern auch aus ganz anderen Gründen, die ich später noch erörtern werde.

Natürlich sollte es sich bei den Wertpapieren durchwegs um Nachahmungen sogenannter „blue chips" handeln, also nur um Wertpapiere, die verläßlich und wertbeständig sind und eine konstant steigende Börsentendenz aufweisen. Es sollten vor allem IBM-, Coca-Cola-, Chrysler-, Boeing- und ähnlich sichere Zertifikate nachgemacht werden.

Auf gestohlene Papiere legten wir aus einleuchtenden Gründen keinen Wert. Wie bisher war der Vatikan auch diesmal nicht bereit, die Herstellungskosten vorzufinanzieren. Ich mußte also einen Partner suchen, der bereit war, die Herstellungskosten zu tragen, ohne die Sicherheit zu haben, daß das Geschäft auch hundertprozentig zustande kommt. Außerdem mußte es ein Partner sein, dem absolute Diskretion oberstes Gebot ist.

Ich dachte sofort an Ricky Jacobs in Los Angeles und an seine vielfältigen Geschäftsverbindungen in den Vereinigten Staaten. Evans-Orlander kam nicht in Frage, sein Stern war zu dieser Zeit bereits am Sinken. Er gehörte zu den meistgesuchten Lieblingskindern der Polizei in aller Welt. Aber auch Ricky Jacobs hatte gerade alle Hände voll zu tun. Irgendwelche Gangster hatten Mitte Oktober 1970 am Kennedy Flughafen in New York City eine eingeschriebene Postsendung von Wertpapieren entwendet, vermutlich im Auftrag der Mafia oder in Rickys Diensten. Die Sendung enthielt große Blocks von Coca-Cola-, Occidental Petroleum- und Norton Simon Incorporated-Aktien.

Das Diebsgut landete bei Ricky Jacobs in Los Angeles. Zwei, drei Wochen später flog er mit seinen Freunden Peter Raia aus New York und William Benjamin aus Philadelphia nach London, wo er wie gewöhnlich im Churchill Hotel abstieg. Benjamin war ein Meister im Fälschen von Zertifikaten, er stellte später die Unterlagen für die erste Mustersendung her, die dem Vatikan übermittelt wurde. Der Zweck der Reise war der Versuch, einen Coca-Cola-Block aus der gestohlenen Postsendung im Wert von 900.000 US-Dollar an den Mann zu bringen.

Als Jacobs' Mittelsmann in England fungierte Ernest Shinwell,

Sohn eines britischen Parlamentsmitglieds, der auf die schiefe Bahn geraten war und seine Familie durch seine kriminellen Husarenstücke in Verruf gebracht hatte. Die Tatsache, daß Shinwells Vater Labour-Abgeordneter und zwischenzeitlich auch Verteidigungsminister war, ersparte dem Sohn längere Gefängnisaufenthalte.

Von London aus flog Jacobs nach Amsterdam, Zürich, München und Mailand. Und überall ließ er wie eine Brieftaube einige Aktienpakete fallen, die dann Monate später die Polizeibehörden der betroffenen Länder zu eifrigen Such- und Sammelaktionen veranlaßten.

So landeten die Coca-Cola-Serien 02713 bis 027140 und 027141 bis 027145 bei der „Royal Canadian Mounted Police" in Kanada. Sie fand sie am 7. April 1971 bei einem Holländer namens Hendrik Jacobus Offers. Offers behauptete, er hätte die Papiere von einem Schweizer Staatsbürger namens Georges König in Zürich bekommen. Nomen est omen: Offers legte den kanadischen Polizisten gleich ein Offert vor. Er wäre für eine stattliche Belohnung durchaus bereit gewesen, Informationen zu liefern, wo sich weitere gestohlene Coca-Cola-Aktien befänden. Doch das war gar nicht nötig, denn inzwischen wurden auch die europäischen Kollegen der kanadischen Polizisten fündig. Sowohl die Schweizer Polizei als auch FBI und Interpol kamen, teils durch Aussagen verhafteter Kuriere, teils durch Anzeigen von Bankbeamten, die die Zertifikate zwecks Überprüfung nach Amerika geschickt hatten, auf die Spur der gestohlenen Aktienpapiere.

Das alles wurde freilich erst 1972 ruchbar. Vorderhand konnte ich mit Ricky Jacobs noch in Freiheit verhandeln, obwohl er auch schon zu dieser Zeit wegen verschiedener anderer Delikte mit den Gerichten auf Kriegsfuß stand.

Er hatte zum Beispiel die offenbar unüberwindbare Schwäche, mit gezinkten Karten zu spielen. Mit Hilfe verschiedener Tricks erleichterte er seine teils recht prominenten Mitspieler immer wieder um beträchtliche Dollarbeträge. Ende 1970 laborierte er noch immer an einem einschlägigen Coup, den er mit seinem Freund John Roselli im Friar's Club in Beverly Hills gelandet hatte .

Dort erleichterte er einige Hollywood-Berühmtheiten und bekannte Sportler binnen kürzester Zeit um eine halbe Million Dollar. Roselli und er ließen die Zimmerdecke über dem Spieltisch mit Gucklöchern präparieren, durch die sie mit Hilfe ihrer Komplicen, die ihnen geheime Signale gaben, buchstäblich ihren Spielpartnern in die Karten schauen konnten. Das Manöver bescherte ihnen einen sicheren Gewinn.

Außerdem konnten sowohl Jacobs als auch Roselli, weil sie bei der Regierung einen Stein im Brett hatten, ihre Haftzeit mehr oder weniger selbst bestimmen. Roselli war nämlich jener Anführer der Mafia in Los Angeles, der zusammen mit Sam Giancana aus Chikago im Auftrag der US-Regierung Fidel Castro umlegen sollte.

Im März 1971 rief ich Jacobs in Los Angeles an. Zwar hatte er auch in seiner Wohnung einen Telefonapparat, aber seine Geschäfte wickelte er lieber aus einer Telefonzelle ab, die sich unweit von seiner Wohnung befand. Er wollte weder in seinem Club noch in seiner Wohnung angerufen werden. Ich rief ihn meistens zwischen vier und fünf Uhr nachmittags an. Er ließ immer dreimal das Klingelzeichen ertönen, bevor er abhob. Das war unser vereinbartes Zeichen. Meistens saß er im Wagen vor der Zelle und ging erst nach dem dritten Klingelzeichen in die Kabine. Wenn sich gerade jemand in der Zelle befand, hörte ich das Besetztzeichen und mußte eben warten.

Wenn jemand anderer in der Zelle gewesen wäre, hätte er vermutlich sofort nach dem Ertönen des ersten Klingelzeichens abgehoben. Außerdem hätte ich sofort an der Stimme erkannt, daß es sich um einen Fremden handelt. Die Verbindung kam stets prompt zustande, so als hätte Jacobs die Zelle für sich gemietet.

„Es gibt ein großes Geschäft für Dich", sagte ich.

„Wie groß?" fragte Jacobs.

„Von einer so hohen Summe hast Du noch nie gehört!"

„Ist das Dein Ernst?"

„Ja, das ist mein Ernst!"

Wir vereinbarten ein Treffen für Ende April in der Schweiz. Jacobs flog tatsächlich zu diesem Termin herüber, wir trafen uns im Hotel „Dolder" in Zürich. Beim gemeinsamen Abendessen stellte ich ihm dann die Frage: „Kannst Du kurzfristig erstklassige Ware liefern?"

„Was meinst Du?"

„Zertifikate, eventuell Schuldverschreibungen. Lauter 'blue chips' natürlich, meine Auftraggeber sind wählerisch. Chrysler, Coca-Cola und ähnliches."

„Wieviel brauchst Du?" fragte Jacobs.

„Wieviel hast Du auf Lager?" stellte ich die Gegenfrage.

„Zweihunderttausend Dollar wären sofort bereit."

Ich lachte: „Das ist mir viel zu wenig."

Jacobs beugte sich vor: „Wieviel brauchst Du?"

„Rund eine Milliarde Dollar."

Jacobs meinte offenbar, nicht gut gehört zu haben.

„Eine Milliarde sagtest Du?"

„Ja." In seiner Aufregung erwischte er statt seinem Whiskyglas meinen Milchbecher.

„Du bist verrückt, das gibt es gar nicht. Wer will das kaufen?"

„Es handelt sich nicht um eine Einzelperson, sondern um einen Staat", sagte ich.

„Um welchen Staat?" fragte er.

„Das kann ich Dir jetzt noch nicht sagen. Wenn Du Dich drüben vergewissert hast, daß Du eine Lieferung in dieser Höhe herbeischaffen kannst und die Sache realisierbar erscheint, sage ich es Dir selbstverständlich."

Jacobs flog in die Staaten zurück und beriet sich mit seinen Freunden. Ich wußte, daß er mit Marty de Lorenzo und Vincent Rizzo sprechen würde, und ich wußte auch, daß er die Dienste des Meisterfälschers William Benjamin in Anspruch nehmen würde. Transaktionen dieser Größe hätte er niemals alleine durchführen können. Er brauchte dazu die perfekte Organisation der Mafia.

In der Folge trafen wir uns öfters: einmal in Rom, dann wiederum in Mailand, in Zürich oder in Wien. Es wäre nicht Ricky Jacobs gewesen, hätte er mich nicht sofort zu Gegenleistungen einzuspannen versucht.

Er wußte, daß ich Diplomatenpässe des Königreiches Burundi, des Vatikans und Griechenlands besaß, und er meinte nun, ich hätte gewiß keine größeren Schwierigkeiten, wenn ich ihm einen Gefallen tun würde. Es handle sich um Diamanten, die er gerne aus Lateinamerika in die Vereinigten Staaten schaffen würde. Ob ich ihm dabei behilflich sein könnte?

Ich sagte ein klares Nein. „Ich kaufe und verkaufe Waren, und ich habe weder die nötige Zeit noch die Lust, nebenbei Laufburschendienste zu erledigen."

Jacobs war ein Profi, er steckte die Ablehnung wortlos weg, und wir sprachen über die Sache nicht mehr.

Bei einem unserer Treffen brachte Jacobs die ersten Muster der geplanten Zertifikate mit. Ich flog mit den Papieren nach Rom und übergab sie im Auftrag des Vatikans Remigio Begni, einem jungen römischen Börsenmakler, der gute Kontakte zu den Großbanken pflegte. Begni, Jahrgang 1936, stammte aus Villanova di Parengo bei Pola und besaß auf der Via Nazionale 172, ganz in der Nähe der Banca d'Italia, ein Büro, an dessen Tür ein Messingschild mit der Aufschrift „Fondinvest Fondiaria Stella" glänzte.

Ich beobachtete dort nie irgendwelchen Parteienverkehr. Begni erledigte seine Geschäfte ausschließlich per Telefon. Er war ein äußerst sympathischer Typ, etwa 1,85 m groß, brünett und von kräftiger Statur. Wegen seines dichten Bartes nannten wir ihn nur „Barbo", der Bart.

Ich weiß nicht, inwieweit es stimmte, daß Begni mit den Bankiers Sindona und Calvi gut befreundet war. Jedenfalls war es seine Aufgabe, die gefälschten Zertifikate auf ihre Unverdächtigkeit prüfen zu lassen.

Obwohl laut Tisserant und Benelli der Governatore der „Banca di Italia" über den geplanten Coup ebenso unterrichtet war wie der Direktor der „Banco di Roma", Barone, ging die Überprüfung der ersten Muster routinemäßig vor sich. Die Vorstände der beiden Banken wußten offiziell von nichts und gaben sich schon gar nicht damit ab, diese Kleinarbeit in Eigenregie durchzuführen.

„Barbo" ging also zur „Banca d'Italia" und zur „Banco di Roma" und ließ die Muster prüfen. Es handelte sich um Zertifikatsmuster der Chrysler Corporation, der PANAM, der American Telephone and Telegraph Company und der General Electric-Gesellschaft. Diese vier Sorten von Zertifikaten, zweifellos lauter „blue chips", sollten in großen Mengen hergestellt werden.

Inzwischen wuchs Ricky Jacobs' Ungeduld und auch die seiner Freunde merklich an. Bei einem seiner Europa-Trips bedrängte er mich erneut, ich möge ihm endlich die Namen meiner Auftraggeber preisgeben.

„Eine solche Menge Ware wächst nicht auf meinem Mist", sagte er. „Die Herstellung erfordert eine weitverzweigte Organisation. Ich brauche Lithographen, Zinkographen, Papier und Farbe, Drucker und eine ganze Reihe weiterer Fachleute. Die Besorgung der Originalvorlagen ist ja auch keine Kleinigkeit. Dies alles zu bewerkstelligen kostet mich eine Menge Geld und Geschicklichkeit. Für mich und meine Leute ist das nicht finanzierbar. Ich brauche dazu die Hilfe des Syndikats. Und das Syndikat läßt nicht mit sich spaßen."

Ich verstand. Er hätte es eigentlich gar nicht betonen müssen. Ich wußte ohnehin, daß die Mafia mein eigentlicher Geschäftspartner in den USA war, und daß Rickys Eröffnung mehr bedeutete als nur einen bloßen Hinweis auf seine Sorgen. In seinen Worten schwang eine Drohung mit.

„Ich weiß, ich weiß.“, sagte ich. „Wer will eigentlich wissen, wer meine Auftraggeber sind, Du oder Deine Geldgeber?“ fügte ich hinzu.

„Natürlich möchte ich es auch wissen, aber vor allem sind meine Geldgeber auf die Identität Deines Auftraggebers neugierig. Sie möchten nicht hereingelegt werden.“

„Gut, dann treffen wir uns mit den Geldgebern. Ich vertraue Dir, aber auch ich möchte die persönliche Gewißheit haben, daß ich es nicht mit irgendwelchen Windbeuteln zu tun habe. Wenn Du mich mit den Leuten zusammenbringst, sage ich Dir sofort, wer der Käufer ist. Es liegt schließlich sowohl in meinem als auch in Deinem Interesse, daß die Sache umsichtig und ohne jedwedes Sicherheitsrisiko abgewickelt wird. Auch der Käufer ist an höchster Diskretion interessiert. Ich will daher die Leute sehen und mich überzeugen können, daß uns keiner verpfeift“, sagte ich.

„O.k. Ich arrangiere das“, sagte Ricky Jacobs. „Aber ich mache Dich darauf aufmerksam, daß die Leute nicht nur hören wollen, wer Deine Auftraggeber sind, sondern sie wollen auch Beweise sehen.“

„Das ist selbstverständlich“, antwortete ich. „Ich werde eine offizielle Auftragsbestätigung vorlegen.“ Ich sagte das, ohne zu wissen, ob meine Freunde im Vatikan zur Herausgabe eines solchen Schriftstückes bereit sein würden oder nicht. Ich wollte es diesmal jedenfalls versuchen. Wir trennten uns gut gelaunt und in bestem Einvernehmen. Der Anfang war gemacht. Die Sache schien einiges zu versprechen.

Ricky flog in die Staaten zurück, wo er Marty de Lorenzo und Rizzo über unsere Unterredung berichtete. Ich vereinbarte mit Ricky, daß wir uns mit den Leuten vom Syndikat in London treffen würden, und zwar sofort, nachdem ich seine Wünsche meinen Auftraggebern vorgelegt hatte.

Nachdem Jacobs Rizzo und dessen Freunden versichert hatte, daß die Sache keine „Linke“ sei, schließlich kenne er mich als seriösen Kaufmann und Geschäftspartner, und daß er mir überdies klargemacht habe, daß ich zu unserem gemeinsamen Treffen einen schriftlichen Beweis, eine Art Auftragsbestätigung mitbringen müsse, gingen sie an die Arbeit.

Jacobs mahnte sie zur Eile, da er wußte, daß ich relativ rasch und gründlich handle und daß die ganze Angelegenheit, Gravur, Druck,

Numerierung, Unterschriftennachzeichnung und ähnliches trotz bereits geleisteter Vorarbeiten einige Zeit in Anspruch nehmen würde, unvorhergesehene Pannen und Hindernisse nicht miteingerechnet.

Eile war aber auch deshalb geboten, weil Ricky trotz seiner mächtigen Fürsprecher und Freunde im Weißen Haus in nächster Zeit seine Haft antreten mußte. Sehr viel Angst brauchte er vor seinem Gefängnisaufenthalt freilich nicht zu haben; es handelte sich eher um eine Art Kuraufenthalt, der von häufigen Ausgängen und Heimurlauben unterbrochen wurde. Er mußte dennoch für den Fall vorsorgen, daß er sich gerade im Knast befinden würde, wenn die Aktion startete. Er bestimmte für diesen Fall seinen Sohn Jerry Marc Jacobs zu seinem Stellvertreter. Jerry Jacobs reichte im Kaliber freilich nicht im entferntesten an seinen Vater heran. Er war ein typisches Produkt der amerikanischen Flower-Power-Generation der sechziger Jahre. Mittelgroß und schmächtig kam der kaum 25jährige in grobkarierten, farbenfrohen Anzügen daher. Er trug die Haare kurzgeschoren und zeigte das Gehabe eines Playboys. Im Vergleich zu der Cleverness, dem Einfallsreichtum und den gepflegten Manieren seines Vaters, aber auch zu dessen Fleiß, war Jerry Jacobs eine ausgesprochene Flasche.

Nun war es an der Zeit, mit Tisserant, Benelli und Marcinkus in Rom ein klares Wort zu sprechen. Ich flog nach Italien und bat um eine Audienz bei Tisserant. In seinem Büro traf ich mit Benelli und Pater Josef zusammen.

„Es wird ernst“, sagte ich. „Meine Freunde in Amerika bedrängen mich. Sie wollen wissen, wer der Auftraggeber ist, und obendrein wollen sie eine schriftliche Bestätigung haben, daß es sich um keinen Bluff handelt. Auch von meinem Standpunkt her gesehen wäre so eine Bestätigung dringend nötig. Schließlich brauche auch ich ein Dokument, das mich gegenüber unseren Gesprächspartnern in den Staaten als autorisierten Verhandlungspartner ausweist. Angesichts der Summe, die geliefert werden soll, und der inzwischen notwendig gewordenen Investitionen ist das“, sagte ich, „keine übertriebene Forderung.“

Tisserant und Benelli hörten mir zunächst schweigend zu. Pater Josef übersetzte ihnen meine Erklärung. Natürlich wollten weder der Kardinal noch der Erzbischof ihre Identität verraten. Schließlich sahen sie aber doch ein, daß es bei einer so hohen Summe nicht möglich ist, die Wünsche der Verkäufer zu ignorieren. Ich führte den geistlichen Würdenträgern noch einmal vor Augen, daß es sich um die Mafia handelte, deren oberstes Gebot absolute Verschwiegenheit ist, und vor allem, daß sie sich zum erstenmal einem Geschäftspartner gegenübersahen, der nicht auf Vorfinanzierung bestand, sondern lediglich eine schriftliche Garantie verlangte, um sicher zu sein, daß es kein Bluff, sondern ein seriöser, ernstzunehmender Geschäftsauftrag war.

Ich wies darauf hin, daß allein das Wort „Vatikan" alle Bedenken von Jacobs' und Rizzos Seite vom Tisch fegen würde. Selbst wenn sie keine religiösen Menschen waren, würde ihnen der Name Vatikan ganz gewiß Respekt und Ehrfurcht abnötigen.

Meine Argumente zeigten Wirkung. Sowohl Tisserant als auch Benelli erklärten sich bereit, eine schriftliche Garantie abzugeben. Wir vereinbarten als Termin den 29. Juni. An diesem Tag sollte die Sache in Angriff genommen werden. Die Tatsache, daß der Kontrakt zwischen dem Vatikan und der Mafia zwecks Ankaufs von falschen Zertifikaten ausgerechnet am Hochfest der Apostelfürsten Petrus und Paulus erfolgte, entbehrt nicht einer gewissen Ironie.

Es war tatsächlich der geeignetste Termin, denn zu diesem Fest hielten sich die meisten Würdenträger der Kirche, also auch die Beteiligten, mit Sicherheit in Rom auf.

Nachdem die Sache mit der Auftragsbestätigung geklärt war, blieben wir noch eine Weile zusammen, um die Gefahren und Risiken, die bei der Aktion auftreten konnten, nochmals durchzudenken.

Wie es sich zeigte, erweckten die inzwischen vorgelegten Musterstücke weder am Schalter der Banco di Roma noch in der Banca d'Italia irgendwelchen Verdacht, sie sahen täuschend echt aus. „Barbo" war ein mit allen Wassern gewaschenes Schlitzohr, klug, beredt und mit einem gewinnenden Naturell gesegnet, das keinerlei Verdacht bezüglich seiner Seriosität aufkommen ließ. Grundsätzlich kann ein Makler bei solchen Prüfmanövern ohnehin kaum jemals in Schwierigkeiten geraten. Selbst wenn das Schlimmste eintritt, daß nämlich die Papiere tatsächlich als Falsifikate erkannt werden, kann ihm aus dieser Tatsache kein Strick gedreht werden. Die Zertifikate gehören ja nicht ihm, er ist nur der Vermittler. Es sei durchaus möglich, würde er in diesem Falle argumentieren, um sich selbst und seinen Auftraggeber aus der Affäre ziehen, daß sein Klient in gutem Glauben gehandelt hatte, aber offenbar mit falschen Zertifikaten versorgt worden war. Nicht zuletzt deshalb hätte er ja die Papiere vorgelegt, um zu sehen, ob gegen sie etwas einzuwenden sei. Denn man könne ja in den heutigen bösen Zeiten nie genau wissen ...

Vorsichtshalber ging Begni bei seinen Bankbesuchen immer so vor, daß er zunächst vorgab, die Papiere bei der Bank belehnen zu wollen. Sobald ihm der Beamte die Bedingungen und die Prozentsätze genannt hatte, zog Begni die Papiere wieder mit der Bemerkung zurück, er müsse über diese Bedingungen zuerst mit seinem Klienten sprechen und werde dann von sich hören lassen.

Aber selbst wenn ihm ein Fehler unterlaufen wäre, wie es dann auch wirklich - allerdings nicht durch sein Verschulden - passierte, konnte ihm daraus kein Schaden entstehen, denn sowohl der Direktor der Banco di Roma als auch der Governatore der Banca d'Italia waren, wie bereits erwähnt, in die Sache eingeweiht.

Im Laufe der Untersuchungen gegen Sindona stellte sich unter anderem heraus, daß sich der Sizilianer noch im Mai 1974, als es bereits offensichtlich wurde, daß seine Banken in schwere Turbulenzen geraten waren, vertrauensvoll um eine Anleihe an die Banco di Roma wenden konnte. Am 20. Juli des selben Jahres gewährte sie Sindona eine Anleihe in der Höhe von 100 Millionen Dollar, die von der Filiale der Banco di Roma in Nassau auf den Bahamas überwiesen wurde, wo auch Calvis Banco Ambrosiano seit 1971 eine luxuriöse Filiale mit Erzbischof Marcinkus im Vorstand unterhielt.

Die Überweisung trug die Unterschrift des für die Auslandsgeschäfte der Bank zuständigen Direktors Mario Barone. Kein Wunder, Barone drückte bereits im sizilianischen Patti, wo er zur Welt gekommen war, gemeinsam mit Sindona die Schulbank; und Sindona gab keine Ruhe, bis er mit Hilfe von Schmiergeldern den eigens für Barone geschaffenen Direktorsposten in der Banco di Roma für seinen Freund ergatterte.

Mitgefangen, mitgehangen: Als Sindonas Imperium unterging und seine Verbindungen sowohl zur Mafia als auch zur rechten Verschwörergruppe des „P2"-Logengroßmeisters Licio Gelli offenbar wurden, wurde auch Barone verhaftet, weil er seine Verbindungen zu Sindona zu verbergen versuchte. Natürlich führte die Banco di Roma ihre Geschäfte nicht ohne die Rückendeckung der Banca d'Italia durch. Die Tatsache, daß der Governatore der Banca d'Italia, Carli, seinem Rivalen Sindona gegenüber alles andere als freundschaftliche Gefühle hegte, darf über die Mitwisserschaft und Duldung seitens der Nationalbank und ihres Direktors bei den diversen Geldgeschäften Sindonas nicht hinwegtäuschen.

Denn so gut sich auch alle Finanzgrößen eines begrenzten Reviers untereinander verstehen, solange es um Beteiligungen an verschiedenen gewinnträchtigen Unternehmungen geht, so spinnefeind, eifersüchtig und rachedurstig werden sie sofort, wenn der eine oder andere unter ihnen sich zu einem bedrohlichen Konkurrenten zu entwickeln beginnt. Genau dieser Umstand führte zum buchstäblichen Fall Sindonas und später auch Calvis.

Als Bankier des Vatikans und der Mafia gleichermaßen geschätzt und gefürchtet, konnte Sindona zunächst durchaus mit der komplizenhaften, von finanziellen Interessen bestimmten Solidarität aller Geldmacher Italiens und der übrigen Welt rechnen. Sofort blies ihm aber der Wind ins Gesicht, als er sich zum alles bedrohenden Finanzhai des Landes und später auch der USA zu entwickeln begann. Bereits als er die Società Immobiliare erworben hatte, horchten seine Konkurrenten auf. Vollends zur trotzigen Phalanx vereinigten sie sich trotz ihrer Rivalitäten untereinander, als er im Herbst 1971 versuchte, sich mit Hilfe von Mafia-Geldern und seiner unkonventionellen Lizitationsmethode die Mehrheitsbeteiligung an der Società Italiana per le Strade Ferrante - besser unter dem Kürzel Bastogi bekannt - gemeinsam mit Marcinkus unter die Nägel zu reißen. Diese Holding, die ebenso den Handel mit Immobilien und Baumaterialien betrieb wie das Geschäft mit Bergwerken und Chemikalien, war ein allzu fetter Brocken, als daß die kleinen Haie es dem großen Einzelgänger unter ihnen überlassen wollten. Nota bene, zwei Wochen später gelang dann Marcinkus im Alleingang, was er zusammen mit Sindona als beneideter Gallionsfigur nicht erreichen konnte: er kaufte die Bastogi für den Vatikan auf. Wie sehr der Governatore der Banca d'Italia trotz seiner Eifersucht auf Sindona bei all diesen Geschäften mitunter beide Augen zudrückte, zeigte die Art, mit der er entscheidende Schritte gegen den Mafia-Bankier konsequent unterlassen hatte, obwohl seine Beamten, die sich routinemäßig mit der Bankaufsicht beschäftigten, in ihren Meldungen immer wieder über schwere Irregularitäten in den Sindona-Banken berichteten.

Angesichts dieses Hintergrundes mußten wir von dieser Seite her keine ernsthaften Schwierigkeiten erwarten. Was aber, so warfen Benelli und Tisserant besorgt ein, wenn eine genaue Kontrolle der Wertpapiere in den USA erfolgt und es sich trotz sorgfältiger Fälscherarbeit herausstellt, daß sie eben Falsifikate sind?

Ich machte meinen Geschäftspartnern klar, daß auch hieraus kaum eine Gefährdung des Coups erwachsen könne. Natürlich dürfte man, sagte ich, die Zertifikate keineswegs stückweise nach und nach belehnen lassen oder verkaufen, denn das würde irgendeinen Bankbeamten dann stutzig machen und zu der Frage veranlassen, wann denn dieser Aktienfluß ein Ende nehme, und vor allem, aus welcher Quelle er eigentlich entspringe. Deshalb riet ich ihnen, die Wertpapiere zunächst für ein Jahr unter Verschluß zu halten, zumindest was die Anteile des Vatikans betraf, und dann das Ganze in einem Paket zu veräußern.

Selbst wenn die Amerikaner dann dahinter kämen, daß es sich um falsche Zertifikate handelte, würden sie das nie zugeben. Zuviel stünde nämlich für sie auf dem Spiel. Amerikanische Wertpapiere sind so etwas wie das Markenzeichen des „american way of life". Sie sind die stabilsten, vertrauenswürdigsten und daher begehrtesten Geldanlagen der Welt. Falls es jemals publik würde, daß eine so große Menge gefälschter Zertifikate existiert, würde dies das für die amerikanische Wirtschaft so lebenswichtige Vertrauen schwer erschüttern. In der gesamten Weltöffentlichkeit würde der Eindruck entstehen, daß amerikanische Wertpapiere offenbar nicht fälschungssicher sind.

Man würde sie über Nacht abzustoßen versuchen. Ein Börsenkrach mit unabsehbaren Auswirkungen wäre die Folge. Ein schwarzer Freitag, wie ihn die Welt noch nie erlebt hat. Um diese Gefahr abzuwenden, wäre dem US-Finanzministerium kein Betrag zu hoch, um mit seiner Hilfe die gefälschten Zertifikate aufzukaufen. Inoffiziell würden freilich sowohl der Vatikan als auch die amerikanische Finanzbehörde beteuern, die in solchen Dingen offenbar weltfremde Statthalterei Gottes in Rom sei skrupellosen Gangstern auf den Leim gegangen.

Wenn Benelli, Tisserant und Marcinkus dabei hart blieben, könnten sie den Amerikanern sogar einen prozentuell hohen Kaufpreis abknöpfen. Diese würden bezahlen, nur um die Sache aus der Welt schaffen zu können. Daß wir mit dieser Spekulation richtig lagen, wurde zusätzlich noch von der Tatsache unterstrichen, daß der damalige US-Finanzminister John B. Conally jr. mit Ricky Jacobs per du war und der Mafia keineswegs unfreundlich gegenüberstand. Mit seiner Bemerkung, mit der er im Bayerischen Hof in München Ricky gegenüber seine Gewogenheit bekräftigte: „Ricky, ich habe Dir bereits meine Zusage erteilt. Soll ich es Dir schriftlich geben?", beruhigte er mich außerordentlich.

Der tatsächliche Verlauf der Ereignisse bestätigte dann hundertprozentig die erwartete Reaktionsweise der USA und des Vatikans.

Als ich später, während meiner Haftzeit, den damaligen US-Botschaftsangehörigen in Bern Mr. Brush, der, wenn ich mich nicht täusche, ein hochrangiger CIA-Mann war und mich dazu veranlassen wollte, diese Dinge vor der Grand Jury in den Staaten auszusagen, die Frage stellte, was seine Meinung bezüglich der Richtigkeit meiner damaligen Annahme sei, antwortete er, ohne viel zu zögern:

„Vermutlich hätten die bezahlt. Wir wissen ja, daß viele hohe Tiere in diese Aktion verwickelt waren, man kann es nur nicht beweisen und man will es gar nicht beweisen. Entweder hätten sie die Wertpapiere eingezogen oder dafür bezahlt. Ich glaube eher, sie hätten dafür bezahlt, um dem Vatikan das stille oder gar offene Eingeständnis zu ersparen, er hätte bewußt falsche Papiere gekauft und sei ein Komplice der amerikanischen Mafia."

Nachdem wir also die möglichen Eventualitäten von allen Seiten betrachtet und erwogen hatten, blieb uns nur mehr die schriftliche Fixierung der Angelegenheit zu erledigen.

Dazu kam es, wie erwähnt, am Fest der Apostel Petrus und Paulus, am 29. Juni 1971. In dem Dokument sollten die ratenweise Lieferung der Ware und die jeweiligen Termine, zu denen geliefert werden sollte, festgehalten werden. Tisserant und Benelli wollten zuerst eine Mustersendung aus den verschiedenen Papieren, und zwar im Nominalwert von 200 Millionen US-Dollar, haben. Jacobs weigerte sich und beharrte auf einer Mustervorlage im Wert von 14,5 Millionen Dollar.

„Ich mache keine Mustersendung in der Höhe von 200 Millionen. Die sollen einmal für die 14,5 Millionen bezahlen, damit wir wenigstens etwas Geld bekommen", sagte Ricky verärgert.

Der Vatikan war einverstanden. Jacobs' Weigerung erfolgte freilich auch aus praktischen Gründen, auf die die hochwürdigsten Herren wohl kaum gekommen wären. Allein Zertifikatsmuster im Wert von 14,5 Millionen Dollar bedeuteten den Transport zweier prall gefüllter Aktenkoffer über den Atlantik. Überdies würde, wenn die Aktion in die Hose ginge und wir dabei die 14,5 Millionen Dollar abschreiben müßten, dies noch immer einen ungleich erschwinglicheren Verlust bedeuten als wenn 200 Millionen Dollar in die Binsen gingen.

Nach der Abwicklung der Mustersendung sollte die erste Teillieferung von 100 Millionen Dollar bereits am 9. August erfolgen. Bis zum

10. November sollte die gesamte Aktion abgeschlossen sein.

Am 29. Juni 1971 versammelten wir, Tisserant, Benelli, „Pater Josef" und ich (ob Marcinkus dabei war oder nicht, kann ich nicht mehr sagen), uns in Tisserants vatikanischem Büro. Pater Josef setzte sich an die Schreibmaschine und setzte in Englisch jene berühmt gewordene Bestellung auf.

Als Benelli mir die Frage stellte: „An wen sollen wir dieses Dokument eigentlich richten?", wich ich aus und schlug vor, die Formulierung „Wen es betrifft" zu verwenden. Ich wollte meine Karten zu diesem Zeitpunkt noch nicht ganz auf den Tisch legen. Zwar wußten sowohl Tisserant als auch Benelli und Marcinkus, daß die Mafia hinter dem Handel stand, aber wer die Leute namentlich waren, wollte ich ihnen nicht verraten.

Außerdem sollte verhindert werden, daß das Schreiben, falls es in unbefugte Hände geriet, über die Natur des geschilderten Geschäftes etwas aussagte. Dies war mit ein Grund, weshalb wir keinen Adressaten nannten und auch sonst nur sehr allgemein von einer „Warensendung" sprachen.

Über all dies wußten die Betroffenen ja ohnehin Bescheid. Wichtig war in erster Linie die offizielle Bestätigung des Auftrages auf einem offiziellen Papier des Vatikans, mit einer offiziellen Unterschrift. Was die Amerikaner um Ricky Jacobs, Marty de Lorenzo und Rizzo nicht wissen konnten, da sie weder religiös noch vatikankundig waren, war der Umstand, daß Tisserant, Benelli und Marcinkus einen Briefbogen der „Kongregation für die Ordensleute" verwendeten, der zu diesem Zeitpunkt nicht mehr im Verkehr war. Ein kleiner, aber geschickter Kniff, um bei einer eventuellen Entlarvung des Coups auf diesen Umstand hinweisen und die Echtheit des Dokuments bezweifeln zu können.

So wurden beide Geschäftspartner zufriedengestellt: Die Mafia hatte ihre Bestätigung und der Vatikan die Sicherheit, im Falle eines Falles alles dementieren und von einer plumpen Fälschung reden zu können, aus der obendrein nichts anderes hervorgeht, als daß von irgendwelchen Leuten irgendeine Ware im Wert von soundsoviel Dollar geliefert werden sollte. Tatsächlich ist das Dokument aber echt, das Papier weist das Wasserzeichen der offiziellen vatikanischen Korrespondenzpapiere auf; der Bogen ist lediglich älteren Datums und wurde zu diesem Zeitpunkt nicht mehr verwendet.

SACRA CONGREGAZIONE
DEI RELIGIOSI

To whom it may concern:

Following our meeting whic took place today, we wish to confirm the following points:

1) We are willing to buy the complete stock of the merchandise up to the sum of $ 950, - mio.
2) We are agreed upon the terms and dates of consignment, as indicated bellow:

9.8.71	per	100
10.9.71	"	200
10.10.71	"	200
10.11.71	"	250
10.12.71	"	200

It is understood that the last two consignments, most probably, could be made together on the 10.11.71.
3) We guarantee that the merchandise will not be resord up to and not after 1.6.1972.

Yours faithfully

Rome, Jun. 29. 1971.

Die Kongregation hieß bis 1967 noch „Heilige Kongregation der Ordensleute“ (Sacra Congregazione dei Religiosi), dann wurde sie per Dekret vom 15. August 1967 von Papst Paul VI. in „Heilige Kongregation für die Ordensleute und Säkularinstitute“ (Sacra Congregazione per i Religiosi e gli Instituti Secolari) umbenannt.

Dessen ungeachtet war Kardinal Tisserant nach dem eher farblosen Präfekten der genannten Kongregation, Kardinal Ildebrando Antoniutti, im Juni 1971 noch immer der rangmäßig zweithöchste, in Wirklichkeit sogar einflußreichste Würdenträger dieses vatikanischen Ministeriums. Nichts fiel ihm also leichter, als einen Briefbogen aus den noch vorhandenen älteren Beständen dieser Kongregation herbeizuschaffen.

Nachdem „Pater Josef“ den englischen Text der Vereinbarung heruntergetippt hatte, entfernte er sich kurz mit der Bemerkung: „Ich komme sofort, ich muß nur das Dokument höheren Ortes unterschreiben lassen “ Wen er damit meinte, wußte ich damals nicht genau. Ich dachte, es sei der Papst, weil Tisserant und Benelli ebenfalls oft davon sprachen, sie müßten „höheren Ortes“ eine Genehmigung einholen, nachdem wir irgendwelche Pläne erörtert hatten. Und ich konnte mir aufgrund der hohen Stellung des Kardinaldekans Tisserant und des allmächtigen Erzbischofs und Papstfreundes Benelli nur schwer vorstellen, daß sie mit dieser Bezeichnung jemand anderen meinen könnten als den Papst. Tatsache ist, daß „Pater Josef“ einige Minuten später mit der Unterschrift zurückkehrte.

„Gib es mir her“, sagte Tisserant. Josef reichte ihm das Papier. Tisserant las zunächst aufmerksam den Text, studierte die Unterschrift und gab dann das Blatt an Benelli weiter. Auch der Erzbischof las den Text. Dann blickten sich die beiden Würdenträger wortlos an, nickten zum Zeichen ihres Einverständnisses und übergaben mir das Dokument.

„Gute Reise, Herr Ledl!“ sagten sie. Ich nahm den Brief an mich und verstaute ihn in meinem Flugkoffer. Erst viel später betrachtete ich die Auftragsbestätigung und die Unterschrift genauer: auf dem Papier prangte der zwar etwas verzerrte, aber noch immer deutlich lesbare Namenszug des Kardinalstaatssekretärs Jean Villot.

Erst jetzt glaubte ich zu wissen, wen „Pater Josef“ mit „höherer Stelle“ meinte. Wer sich in den damaligen Verhältnissen im Vatikan einigermaßen auskennt, ist über die Annahme, daß die Unterschrift höchstwahrscheinlich von Villot stammt, nicht erstaunt.

1) Hochzeit mit meiner ersten Frau

3) Begräbnis meiner Frau, zusammen mit meinen beiden Töchtern

2) Im Büro meiner Shampoonier-Bürsten-Firma 1965

5) Von links nach rechts:
Dr. Tetenes, ein arabischer Kaufmann, meine Wenigkeit und Erzbischof Papadopoulos bei einer geschäftlichen Besprechung

4) Erzbischof Kyprianos Papadopoulos

6) Eines der beiden Schiffe der Firma Interterra S.A. Ich war Präsident dieser Firma und Dr. Tetenes Vizepräsident.

7) Burundi

8) Burundi

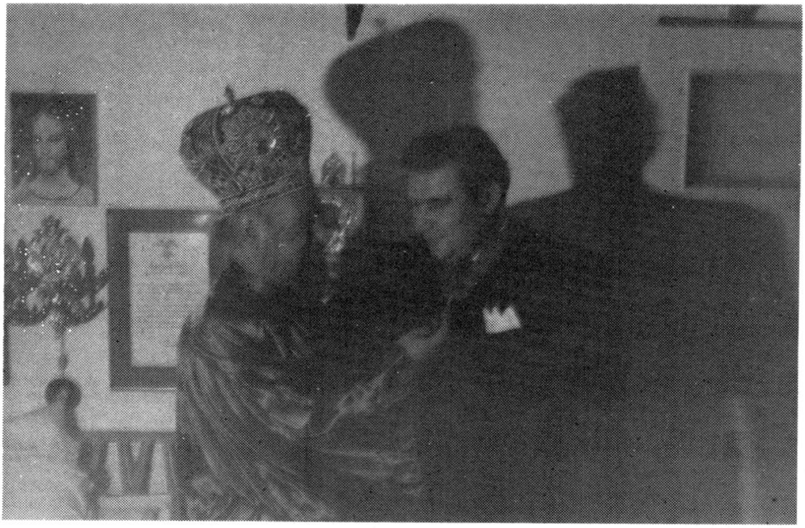

9) Erzbischof Papadopoulos verleiht mir das Ehrenkreuz für die Verdienste um das „Helfe"-Hilfswerk.

10) Vatikan-Stadt

11) Eugène Kardinal Tisserant

12) Staatssekretär Kardinal Villot während einer Zeremonie im Vatikan

13) Erzbischof Paul Marcinkus

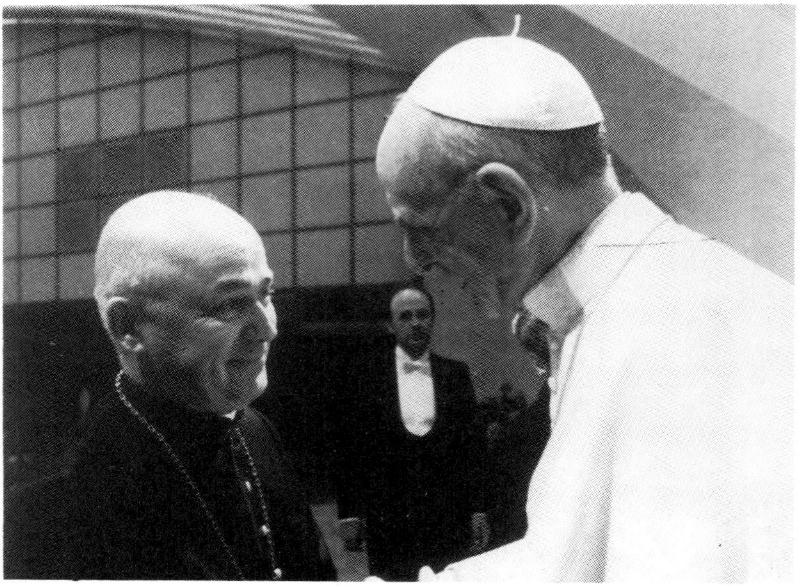

14) Kardinal Benelli zusammen mit Papst Paul VI. während einer Generalaudienz am 24. Mai 1978

15) Der Dreiunddreißigtage-Papst Johannes Paul I., dem seine Ziele zum Verhängnis wurden

16) Erzbischof Paul Marcinkus, der Body-guard Papst Johannes Pauls II. während einer seiner Reisen in Schwarzafrika

17) Blick von der Kuppel des Petersdomes auf die Vatikanischen Museen

18) Licio Gelli 1988

19) Mario Foligni 1980

20) Michele Sindona kurz vor Einnahme seines vergifteten Kaffees

21) Bankier Calvi vor seiner Gerichtsverhandlung in Rom

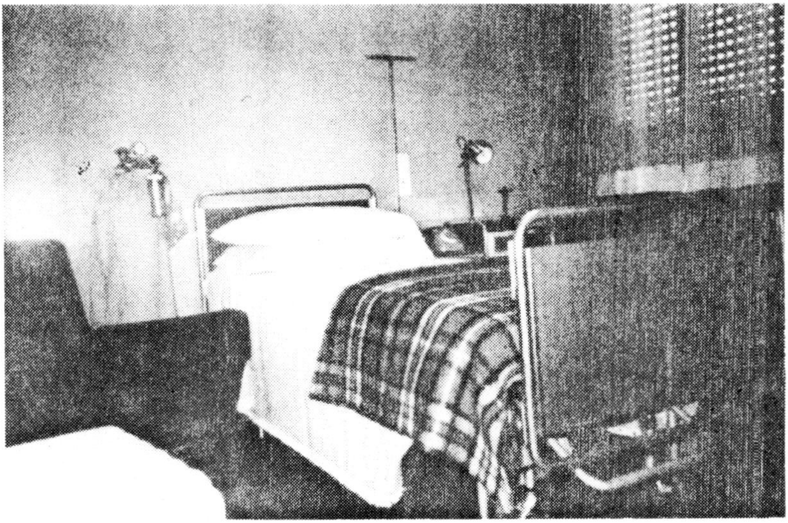

22) Das Sterbebett Tisserants

23) Das römische Nobelrestaurant Piccolo Mondo

24) Vatikanhotel Columbus vor den Toren des Kirchenstaats

Bildnachweis:
AP: 12, 14, 15, 16, 18, 19
Archiv: 1, 2, 3, 4, 5, 6, 9, 22, 23, 24
Votawa: 11, 13, 20, 21
Zefa: 7, 8, 10, 17

Zwar bekleidete der undurchschaubare, stets höfliche und den Genüssen des Lebens keineswegs abholde Franzose Villot offiziell das Amt des vatikanischen Staatssekretärs, aber das Sagen hatte neben dem eher ruhigen, frommen und schöngeistigen Diplomaten Casaroli eindeutig der dynamische „Stier aus Pistoia", Benelli.

Beide Erzbischöfe, Casaroli und Benelli, hatten bereits unter Villots Vorgänger Cicognani hohe Ämter im Staatssekretariat innegehabt. Benelli war außerdem der persönliche Vertraute des Papstes Paul VI. Villot konnte diesen Vorsprung weder auf der amtlichen noch auf der persönlichen Ebene aufholen, obwohl Paul VI. ein Faible für Franzosen hatte.

Es paßt gut ins Psychogramm des schlauen und stets übervorsichtigen Benelli, daß er sich und Tisserant auch jetzt aus der Affäre heraushielt und Villot unterschreiben ließ, von dem im Vatikan bekannt war, daß er so manches Papier unterzeichnet hatte, dessen Inhalt er nur höchst oberflächlich kannte und dessen Tragweite er nicht abschätzen konnte.

Ich kann freilich weder mit letzter Sicherheit sagen, daß die Unterschrift von Villot stammt noch inwiefern der Kardinalstaatssekretär in unseren Plan eingeweiht war oder gar vom Papst selbst zur Unterschrift autorisiert worden war.

Nachdem ich den Vatikan verlassen hatte, verfaßte ich gleichsam als Garantie für Tisserant, Benelli und Co. eine Bestätigung, in der sich die Firma „Rami Etablissement, FL-9490 Vaduz, Fürstentum Liechtenstein", also meine Postkastenfirma, zur termingemäßen Lieferung der „Ware" verpflichtet, widrigenfalls sie (ich) eine Geldbuße von einem Prozent des Nominalwertes der Gesamtlieferung bezahlen muß. Das wären immerhin neuneinhalb Millionen Dollar gewesen.

Mit den beiden Dokumenten im Koffer bestieg ich noch am selben Nachmittag des 29. Juni das Flugzeug nach London. Dort warteten im Churchill Hotel bereits Ricky Jacobs und sein Sohn Jerry Marc, Vincent Rizzo, der Franzose Maurice Ajzen, Wilfried Ense aus München und ein weiterer Amerikaner namens Tony Grant.

Ajzen und Grant kannten Ricky Jacobs von eher unbedeutenden Geschäften her. Ihre Rolle erschöpfte sich bei unserem Coup im gewiß nicht mühelosen Koffertragen. Auch Matteo de Lorenzo war da. Der kleine, rundliche Mafioso ließ sich an der Rezeption als „Rechtsanwalt Dr. Greenwald" eintragen. Er hatte einen auf diesen Namen ausgestell-

RAMI ETABLISSEMENT
FL-9490 Vaduz/Fürstentum Liechtenstein
Postfach 34.722 Telefon: (075) 32 4 34

puplic relations, market-research, market-analysis, indemnity of claims, utilisation of patents, banking-business, Commerce, Industry

Rom den 29.6.71

According to your letter from we declare that we will performe the delivery of the established items exactly in thet terms referring above:

9.8.71	100,- Mio $-
10.9.71	200,-Mio $
10.10. 71	200,-Mio $
10.11. 71	250,-Mio $
10.12. 71	200,-Mio $

We point out that with an approximation of 90 % the two last deliveries will be permormed together.

In case we wouldnt be able to satisfy all conditions and terms of delivery- as established- we declare ourselves ready to pay a penalty in the worth of 1 % of the selling price, in the delay the delivery should be performed.

New York, London, Paris, Rom, Zurich, Wien, Stockholm, Frankfurt, Vaduz
Business ac[illegible]nts Verwaltungs und Privat B[illegible] Vaduz

ten Paß bei sich. Alle begrüßten mich äußerst freundlich, klopften mir unter freudigen Hallorufen auf die Schulter, obwohl ich etwas später als vorgesehen eingetroffen war. Die Maschine hatte Verspätung.

Ich sah an ihren Gesichtern, daß sie vor Neugierde förmlich platzten. Wir gingen in einen Konferenzraum, den Jacobs im Hotel gemietet hatte, und ich ließ den Verschluß meines Koffers klicken.

„Also, schieß los, mach es nicht so spannend!" sagte Ricky Jacobs. „Wir wollen heute hören, wer Deine Auftraggeber sind. Ich habe nunmehr lange genug den Postboten gespielt, der mit verschiedenen 'Muster ohne Wert'-Paketen über den Atlantik hin und her pendelt. Wir werden London so lange nicht verlassen, bis Du uns eine befriedigende Antwort gegeben hast."

Ich wußte, daß Jacobs mit „wir" auch mich meinte, und ich verstand die Warnung genau. Während Ense übersetzte, obwohl ich recht gut verstanden hatte, starrten die anderen, vor allem Rizzo, mich an. Sie versuchten aus meinem Gesichtsausdruck Schlüsse zu ziehen. De Matteo saß in der Ecke und nuckelte an seiner unentbehrlichen Zigarre. Die Reise über den großen Teich dürfte ihn etwas mitgenommen haben, er wirkte abgespannt und schläfrig. Dennoch schien mir seine apathische Haltung eher gespielt gewesen zu sein, denn immer wieder horchte er neugierig auf und ließ sich meine Erklärungen von Ense übersetzen.

„Machen wir es kurz", sagte ich, „der Staat, von dem ich Ricky gegenüber gesprochen habe und in dessen Auftrag ich vermittle, ist der Vatikan." Hätte ich im Raum eine Bombe gezündet, wäre die Wirkung kaum stärker ausgefallen. Für einen Moment herrschten Stille und Verwirrung; alle taten so, als würden sie nicht gut hören.

„Nun komm", sagte Ricky Jacobs, „die Einleitung ist nicht schlecht, ich weiß, daß Du einen trockenen Humor und, wie sagt man schnell, einen guten 'Wiener Schmäh' hast. Aber nun heraus mit der Sprache!"

„Nein. Ich meine es ernst, ob Ihr es glaubt oder nicht. Hier steht es schwarz auf weiß." Ich nahm das vatikanische Dokument mit dem kardinalsroten Briefkopf aus dem Reisekoffer und legte es auf den Tisch. Das Papier wanderte von Hand zu Hand, ein jeder wollte es mit eigenen Händen greifen und mit eigenen Augen sehen.

Marty de Lorenzo verschluckte fast seine Zigarre, als er das Papier zu Gesicht bekam. Ich kam mir vor, als stünde ich in einer Runde frommer Betbrüder, die sich ehrfurchtsvoll und wie gebannt über eine seltsame Reliquie beugen. Die Echtheit des Dokuments konnte freilich nicht bezweifelt werden.

Die Spannung löste sich langsam, und plötzlich brachen alle in erleichtertes Gelächter aus. Sowohl Rizzo als auch Jacobs und Marty de Lorenzo hatten von Prostituierten, Zuhältern, Heroin-Dealern bis hin zu korrupten Politikern oder Managern schon mit allerhand Kriminellen zu tun gehabt, doch daß sie einst auch noch Kardinäle und Erzbischöfe in ihrer Sammlung haben würden, darauf wären sie in ihren kühnsten Träumen nicht gekommen.

„Ist das, was wir da herstellen, unser Eintrittsgeld für den Himmel oder eher für die Hölle?" fragte irgendeiner scherzhaft.

„Ich sehe schon, wie wir alle ins Kardinalskollegium aufgenommen werden", sagte Rizzo, indem er auf Jacobs, mich und die anderen deutete. „Und Marty wählen wir zum Papst. Die Statur von Johannes XXIII. hätte er bereits", legte ein anderer nach. Es herrschte Hochstimmung, als wir uns verabschiedeten. Rizzo schien beeindruckt zu sein. Meine Erklärungen hatten offenbar seine letzten Zweifel bezüglich der vorangegangenen Berichte von Jacobs zerstreut. Das Vatikan-Dokument, das ich wieder an mich nahm, zeigte seine von mir vorhergesehene Wirkung: es bürgte für einen seriösen Partner.

Die Möglichkeit oder die Notwendigkeit einer Vorfinanzierung tauchte gar nicht erst auf. Man vertraute den hohen geistlichen Würdenträgern in Rom ebenso wie mir. Das Geschäft schien sowohl für de Lorenzo als auch für Rizzo und Jacobs ernstgemeint und gefahrlos zu sein.

Ricky Jacobs war sichtlich erleichtert und vollauf zufrieden mit dem Fortgang der Entwicklung. Ich machte allerdings kein Hehl daraus, daß voreilige Euphorie fehl am Platze wäre. Der Brocken, den sich alle aus dem Riesenkuchen erwarteten, mußte erst erarbeitet und verdient werden. Rizzo versicherte mir, daß die Beschaffung der Mustersendung von 14,5 Millionen Dollar keine Schwierigkeiten bereiten würde. Er und Ricky würden Sorge tragen, daß sie bereits in zwei Wochen zur Verfügung stünde. Er fragte mich lediglich, ob ich etwas dagegen hätte, wenn Jerry Marc Jacobs und Tony Grant bei der Übergabe dabei wären. Ich hatte daran aus einleuchtenden Gründen keine große Freude. Denn je größer der Kreis der Mitwisser ist, desto größer ist die Gefahr, daß die Aktion scheitert. Immer kann irgendeiner ja doch nicht sein Maul halten. Andererseits sah ich ein, daß Rizzo seine Gewährsleute bei der Durchführung des Coups dabei haben wollte.

Nicht ohne Bedenken willigte ich ein. Ense war der Meinung, Ricky oder Jerry Jacobs sollten mit der Mustersendung nach München fliegen, wo wir sie übernehmen und in Enses Mercedes nach Italien bringen würden. Ich fand es töricht und gefährlich, die Falsifikate durch drei Grenzen schleusen zu müssen. Dies hätte die Gefahr, daß wir ertappt werden, unnötig vergrößert. Ich schlug daher vor, die Amerikaner sollten mit der Ware nach Mailand fliegen, wo Ense und ich zusteigen würden, um dann gemeinsam mit den anderen nach Rom weiterzufliegen.

Auf dem römischen Flughafen würde uns ein Pkw des Vatikans direkt auf dem Flugfeld erwarten. Schließlich waren alle mit meinem Vorschlag einverstanden. Als wir uns verabschiedeten, war uns bewußt, daß anstrengende Tage vor uns lagen und daß uns nur absolute Verschwiegenheit und umsichtiges Handeln zum Erfolg verhelfen würden. Denn Gott konnten wir bei dieser Aktion wohl kaum um seine Hilfe bitten.

XII. Die Aktion mit den gefälschten Wertpapieren

Von der Besprechung in London flog ich sofort nach Rom zurück. Ich wollte meinen Auftraggebern Tisserant und Benelli vom Ergebnis unseres Treffens berichten. Ich sagte dem Kardinal und dem Erzbischof, daß die erste Lieferung bereits in zwei Wochen erfolgen könne, also etwa Mitte Juli. Jacobs und Rizzo wollten das Risiko so gering wie möglich halten, deshalb sollte die erste Lieferung „nur" 14,5 Millionen (eigentlich 14,420.000 Dollar) ausmachen. Diese Fälschungen waren größtenteils bereits vorhanden, sie konnten binnen kürzester Zeit geliefert werden.

Im Gegensatz zu den beabsichtigten Folgelieferungen handelte es sich bei diesen ersten, schon größtenteils vorhandenen Wertpapieren um Treasure Notes und Treasure Bills, also um Obligationen, und zwar von der American Telephone and Telegraph Company im Nennwert von 10.000 Dollar (7 % Obligationen), der Chrysler Corporation im Nennwert von 5.000 Dollar (8,7/8 % Obligationen), der General Electric Company im Nominalwert von 10.000 Dollar (7,1/2 % Obligationen) und der Pan American World Airways im Nennwert von 10.000 Dollar (11,1/8 % Obligationen). Die Muster, die Begni vorher bei der Banco di Roma und der Banca d'Italia einreichen sollte, stammten aus dem selben bereits vorhandenen Wertpapierpaket wie die 14,5 Millionen. Ihr Gesamtwert betrug 1.530.000 Dollar, auch kein geringer Betrag.

Kein Wunder, daß Jacobs keine Lust hatte, sie wieder nach Amerika mitzunehmen und dort auf seinen Nachttisch zu stellen. Er wollte sie in Europa an den Mann bringen, am besten gleich im Vatikan, von dem sie ja bestellt worden waren.

Dieses Musterpaket sollte allerdings erst dann veräußert werden, wenn wir das Geschäft mit der 14,5-Millionen-Lieferung zufriedenstellend abgewickelt hatten. Gegen Ende Mai 1971 übergab ich dieses Musterpaket an Amato, nachdem es mir von Jacobs überbracht worden war.

Amato sollte mit „Barbo“ in Verbindung treten, Begni sollte zwecks Prüfung die Papiere übernehmen. Um allfällige Risiken zu vermeiden, mußten Begni beziehungsweise Amato bezüglich der Obligationen über einen Besitznachweis verfügen. Diesen zu besorgen, bedeutete keine größere Schwierigkeit. Als Generalbevollmächtigter der Evans Export-Import Trading Company besaß ich einen ansehnlichen Stapel Briefpapier mit dem Briefkopf von Orlanders Firma, das mit dessen Stempel und Blankounterschrift versehen war.

Ich telefonierte mit „Nuti“, der sich damals in Madrid aufhielt und bat ihn um die Erlaubnis, zur Herkunftsbestätigung der Papiere seinen Briefbogen verwenden zu dürfen. Er willigte ein.

Nun brauchten wir noch einen Notar, der eine Unbedenklichkeitsbescheinigung ausstellte und Amatos Verfügungsrecht über die Wertpapiere bestätigte. Ich rief Wilfried Ense in München an, der mich an den Frankfurter Rechtsanwalt und Notar Dr. Rudolf Guschall verwies, zu dem er geschäftliche Kontakte unterhielt.

Guschall zeigte durchaus Bereitschaft. Leider war Amato zu dieser Zeit in ein Strafverfahren verwickelt. Es war für ihn daher nicht ratsam, Italien zu verlassen oder irgendwelche Vereinbarungen in seinem Namen abzuschließen.

An seiner Statt sprang seine blonde Freundin Marina Neubert ein. Mit ihr flog ich nach Frankfurt. Dort trafen wir uns mit Wilfried Ense und mit einem Franzosen, der mit Ense befreundet war, Maurice Ajzen. Wir kamen am 9. Juli in Frankfurt an. Guschall lag zu dieser Zeit bereits seit einem Monat im Krankenhaus. Wir suchten ihn am Krankenbett auf. Zuerst ging Ense allein zu ihm hinein, um ihm die Angelegenheit nochmals zu erläutern. Nach einer guten Viertelstunde ging die Tür wieder auf. Ense winkte mich und Marina Neubert, die eine Reiseschreibmaschine mitgenommen hatte, ins Krankenzimmer hinein.

Ich stellte mich als Generalbevollmächtigter der Evans Export-Import Trading Company vor. Guschall fragte, ob er mit Evans persönlich Rücksprache halten könnte, um über meine Vollmacht Gewißheit zu erlangen.

Ich wies ihn darauf hin, daß Evans inzwischen nach Südamerika abgeflogen sei, und daß es zwar möglich wäre, über seinen Adlatus André „Peter" Biró seine dortige Adresse zu erfahren, daß dies aber alles mit einem großen Zeitverlust verbunden wäre. Ich legte ihm meine Vollmacht vor, worauf Guschall lediglich meinen Reisepaß sehen wollte. Auch Marina Neubert wies sich mit ihrem Reisepaß aus.

Auf der mitgebrachten Schreibmaschine tippte sie nun auf das Briefpapier der Evans Company den Text der Vereinigung herunter. Er lautete:

VEREINBARUNG

Zwischen der Firma Evans Export-Import Trading Co., 663 Fifth Ave., New York N.J. und Frau Marina Neubert, wohnhaft in Rom, Via Arturo Graf 19, wird folgende Vereinbarung geschlossen:
Die Firma übergibt Frau Marina Neubert die nachfolgenden Wertpapiere:

US $	50.000	8 7/8 % Chrysler Corporation, 1995
US $	100.000	11 1/8 % Pan American Airways Inc., 1986
US $	100.000	7 % American Telephone and Telegraphe Co. 2001
US $	280.000	1/2 % General Electric Co. 1996

US $ 1.530.000,—
Sie versichert, daß der Erwerb dieser Papiere einwandfrei erfolgt ist.
Die Echtheit der Zertifikate wird garantiert.
Frau Marina Neubert wird von der Firma Evans ermächtigt, den Verkauf oder die Beleihung dieser Papiere zu vermitteln.
Als Honorar werden ihr 0,25 % zugestanden.
Gerichtsstand: Vaduz
Stempel der Evans Company
Unterschrift: unleserlich

Auf seinem Briefbogen bestätigte nun Guschall mit Siegel und Unterschrift, daß er die angeführten Obligationen geprüft hätte und fügte dann hinzu:

„Es handelt sich um echte Stücke, die in keiner Sperrliste enthalten sind."

Fast überflüssig zu sagen, daß Guschall kein einziges Stück der falschen Obligationen zu sehen bekam, seine gespielte Ernsthaftigkeit mit der Fragerei und dem Verlangen nach unseren Pässen stellte offen-

EVANS EXP[illegible] TRADING CO.
663 F[illegible]H AVE
NEW YORK N.Y
08876146

Frankfurt, den 97 . 71

VEREINBARUNG

Zwischen der Firma EVANS EXPORT IMPORT TRADING Co.
663 Fifth Ave. New York N.J. und Frau Marina Neubert,
wohnhaft in Rom, Via Arturo Graf 19, wird folgende
Vereinbarung geschlossen:

Die Firma übergibt Frau Marina Neubert die nachfolgenden
Wertpapiere:

US $ 50.000,-	8 7/8 % Chrysler Co[illegible]tion, 1995
US $ 100.000,-	11 1/8 % Pan American [illegible] Inc. 1986
US $ 100.000,-	7,6 American Telephone & Telegraphe Co. 2001
US $ 200.000,-	9 1/2 % General Electric Co. 1995
US $ 1.530.000,-	

Sie versichert dass der Erwerb dieser [illegible] einwandfrei
erfolgt ist. Die Echtheit der Zertifikate wird garantiert.

Frau Marina Neubert wird von der Firma [illegible] mächtigt den

Verkauf oder die Beleihung dieser Papiere zu vermitteln.

Als Honorar wird ihr 0,25% zugestanden.

Gerichtsstand : Vaduz

EVANS E[illegible]
[illegible] FIFTH AV[illegible]
NEW YORK
08876[illegible]

bar eine Art Selbstberuhigung dar. Sie sollte den Schein einer korrekten Amtshandlung wahren.

Natürlich benötigte auch ich für die 14,5 Millionen Dollar-Wertpapiere, die knapp eine Woche nach dem Frankfurter Zwischenspiel eintreffen sollten, einen Herkunftsnachweis. Ich telefonierte mit Ricky Jacobs, der mir versprach, jemanden mit einer Generalvollmacht eines Brokerbüros in Los Angeles und einem entsprechenden Besitznachweis über den großen Teich zu schicken.

Auf die Notwendigkeit einer solchen Rückendeckung machte mich einer meiner Rechtsanwälte aufmerksam, der auch den englischen Text für die beiden Papiere entwarf. Wir schickten sie nach Amerika. Am 12. Juli brachte mir Jacobs persönlich die gewünschten Dokumente.

Obwohl er nach der Gesetzeslage weder einen Paß besitzen noch die Vereinigten Staaten verlassen durfte, drückten seine mächtigen Freunde wieder einmal beide Augen zu, und Ricky konnte nach Wien fliegen. In seiner Begleitung befand sich ein Belgier namens Jaques Suesans, der in Amsterdam ein Juweliergeschäft betrieb. Er sprach sehr gut Deutsch und drängte sich Jacobs förmlich auf, in der Hoffnung, mit seiner Hilfe auf der anderen Seite des Atlantiks ins große Geschäft einsteigen zu können. Er war ein unsympathischer Kerl mit viel zu glatten Manieren, die mir gar nicht angenehm waren.

Jacobs händigte mir die zwei Papiere aus, die von dem Brokerbüro Kleiner, Bell und Co. Inc., Beverly Hills, 9756 Wilshire Boulevard, ausgestellt waren. Kleiner, Bell und Co. besaßen eine ganze Menge Obligationen der genannten Firmen und kannten natürlich deren Seriennummern.

Folglich konnte Jacobs genau übermitteln, welche Obligationen mit welchen Seriennummern sich in ihrem Depot befanden und in absehbarer Zeit nicht auf den Markt kommen würden. Diese Nummern konnte man nun für die falschen Obligationen verwenden, ohne Gefahr zu laufen, aufgrund einer plötzlich auftauchenden Obligation mit der gleichen Seriennummer entlarvt zu werden.

Natürlich bestand dabei doch das Risiko, daß irgendein Eigentümer seine Wertpapiere zurückforderte. In der Regel heißt dies freilich nur, daß er seinen Stockbroker beauftragt, seine Wertpapiere zu verkaufen. Wäre ein solcher Fall eingetreten, hätte uns dies zum Aufkaufen der betreffenden Obligationen gezwungen. Kleiner, Bell und Co., die in die Angelegenheit eingeweiht waren, hätten uns dies sofort mitgeteilt.

Telephone:
(213) 278-8230

Kleiner Bell & Co., Inc.
(Members New York Stock Exchange)
9756 Wilshire Boulevard
Beverly Hills, California 90212

POWER OF ATTORNEY

The firm KLEINER BELL & CO., Inc. Beverly Hills, herewith authorizes the firm INTERCONTINENTAL-RAMI, Vaduz, the later represented by the managing President Dr.Leopold LEDL, to intercede and perform following transactions:

1. a) to sell shares and securities of any kind;
   b) to sell debentures, treasury bills and notes;
   c) to buy and sell notes and coins, as far as they are not as currency in circulation.
2. All from INTERCONTINENTAL-RAMI for us interceded and secluded transactions will be transformed on our account and risk, whereat is settled, that President Dr.Leopold LEDL performs obligatory in our name the transactions to point 1. 2. and 3.
3. It is also the responsibility of President Dr.Leopold LEDL to select the purchasers, to verify their solidity, and to appoint securities.
4. We assure INTERCONTINENTAL-RAMI a commission of 0,5 % for the mediation, calculated from the respective nominal value, payable on receipt of the sale-proceeds, in the currency of the sale-proceeds.

At the same time we entitle INTERCONTINENTAL-RAMI to deduct this commission from the sale-proceeds.

In sign of the legality of this power of attorney it has to be undersigned in accordance to the company.

Kleiner Bell & Co. Inc

Telephone:
(213) 278-8230

Kleiner Bell & Co., Inc.
(Members New York Stock Exchange)
9756 Wilshire Boulevard
Beverly Hills, California 90212

July 12th., 1971

Dr. Leopold Ledl
3034 Maria Anzbach
Niederostrerreich
Austria

Dear Dr. Ledl:

As per your instructions we are forwarding you herewith the following certificates from your portfolio:

499 American Telephone And Telegraph Company $10,000 Debentures

259 General Electric Company $10,000 Debentures

412 Chrysler Corporation $5,000 Debentures

479 Pan American World Airways,Inc. $10,000 Loan Certificates

We trust you will find everything in order.

It has been our pleasure to service your account and we await your further Instructions.

RESPECTFULLY YOURS,

Gleichzeitig mit der Vorbereitung der ersten Lieferung mußten freilich auch die Druckarbeiten für die weiteren Tranchen aufgenommen werden. Diese Aufgabe teilte sich Ricky Jacobs mit Vincenz Rizzo.

Die beiden heuerten in New York den Druckereibesitzer Louis Milo und in Los Angeles Ely Lubin, der ein hervorragender Graveur war, an. Die beiden hatten schon einige Fingerfertigkeit in der Herstellung von falschen Dokumenten erworben. Anhand der Originale fertigten sie nun sorgfältig die gewünschten Falsifikate an. Den Platz für die Seriennumerierung und die Unterschrift des Eigentümers ließen sie frei. Diese Arbeit übernahm William Benjamin in Los Angeles.

Zuerst flog er nach New York, um die weitere Vorgangsweise mit Rizzo zu besprechen. Nebenbei besorgte er sich dort eine IBM-Schreibmaschine und einige Numerierungsgeräte, mit denen er auf die Zertifikate dann die von Kleiner, Bell und Co. freigegebenen Seriennummern eintrug.

Die Arbeiten gingen, wie mir Jacobs berichtete, zügig voran, es sah so aus, als ob wir die gesamte Lieferung und nicht nur die 14,5 Millionen vor den geplanten Terminen in Rom abliefern könnten.

Mitte Juli war es dann soweit. Ricky rief mich an und signalisierte den Aufbruch seiner „Delegation" aus New York. Er selbst war wieder einmal auf „Erholung". Er bedauerte, daß er bei der Aktion nicht persönlich dabei sein könne, aber er beteuerte, daß er mir vertraue, und im übrigen werde ihn sein Sohn Jerry vertreten.

Ich war darüber nicht gerade froh, enthielt mich aber jeden Kommentars. Ricky buchte in New York zwei Plätze für die Pan Am-Maschine nach Europa: einen für seinen Sohn und einen für Tony Grant, der die beiden Koffer schleppte.

Aus München machten sich Ense und Ajzen auf den Weg. Ense schickte seinen Leibwächter am Steuer seines Mercedes nach Rom voraus. Er selbst flog mit Ajzen zunächst nach Mailand, wo wir uns auf dem Flughafen kurz begegneten. Ich kam aus Wien und flog dann mit einer anderen Maschine nach Rom weiter. Dort erwarteten uns bereits Marina Neubert und ihr Freund Amato. Wir alle trafen am Sonntag, den 18. Juli, in der Ewigen Stadt ein. Grant und Ajzen trugen die beiden Koffer mit den gefälschten Wertpapieren anstandslos durch die römische Zollkontrolle.

„Pater Josef" erwartete mich bereits am Flughafen. „Guten Flug gehabt?" fragte er mit seinem breiten Grinsen. „Kann man sagen", brummte ich. „Ist alles da?“ „Ja, es ist alles bereit“. Wir sprachen nur kurz miteinander, tauschten einige Belanglosigkeiten aus und vereinbarten dann die Übergabe der gefälschten Wertpapiere für Dienstag, den 20. Juli 1971.

Ich wohnte bei Amato, Ajzen, Ense, Grant und Jerry Jacobs im Cavaliere Hilton-Hotel am Monte Mario. Leider blieb mir nicht viel Zeit, um auch nur eine kurze Verschnaufpause einzulegen. Kaum in Rom angekommen, wurde ich bereits mit einem unangenehmen Zwischenfall konfrontiert.

Wie vereinbart, hatte Amato die von mir bei ihm zurückgelassenen Obligationen im Wert von 1,530.000 Dollar Begni übergeben.

Als wir uns nun bei „Barbo“ nach dem Ergebnis der Prüfung und dem Verbleib der Papiere erkundigten, eröffnete uns dieser, daß er die Obligationen nicht mehr besitze. Wir glaubten, schlecht zu hören. Tatsächlich rief Begni, wie wir später erfuhren, bereits Anfang Juni einen guten Freund an, der weder Benelli noch Marcinkus ein Unbekannter war: Mario Foligni, eine schillernde Figur der römischen Szenerie mit geschäftlichen und politischen Ambitionen und gleichermaßen guten Kontakten zur Halbwelt wie zum Quirinal und zum Vatikan. Er bat Foligni im Namen eines hohen Vatikan-Prälaten um eine kleine Gefälligkeit. Der hohe geistliche Herr entpuppte sich später als Erzbischof Paul Marcinkus.

Foligni war damals Eigentümer der Versicherungs- und Finanzierungsgesellschaft „Nuova Sirce S.P.A.“, mit zwei Büros in Rom, in der Via Lazio 9 und in der Via Consulta 52. Er besaß außerdem das Investment-Unternehmen „Intercommerce“. Der deutsche Ableger der Nuova Sirce-Gesellschaft hieß „Deutsche Nuova“ und hatte in der Münchner Franz-Josefsstraße 48 sein Büro. Folignis Vertreter in Bayern war ein in Valencia geborener Deutscher namens Alfons Holl. Präsident der beiden Unternehmungen war der Großindustrielle und Hotelier Josef Vetrano aus Bristo in Connecticut, ein guter Freund des Vatikan-Bankiers Marcinkus.

Ein anderer Protektor Folignis, Pater Salvatore d’Angelo, war wiederum ein enger Vertrauter Benellis und ebnete somit Folignis Weg zum Staatssekretariat. Von dort bis zum Papst war es nicht mehr weit.

Zu Folignis Bekanntenkreis zählten nicht nur Benelli und Marcinkus, sondern auch der millionenschwere römische Hotelbesitzer Alfio Marchini, Eigentümer des Leonardo da Vinci-Hotels, ebenfalls ein

Freund vatikanischer Eminenzen. Oder Carlo Pesenti, einer der bekanntesten Industriekapitäne der Nachkriegszeit, der nicht nur mit Zement handelte, sondern sich auch erfolgreich mit Finanzspekulationen beschäftigte.

Während Marchini eher dem linken Spektrum der politischen Landschaft Italiens angehörte und die kommunistische Partei des damaligen KP-Chefs Berlinguer ebenso unterstützte wie den Vatikan, zählte der in Bergamo ansässige Pesenti eher zur reaktionären Politszene Italiens und des Vatikans. Wie Foligni, der den bombastischen Titel eines „Grafen von San Franzisco" trug, ein theologisches Ehrendoktorat besaß, sein Büro in der Via Consulta mit religiösem Kitsch zierte und mit einigen Privataudienzen bei Papst Paul VI. auftrumpfen konnte, später erzählte, sei ein Mittelsmann des Erzbischofs Marcinkus mit der Bitte an ihn herangetreten, er, Foligni, sollte einige Musterobligationen bei einer Schweizer Bank deponieren, um zu sehen, ob die getürkten Papiere auch dort ihre Feuerprobe bestünden. Wenn das stimmt, konnte Marcinkus nur von Begni wissen, daß die Musterpapiere zur Verfügung standen. Es ist freilich auch möglich, daß Foligni selbst Marcinkus informierte, der ihn dann mit der Aktion in Zürich betraute.

Wie dem auch immer sei: Tatsache bleibt, daß Begni, als ihn nun Amato in meiner Gegenwart nach dem Verbleib der Papiere befragte, die Antwort erteilte, er habe sie in der Bank gelassen und belehnt.

„Bist Du verrückt?" schrie Amato, „Du gefährdest die ganze Aktion! Bring die Papiere sofort zurück!"

Begni verschwand. Nach einer halben Stunde tauchte er wieder auf. Der Mann am Schalter, dem er die Wertpapiere übergeben hatte, sei Mittagessen gegangen und komme erst - wie es sich für einen Römer gehört - nach der Mittagspause, um 16 Uhr, wieder zurück, erzählte er. Amato tobte. Auch ich war verständlicherweise aufgeregt. Er käme, sagte Amato dann nach einem längeren Wutanfall zu Begni, gegen 18 Uhr wieder hierher, bis zu diesem Zeitpunkt wolle er die Obligationen zurück haben. Doch um 18 Uhr war niemand in Begnis Büro, die Tür blieb verschlossen. Amato ließ seinen Leibwächter vor Begnis Büro zurück, mit dem Auftrag, „Barbo" lebendig oder tot herbeizuschaffen.

Am nächsten Tag kam Amato bereits in aller Herrgottsfrüh in mein Zimmer. „Stell Dir vor", sagte er, „Begni ist erst um ein Uhr nachts aufgetaucht. Zu diesem Zeitpunkt hat er versucht, sich in die Wohnung seiner Geliebten einzuschleichen. Aber ich kenne die Adresse und lasse die Wohnung bewachen. Er muß sich schon einen anderen Idioten aussuchen, wenn er jemanden hereinlegen will."

Ich konnte mich bald davon überzeugen, daß Amato keinen Spaß verstand, wenn es um Geschäfte ging. Als ich mit ihm und Marina Neubert noch am selben Vormittag in Begnis Büro ging, empfing uns dieser mit einer Sonnenbrille. Seine Hände und Füße waren mit blauen Flecken übersät, sein Gesicht angeschwollen, er sah wie ein Leichtgewichtsboxer nach dem Tag seiner Niederlage aus. Ich ließ ihn durch Marina Neubert fragen, wofür das ganze Spektakel wohl gut gewesen sei und weshalb er das Musterpaket bei der Bank gelassen habe. Er wollte die Obligationen nicht unnütz herumliegen lassen, sagte er. Da er außerdem Geld benötigte, um einige Schulden zu bezahlen, habe er die Papiere in der Bank deponiert und sie belehnt. Leider sei er zur Zeit, sollten wir ihm nicht helfen, nicht in der Lage, die Papiere auszulösen, da er die 80.000 Dollar, die er für die Obligationen bekommen hatte, bereits wieder zur Begleichung seiner Schulden ausgegeben habe.

Ich machte Begni auf den Umstand aufmerksam, daß die Verkäufer der Wertpapiere nicht Mitglieder eines Kindergartens sind, ungern mit sich spaßen lassen, und daß ich persönlich für jedes einzelne Papier, das ich weitergebe, voll haften muß. Ich lehne Gewalt ab, aber bei der Mafia kann ein jeder Betrugsversuch tödlich enden.

Ich lasse mich wegen einer Dummheit oder Unkorrektheit nicht in eine Affäre hineinziehen, deren Folgen nicht absehbar sind. Am meisten ärgerte mich aber der Gedanke, daß irgendein Bankbeamter die Obligationen bei der New Yorker Börsenaufsicht überprüfen läßt und unser Riesengeschäft, das wir gerade erst in die Wege geleitet haben, auffliegen könnte. Nicht umsonst warnte ich Tisserant und Benelli schon von allem Anfang an davor, die Wertpapiere aus dem Tresor zu nehmen und sie belehnen zu lassen.

„Sind Sie von allen guten Geistern verlassen?" fragte ich „Barbo". „Was geschieht, wenn die Börsenaufsicht die Papiere in die Hände bekommt? Haben Sie daran nicht gedacht?"

Begni war von unserem massiven Auftreten sichtlich beeindruckt. Die Affäre endete schließlich mit einer einvernehmlichen Lösung. Amato streckte Begni das Geld vor, und dieser holte die Papiere von der Bank zurück.

Dies war eine recht unangenehme Episode am Rande unserer

„Aktion Vatikan". Trotz des nicht gerade gerechtfertigten Vertrauens ließen wir nun Begni gleichzeitig einige Obligationen aus den beiden Koffern in die Bank mitnehmen. Er ließ sie prüfen und kehrte mit der erfreulichen Botschaft zurück, die Papiere hätten die Prüfung bestanden. Diesmal brachte er die Musterpapiere wieder vollständig zurück.

Amato, die Neubert und ich fuhren erleichtert zum Cavalieri Hilton-Hotel, wo uns Jacobs, Ense und Grant mit neugieriger Spannung erwarteten. Ajzen war mit uns mitgegangen, er half den Koffer tragen. Gegen Abend besuchten wir außerhalb der Stadt ein Restaurant, wo Monsignore „Pretta" (mein Freund Alberto Barbieri) zu uns stieß. Er übermittelte mir einen Gruß von „Pater Josef" und erinnerte mich noch einmal daran, daß dieser am nächsten Tag um 9 Uhr morgens beim Eingang des Vatikans vor der Schweizergarde auf uns warten werde, um uns zu Tisserant und Benelli zu begleiten.

Am nächsten Tag, es war Dienstag, der 20. Juli, fuhren wir zum besagten Zeitpunkt zum Vatikan. In Amatos Citroen-Maserati nahm außer mir noch Ajzen mit dem Koffer Platz. Unterwegs stieg auch Begni zu. Die „Amis" Jacobs und Grant fuhren in Enses Mercedes 220 mit. In der Nähe des Petersplatzes stellten wir unsere Pkws ab. Jacobs wollte unbedingt mit uns in den Vatikan gehen, aber ich lehnte kategorisch ab. Unsere „Wertpapier-Delegation" war ohnehin schon viel zu groß. Zu viert also gingen wir zu Fuß weiter: Amato, Begni, Ajzen und ich. Wie fast immer in diesen Tagen trug der kleinwüchsige, stämmige Ajzen, der so aussah, als wäre er ein Zwillingsbruder des italo-französischen Krimistars Lino Ventura, den Koffer mit den Obligationen.

Angesichts des köstlichen Anblicks, den er uns bot, wie er da in der römischen Hitze, den Koffer mit den falschen Wertpapieren in der Hand, dem Allerheiligsten der katholischen Christenheit zukeuchte, konnte ich mir ein verstohlenes Grinsen nicht verkneifen. Seit dem 27. Mai 1970 suchte ihn die französische Polizei, ohne seinen Aufenthaltsort ermitteln zu können. Ajzen war an sich ein rechtschaffener, biederer Börsenmakler, der sich, wie es in dieser Branche öfters vorkommt, verspekuliert hatte. Die 11. Strafkammer von Paris verurteilte ihn wegen Steuerhinterziehung, unrichtiger Buchführung, Nichtaufbewahrung von Rechnungen (!) und ähnlicher Bagatellen zu fünfzehn Monaten Haft und 5000 Francs Geldbuße. Die Verhandlung und der Urteilsspruch fanden in seiner Abwesenheit statt. Er roch den Braten und machte sich bei Zeiten aus dem Staub.

Beim Eingang zum Vatikan erwartete uns „Pater Josef“, wie ausgemacht, bereits vor dem Posten der Schweizergarde. Wir begrüßten uns und wechselten einige scherzhafte Bemerkungen, während er uns in Tisserants Vorzimmer begleitete. Ajzen blieb dort sitzen, ich übernahm von ihm den Koffer und ging mit Amato ins Büro des Kardinals.

Er begrüßte mich, wie immer, recht freundlich. Auch Benelli war anwesend und streckte mir die Hand entgegen.

„Ah, ich sehe, Sie haben alles mitgebracht“, sagte Tisserant.

„Jawohl, Eminenz, Sie können die Ware gerne selber prüfen.“

Ich hatte die Obligationen bereits am Vortag nach Seriennummern ordnen lassen, damit die Herren im Vatikan einen besseren Überblick haben. Tisserant und Benelli nahmen einige Zertifikate heraus, musterten sie und legten sie dann wieder sichtlich zufrieden in den Koffer zurück.

„Ich nehme an“, sagte Benelli, „daß Sie für diese Papiere gleich bezahlt werden möchten.“

„Stimmt, Eminenz.“

„Das haben wir uns gedacht“, sagte der Erzbischof. „Daher haben wir das Geld schon vorbereitet. Wenn ich mich nicht täusche, bekommen Sie von uns insgesamt dreieinhalb Milliarden Lire.“

Lire? Habe ich richtig gehört? Es war doch ausgemacht, daß die Bezahlung in Deutschen Mark oder in Schweizer Franken erfolgen wird!

„Aber wir haben doch vereinbart, Eminenz“, sagte ich, „daß Sie nicht mit Lire oder Dollar bezahlen, sondern mit Deutscher Mark oder Franken. Dreieinhalb Milliarden Lire sind eine Riesensumme. Wir bräuchten zum Abtransport ja einen Lastwagen, das ist doch absurd! Und wie sollen wir mit so vielen Geldscheinen die Grenze passieren?“

Benelli tat überrascht. Er schaute zu Tisserant. „Aber“, sagte er dann, „wir haben ja gar nicht so viele Deutsche Mark oder Schweizer Franken zur Verfügung. Den Lirebetrag könnte Ihnen Erzbischof Marcinkus sofort ausbezahlen.“

Angesichts meiner Weigerung beriet sich Benelli nunmehr mit Tisserant. Schließlich sagte er dann zu mir, wir sollten nach Turin fahren, dort werde man uns den vereinbarten Betrag in deutscher beziehungsweise schweizerischer Währung übergeben. Er, Benelli, werde sich inzwischen mit einigen Leuten beraten und dann ebenfalls nach Turin kommen.

Ich willigte ein. Es blieb uns ja nichts anderes übrig. Wir nahmen den Koffer an uns und gingen mit der gegenseitigen Versicherung auseinander, uns in Turin wieder zu treffen.

Meine Weigerung, die italienischen Lire als Zahlungsmittel anzunehmen, hatte von allem Anfang an nicht nur den simplen technischen Grund, daß man so eine riesige Summe unmöglich ohne große Risiken über die Grenzen bringen kann. Ich hegte vielmehr den begründeten Verdacht, daß Tisserant, Benelli und Marcinkus mit unserer Hilfe jene Lirebeträge loswerden wollten, die sie von der italienischen Mafia eingekauft hatten. Es handelte sich um Erpressungsgelder, die die Mafia für entführte und um hohes Lösegeld freigelassene Kidnappingopfer kassiert hatte. Nach mir damals zugegangenen vertraulichen Mitteilungen sind dem Vatikan Ende der sechziger Jahre solche Gelder in der Höhe von 750 Millionen Dollar in italienischer Währung zugeflossen.

Bezahlt hat er dafür nicht einmal die Hälfte. So hatte der Vatikan bereits beim Erwerb dieser Gelder (wahrscheinlich durch die Vermittlung Sindonas, des „Bankiers der Mafia") einen satten Gewinn verbuchen können. Was lag nun näher, als diesen Gewinn erneut zu verdoppeln, indem man den Kaufpreis der Obligationen, der ja weit unter deren Nennwert lag, mit diesen Geldern beglich. Es war unter Eingeweihten schon immer ein offenes Geheimnis, daß die Vatikanbank IOR als Geldwaschanlage für Mafia-Gelder diente.

Während seiner fingierten Entführung durch eine angebliche Terrorgruppe mit dem Namen „Proletarische Gerechtigkeit" schrieb Sindona im August 1979 mehrere Briefe im Namen dieser „Organisation" an diverse Leute, von denen er Geld zur Sanierung seines zusammengebrochenen Finanzimperiums erwartete. Dabei sparte er nicht mit Drohungen, alle seine Geschäftspartner in hohen staatlichen und kirchlichen Stellen öffentlich zu denunzieren, falls sie ihm nicht helfen würden.

In einem dieser Briefe, den er an seinen römischen Rechtsanwalt und Komplizen, Rodolfo Guzzi, richtete, verlangte er von ihm Unterlagen über die, wie er wörtlich schrieb, „... ungesetzlichen Operationen, die mit Hilfe Sindonas, seiner Banken und deren Funktionäre zu Gunsten des Vatikans, der Snia Viscosa, der Montedison, der Agnelli-Gesellschaft, der Ursini, Rovelli, Bonomi und Monti, aber auch anderer wichtiger Partner ..." durchgeführt worden waren.

Angesichts all dessen, was ich selber erlebte, ist es kein Wunder, daß er den Vatikan an erster Stelle nannte. Als Sindona am 21. März 1986 unter mysteriösen Umständen ums Leben kam, dürfte so mancher hohe vatikanische Würdenträger und Repräsentant der politisch-wirtschaftlichen Szene Italiens erleichtert aufgeatmet haben.

Die Entführungs- und Erpressungsgelder rangieren gleich hinter dem Gewinn aus dem Drogengeschäft als zweitwichtigste Einnahmequelle der Mafia. Nach einer Statistik, die mir im Jahr 1982 in die Hände fiel, betragen die Einnahmen der Mafia aus dem Kidnapping-Geschäft durchschnittlich vier Milliarden DM (oder 28 Milliarden Schilling) im Jahr. Zweifellos wäre es höchst interessant zu erfahren, auf welchen Wegen dieses „schmutzige" Geld in den Vatikan gelangt war. Ich selbst erfuhr darüber nur einiges am Rande. Diejenigen, die viel mehr davon wußten, Sindona und Calvi, sind für immer mundtot gemacht worden.

Jedenfalls waren wir, Jacobs, Rizzo und ich, keineswegs gewillt, den Part der Geldwäscher für die im Vatikanbesitz befindlichen Entführungsgelder zu spielen. Es war durchaus anzunehmen, daß die Polizei die Seriennummern dieser von den Angehörigen der Opfer abgelieferten Lire-Scheine sorgfältig aufgezeichnet hatte.

Wahrscheinlich veranlaßte gerade dieser Umstand Tisserant, Benelli und Marcinkus, die genannten Gelder mit unserer Hilfe loswerden zu wollen. Weder Sindona noch Calvi noch der Direktor der Vatikanbank hätten mit den registrierten Scheinen etwas anfangen können. Der Vatikan wäre bei einer solchen Vorgangsweise keinerlei Risiko eingegangen. Während wir mit großer Wahrscheinlichkeit alsbald im Netz der Interpol gezappelt wären, hätten unsere Auftraggeber haargenau dieselbe Haltung eingenommen, die sie später auch tatsächlich zeigten: „Mein Name ist Hase, ich weiß von nichts!". Hätten wir den Vernehmungsbeamten dann wahrheitsgemäß berichtet, daß wir das Geld als Gegenwert für gefälschte Obligationen vom Vatikan bekommen haben, hätten wir damit höchstens schallendes Gelächter geerntet. Sie seien mit vielen Märchen vertraut, hätten uns die Kriminalbeamten versichert, aber so ein ausgefallenes wäre ihnen neu.

Durch den Umstand, daß sich Tisserant und Benelli im Gegensatz zur ursprünglichen Vereinbarung plötzlich weigerten, in Mark oder Franken zu zahlen, nahmen die Ereignisse eine Wendung mit immer groteskeren Formen. Obwohl die beiden Prälaten genau wußten, welchen Kaufpreis sie auszulegen hatten, beteuerten sie mit verzweifelter Unschuldsmiene, sie könnten so hohe DM- und Schweizerfranken-Beträge nicht sofort herbeischaffen. Wir sollten Geduld haben, in Turin werde das Geschäft mit Sicherheit abgeschlossen und der gewünschte Betrag in der gewünschten Währung ausbezahlt werden. Während wir mit Tisserant und Benelli verhandelten, kehrten Jacobs, Ense und Grant zum Hotel zurück. Sie waren des Wartens überdrüssig geworden, Ich vereinbarte mit ihnen telefonisch ein Treffen in der Halle des Excelsior-Hotels in der Via Veneto. Dort berichtete ich ihnen über die unerfreuliche Entwicklung und bat sie um etwas Geduld.

Wir brachen nun alle nach Turin auf, kamen dort in den späten Abendstunden an und stiegen im Hotel Piemonte ab. Am nächsten Morgen rief mich Barbieri aus Rom an. Er sei beauftragt worden, sagte er, mir mitzuteilen, daß weder Kardinal Tisserant noch Erzbischof Benelli die Möglichkeit hätten, nach Turin zu kommen. Dringende Verpflichtungen hielten sie in Rom fest. Er, Barbieri, habe den Auftrag, an Stelle der beiden Herren die Angelegenheit zu einem befriedigenden Abschluß zu bringen. Wir sollten uns in einigen Stunden in einem Kloster treffen. Ich weiß heute nicht mehr genau, welches kirchliche Institut es war, zu dem wir beordert wurden. Möglicherweise war es das berühmte Turiner Cottolengo-Institut, das sich auf einem weitläufigen Areal vor allem der Betreuung und Beherbergung bedürftiger und alter Leute widmet.

Zur vereinbarten Zeit erschienen wir also beim besagten „Kloster". Der Pförtner öffnete uns die Tür und führte uns in ein Empfangszimmer. Wenig später traf auch Barbieri ein. In seiner Begleitung befand sich ein ungefähr 60jähriger Mann in eleganter Kleidung, der mir als Abgeordneter des römischen Parlaments vorgestellt wurde. Der „Onorevole" sei, so sagte Barbieri, nicht nur Politiker, sondern auch Finanzexperte und obendrein Vertrauensmann des Vatikans. Nebenbei stamme er aus Sizilien, sei geheimer Angehöriger einer der Mafia-Familien und vertrete als solcher die Belange der „Ehrenwerten Gesellschaft" im römischen Abgeordnetenhaus.

Er selbst, Monsignore „Pretta", der Abgeordnete, Amato und ich zogen uns in einen anderen Trakt des Gebäudes zurück, während die Neubert, Ense, Ajzen und Grant im Empfangszimmer zurückblieben.

Barbieri überbrachte uns die Grüße Tisserants und des Erzbischofs Benelli. Er beteuerte im Namen seiner Auftraggeber nochmals, daß diese nicht kommen konnten, da sie in der Ewigen Stadt unabkömmlich seien. Gleichsam als Trost fügte er hinzu, daß die Anwesenheit der beiden Würdenträger an der entstandenen Situation kaum viel ändern könnte. Mit einem Seitenblick auf den schweigsam dasitzenden Sizilianer bekräftigte Barbieri, daß unser Beharren auf Bezahlung der Wertpapier-Lieferung in deutscher und schweizerischer Währung den Vatikan vor ein schier unüberwindliches Problem gestellt habe. Man sei fieberhaft damit beschäftigt, die verlangte Summe aufzutreiben, allerdings fehle noch immer ein ansehnlicher Betrag. Wir sollten noch etwas Geduld aufbringen, das Geld werde uns am nächsten Tag in Mailand zur Verfügung stehen.

Ich muß nicht betonen, wie enttäuscht wir waren. Dennoch blieb uns nichts anderes übrig, als uns auf das Wort Barbieris zu verlassen und seiner Anweisung gemäß nach Mailand zu fahren. Hatte Barbieri den Mafia-Mann nur deshalb mitgenommen, damit er sich überzeugen konnte, daß wir uns tatsächlich weigerten, Lire in Kauf zu nehmen?

Sollte uns Calvis Mailänder „Banco Ambrosiano" das Geld zur Verfügung stellen? Oder Sindonas „Banca Privata Finanziaria" oder „Banca Unione", deren Sitz sich ebenfalls in Mailand befand und an denen der Vatikan selbst auch beteiligt war?

Fragen, auf die ich bis heute keine Antwort finden konnte.

Wie dem auch sei, wir fuhren noch am selben Nachmittag von Turin nach Mailand. Dort stiegen wir im Hotel Excelsior ab. Am nächsten Tag, es war der 23. Juli, tauchte nachmittags, nachdem wir den Vormittag mit untätigem Warten verbracht hatten, der kleine Sizilianer auf und erzählte uns aufgeregt, daß der Polizeipräsident von Mailand von der Sache erfahren habe, aber nichts unternehmen würde, falls wir bereit wären, ihn am Gewinn zu beteiligen. Das Ganze roch nach Bluff und brachte mich keineswegs aus der Ruhe. Umso mehr zeigte sich Jerry Jacobs, dem Ense und die anderen die Geschichte sofort mitteilten, beunruhigt. Inzwischen war auch Barbieri aufgetaucht. Er müsse kapitulieren, sagte er, das Geld konnte nicht aufgetrieben werden. Erst ungefähr in einer Woche würde es möglich sein, den Kaufbetrag auszuzahlen. Es könne unter keinen Umständen davon gesprochen werden, daß wir vielleicht hereingelegt worden wären, aber die Hochwürdigsten Herren im Vatikan wären auf unsere Forderungen nicht vorbereitet gewesen. (Was, wie ich bereits betont habe, nicht stimmt.)

Da inzwischen alle bereits merklich ungeduldig geworden waren und Jerry Jacobs die Ansicht vertrat, wir sollten von seinem Vater und von Vincent Rizzo neue Instruktionen einholen, plädierte ich für das Abbrechen der Aktion.

Das Auftauchen des Abgeordneten, die Geschichte mit dem Polizeipräsidenten, verschiedene andere Umstände deuteten darauf hin, daß bereits allzu viele Leute in die Angelegenheit eingeweiht waren, und ich war auch schon bisher nicht gerade glücklich über unseren grotesken „Fronleichnamsumzug" mit dem Koffer aus Amerika.

Ich kaufte daher mit meiner Diners-Club-Karte ein First-Class-Ticket für Jacobs junior und ließ seinen Vater herzlich grüßen. Mit ihm kehrte auch Grant nach Los Angeles zurück. Ense fuhr mit seinem Mercedes nach München, und ich flog nach Wien, wo mich andere Geschäfte erwarteten. Vor meinem Abflug übergab ich den Koffer Ajzen, der mit Amato und der Neubert nach Rom zurückkehrte.

Alle waren mit meinem Vorschlag einverstanden, daß unser „Lino Ventura" solange in Rom bleiben sollte, bis der Vatikan die nötigen Devisen besorgt und übergeben hatte. Er wohnte als Amatos Gast in dessen Haus auf der Via Cortina d'Ampezzo. Ich rief ihn dort fast täglich an. Er werde immer wieder vertröstet, sagte er mir, daß das Geld bald eintreffen müsse.

Doch das Geld traf nicht ein.

Was war geschehen?

Da mich andere Verpflichtungen in Wien festhielten und ich durch meine Verhaftung Anfang August aus dem Geschäft geworfen wurde, konnte ich den weiteren Verlauf der Ereignisse nicht mehr verfolgen. Auf Grund späterer Aussagen verschiedener Beteiligter ist es für mich dennoch möglich, die Entwicklung einigermaßen genau zu rekonstruieren.

Im Rückblick scheint mir, daß meine Weigerung, italienische Lire als Bezahlung für die falschen Wertpapiere zu akzeptieren, den Herren im Vatikan gar nicht so ungelegen gekommen war, wie es zunächst den Anschein hatte. Wenn man Foligni glauben kann, war mindestens einer der Prälaten im Vatikan, nämlich Erzbischof Marcinkus, der Ansicht, man müßte zuerst das 1,5 Millionen Dollarpaket bei einem Schweizer Geldinstitut deponieren, um zu sehen, ob es anstandslos angenommen wird, bevor man versucht, die 14,5 Millionen in einem solchen Geldinstitut unterzubringen.

Der Mann, dem diese heikle Mission anvertraut wurde, war Foligni. Meine Warnung, die Papiere nicht sofort in Umlauf zu bringen, wurde wieder einmal mißachtet. Da die Sache hinter meinem Rücken geschah, konnte ich das vorhersehbare Desaster nicht verhindern.

XIII. Eine Affäre ohne Ende?

Kaum vier Tage nach meiner Heimkehr aus Mailand, während Ajzen noch mit dem Millionenkoffer bei Amato logierte und auf eine Nachricht aus dem Vatikan wartete, startete Foligni mit Amatos Einverständnis und im Auftrag des Erzbischofs Marcinkus seinen Versuch.

Am 27. Juli flog er nach Zürich, wo er sich mit Amato und der Neubert traf. Dort in Zürich sollte Foligni die 1,5 Millionen Dollar Musterobligationen übernehmen. Der Grund des scheinbar überflüssigen und umständlichen Manövers (Folignis hätte ja die Obligationen auch in Rom übernehmen und allein nach Zürich fliegen können) lag nicht nur in der Absicht, sie bei der Züricher Handelsbank zu deponieren, sondern auch in der weisen Voraussicht Amatos, der während seiner langen „geschäftlichen" Laufbahn ausreichende Kenntnisse all jener Tricks und Finten erworben hatte, die ihm stets die drohenden Würgegriffe der Gesetzesparagraphen zu umgehen halfen. Er wußte nur zu gut, daß keine wie immer geartete Panne rechtliche Konsequenzen nach sich ziehen kann, falls sie im Ausland und nicht auf italienischem Gebiet passiert. Baut man im Ausland eine „Linke", heißt das oberste Gesetz lediglich, das Land so schnell wie möglich zu verlassen.

In Zürich angekommen, übergab Amato in Gegenwart der Neubert das 1,5 Millionen-Musterpaket Foligni. Der ging zur Handelsbank und wies dort dem Direktor der Wertpapierabteilung, Lino Buzzolino, ein Empfehlungsschreiben seines römischen Rechtsanwaltes, Professor Vittorio Palenga-Tabulazzi, vor. Nichtsahnend und mit unverbindlicher Freundlichkeit übernahm Buzzolino die Chrysler-, Pan Am-, American Telephone and Telegraph- und General Electric-Papiere von Foligni.

Er stellte dem „Grafen von San Francisco" ein auf 18 Monate

laufendes Darlehen, das fünf Prozent des Nennwertes der Obligationen ausmachte, in Aussicht. Daraufhin eröffnete Foligni bei der Bank ein Nummernkonto mit dem Code 5933. Als Verfügungsberechtigte gab er sich und einen römischen Anwalt namens Mario Fornasari an.

Letzterer war nicht irgendein x-beliebiger Jurist, sondern ein Monsignore, der beim vatikanischen Ehegericht, der „Sacra Romana Rota", das Amt eines Verteidigers ausübte. Nebenbei betrieb er einen gutgehenden Handel mit allerhand Devotionalien wie Rosenkränzen, Kreuzen, Halsketten und sonstigem sakralem Touristenkitsch. Man sagte ihm nach, daß er vorzugsweise reiche Eheflüchtlinge beim Vatikan vertrat, von denen er saftige Honorare erwarten konnte.

Buzzolino übernahm die Obligationen von Foligni und ließ das Konto eröffnen. Rein routinemäßig gab er die Seriennummern der Wertpapiere per Telex nach New York zur Hanseatic Bank durch, die sie in Ordnung gefunden hatte. Kunststück, die Obligationen waren nicht gestohlen, sie trugen die gleichen Seriennummern wie jene Originale, die bei Kleiner, Bell und Co. im Safe lagen und folglich in keiner „heißen Liste" aufscheinen konnten. Heiß wurde es hingegen Foligni und seinen Zürcher Reisegefährten Amato und Neubert, als Direktor Buzzolino am nächsten Tag bei der Übergabe des Scheckheftes beiläufig erwähnte, daß er die Wertpapiere selbst nach New York zur schweizerischen Bankaufsicht senden werde, um sicher zu gehen, daß wirklich alles in Ordnung sei. Foligni war routiniert genug, um keinerlei Reaktionen zu zeigen. Kaum hatte er aber die Bank verlassen, schlug er sofort Alarm. Die drei berieten nicht lange; es war eindeutig Gefahr in Verzug. Sie nahmen kurzerhand das nächste Flugzeug nach Rom und kehrten schleunigst nach Hause zurück.

Die Antwort der „Swiss Bank Corporation" in New York ließ nicht lange auf sich warten. Am 2. August teilte Gerard Krastnig, Vizepräsident der genannten Schweizer Bankgesellschaft seinen Kollegen in Zürich mit, daß es sich bei den Obligationen durchwegs um Fälschungen handelte. Foligni wartete die Hiobsbotschaft aus Zürich gar nicht erst ab, um aktiv zu werden. Durch Fornasari ließ er bei Erzbischof Marcinkus um geistlichen Beistand bitten. Doch der Erzbischof reagierte kühl. „Wir haben in Zürich einen Fehler gemacht, in Hinkunft müssen wir vorsichtiger sein", ließ er dem „Grafen von San Francisco" lakonisch mitteilen. Ein klassischer Satz, der den Umgang vatikanischer Herrschaftsträger mit den eigenen Handlangern ebenso drastisch zum Ausdruck bringt wie die stoische Unbekümmertheit aufgrund des Wissens, daß dem souveränen Ministaat Vatikan ohnehin keine irdische Gerechtigkeit, keine Interpol, geschweige denn die lokale Polizeigewalt aufs Fell rücken kann.

Wie später Barbieri, Sindona, Calvi und mich, ließen die Monsignoris im Vatikan auch Foligni im Regen stehen; er mußte selbst dazusehen, wie er sich aus der Affäre zog.

Zugegeben, er tat dies mit Eleganz und Pfiff. Natürlich verfolgte er mit allem, was er diesbezüglich unternahm, auch einen optischen Zweck: Der feine „Graf von San Francisco", Unternehmer und späterer Parteigründer, Freund hochgestellter Persönlichkeiten in Kirche und Staat, wollte nicht als jämmerlicher kleiner Betrüger dastehen.

Wie ihm seine Freunde versicherten, konnte ihm in Italien für eine Tat, die er im Ausland begangen hatte, nichts passieren, selbst dann nicht, wenn sein Ausflug an das Gestade des Zürcher Sees von den Schweizer Behörden als kriminelle Handlung erkannt werden sollte. In Italien würde dies keinerlei Konsequenzen für ihn haben.

Foligni tat das einzig Richtige; er erstattete Selbstanzeige. Nachdem der Bescheid aus Zürich eingetroffen war, erschien er am 4. August persönlich in der römischen Zentrale der Interpol. Dem diensthabenden Beamten überreichte er ein längeres Schreiben, in dem er sich indigniert beklagte, daß er „in eine ungeklärte Angelegenheit bezüglich Obligationen, die wahrscheinlich falsch sind und von bekannten US-Firmen stammen, verwickelt wurde".

In einer ausführlichen Erzählung, die jedem Schauerromancier zur Ehre gereicht hätte, legte er die Vorgeschichte der Affäre, als deren Leidtragenden er sich bezeichnete, dar:

Anfang Juni habe sich ihm ein gewisser Begni vorgestellt, der angab, daß er in Verbindung mit Inhabern von US-Obligationen stehe, und daß diese Leute jene Wertpapiere für eine Vorauszahlung in der Höhe von 45 bis 50 % des Nennwertes in einer Schweizer Bank deponieren möchten. Falls er, Foligni, eine höhere Vorauszahlung erwirken könnte, würde der Differenzbetrag bis zur Fälligkeit der Wertpapiere leihweise und zinsenfrei ihm gehören.

Nachdem Begni als Inhaberin der Obligationen eine Frau Marina Neubert namhaft machte, die angeblich die Witwe eines hochrangigen deutschen NATO-Offiziers und zur Zeit Assistentin des italienischen Generalstaatsanwaltes Spadaro sei, habe er sich am 27. Juli in Zürich mit dieser Frau getroffen. Den Namen Amato erwähnte Foligni in seiner Epistel wohlweislich nicht, denn Amato war der italienischen Interpol kein Unbekannter, und die Erwähnung seines Namens hätte über die Lauterkeit von Folignis Absichten Zweifel aufkommen lassen. Frau Neubert habe ihm gegenüber glaubhaft versichert, daß die Papiere aus einer Erbschaft stammten, die sie vor kurzem gemacht habe.

In der Folge habe sie ihm dann Wertpapiere in der Höhe von 1,530.000 US-Dollar übergeben. Gleichzeitig habe sie ihm auch eine Vollmacht der Firma „Evans Export-Import Trading Co.", 663 Fifth Avenue, New York, überreicht, deren Echtheit von einem Frankfurter Anwalt namens Rudolf Guschall bestätigt worden war. Er, Foligni, habe somit keine Veranlassung gehabt, an der Korrektheit des Geschäftes oder der Echtheit der Wertpapiere zu zweifeln, zumal ihm Direktor Buzzolino von der Zürcher Handelsbank bestätigt hatte, daß die Obligationen, wie eine Überprüfung der Seriennummern ergab, für einwandfrei befunden wurden.

Erst als ihm die Nachricht übermittelt worden war, daß sich bei der Überprüfung der Papiere in New York diese als Falsifikate erwiesen hatten, sei ihm klar geworden, daß er hereingelegt worden war. Vor allem sei ihm der Umstand peinlich, daß er Frau Marina Neubert als Vorauszahlung auf die Obligationen neun Millionen Lire in bar übergeben habe, die er sich von einem Freund, dem Architekten Alfio Marchini, ausgeborgt hatte. Um Marchini schadlos zu halten, habe er diesem nun einen Scheck, lautend auf das soeben eröffnete Nummernkonto bei der Zürcher Handelsbank, überreicht.

In Wirklichkeit brauchte Foligni auffällig lange, bis er den Betrug in seiner ganzen Tragweite erkannte. Er erstattete erst am 8. Oktober an der Quästur in Rom eine formelle Anzeige wegen Betrugs. Der Kommissär für die Öffentliche Sicherheit bei der Interpol Rom, Dr. Carlo Iovinella, schickte Folignis Bekenntnisse an die Quästur von Rom, zur Squadra Mobile, deren Dienststellenleiter, Dr. Salvatore Palmari, nunmehr die Erhebungen einleitete.

Als erste wurde Frau Neubert vorgeladen. Sie erzählte den römischen Fahndern eine noch gewundenere Geschichte:

Sie hätte im März 1971 bei Sauter mich, Ledl, kennengelernt, und ich hätte ihr bei dieser Gelegenheit ein Geschäft mit amerikanischen Wertpapieren vorgeschlagen. Am 9. Juli wäre sie in meiner Gesellschaft nach Frankfurt geflogen. Bei dieser Gelegenheit habe sie von Notar

Guschall die Unterlagen für die Obligationen bekommen. Die Wertpapiere selbst habe sie zwischen dem 15. und 20. Juli von mir übernommen. Sie hätte mir nur einige Tage später die Quittung für die Hinterlegung der Papiere bei der Zürcher Handelsbank ausgehändigt. Ich hätte auf eine Vorauszahlung in der Höhe von 9 Millionen Lire gedrängt, die sie mir auch leistete.

Von der ganzen Geschichte stimmt lediglich die Tatsache, daß Marina Neubert bei der Übergabe jener Obligationen, die ich Amato seinerzeit als Musterlieferung von Jacobs überlassen hatten, in Zürich dabei gewesen war.

Von einer Forderung meinerseits kann ebensowenig die Rede sein wie von einer angeblichen Zahlung von 9 Millionen Lire an mich. Schon deshalb nicht, weil ich mich zu jenem Zeitpunkt, als sich das alles abgespielt haben soll und sich auch teilweise wirklich abgespielt hat, nicht mehr in Rom befand und lediglich telefonischen Kontakt mit Ajzen und Amato hatte.

Bei dieser Einvernahme erwähnte die Neubert auch den Namen ihres Freundes Amato und auch den Namen Ajzen. Allein die Feststellung unserer Personalien durch Interpol, die schweizerischen und österreichischen Polizeibehörden zog sich bis in den Spätherbst hinein. Abgesehen davon hatte die römische Staatsanwaltschaft, der die Ergebnisse der Erhebungen seit September vorlagen, sichtlich keine Lust, gegen Foligni, Fornasari und Co. vorzugehen. Man wußte ja ziemlich genau, wer die Leute waren und welche Verbindungen sie pflegten ...

Die formelle Begründung der Einstellung des Verfahrens lautete erwartungsgemäß: Selbst wenn ein solches Delikt verübt worden wäre, was nicht zu beweisen sei, kann aufgrund der italienischen Rechtsprechung kein Verfahren gegen die im Ausland verübten Tatbestände eingeleitet werden.

Wie sicher sich Marina Neubert, Tomaso Amato, Foligni und ihre mächtigen Protektoren im Vatikan ihrer Sache trotz des Schocks von Zürich waren, zeigt nichts deutlicher als die Tatsache, daß sie trotz des Desasters mit der Handelsbank und den dort deponierten falschen Obligationen, die in New York aus dem Verkehr gezogen wurden, nunmehr weitere, noch größere Versuche mit noch mehr gefälschten Wertpapieren aus dem 14,5 Millionen-Bündel starteten.

Ich war lediglich zur Herstellung der Kontakte benutzt worden, wie die Entscheidung, hinter meinem Rücken Foligni und Barbieri auf Wunsch des vatikanischen Oberbankiers Marcinkus einzuschalten, deutlich zeigt. Zu jener Zeit, Mitte Juli 1971, befand ich mich noch in Freiheit und war durchaus aktionsfähig, aber die Abwicklung des Geschäftes sollte offenbar in die Hände von jederzeit greifbaren, engen Vertrauten des Vatikans übergehen, allesamt Italiener.

Den Anlaß dazu lieferte ihnen meine Weigerung, für die gefälschten Obligationen italienische Lire in Kauf zu nehmen, womit ich höchstwahrscheinlich eine der vielen Geldwasch-Aktionen der Mafia-Vatikan-Connection durchkreuzte.

„Wozu brauchen wir noch diesen offenbar allzu selbstbewußten Makler aus Wien, nachdem er uns den Weg zum großen Geld gezeigt hat. Beschreiten können wir diesen auch ohne seine Hilfe"; so oder so ähnlich dürften die hohen Herren gedacht haben.

Meine Vermutung wird durch die Tatsache unterstrichen, daß zur selben Zeit, als ich ausgeschaltet wurde, auch Kardinal Tisserant in Ungnade fiel. Offenbar gab man ihm die Schuld dafür, daß das Geschäft schiefzugehen drohte, schließlich war er es ja, der mich all die Jahre als Strohmann und Handlanger des Vatikans protegiert hatte. Immer deutlicher zeigte sich, daß Marcinkus und besonders sein Rivale Benelli fest entschlossen waren, die Abwicklung des Millionen-Coups mit Hilfe ihrer nunmehrigen Strohmänner Foligni, Fornasari und Marchini an sich zu reißen. Schließlich gab es ja für alle Beteiligten die begründete Hoffnung auf fette Gewinne.

Die Rivalität zwischen Marcinkus und Benelli wurzelte in ihren Positionen und den divergierenden Interessen der beiden Prälaten. Zwischen den beiden tobte ein kaum verhüllter Konkurrenzkampf. Es ging dabei um Kompetenzen, die Marcinkus für sich reklamierte, was aber Benelli standhaft ignorierte.

Der ungestüme Drang des Italieners nach totaler Macht und Kontrolle im Vatikan, vor allem auf finanziellem Gebiet, stellte für den Amerikaner Marcinkus, der diesen Bereich ausschließlich für sich beanspruchen wollte, schließlich war er ja der Präsident der Vatikanbank IOR, eine permanente Herausforderung dar. Der Umstand, daß hier zwei gleichermaßen intelligente, geschickte, ehrgeizige, dynamische und machthungrige Männer ausgerechnet auf einem relativ schmalen Pfad der Macht aufeinander trafen, mußte den Konkurrenzkampf noch verschärfen.

Nichts spiegelte den internen Machtkampf der beiden „Bullen Seiner Heiligkeit“ schlüssiger wider als eine Episode im Herbst 1972, von der ich erst später erfuhr. Damals schlug Foligni, zusammen mit Carlo Pesenti, dem Vatikan eine Investition vor, wobei es sich um rund 300 Millionen US-Dollar drehte. Die beiden wandten sich an Benelli, der das Ansinnen Paul VI. vortrug. Erst als der Papst seinerseits Marcinkus um seinen Rat in der Angelegenheit befragte, erfuhr der Erzbischof von Folignis und Pesentis Plan.

Natürlich interessierte es Marcinkus, durch wen die beiden Finanzprofis den direkten Zugang zu Paul VI. gefunden hatten, und er erfuhr, daß es Benelli war, der das Ansuchen der beiden an den Papst weitergeleitet hatte.

Als Marcinkus, laut eigener Aussage, auch noch dahinterkam, daß Foligni ehrabschneiderische Gerüchte über ihn in Umlauf setzte, war das Maß voll. Foligni hatte nämlich anläßlich seiner Vernehmung durch FBI-Beamte im St. Regis-Hotel, als er von den amerikanischen Behörden nach New York geladen worden war, nichts Geringeres behauptet, als daß der eigentliche Drahtzieher des Obligationengeschäftes Erzbischof Marcinkus gewesen sei. Er hätte die Aktien zum Stopfen jener Löcher verwenden wollen, die er durch seine Mißwirtschaft in den Geldsack des Vatikans gerissen habe.

Aber das alles passierte erst später. Noch hatte Foligni sowohl bei Benelli als auch bei Marcinkus einen Stein im Brett. Kaum war sein Versuch, das 1,5 Millionen Dollar-Musterpaket in Zürich abzusetzen, kläglich gescheitert, als seine Gönner bereits einen neuen Versuch mit einer noch höheren Summe aus Onkel Rizzos 14,5 Millionen-Sendung starteten. Es handelte sich um Wertpapiere im Nennwert von 2.530.000 US-Dollar. Dabei gab es nur ein Problem. Weder Foligni noch Amato, Neubert oder Ajzen hatten einen Eigentumsnachweis in der Hand, weil sich jener, der von Kleiner, Bell und Co. ausgestellt worden war, in meinem Besitz befand.

Aber auch dies bedeutete für Amato und die Neubert kein größeres Hindernis; schließlich gab es ja noch den guten Notar Guschall in Frankfurt. Um den 10. September herum rief Marina Neubert in Frankfurt an. Guschall hatte bereits das Spital verlassen und war mittlerweile soweit genesen, daß er eine Reise nach Rom ohne Bedenken antreten konnte. Diesmal sollte die Übergabe der Obligationen gleich vor Ort, nämlich in Rom, stattfinden. Man war sich seiner Sache so sicher, daß man es wagen wollte, den Schwindel vor den Augen der italienischen Polizei abzuwickeln.

In der Banco di Roma saßen schließlich Freunde, um nicht zu sagen Komplicen des Vatikans. Was lag also näher, als diesmal diese Bank als Tatort auszusuchen. Zudem trug der Name Marchini - er sollte nunmehr die Einlagen tätigen - das Gütesiegel des Vatikans. Er hatte den Ruf eines einflußreichen und ehrenwerten Mannes. Das Risiko, einen zweiten Fauxpas zu begehen, schien aus all diesen Gründen eher gering.

Mitte September flog Guschall nach Rom. Am Flughafen wurde er von Marina Neubert und Maurice Ajzen empfangen. Die drei fuhren zu Amato, wo eine längere Verhandlungsrunde begann. Es dauerte, wie Guschall später zu Protokoll gab, runde drei Tage. Er habe, sagte der Notar, von der ganzen Angelegenheit herzlich wenig mitbekommen, da die drei untereinander italienisch sprachen und er dieser Sprache nicht mächtig sei. Am dritten Tag habe ihm dann die Neubert mitgeteilt, daß es soweit sei und sie jetzt alle zum Industriellen und Financier Alfio Marchini fahren würden, denn dieser sei „der Vertrauensmann und weltliche Repräsentant des Vatikans und sehr reich. Unter anderem gehöre ihm das Luxushotel Leonardo da Vinci.“

Die drei fuhren nun zu diesem Hotel. Dort wurden sie von Alfio Marchini und seinem Sohn Sandro empfangen und in die Privaträume der Familie geleitet. Die Neubert öffnete den mitgebrachten Koffer, und die beiden Marchinis inspizierten neugierig den Inhalt. Die Obligationen waren, wie versprochen, vollzählig vorhanden. Nun sollte Guschall in Aktion treten.

Es lag auf der Hand, daß als Eigentümer, wie schon beim 1,5 Millionen-Musterpaket, die Evans Company ins Spiel gebracht werden sollte. Frau Neubert verfaßte also eine fiktive Vereinbarung zwischen ihr und der Evans Export-Import Trading Co., in der sie sich selbst als Begünstigten eintrug. Der Brief, über den nun der Briefkopf der Evans Export-Import Trading Co. drüberkopiert werden sollte, wurde auf den 9. Juli rückdatiert. Es sah also so aus, als hätte die Neubert damals nicht nur für die 1,5 Millionen-, sondern auch für die 14,5 Millionen-Dollar-Lieferung den Eigentumsnachweis von der Evans-Gesellschaft bekommen.

Auf einem zweiten, mit seinem Briefkopf und Siegel versehenen Briefbogen bestätigte Guschall, „daß Frau Marina Neubert über die in meiner Bestätigung vom 9.7.1971 enthaltenen Wertpapiere gemäß

RUDOLF GUSCHALL
RECHTSANWALT UND NOTAR
Bankkonto Deutsche Bank, Pfm 25.8723
Postscheckkonto: Pfm. 7714

6 FRANKFURT AM MAIN, 9.7.1971
Arndtstraße 17 · Postfach 4334
Telefon 74 83 73

Hiermit bestätige ich dass Frau

Marina NEUBERT

über die in meiner Bestätigung vom 9.7.1971 enthaltenen Wertpapiere gemäss besondere Vereinbarung frei verfügen kann.

RUDOLF GUSCHALL NOTAR IN FRANKFURT A. M.

Notar
(Rudolf Guschall)

Con questo certifico
che la Sig.ra Marina Neubert
può disporre liberamente dei titoli contenuti nella
mia dichiarazione del 9.7.1971 in virtù di
accordi particolari ——

(BEGNI REMIGIO)
10-7-71

besonderer Vereinbarung verfügen kann."

Marchini begehrte noch eine weitere Bestätigung. Guschall sollte bescheinigen, daß die Vereinbarungen in seiner Gegenwart abgeschlossen worden waren. Außerdem verlangten Marchini und Foligni eine Vollmacht, um treuhänderisch über die Aktien verfügen zu können. Vor lauter Bestätigungen und Vollmachten, die er da ausstellen sollte, war Guschall offenbar gänzlich verwirrt. Er bat die Neubert, ihm einmal niederschreiben zu wollen, was man eigentlich von ihm erwartete. Sie setzte daraufhin einige handschriftliche Entwürfe auf, die Guschall dann verbesserte. So strich er zum Beispiel in einem der Entwürfe die Worte „von mir geprüft" durch, da dies nicht der Wahrheit entsprach. Schließlich tippte die Neubert die beiden Vollmachten und die Bestätigungen auf die mitgebrachten Briefbögen Guschalls, die dieser dann unterzeichnete und mit seinem Stempel versah.

Als ihm später von Beamten des Deutschen Bundeskriminalamtes vorgehalten wurde, daß er offenbar keine Bedenken hatte, als deutscher Notar im Ausland tätig zu werden, verteidigte er sich mit dem Argument, daß seine Bescheinigungen in Rom kein Notariatsakt gewesen seien. Ein solcher sei an bestimmte Formalitäten gebunden, wie etwa an die Eintragung in die Urkundenrolle, und diese hätte in Rom gefehlt. Außerdem habe er die Vollmachten nur mit einem Gummistempel und nicht mit seinem Siegel versehen.

Natürlich fragte Guschall, bevor er die ihm vorgelegten Dokumente ausstellte, wo sich die Aktien eigentlich befänden, um einigermaßen den Anschein einer Amtshandlung zu wahren. Daraufhin ging Alfio Marchini aus dem Raum und kehrte mit den Aktien zurück. Guschall verglich die Nummern der Obligationen mit den Nummern auf der Vereinbarung. Der Polizei erklärte er später, er hätte die Obligationen für echt gehalten. Wenn er nur die geringste Ahnung davon gehabt hätte, daß mit ihnen etwas nicht stimmte, hätte er niemals die Reise nach Rom angetreten, geschweige denn Vollmachten auf seinem Briefpapier ausgestellt. Weder Marchini noch Foligni machten Guschall gegenüber ein Hehl daraus, daß sie im Namen des Vatikans, der selbst nicht ins Rampenlicht treten mochte, verhandelten.

Nachdem Guschall seine Aufgabe erledigt hatte, kehrte er nach Frankfurt zurück. Foligni und Marchini entnahmen dem legendären Koffer Obligationen im Wert von rund zweieinhalb Millionen Dollar. Sie sollten nunmehr bei der Banco di Roma deponiert werden. Auch diesmal verlangten Amato und die Neubert eine Baranzahlung auf die zukünftige Vorauszahlung der Wertpapiere. Foligni, der durch den ersten mißlungenen Anlauf bereits etwas vorsichtiger geworden war, handelte diesmal klüger.

Er übergab der Neubert und ihrem Freund zwei Schecks, die jeweils auf 20 Millionen Lire lauteten. Er entnahm diese Schecks jenem Scheckheft, das auf das inzwischen in der Schweiz geschlossene Nummernkonto bei der Handelsbank lautete und somit völlig wertlos war. Er erklärte später, daß er dies deshalb getan hatte, weil er einerseits das Geschäft nicht verlieren wollte, „falls es gute Papiere waren", andererseits nicht betrogen werden wollte, falls sich die Obligationen erneut als Fälschungen herausstellten.

Der angeblich so unwissende und unschuldige Foligni, sein Freund Marchini und ihre vatikanischen Hintermänner hatten wirklich Pech. Diesmal fühlte sich nämlich ausgerechnet der New Yorker Filialleiter der Banco di Roma, Lucio Mauro, verpflichtet, den lieben Gott im Nadelstreif zu spielen. Er ließ die Sache platzen. Am 1. Oktober teilte er der Interpol mit, daß ein Kunde in einer der römischen Filialen der Bank, in der Via del Casso, eine große Anzahl von Obligationen deponiert habe, die sich als Fälschungen erwiesen hätten.

Muß denn der Liebe Gott ständig seinen irdischen Stellvertretern ins Handwerk pfuschen? Aber nichts für ungut. Auch diesmal passierte weiter gar nichts. Das befriedigt zwar das Rechtsempfinden nicht gerade, ist aber angesichts der Stellung der in die Affäre verwickelten Personen aus der irdischen Statthalterschaft Gottes normal. Weder Foligni noch Marchini noch der Neubert, geschweige denn ihren Hintermännern, wurde auch nur ein Härchen gekrümmt.

Der geneigte Leser würde nunmehr annehmen, daß sich die Herren nach zweimaligem Mißgeschick fortan hüteten, sich die Finger ein weiteres Mal zu verbrennen. Falsch! Kaum einen Monat später griffen sie schon wieder in den Zauberkoffer. Diesmal entnahmen sie ihm Obligationen im Wert von 2,530.000 Dollar.

Zum Ort des Geschehens wurde diesmal zur Abwechslung die Bundesrepublik Deutschland auserkoren; genauer gesagt, die Bayrische Vereinsbank in München. Bei dieser Bank beantragte Folignis deutsche Tochterfirma, die „Deutsche Nuova", Anfang November einen Kredit in der Höhe von zweieinhalb Millionen Mark.

Zur Sicherstellung dieses Kredites sollten Wertpapiere verpfändet werden. Am 30. November erhielt die Bayrische Vereinsbank in München von der Banco di Roma im Auftrag der Firma Nuova Sirce in Rom zugunsten Folignis deutscher Filiale amerikanische Obligationen für 2,53 Millionen Mark. Es handelte sich dabei, dreimal darf man raten, um 7 % American Telephone and Telegraph Company-Obligationen und 7,5 % General Electric Company-Obligationen. Die Deutschen, gründlich wie sie sind, enthoben dem letzten Aktienpaket ein Bündel im Wert von 40.000 US-Dollar und nahmen es unter die Lupe. Ihre Vermutung, denn schön langsam sprach es sich ja doch in Bankkreisen herum, was sich in Zürich ereignet hatte, bestätigte sich: es waren leider gefälschte Wertpapiere. Die Interpol in Wiesbaden schaltete sich ein, und Foligni spielte wieder einmal den Unschuldigen. Passieren konnte ihm in der Ewigen Stadt ohnehin nichts. Bis heute weiß niemand, wo der Rest der 14,5 Millionen-Sendung hingekommen ist.

Als die Neubert den ominösen Koffer zu den beiden Marchinis trug, dürfte der Inhalt allerdings bereits etwas zusammengeschmolzen gewesen sein. Offenbar bemächtigte sich meiner römischen Freunde eine gewisse Unsicherheit und Resignation. Wer könnte denn schon angesichts eines mehr oder weniger herrenlos herumstehenden Millionenkoffers der Versuchung widerstehen, doch wenigstens einige Wertpapiere zu Bargeld zu machen?

Waren es Ajzen oder Amato, die Neubert oder Foligni, die in den Koffer griffen, um mit Hilfe mehr oder weniger geschickt agierender Freunde einige zusätzliche Wertpapiere in Geld umzusetzen? Handelten sie gar im Auftrag oder zumindest mit Zustimmung von Jacobs oder Rizzo, bei denen sie das Geld zweifellos abliefern mußten, von denen sie aber für ihre Mühe mit sehr guten Provisionen belohnt wurden? Niemand weiß es. Da und dort tauchten aber doch einige Leuchtspuren in der Dunkelheit auf.

So hatte zum Beispiel irgendein Denunziant am 26. November beim New Yorker FBI die Meldung erstattet, er habe bei dem Broker John Michael Devereux de la Pena mehrere verdächtige Coca Cola-Aktien gesehen. Das FBI war zu dieser Zeit mit Hochdruck hinter den Coca Cola-Aktien her, die im Herbst 1970 auf dem Kennedy-Flughafen gestohlen worden waren und seither immer wieder in aller Welt auftauchten.

Als die Beamten Devereux de la Pena in New York festnahmen, fanden sie bei ihm zwar keine Coca Cola-Papiere, dafür aber im Nennwert von 500.000 Dollar gefälschten Chrysler-, Pan Am- und American Telephone and Telegraph-Obligationen, die allesamt aus der für den Vatikan gedachten 14,5 Millionen-Dollar-Sendung stammten.

Am 15. Februar 1972 versuchte ein gewisser Eduardo Cattaneo, gefälschte Wertpapiere für 25.000 Dollar zu veräußern. Auch diese stammten aus der selben Quelle. Zwei weitere Delinquenten, ich kenne die Leute alle nicht, Stefano Colombo und Francesco Bignasca, der eine aus Mailand, der andere aus Lugano, wurden ebenfalls beim Betrugsversuch mit gefälschten Chrysler-, Pan Am-, General Electric- und American Telephone und Telegraph-Obligationen erwischt. Der eine spielte den Unschuldigen, der selbst hereingelegt worden war, der andere kehrte aus der Schweiz schleunigst nach Italien zurück; die Interpol konnte keinen von beiden festnageln. Insgesamt tauchten vom 14,5 Millionen-Koffer mal da, mal dort gefälschte Obligationen im Wert von rund 5 Millionen US-Dollar auf. Der Rest ist bis heute verschwunden.

Ich kann nicht mit letzter Sicherheit sagen, ob das große Geschäft letztlich doch noch stattgefunden hat oder nicht, ob die Gesamtsumme der gefälschten Wertpapiere im Wert von 950 Millionen US-Dollar dann doch an den Vatikan geliefert worden ist oder nicht, denn ich war ja seit dem 11. August in Haft und konnte die Ereignisse, wie bereits erwähnt, nicht mehr unmittelbar verfolgen. Dennoch glaube ich, daß das Geschäft in aller Stille stattgefunden hat. Dafür gibt es mehrere Indizien.

Zunächst einmal fiel auf, daß die unheilige Dreifaltigkeit Sindona, Marcinkus und Calvi gerade in der fraglichen Zeit (1971-1973) förmlich in Geld schwamm.

Um sein Imperium noch mehr auszubauen, nahm Sindona vor allem die sogenannte „Centrale“ ins Visier. Im Aufsichtsrat dieser Finanzierungsgesellschaft schienen so illustre Namen wie Pirelli, Bonomi oder die Familie Orlando auf. Er bot für jede einzelne Aktie 6.500 Lire, 1.000 Lire mehr als die Centrale-Anteile an der Börse notierten. Im September 1971 machte er sich dann an die Bastogi heran. Er überbot alle anderen Interessenten, und deren gab es mehr als genug; schließlich mußte er aber kapitulieren. Es war seine erste große Niederlage. Verbittert schrieb er später in seinen Erinnerungen: „Das Protektionswesen, die hohe Bürokratie, Männer der Regierung, ansonsten stets bereit, gegeneinander zu kämpfen, mit jener Misere als Ergebnis, in der sich

Italien zur Zeit befindet, haben sich diesmal wie ein Mann gegen Michele Sindona zusammengetan."

Welch ein Zufall. Just zu jener Zeit, als Sindona sich nach der Centrale auch die Bastogi unter den Nagel reißen wollte, ging in europäischen Bankkreisen das Gerücht um, der Sizilianer und sein gelehriger Schüler und Kumpan Marcinkus versuchten, gefälschte Obligationen im Nennwert von 100 Millionen Dollar in deutschen Banken zu deponieren, um mit dem aufgenommenen Geld den Bastogi-Coup zur Hälfte finanzieren zu können.

Der Präsident der Bastogi, Tullio, versuchte vergebens herauszufinden, was an der Sache wahr sei, er prallte an einer Mauer des Schweigens ab.

All das spielte sich zu einer Zeit ab, zu der, wie man sich erinnern wird, die erste Tranche der 950 Millionen Obligationen, exakt 100 Millionen Dollar, angeliefert werden sollte. Kenner hegten auch keine Zweifel am Wahrheitsgehalt dieser Geschichte. Angeblich wurden die Obligationen nach dem mißglückten Versuch, die Bastogi aufzukaufen, in der Vatikanbank IOR deponiert.

Hasardeur, der er war, ließ Sindona nicht lange den Kopf hängen. Er richtete seinen Blick auf die Vereinigten Staaten. Der dortige Botschafter seines Landes, Egidio Ortona, war ihm freundschaftlich verbunden und ebnete ihm so manchen Weg zu den Potentaten der Wall Street. Sindona revanchierte sich mit überschwenglichen Komplimenten: Ortona sei „einer der besten Diplomaten, über die unser Land in der letzten Zeit verfügte."

Es dauerte nicht lange, da nahm Sindona bereits eine der renommiertesten Banken der USA, die Franklin National Bank in New York, ins Visier. Sie sollte ihm den Einstieg in die amerikanische Finanzwelt sichern und den Brückenkopf für seine vielfältigen Finanzgeschäfte in den Staaten bilden.

Kein Autor, der Sindonas abenteuerliches Leben und seine noch abenteuerlicheren Finanzmanipulationen beschreibt, versäumt es zu erwähnen, daß die Franklin National Bank mit einer Bilanzsumme von 3,2 Milliarden Dollar zu den zwanzig größten Geldinstituten des Landes zählte. Seinen Plan, die Franklin zu erwerben, kündigte er bei einem Galaempfang an, den er 1972 anläßlich des Erwerbs der in Rom erscheinenden Zeitung „Daily American" gab. Er habe vor, verkündete Sindona in Gegenwart seines Freundes Marcinkus, der bei dem Empfang natürlich nicht fehlen durfte, zunächst hundert Millionen Dollar in den USA zu investieren. Die Nachricht verursachte in amerikanischen Finanzkreisen beträchtliche Unruhe. „Wenn sich Sindona hier festsetzt", soll ein Wall Street-Mann bemerkt haben, „ist einer Finanzgroßmacht die Invasion der Vereinigten Staaten geglückt."

Sindona benutzte bei seiner Entdeckung Amerikas eine Lücke in der Gesetzgebung dieses Landes. Diese band zwar den Erwerb einer Bank an ein Regierungsplacet, aber nur dann, wenn es sich beim Käufer um eine ausländische Interessensgruppe handelte. Einzelpersonen mit genügend Taschengeld wie Sindona betraf dieses Verbot nicht.

Geschäfte mit amerikanischen Partnern tätigte Sindona freilich auch schon früher. So verkaufte er zum Beispiel 1967 ein Aktienpaket des Nahrungsmittelmultis Libby an den Schweizer Nestlé-Konzern. Laut eigenen Angaben hat ihm diese Transaktion einen schönen Batzen Geld eingebracht. Weniger erfolgreich verlief ein anderes Übersee-Geschäft des laut Time-Magazin „größten Italieners seit Mussolini". Als er dem italo-amerikanischen Chemieunternehmen Celanese Corporation einen italienischen Faserbetrieb angedreht hatte, der Celanese binnen sechs Monaten einen saftigen 15 Millionen-Dollar-Verlust bescherte, sprach ein Delanese-Manager die prophetischen Worte: „Wenn Sindona mit üblen Tricks arbeiten würde, wäre er in den Vereinigten Staaten rasch wieder aus dem Geschäft."

Einstweilen war es noch nicht so weit, obwohl die Franklin National Bank zu jenem Zeitpunkt, als sie von Sindona erworben wurde, bereits eine beträchtliche finanzielle Schlagseite aufwies. Sie drohte an einem stetig wachsenden Schuldenberg zu zerschellen.

Aber gerade dieser Aspekt erweckte Sindonas Interesse. Er war ein Großmeister im Aufspüren und Erwerben maroder Geldinstitute. Wozu Sindona die Franklinbank wirklich benutzte, erklärte später sein Hauptankläger in den Staaten, John Kenney, mit dem Hinweis, der Bankier sei „in der Tat der Weißwäscher des Kapitals prominenter Italiener und anderer Leute", wobei die Vatikanbank nicht unbeteiligt sei an Geschäften, „die mit den religiösen Grundsätzen des Vatikans oder der römisch-katholischen Kirche nicht übereinstimmen".

Übrigens legte Sindona für die eine Million Franklin-Aktien rund 40 Dollar pro Stück aus, obwohl diese an der Börse nur mit 32 Dollar notierten. Offenbar bereitete ihm die Bereitstellung der 40 Millionen Dollar, die er auf den Tisch legen mußte, ebensowenig Schwierigkeiten wie das Berappen weiterer 10 Milliarden Lire, die er zur selben Zeit als letzte Rate für den Kauf der „Immobiliare" Marcinkus übergab. Sindona bezahlte seine Schuld sogar vorzeitig, sechs Monate vor dem fälligen Termin.

Wo Sindona auftrat, war auch Marcinkus nicht weit. Die beiden lernten einander vermutlich Anfang 1969 kennen. Der Kontakt zwischen dem Bankier und dem Bischof ergab sich wie von selbst. Zu dieser Zeit erwarb Sindona die Mailänder Privatbank Banca Unione, an der die Vatikanbank IOR eine Minderheitsbeteiligung besaß. Bis zum Ende des Jahres 1968 gehörte die Banca Unione der Familie des linken Verlegers und Millionärs Feltrinelli, der am 14. Mai 1972, angeblich bei einem Versuch, zusammen mit Rotbrigadisten einen Anschlag vorzubereiten, zu Tode kam.

Sindona kaufte die Bank vom Bruder des damaligen französischen Vatikan-Botschafters, Conte André d'Ormesson, der mit einer Feltrinelli verheiratet war. Sindona, der zu dieser Zeit bereits als ein Superprofi des internationalen Bankgeschäftes galt, und der blutige Finanzlaie im Priesterrock, Marcinkus, der Anfang 1969 nach einem nur zweiwöchigen Schnellkurs in den Staaten zum Generalsekretär der IOR aufstieg, verstanden sich offenbar auf Anhieb recht gut. Sie wurden sehr rasch dicke Freunde, die so manchen Dreh gemeinsam ausheckten und durchführten, wovon Marcinkus später, als die Sache bis zu seinem Chef, das heißt: bis zum Himmel zu stinken begann, natürlich nichts mehr wissen wollte.

Nach einer ebenfalls wenig überzeugend dementierten Geschichte, für deren Echtheit der ehemalige Jesuit und interne Vatikankenner Martin Malachi bürgt, hat der Papst persönlich bei einem nächtlichen Vier-Augen-Gespräch Anfang 1969 Sindona mit dem Verkauf der Immobiliare betraut, deren Wert damals 300 Millionen Dollar betrug. Nach einigen Rangeleien zwischen dem Vatikan und dem Sizilianer, es ging dabei um den Kaufpreis, den die Umgebung des Papstes, vor allem Benelli, als viel zu niedrig betrachtete, weil Sindona nur 80 % des vom Vatikan verlangten Kaufpreises bezahlen wollte, blieb letztlich der Vatikan Sieger. Und plötzlich hatte Sindona keinerlei Bedenken mehr, den höheren Preis zu zahlen.

Aber das war noch nicht alles. Neben dem Kauf der Franklinbank wickelte Sindona auch noch andere Geschäfte ab. Bereits 1969 erwarb er die bis dahin in vatikanischem Besitz befindliche Firma Pachetti, eine an sich unbedeutende Ledergerberei. Sindonas Banca Unione zahlte für jede Pachetti-Aktie 250 Lire. Durch diverse Manipulationen trieb er bis 1971 die selben Wertpapiere in die Höhe von 1.600 Lire pro Stück hinauf. Vorher gründete er wohlweislich eine Firma namens „Zitropo“, die zu einem festgesetzten Termin, März 1972, in Calvis Besitz übergehen sollte. Wie auf Kommando stießen nun Anfang 1972 alle Firmen, bei denen Sindona die Pachetti-Aktien untergebracht hatte, diese ab, als ihr Wert jene beachtliche Höhe erreicht hatte. Der Käufer hieß Zitropo. Damit erfuhr Zitropo freilich einen enormen Wertzuwachs. Calvi beglich den hohen Preis, ohne mit der Wimper zu zucken. Dabei konnte er sich, wie sich bald herausstellte, auf fiktive Garantien stützen!

Den höchsten Gewinn streifte bei jener Transaktion Sindona ein. Aber auch Calvi schnitt nicht schlecht ab. Er kassierte von Sindona 6,5 Millionen Dollar Provision, die er brüderlich mit Erzbischof Marcinkus teilte. Eine Provision von 3,25 Millionen Dollar ist ja auch kein Lumpenbetrag. Kein Wunder, daß sich Marcinkus für das Geschenk erkenntlich zeigen wollte. Wenn die Pachetti-Sache gut ausginge, hatte er schon vorher versprochen, würde er ihm, Calvi, die Mehrheitsbeteiligung an der seit Ende des Zweiten Weltkrieges im Besitz des Vatikans befindlichen Banca Cattolica del Veneto (BCV) zukommen lassen.

Dieses Geldinstitut verwaltete vor allem die Gelder gläubiger Einleger, der Orden, des Klerus und der Bischöfe. Ihr Chef war immer der Patriarch von Venedig, zu jener Zeit der später unter tragischen Umständen ums Leben gekommene Albino Luciani, bekannt als Papst Johannes Paul I.

Marcinkus behauptete zu einer Zeit, als Calvis Finanzimperium bereits unaufhaltsam dem Abgrund zusteuerte, er habe mit dem Mailänder Bankier nur eine recht lose Geschäftsverbindung gepflegt. Die Fakten sprechen allerdings eine andere Sprache. Kaum hatte Calvi, damals Direktor der von einem frommen Priester um die Jahrhundertwende gegründeten Banco Ambrosiano in Mailand, im Frühjahr 1971 eine Filiale auf den Bahamas eröffnet, kam auch schon Erzbischof Marcinkus daher. Zum Direktor des Ambrosiano-Ablegers auf den Bahamas, der „Cisalpine Overseas“, erkor Calvi den in New York lebenden Auslandsschweizer Pierre Siegenthaler. Als dieser die Bank übernahm, betrug das Grundkapital der „Cisalpine Overseas“ 2 Millionen Dollar. Der Tüchtigkeit Siegenthalers war es zu verdanken, daß die Bank binnen kürzester Zeit Einlagen in der Höhe von 200 Millionen

Dollar aufweisen konnte.

Um einem standesgemäßen Lebensstil zu frönen, erwarb Calvi in Lyford Cay an der westlichen Spitze der Insel New Providence einen pompösen Herrschaftssitz. Zutritt hatten nur autorisierte Personen, das ganze Anwesen wurde von Leibwächtern bewacht. Zu den ersten Gästen, die das paradiesische Grundstück betreten durften, gehörte Erzbischof Marcinkus. Die Vatikanbank hatte die „Cisalpine Overseas" kräftig gefördert, kein Wunder, daß Marcinkus bereits am 5. August im Aufsichtsrat dieser Bank saß. Da er in dieser Funktion offenbar nicht ganz ausgelastet war, fand er immer wieder Zeit zur Pflege seines Hobbys, er spielte leidenschaftlich gern Golf, und zu ausgedehnten Diskussionen mit den Calvi-Kindern über die Feinheiten des Wasserschisports.

Nun ließ Marcinkus, bereits kurz nachdem er Anfang 1971 Präsident der Vatikanbank IOR geworden war, den damaligen Präsidenten der Banca Cattolica del Veneto, Massimo Spada, rufen, um ihm mitzuteilen, daß die IOR in Hinkunft eine engere Zusammenarbeit zwischen der Banca Cattolica und Calvis Ambrosianobank befürwortete. Tatsächlich trat Calvi alsbald in den Aufsichtsrat der Banca Cattolica ein, während das Aufsichtsratmitglied Secondo Piovesan einen entsprechenden Sessel in der Ambrosianobank bekam.

Wie solche Geschäfte unter Freunden ausgehandelt werden, beschrieb Calvi seinem „Berater", dem „Grundbesitzer" Flavio Carboni gegenüber später so: „Vor zehn Jahren kaufte ich die Banca Cattolica del Veneto nach nur drei kurzen Unterredungen, die nicht länger als je eine Viertelstunde dauerten. Bei einem dieser Gespräche kam ich auf den Punkt, indem ich zu Marcinkus sagte: 'Aber Verzeihung, die BVC impliziert doch ein politisches Problem, da ja die ganze Provinz Venetien mit dieser Bank eng verbunden ist. Sie werden doch nichts dagegen haben, wenn ich mich dessen versichern möchte, daß auch der Boss (gemeint war der Papst) mit der Sache einverstanden ist? Ich habe schon viele Dinge mit Ihnen gemeinsam gemacht, aber diesmal, bei allem Respekt, ich weiß nicht so recht ... Ich komme morgen früh wieder vorbei, inzwischen könnten Sie das erledigen, wenn es Ihnen so recht ist. Verlangen Sie eine Aussprache, usw. ...' Monsignore Marcinkus hörte auf meinen Rat und sagte mir dann am nächsten Tag: 'Ich bin zu Paul VI. gegangen, er hat gesagt, es geht in Ordnung.'"

Ein Jahr später ließ Marcinkus den Präsidenten der BCV erneut antreten. Diesmal teilte er ihm mit, daß die Bank zur Gänze an die Centrale verkauft worden war, die sich zu dieser Zeit bereits in Calvis Besitz befand. Spada, der den Umstand, daß ihn Marcinkus praktisch vor vollendete Tatsachen stellte, empörend fand, verlangte vom Erzbischof eine Erklärung, die ihm dieser aber verweigerte.

Zur selben Zeit, als Calvi für den Kauf der BCV 45 Millionen Dollar auslegte, bekam er interessanterweise ein Darlehen von der Vatikanbank in der gleichen Höhe ...

Aber nicht nur der vatikanische Altfinancier Spada regte sich über die Art und Weise auf, wie die drei Freunde Sindona, Marcinkus und Calvi die Millionen untereinander nur so hin- und herschoben, auch aus Venedig war kaum verhohlenes Grollen zu hören. Doch zumindest vorläufig mußte auch der Erzbischof von Venedig und Patriarch der Lagunenstadt, Luciani, zur Kenntnis nehmen, daß man ihn einfach überfahren hatte.

Weshalb waren Sindona, Calvi und ihre Freunde im Vatikan eigentlich so scharf auf die Banca Cattolica del Veneto? Die Antwort ist einfach: Nirgendwo in Europa, noch dazu innerhalb der Grenzen des eigenen Landes, kann man schmutziges Geld so leicht „reinwaschen" wie in der von devisenträchtigen Touristen stärkstens frequentierten Region Venedig mit ihren zahlreichen Bankfilialen und Wechselstuben.

Doch kehren wir zu Sindona und seinen Aktivitäten in den Vereinigten Staaten zurück. Die Übernahme der Franklinbank durch den sizilianischen Bankier würde die plötzliche Funkstille über die 950 Milliarden „und mehr" gefälschten Dollar-Aktien ebenso erklären wie die überaus regen finanziellen Aktivitäten des Trios Sindona-Calvi-Marcinkus in den Jahren 1971 bis 1973, das immer wieder von schier unerschöpflichen Kapitalreserven gestützt schien.

Wozu sollten Rizzo und Co. mit Koffern voller Aktien-Blüten den umständlichen Weg um den halben Erdball hin zu den Füßen der Apostel antreten, wenn es ungleich bequemer und einfacher war, sie lediglich nach Manhatten zur Franklin National Bank zu schleppen?

Die ganze Angelegenheit hatte nur einen Haken. Hierzulande kontrollierte nicht die nachsichtige Banca d'Italia, die ihre internen Erkenntnisse über Sindonas Machenschaften jahrelang verheimlichte und keinerlei Maßnahmen dagegen ergriff, sondern die viel strengere amerikanische Bankenaufsicht. So geschah denn plötzlich etwas Merkwürdiges: Wie auf Kommando stellten im Herbst 1973 die amerikanischen Banken den Handel mit der Franklinbank ein. Im Dezember des selben Jahres hatte die amerikanische Kontrollinstanz, die Federal Reserve Bank, sogar eine spezielle Arbeitsgruppe gegründet, um einen Notstandsplan in Hinblick auf einen erwarteten Zusammenbruch der Franklinbank auszuarbeiten. Weshalb plötzlich diese dramatische Wende? Noch dazu zu einem Zeitpunkt, an dem die Devisengeschäfte der Franklin National Bank ihren Höhepunkt erreichten? Lag die Höhe des Gesamtbetrages dieser Wechselgeschäfte im Jahr 1970 noch bei der vergleichsweise niedrigen Summe von 10,7 Millionen Dollar, stieg sie bis März 1972 bereits auf 442,4 Millionen an, um im November 1973 den absoluten Höhenrekord von 3 Milliarden 760 Millionen Dollar zu erreichen! Der gewaltige Sprung von 1971 auf 1973 ist nicht zu übersehen. Noch im Jahr 1973 gewährte Sindona dem italienischen Staat eine Anleihe von 132 Millionen Dollar, die in mehreren Raten bis Anfang 1974 durch die Banco di Roma an die italienische Kreditverwaltungsgesellschaft Crediop-Icipu überwiesen wurde. Kein Wunder, daß Sindona zu einer Zeit, als ihm die amerikanische Bankwelt bereits das Vertrauen entzog, vom italienischen Ministerpräsidenten Andreotti bei einem Empfang in der New Yorker Nobelabsteige Waldorf-Astoria noch immer lautstark als „Retter der Lira“ und Wohltäter Italiens gepriesen wurde, und daß der amerikanische Botschafter in Italien, Volpe, ihm im Jänner 1974 die Auszeichnung „Mann des Jahres 1973“ überreichte.

Natürlich war Sindona, wie bereits angedeutet, weder für die Banca d'Italia noch in den Dossiers des FBI eine unbekannte Größe. Die Kontrolleure der italienischen Aufsichtsbank beklagten sich bereits im April 1972 in ihren Berichten über die unsauberen Machenschaften der Sindona-Bank „Banca Privata Finanziaria“. Sie führten im einzelnen die unregelmäßige, gefälschte oder unterlassene Registrierung von Vorgängen in der Buchführung an, das Vorhandensein einer zweiten, geheimen Buchführung, die Ausweisung von Beträgen, die von den tatsächlich vorhandenen Ziffern abwichen und eine Reserve, die niedriger war als die vorgeschriebenen 1 Milliarde 327 Millionen Lire. Sie beanstandeten Wertpapiere, die nicht gedeckt und nicht verbucht waren, die Aushändigung von Geldern an Überbringer von Scheckbüchern in der Höhe von 2 Milliarden 360 Millionen Lire, die ohne Übernahmebestätigung erfolgte, „über den gesetzlich vorgeschriebenen Rahmen und die gesetzlich vorgeschriebene Höhe hinausgehende Geschäfte und zahlreiche andere Irregularitäten auf dem Valuten-Sektor“.

Kaum besser schnitt Sindonas andere Bank, die Banca Unione, ab. In einem Bericht der Kontrolleure der Banca d'Italia vom 24. März 1972 hieß es wörtlich: „Sowohl was einige technische Aspekte betrifft als auch vor allem in Hinsicht auf die kritikwürdigen Vertragspraktiken, die von der unzulässigen geheimen Buchführung und der Verschleierung der Geschäftsvorgänge bis zum Fehlen jeglicher Form von Kontrolle und einer ordentlichen Buchführung reichten, muß das Urteil negativ ausfallen. Die Buchführung des Unternehmens zeigt Führungsmerkmale, die mit einer Körperschaft, die im Sinne des Artikels 1 des Bankengesetzes eine Funktion im öffentlichen Interesse ausübt, unvereinbar sind." Im einzelnen stellten die Prüfer der Banca d'Italia zahlreiche Übertretungen und Mängel nach dem Devisengesetz, die mißbräuchliche Praxis der Verwendung von Anleihen, zweierlei Buchführung und einiges mehr fest.

Schon damals empfahlen die Kontrolleure die Einsetzung eines Regierungskommissärs zur Durchleuchtung der Machenschaften der diversen Sindona-Unternehmungen. Doch nichts geschah. Weder der Governatore der Banca d'Italia, Carli, noch die von Sindona gut geschmierten Poliker rührten gegen den mächtigen Mann mit seinem prallen Geldsack auch nur einen Finger. Kaum jemand unter den Eingeweihten wußte nicht, daß hinter Sindona die zwei größten Machtinstanzen Italiens standen: die Mafia und der Vatikan.

Als Sindonas Imperium zusammenbrach und er vor Gericht mußte, vergaßen die Vatikan-Größen beinahe ihre oberste Tugend, nämlich strikteste Verschwiegenheit. Sie waren nahe daran, für Sindona eine öffentliche Ehrenerklärung abzugeben. In letzter Minute wurden sie von Staatssekretär Casaroli zurückgepfiffen.

All diese Beschuldigungen gegen den Bankprofi kannte man in den Staaten nicht. Frühere, vom FBI eingeleitete Untersuchungen über Sindonas Mafia-Verbindungen und seine angeblichen Beteiligungen am Rauschgiftgeschäft der „sicilian connection" versandeten. Sie wurden vom internationalen Renommee des Geldgeschäftsvirtuosen mit dem vatikanischen Gütesiegel überdeckt.

Umso mehr bleibt es unverständlich, weshalb Sindonas amerikanische Finanzpartner im Frühherbst 1973 plötzlich nichts mehr von ihm wissen wollten, obwohl sie bis zu diesem Zeitpunkt, unbeschadet ihrer Konkurrenzgefühle, rege Geschäftsverbindungen mit ihm pflegten?

Weshalb zieht sich gerade zu dieser Zeit auch die Londoner Hambros Bank von Sindona zurück, nachdem sie seit 1962 ununterbrochen mit seinem Imperium engstens zusammengearbeitet hatte? Waren es die Millionen-Verluste, die Sindonas rechte Hand, Carlo Bordoni, zu dieser Zeit mit der Moneyrex-Bank, einer ebenfalls von Sindona ins Leben gerufenen Finanzierungsgesellschaft, produzierte, oder die immer gewagteren Wechselgeschäfte, die die „Franklin National" auf dem internationalen Geldmarkt durchführte? Ich glaube es nicht. Sindona war in der Lage, die Verluste seiner Banken immer recht gut zu verschleiern.

Immer wieder, vor allem zwischen September 1973 und März 1974, ließ er von seinen Geldinstituten „Amincor" in Zürich und der „Banca Unione" in Mailand riesige Summen zur Franklin transferieren, um deren Verluste unbemerkt auszugleichen.

Im Juli 1973, nach Abschluß der Untersuchungen der amerikanischen Behörden gegen Vincent Rizzo und seine Komplizen, gab es eine Pressekonferenz, bei der die Namen der Beschuldigten, von Rizzo bis Ledl, ausgesprochen wurden, doch weder der Vatikan noch Sindona fanden Erwähnung. Ganz im Gegenteil, Ankläger Aronwald hob betont hervor, wie das Wall Street Journal berichtete, daß es innerhalb des Vatikans keine Mittäter gebe, wie vielfach behauptet wurde, obwohl, fügte der Journalist hinzu, „... eine der Ermittlung in Europa nahestehende Quelle behauptet, ein Kleriker des Vatikan stehe unter Verdacht".

Die plötzliche Alarmstimmung seitens der amerikanischen Kontrollbehörden „Federal Reserve Bank" und „Security Exchange Commission", für die es keine ausreichende Erklärung gibt, man sprach später bezeichnenderweise recht allgemein von Sindonas „unordentlicher Geschäftsführung und illegitimen Geschäften", wird erst dann voll verständlich, wenn wir die Ereignisse in einen Zusammenhang mit den falschen Obligationen und Zertifikaten setzen. Der zeitliche Zusammenhang ist wohl kaum zu übersehen: Im Spätsommer 1973 schließt das FBI die Untersuchungen über die falschen Wertpapiere, die an den Vatikan geliefert werden sollten, ab. Man wußte offenbar genug, obwohl die Fahnder aus Rom und dem Vatikan mit leeren Händen zurückkehrten. Aber gerade die Art und Weise, wie sie dort empfangen wurden, mußte ihren Verdacht und ihre Untersuchungsergebnisse bestätigen.

Das FBI konnte von der Romfahrt seiner Beamten gar nicht mehr erwarten als eine Verhaltensstudie von Verdächtigen, eine Prüfung ihrer Reaktionen. Es war den erfahrenen Profis des FBI wohl von vornherein klar, daß in Italien und im Vatikan, auf dem Boden zweier souveräner Staaten, ausländische Fahnder keine Chance hatten, reumütige Geständnisse zu erwirken.

Zwar lautete die Schlußfolgerung der amerikanischen Behörden offiziell so zurückhaltend, wie es Ankläger Aronwald vor einem Senatsuntersuchungsausschuß formulierte: „Auf Grund unseres Besuchs und durch die Kooperation des Vatikans war es uns möglich festzustellen, daß die Beschuldigungen, jemand innerhalb des Vatikans sei in diesen Plan schuldhaft verstrickt, jeglicher Grundlage entbehren." Intern dachte man anders.

Vor der Pressekonferenz im Juli 1973, wo er diese Sätze sprach, zog Aronwald Coffey zur Seite: „Unter keinen Umständen", sagte er zu dem Detektiv, „ist es Ihnen gestattet, während oder nach der Pressekonferenz mit Reportern zu reden. Ist das klar? Und kein Wort über irgendeine Beteiligung des Vatikans an dieser Sache. Wir wollen nicht, daß der Vatikan in irgendeiner Form hineingezogen wird, außer so, wie wir es formulieren. Haben Sie das verstanden?"

Pikanterie am Rande: Zur selben Zeit, als Aronwald und Tamarro im Vatikan um Einlaß baten, um dann aus dem Munde des Erzbischofs Marcinkus das Lob Sindonas zu hören, verhängte die amerikanische Börsenaufsicht gerade eine saftige Strafe über einen Börsenmakler aus Los Angeles, ich weiß nicht genau, ob es Kleiner, Bell und Co. oder ein anderes Büro war, das 27 % der Aktien der Vetco Industries im Auftrag von Sindona und Marcinkus erstanden hatte. Die Vatikanbank mußte eine Strafe von 307.000 Dollar berappen und veräußerte dann die Vetco-Papiere mit beträchtlichem Gewinn.

Daß solche Vorgänge dem FBI zu jener Zeit keineswegs verborgen blieben, liegt auf der Hand. Ich bin daher der festen Überzeugung, daß die amerikanische Bankenaufsicht aufgrund verschiedener FBI-Hinweise im Sommer 1973 dahinter gekommen war, welche Ziele Sindonas Franklin National Bank in Wahrheit verfolgte und deshalb Alarm schlug, ohne freilich den wahren Grund dieser dramatischen Aktion zu verraten.

Die Öffentlichkeit sollte von all diesen Vorgängen überhaupt nichts erfahren. Die Sache kam erst ans Tageslicht, als der Detektiv Coffey sie aus Ärger über die Vertuschungsversuche seiner Vorgesetzten dem amerikanischen Bestsellerautor Richard Hammer für das Buch „Eine Messe für den Paten“ anvertraute.

Andere Stücke des verworrenen Puzzles tauchten in Zusammenhang mit dem Prozeß und Sindonas seltsamem Ende, dem Zusammenbruch der Ambrosianobank und dem nicht minder mysteriösen Tod von Calvi auf. Einen weiteren Beitrag zur Klärung der Affäre wird, wie ich hoffe, dieses Buch leisten.

Die ganze Wahrheit über die dunklen Geschäfte des Vatikans und seiner Finanzmänner werden wir wohl nie erfahren. Selbst dann nicht, wenn sich der große Schweiger des Vatikans, Marcinkus, doch noch entschließt auszupacken. Er würde die Gelegenheit vermutlich eher zu seiner Verteidigung als zur objektiven Darstellung der Tatsachen nutzen.

In einer Affäre, in der soviel getürkt, betrogen, gelogen, gefälscht, verschleiert und verdrängt wurde, ist eine weitere Notlüge der amerikanischen Behörden, um einen Börsenkrach und den moralischen Zusammenbruch der Autorität des Vatikans und der eigenen Regierung zu verhindern, nur zu verständlich.

Der Rest ist buchstäblich Schweigen. Freilich ein vielsagendes Schweigen. Wer Jerry Jacobs, vor allem aber Vincent Rizzo auch nur oberflächlich kannte und wußte, mit welcher Akribie und, wenn es sein mußte, mit welchem handgreiflichen Nachdruck diese beiden hinter jedem einzelnen Cent her waren, den sie verliehen hatten, dem muß die auffallende Gelassenheit, Ruhe und Zurückhaltung, die Jacobs, Rizzo und Co. in den Jahren 1971 bis 1972 an den Tag legten, geradezu ins Auge stechen. Schließlich handelte es sich beim Vatikan-Block nicht um ein paar läppische Dollar, sondern um eine runde Milliarde „und mehr“, und um den damit verbundenen Gewinn.

Es ist einfach unglaubhaft, daß sich Rizzo dieses Geschäft samt den bereits getätigten Investitionen einfach durch die Lappen gehen ließ. Auch die ungewöhnlich milde und nette Art, in der mir immer wieder versichert wurde, daß ich mich vor Gericht korrekt benommen hätte und daß man für meine Vermittlerdienste durchaus dankbar sei, hat einiges für sich. Zwar erklärte man mir, nachdem ich das Gefängnis verlassen hatte, stets mit frommer Inbrunst, daß aus dem großen Geschäft leider nichts geworden sei, doch ich glaubte eigentlich nie an diese Beteuerung.

Aber ich erwartete auch keine andere Auskunft. Meine Freunde hatten sich damit jene rund 150 Millionen echte Dollar Provision, die ich laut Vereinbarung für meine Vermittlerdienste zwischen dem Vatikan und der Mafia bekommen hätte, erspart.

XIV. Im Gefängnis: Von allen Freunden verlassen

Ich wurde am Nachmittag des 10. August 1971 von Beamten des Niederösterreichischen Gendarmeriekommandos in meiner Villa mitten im idyllischen Wienerwald verhaftet. Sie verfrachteten mich in ein Gendarmeriefahrzeug und lieferten mich in das landesgerichtliche Gefangenenhaus im neunten Wiener Gemeindebezirk ein.

Im offiziellen Gendarmerieprotokoll wird dieser Vorgang ein wenig anders geschildert. Dort heißt es: „Leopold Ledl wurde am 10.8.1971 um 20 Uhr von Gendarmerierayonsinspektor Franz Reitter II. der hiesigen Abteilung, über schriftlichen Haftbefehl des Landesgerichtes für Strafsachen, Wien, Zahl: 28 Vr. 2312/71 vom 10.8.1971 um 18.25 Uhr mit Einlieferungsnote in das Gefangenenhaus des dortigen Gerichtes eingeliefert."

Die Diskrepanz zwischen dem tatsächlichen Hergang der Verhaftung und dem im Protokoll angegebenen Ablauf wäre an sich nicht der Rede wert. Gerade diese Kleinigkeit zeigt aber, daß nicht alles, was in einem Protokoll steht, unbedingt der Wahrheit entsprechen muß. Diese Bemerkung halte ich auch in Hinsicht auf die späteren Ereignisse für angebracht.

Tatsächlich konnten die Gendarmeriebeamten, als sie mich am 10. August nachmittags abholten, keinen Haftbefehl vorweisen. Sie baten bei ihrer vorgesetzten Stelle noch am selben Tag um „dringende Ausstellung und Übergabe eines Haft- und Hausdurchsuchungsbefehls".

Während ich mich notgedrungen mit Blechnapf und Gefängnispritsche vertraut machen mußte und dabei der festen Überzeugung war, daß mich meine mächtigen Freunde im Vatikan binnen vierundzwanzig Stunden aus dem Häfen holen würden, wie sie es versprochen hatten, führten die Kriminalbeamten Tranninger, Zoglmann, Gisy, Sedlmayer, Tachetzy, Pössl, Reitter II, Holly und Holejovsky in Maria Anzbach und in meiner Wiener Wohnung Hausdurchsuchungen und „Sicherstellungen“, wie es im Polizeijargon heißt, durch.

Mein Büro in Mariahilf entging ihrer Aufmerksamkeit ebensowenig wie die Wohnung meines damaligen Rechtsanwaltes Dr. Pokorny, oder meine Banksafes und die Tresore meiner Frau. Umsonst versuchte ich meine Gattin per Kassiber zu warnen, sie möge die Korrespondenz, die sich auf den Vatikan bezieht, vernichten, die Fahnder waren schneller. Sie fingen meine Kassiber ab und räumten am 27. August auch meinen Banktresor bei der Österreichischen Länderbank aus. Wie es im Protokoll hieß, „wurden in diesem Safe bzw. bei der Hausdurchsuchung in der Wohnung des Leopold Ledl sowie in dem bei Rechtsanwalt Dr. Pokorny sichergestellten Aktenkoffer verschiedene schriftliche Aufzeichnungen gefunden, die sich auf den Verkauf von Gemälden, Aktiengeschäfte mit dem Vatikan und auf Devisengeschäfte beziehen“. Bezüglich dieser Papiere, wurde hinzugefügt, würden noch weitere Erhebungen erforderlich sein.

Wenn im Protokoll vermerkt wurde, daß es sich um „veschiedene schriftliche Aufzeichnungen“ gehandelt habe, die sich unter anderem auf den „Verkauf von Gemälden“ und auf „Aktiengeschäfte mit dem Vatikan“ bezogen, so konnte mit diesen Schriftstücken noch nicht der Vertrag über die 950 Millionen US-Dollar „und mehr“ gemeint sein, denn dieser wurde erst mehr als einen Monat später, am 12. Oktober, im Safe meiner Frau, den sie sich bei der Wiener Postsparkasse gemietet hatte, aufgefunden. Erst bei diesen Schriftstücken ging es konkret, laut Protokoll, „um den Ankauf von Aktien im Betrag von 950 Millionen US-Dollar durch Sacra Congregazione dei Religiosi in Rom (angeblich Vatikan). Wegen dieser Angelegenheit wurden bereits Erhebungen über Interpol eingeleitet. Das Resultat steht noch aus und wird nachgereicht.“

Zwei Monate später, zwischen dem 13. und 18. Dezember 1971, hielten sich die Kriminalbeamten Helscher von der Interpol und Sedlmayer und Holly von der Kriminalabteilung der Niederösterreichischen Gendarmerie in Rom auf. Der vorweihnachtliche Fünftage-Ausflug der Österreicher führte freilich zu keinem Ergebnis. Wie auch später, zeigten die italienischen Stellen keinerlei Kooperationsbereitschaft.

Es konnte lediglich ermittelt werden, daß „Leopold Ledl an betrügerischen Manipulationen mit falschen Obligationen namhafter amerikanischer Unternehmen mitgewirkt haben soll. Auch diesbezüglich müssen noch weitere Erhebungen durchgeführt werden."

Vom Zeitpunkt meiner Verhaftung bis Ende November wurde ich vierzehnmal vernommen, mein Akt wurde immer dicker.

Obwohl man mir bestätigte, daß ich „im Wesentlichen geständig" sei, nahm ich mir vom ersten Augenblick an vor, über die Geschäfte des Vatikans und meine Vermittlungstätigkeit nichts zu verraten. Nicht nur, weil ich dem Vatikan, als moralischer Instanz der katholischen Christenheit, keinen Schaden zufügen wollte, sondern weil ich von meinen Partnern dort Hilfe erwartete und auch damit rechnete, nach meiner Freilassung weitere Geschäfte mit und für den Vatikan abwickeln zu können.

Ich hegte diese Hoffnung umso stärker, als meine Freunde im Vatikan „im Falle eines Falles" kraft ihrer internationalen Verbindungen sofortige Hilfe versprachen und ich die gegen mich vorgebrachten Beschuldigungen, die sich auf den Verkauf von Titeln und Diplomatenpapieren bezogen, nicht für ausreichend für eine Verurteilung hielt. Schließlich ist ja der Kauf und Verkauf von Titeln ein normales Geschäft, kein Mensch, der so einen Titel oder ein einschlägiges Dokument erwirbt, tut dies ahnungslos. Wenn man schon jemanden oder irgendetwas vor den Richterstuhl zitieren möchte, dann wäre dies am besten die menschliche Eitelkeit, die auf solche Titel, Orden und Auszeichnungen pocht.

Ich verriet in den Verhören also nur das Unvermeidlichste, das, wovon ich den Eindruck hatte, daß die Kriminalbeamten darüber Bescheid wußten und Leugnen somit zwecklos gewesen wäre.

Als sie mich aufgrund der Zeugenaussagen von Foligni und der Neubert vor den Beamten der Interpol in Rom über den oder die Auftraggeber der Wertpapiergeschäfte befragten, verschwieg ich die Namen meiner Freunde im Vatikan und behauptete zunächst, im Auftrag meines Freundes und Geschäftspartners Othon Lefas-Tetenes gehandelt zu haben; von ihm wußte ich, daß man ihm nichts nachweisen konnte. Tetenes hielt sich zwischen März und September 1971 in London auf. Er hatte sich in der Belgrave Road ein kleines möbliertes Apartment gemietet. Als er Anfang November nach Rom fuhr, wurde er aufgrund eines Festnahme-Ansuchens der griechischen Behörden vom 15. Oktober 1968 von der römischen Polizei verhaftet und ins berühmt-berüchtigte Regina Coeli-Gefängnis gesteckt. Dort wartete er auf seine Auslieferung. Die Junta beschuldigte ihn des Betruges. In

Wirklichkeit galt ihr Interesse seiner Funktion als ehemaliger Finanzberater des Königs.

Mit Hilfe meiner Angaben hatte die römische Polizeiquästur Tetenes einen Fragebogen vorgelegt. Die Liste enthielt insgesamt 37 Fragen, die sich alle auf meine Person bezogen. Unter anderem wurde Tetenes gefragt, ob er etwas Konkretes über Geschäfte mit Gemälden wisse und „ob auch irgendeine Persönlichkeit des Vatikans in diesen Handel verwickelt ist?"

Wie ich bereits erwähnte, war das Jahr 1971 ein Jahr massiver Kunstdiebstähle in Italien. Offenbar bekam - woher, weiß ich nicht - die römische Polizei einen Wink von der geplanten Kunsthehlerei des Vatikans und wollte nun von Tetenes Näheres wissen. Es wäre aber auch durchaus denkbar, daß der Vatikan, der sehr gute Verbindungen zur römischen Polizei unterhielt, selbst diese Fragen stellen ließ, um herauszufinden, was wir wußten oder verraten würden. Wie dem auch sei: Tetenes antwortete wahrheitsgemäß, daß er von der ganzen Angelegenheit überhaupt nichts wisse. Da sich die italienischen Behörden, wenn auch aus anderen Gründen, ebenso wortkarg wie ich verhielten, was die möglichen Verwicklungen des Vatikans in dunkle Geschäfte betraf, kamen die Ermittlungen in diesem Punkt nicht weiter. Man war an diesem Fragenkomplex ohnehin nur am Rande, ich möchte sogar behaupten, nur aus rein privater Neugierde, interessiert.

Erstens klang die Vermutung, der Vatikan betreibe krumme Geschäfte, einfach zu phantastisch, und zweitens wußte jeder juristisch einigermaßen geschulte Kriminal- oder Polizeibeamte von vornherein, daß gegen die mächtige und durch territoriale Immunität geschützte Statthalterschaft Gottes in Rom nichts auszurichten ist.

Das Puzzlebild wurde erst ein Jahr später etwas vollständiger, als das FBI mit seinen Ermittlungen gegen Rizzo und den Ergebnissen der Telefonabhöraktion herausrückte. Bis zu diesem Zeitpunkt wußten die italienischen und österreichischen Behörden nichts von den bereits seit Februar 1972 laufenden Ermittlungen gegen Rizzo und dem dabei aufgetauchten Verdacht, der Vatikan pflege Geschäftsverbindungen zur italo-amerikanischen Mafia in den USA. Umgekehrt hatten auch die Amerikaner keine Ahnung über das, was sich in den Dossiers der Italiener und Österreicher angesammelt hatte. Völlig unabhängig voneinander stießen die Fahnder diesseits und jenseits des Atlantiks auf die selbe Spur mit dem Codewort „Vatikan".

21

21) Da chi e perchè è stata fondata la ditta " Intertora "?

22) Che cosa ci sa dire in merito all'acquisto di una nave Spagna per quanto riguarda la vendita della ditta " Intera" ? (Vedi EM, pag. 93-94)

24) Lei aveva qualcosa in comune con conto del LEDL con la " REIKA " di Neu-Lengbach ? Riceveva lei qualche percen (vedi 4.MS. del LEDL pag. 5)

25) Che cosa sa lei del commercio dei quadri effettuato, dal L

26) In merito al suddetto commercio dei dipinti ci sa dire se coinvolta anche qualche personalità del Vaticano ?

27) Che cosa ci sa dire in merito all'avvenuto rinvenimento un libretto di assegni a casa del LEDL ?

28) Tramite quale persona lei ha potuto fare la conoscenza del signor LEDL ?

29) Che cosa sa lei dei rapporti LEDL- BARAMYANCA-NASSIF ?

30) Che cosa sa lei in merito all'acquisto di moneta Nigerian effettuata dal LEDL ? ed in merito all'acquisto di lingot d'oro ? etc. etc.

31) Che cosa ci sa dire in merito alla persona di KONES ?

32) Che cosa sa lei di PETRUCCI ?

33) Che cosa sa lei circa la questione di passapotti diplomat e titoli onorifici ?

34) Rimostranza circa la denuncia ed il seguito della questio di numero quattro autovetture avente un nesso con l'amc del Boradi con sede in Ateno

35) Che cosa ci sa dire in merito all'acquisto di un isola Gr

36) Contatti col LEDL dopo l'avvenuto arresto di quest'ultimo (vedi EM pag. 129)

37) Francobolli collezione di monete- gioielli ?

[signature] [signature]

Weder der Detektiv des Attorneys District Office von New York, der gläubige Katholik Joseph Coffey, noch FBI-Spezialagent Richard J. Tamarro ahnten etwas von den weitreichenden Verwicklungen, als sie Rizzos Telefonleitung anzapften. Ihre Aufgabe bestand lediglich darin, Vincent Rizzo, den sie als gefährlichen und ambitionierten Mafioso kannten, einer kriminellen Tätigkeit zu überführen, um ihn hinter Gitter bringen zu können. Die Spur, die zum Vatikan führte, war ein Nebenprodukt ihrer Nachforschungen. Durch Rizzo stießen Coffey und Tamarro zunächst auf Ense, Barg und Ajzen und schließlich auch auf mich.

Am 23. August 1972, genau ein Jahr, nachdem den österreichischen Fahndern im Safe meiner Frau die vatikanische Kaufbestätigung in die Hände gefallen war, schloß das New Yorker FBI seine Untersuchungen ab und sandte das Ergebnis der Interpol Wien zu; mit der Bitte, mich zum ganzen Problemkreis befragen zu dürfen. Sie baten auch um die Klärung der Frage, ob ich unter Bewachung in die USA kommen könnte, um dort als Zeuge bezüglich gestohlener und gefälschter Wertpapiere auszusagen. Unter der Voraussetzung, daß ich zu solchen Aussagen bereit wäre. Gleichzeitig wollte mich auch Kriminaloberkommissar Vollmuth von der Frankfurter Kripo wegen der Rolle Guschalls in den diversen Wertpapierangelegenheiten befragen.

Nachdem ich mich bereit erklärt hatte, einige Fragen zu beantworten, und auch das Gericht keine Bedenken gegen eine solche Befragung hegte, wurde ich zwischen dem 13. und 18. November 1972 sowohl seitens der Amerikaner als auch seitens der Vertreter der deutschen Kriminalpolizei einer eingehenden Befragung unterzogen.

Zuvor, im Oktober 1972, war ich in der Titel- und Urkundengeschichte zu drei Jahren schweren Kerkers verurteilt worden. Ich sollte nun, teils im Landesgerichtlichen Gefangenenhaus, teils im Hauptquartier der Kriminalabteilung der Österreichischen Gendarmerie in der Wiener Oberzellergasse den Herren aus den USA und der Bundesrepublik Rede und Antwort stehen. Mein Auditorium bestand aus den österreichischen Kriminalbeamten Hölscher, Tranninger und Sedlmayer und den deutschen Kriminalkommissären des 13. Kommissariats in Frankfurt, Vollmuth und Ferchland, und den beiden Amerikanern Coffey und Tamarro. Als Übersetzer fungierte ein Amerikaner namens Natton. Als aufmerksamer Zuhörer ohne besondere Funktion wohnte auch der CIA-Mann (offiziell FBI-Beamter und Legal-Attaché der US-Botschaft in Bern) B. Grush der Befragung bei.

Sowohl die deutschen Kriminalbeamten als auch ihre amerikanischen Kollgen wiesen mich darauf hin, daß sie in Österreich keinerlei Exekutivbefugnisse hätten und nur mit der ausdrücklichen Zustimmung ihrer österreichischen Kollegen zu mir gekommen wären.

Ich erklärte sofort, daß ich keinerlei Aussagen machen würde, solange ich im Gefängnis sei. Wenn die Anwesenden etwas von mir erfahren wollten, sollten sie sich für meine Freilassung einsetzen. Ich war damals, einige Wochen nach meiner Verurteilung in der Titel- und Dokumentenaffäre, richtiggehend verzweifelt und wollte so rasch wie möglich aus dem Gefängnis hinaus. Als freier Mann, sagte ich, wäre ich jederzeit bereit, jede an mich gerichtete Frage zu beantworten.

Oberkommissär Vollmuth meinte daraufhin, daß er und seine Kollegen keinerlei Einfluß auf meine Freilassung ausüben könnten, und daß meine Weigerung auszusagen meine Lage nur verschärfen würde.

In meiner Verzweiflung antwortete ich ihm, daß ich wohl nichts zu verlieren, eher nur zu gewinnen habe. Daraufhin eröffnete mir Tamarro, der ebenso wie Coffey recht nett und höflich mit mir sprach, daß er mit Sondervollmachten der US-Regierung ausgestattet sei. Er sei beauftragt mir mitzuteilen, daß die US-Regierung mich in jedes von mir gewünschte Land der Erde bringen und mir und meiner Familie eine neue Existenz und eine neue Identität verschaffen werde, wenn ich bereit sei auszusagen, und wenn aufgrund dieser Aussagen dem organisierten Verbrechen, sprich der Mafia, in den Vereinigten Staaten das Handwerk gelegt werden könnte.

Das klang schon besser, zumal ich selber schon mit dem Gedanken spielte, samt meiner Familie nach Australien auszuwandern und dort ein neues Leben zu beginnen. Ich zeigte mich also einverstanden, behielt mir aber vor, auf gewisse Fragen nicht zu antworten. Ich erzählte nun alles, was vorgefallen war. Coffey und Tamarro legten mir Fotos von Ricky Jacobs, Marty de Lorenzo, Rizzo und anderen vor, also wußte ich sofort, daß sie wortwörtlich „im Bilde" waren. Über die Geschäfte mit dem Vatikan sprach ich nur allgemein, ich nannte dabei keine Namen. Ich erwähnte auch mit keinem Wort, daß die Initiative vom Vatikan und nicht von der Mafia ausging. Das mußte den Kriminalbeamten von selbst einleuchten, denn die Vorstellung, daß die Mafia von selbst an den Vatikan herangetreten wäre, um ihm gefälschte Wertpapiere zu verkaufen, muß jedem einigermaßen logisch denkenden Menschen von vornherein absurd erscheinen.

Als ich meine Aussage beendete, zeigten sich die Amis beeindruckt. Den beiden Deutschen sah man an, daß ihnen einige meiner Behauptungen phantastisch und unfaßbar erschienen.

Im Bericht, den Kriminaloberkommissär Vollmuth über seine Begegnung mit mir verfaßte und in den ich Einsicht nehmen konnte, schrieb er später: „Viele Angaben von ihm (Ledl) klangen mehr als phantastisch und übertrieben. Nach den ausdrücklichen Angaben der US-Beamten stimmten die Aussagen Ledls jedoch mit ihren bisherigen Feststellungen überein, sodaß sie überzeugt waren, daß Ledl die Wahrheit gesprochen hat. Sie sind auch davon überzeugt, daß er noch Angaben über verschiedene hochgestellte Persönlichkeiten machen kann, die zu einer Überführung dieser Personen ausreichen."

Ich hätte laut Vollmuth nicht im geringsten einen ängstlichen Eindruck gemacht. „Er", schrieb der Kriminalbeamte weiter, „scheint es vielmehr darauf anzulegen, den führenden Mafiosi in New York das Handwerk legen zu helfen, aber nicht aus ethischen Gründen, sondern weil er den Eindruck zu haben scheint, die Mafiosi hätten ihn hereingelegt und ihn nur als Werkzeug für die Kontaktanbahnung mit dem Vatikan benutzt." Dieser Eindruck trog. Wenn ich mich von jemandem hereingelegt fühlte, dann war dies der Vatikan und nicht die Mafia. Ich war nicht der einzige Zeuge, den die beiden Amerikaner auf ihrem Europa-Trip besuchten. In München sprachen sie mit Ense und Ajzen, im Arnheimer Gefängnis des Zwergstaates Luxemburg mit dem dort einsitzenden Shinwell. Der wichtigste Schauplatz, nämlich Rom, erwies sich auch für sie als steiniger Boden. Die Italiener verweigerten jede Zusammenarbeit mit der Begründung, sie benötigten für die Verfolgung der in Frage kommenden Verbrechen keinerlei ausländische Unterstützung.

Der einzige, den Coffey und Tamarro in Rom erwischten, war Mario Foligni. Der „Graf" zeigte sich nicht abgeneigt, nach New York zu kommen und dort seine Erzählungen, wenn schon nichts anderes, zum besten zu geben.

Was die beiden Fahnder nach ihrer Rückkehr in die Staaten auf den Tisch legen konnten, war dennoch beachtlich. Die Reaktion des Bezirksstaatsanwaltes, der Rizzo verfolgte, beschrieb Coffey später mit den Sätzen: „Er war schockiert, total schockiert. Wir waren beide vollkommen aus dem Häuschen. Wir konnten es nicht glauben, ehe wir nicht alles mit äußerster Sorgfalt und in allen Einzelheiten geprüft hatten und allen Spuren gefolgt waren. Dann waren wir sicher, daß es so gewesen sein mußte."

Und wie verhielt sich der Vatikan?

Zunächst einmal mußte ich die Einsicht verkraften, daß meine Freunde nicht im Traum daran dachten, mich aus dem Gefängnis zu holen. Marina Neubert ließ mich durch meine Frau wissen, daß die hohen Herren der Kurie keine Freude daran hätten, wenn ich auch nur ein Wort über sie verlieren würde. Meine Versuche, meinen Hilferuf mittels der beiden Gefängnispriester Zeder und Eder via Kardinal König an Rom weiterzuleiten, scheiterten an der Weigerung der Priester. Sie hatten offenbar den Eindruck, schlecht gehört oder einen Angeber vor sich zu haben. Dennoch war der Vatikan über die Vorgänge um mich herum bestens im Bilde. Als ich Anfang Dezember 1972 nach sechzehnmonatiger Haft gegen eine Kaution von 200.000 Schilling und den Einzug meines Reisepasses freigelassen wurde, bekam meine Mutter, zwei Tage bevor sich für mich das Gefängnistor öffnete, einen Anruf aus Rom. Es war offenbar der geheimnisvolle „Pater Josef", der genau wußte, daß ich freigelassen werden sollte. Er wollte sich nach meinem Befinden erkundigen. Meine Mutter bat ihn, eine Woche später anzurufen.

Einige Tage, nachdem ich das Gefängnis verlassen hatte, bekam ich zur Mittagszeit tatsächlich einen Anruf. „Pater Josef" meldete sich und meinte, daß sowohl er als auch „andere Freunde" mich gerne sprechen würden. Er sprach sehr vorsichtig und erwähnte keine Namen. Offenbar rechnete er damit, daß unser Gespräch überwacht werden könnte. Er hatte recht, ich wurde immer wieder observiert und mein gesamter Fernschreibverkehr in Ablichtung an die Polizei weitergegeben.

„Ich kann nicht verreisen", sagte ich, „weil ich derzeit keinen Reisepaß habe. Wenn Ihr mit mir sprechen wollt, müßt Ihr zu mir kommen. Hier stehe ich gerne zur Verfügung." „Das geht nicht", sagte mein Gesprächspartner am anderen Ende der Leitung. „Es wäre möglicherweise ungesund, wenn jemand von uns nach Wien käme und mit Dr. Ledl Kontakt aufnehmen möchte." „Es tut mir leid, aber ohne Reisedokument kann ich Österreich nicht verlassen", wiederholte ich.

Der Einzug meines Reisepasses war ja auch der Hauptgrund, weshalb es schließlich doch zu keiner Aussage vor den Grand Juries in den USA kam, obwohl ich während meiner Einvernahme durch Coffey und

Tamarro versprochen hatte, in die Staaten zu reisen.

Der Staatsanwalt verweigerte die Herausgabe meines Reisepasses, da man offenbar befürchtete, daß ich mich auf Nimmerwiedersehen empfehlen könnte. Eine irrige Annahme, da ich mich ja mit Leichtigkeit bereits vor meiner Verhaftung hätte absetzen können und es nicht tat. Ohne einen Reisepaß die Reise nach Amerika anzutreten, hätte den Verlust der Kautionssumme und andere unangenehme Folgen nach sich gezogen. Ich lehnte also ab. Dennoch versuchte Grush mich immer wieder zu einer Reise in die Staaten zu überreden. Er meinte, ich könnte auch einen amerikanischen Reisepaß bekommen, allerdings nur, wenn meine Aussagen einigermaßen brauchbare Erkenntnisse beinhalten würden.

„Sie können außerdem", versprach Grush, „jederzeit mit unserem Schutz und unserer Hilfe rechnen." „Ihre Freunde konnten nicht einmal Präsident Kennedy beschützen", war meine Antwort, „ich habe zu diesem Schutz leider kein Vertrauen."

Ich sah also auch keine Möglichkeit, das Land Richtung Rom zu verlassen. Doch „Pater Josef" gab nicht auf. „Ich glaube", sagte er, „ich weiß eine relativ einfache und obendrein verantwortbare Möglichkeit. Fahren Sie nach Triest und lösen Sie dort einen Grenzübertrittsschein. Sie könnten ja eine kurze Einkaufstätigkeit jenseits der Grenze vorschützen. Am Flughafen Triest, beim Alitalia-Schalter, bekommen Sie dann Ihr Ticket und fliegen zu uns. Ich werde Sie am Flughafen erwarten. Noch am selben Tag könnten Sie wieder nach Triest zurückkehren."

Ich überlegte: Schließlich ging es um meine erst frisch erworbene Freiheit. Wenn ich erwischt würde, wäre die Kaution dahin und ich könnte wieder hinter Gitter wandern. Andererseits bot die Sache mit dem Grenzübertrittsschein eine legale Möglichkeit, nach Rom zu fliegen, mit Benelli zu sprechen und Klarheit über die Zukunft unserer Beziehungen zu erlangen.

„Also gut, ich komme", sagte ich. Mein Gesprächspartner atmete hörbar auf. In äußerst freundlichem Ton sprach er mir Mut zu. Wir legten den Termin meiner Reise fest und verabschiedeten uns dann bis zu unserem Wiedersehen in Rom.

Einige Tage vor dem Weihnachtsfest des Jahres 1972 fuhr ich in Begleitung meines Stiefvaters und meiner Mutter in deren Volkswagen 411 nach Triest. An der Grenze erzählte ich, daß ich meinen Reisepaß leider in Wien vergessen hätte und daß wir in Italien lediglich einige Weihnachtseinkäufe tätigen möchten. Ich bekam anstandslos den Grenzübertrittsschein und fuhr mit einem Taxi zu dem kleinen Triester Flughafen. Das vom Vatikan bestellte und bezahlte Flugticket lag am Flugschalter der „Alitalia" tatsächlich schon bereit. Ich kam am Vormittag gegen 9 oder 10 Uhr in Rom an. „Pater Josef" erwartete mich bereits. Auf sein „Wie geht es? Alles gut überstanden?" brummte ich unwillig: „Eigentlich schon. Nur die vierundzwanzig Stunden haben etwas länger gedauert."

Wir fuhren durch die Stadt zu Benellis Büro im Vatikan. Dort erwarteten mich außer seiner Exzellenz, dem Substituten des vatikanischen Staatssekretariats, noch Erzbischof Marcinkus und ein Mann in Zivil, von dem ich bis heute nicht weiß, welche Rolle er gespielt hatte. Jedenfalls beteiligte er sich nicht an unserem Gespräch. Wie ich bald erfuhr, hatten mich die Herren hauptsächlich deshalb nach Rom eingeladen, um herauszufinden, was ich bei den Vernehmungen gesagt hatte, ob und was die österreichischen, deutschen und amerikanischen Kriminalbeamten über meine Beziehungen zum Vatikan aus mir herausbekommen hatten. Ich erzählte, daß bei den Hausdurchsuchungen mit Sicherheit belastende Schriftstücke, die sich auf unsere Geschäfte bezogen, aufgefunden worden waren. Dies konnte ich ja nicht verhindern. Bedauerlicherweise sei auch jener Briefbogen der „Sacra Congregazione dei Religiosi" in die Hände der Polizei gefallen, auf dem die Bestellung der „Ware", jener falschen Wertpapiere, fein säuberlich aufgelistet war. Weder Benelli noch Marcinkus zeigten auf diese Eröffnung hin eine besondere Reaktion.

„Haben Sie jemanden belastet?" fragte Marcinkus.

„Nein. Als mich der amerikanische Detektiv Coffey fragte, weshalb ich nicht alles sage, was ich noch weiß, und dabei erwähnte, sie hätten Kenntnis davon, daß die Initiative zum Ankauf gefälschter Obligationen von Kardinal Tisserant ausgegangen sei, der allerdings schon tot ist, habe ich dies bestätigt. Einem Toten kann man nicht schaden."

„Haben Sie auch uns erwähnt?" fragte Benelli.

„Nein. Ganz sicher nicht. Ich hoffe ja, daß unsere Beziehungen unter den Ereignissen nicht gelitten haben!"

Benelli wich aus.

„Haben Sie irgendwelche Probleme?" fragte er dann. Er schaute mich dabei durchdringend an.

„Die Rechtsanwälte haben mich eine Menge Geld gekostet. Ich stehe mittellos da, und die Sache ist leider noch nicht ausgestanden. Wenn Sie mir mit einer größeren Summe aushelfen könnten, wäre ich dafür sicher nicht undankbar."

„Wir haben selber finanzielle Probleme. Mit Geld können wir Ihnen nicht helfen", sagte Benelli. „Wir könnten Ihnen aber einige Ideen geben und Ihnen helfen, eine neue Existenz aufzubauen. Da wäre zum Beispiel Paraguay. Präsident Stroessner würde Sie auf unsere Empfehlung hin sicher mit offenen Armen aufnehmen. Sie könnten in Paraguay unter einem anderen Namen eine völlig neue Existenz beginnen."

Ich lehnte ab. Die alten Pläne mit einer neuen Existenz im Ausland hatte ich schon begraben. Meine Frau wollte sich von mir scheiden lassen.

„Ich habe Kinder, es geht mir lediglich darum, Geldmittel zu beschaffen", sagte ich.

„Wir bedauern, da können wir leider wirklich nicht helfen. Sehen Sie, Dr. Ledl, Sie haben hoch gespielt und hoch verloren. Das kommt halt vor im Leben."

Die beiden Prälaten lächelten. In meinem ganzen Leben werde ich den Satz nie mehr vergessen.

„Sicher, Sie haben recht", sagte ich. „Aber ich handelte in Ihrem Auftrag."

„Was Sie getan haben", sagte Benelli, „ist sicher verdienstvoll, aber Sie haben es nicht nur für uns getan, sondern für Ihre Glaubensgemeinschaft. Wir sehen keine Möglichkeit, Ihnen finanzielle Hilfe zu gewähren. Es könnte den Vatikan möglicherweise sogar in ein schiefes Licht bringen. Vielleicht ergeben sich neuerlich Möglichkeiten, bei denen wir Ihre Hilfe belohnen können. Natürlich nur dann, wenn Sie auch weiterhin alles für sich behalten und kein Wort über unsere Beziehungen verlieren."

Meine Reise nach Rom war eine einzige Enttäuschung. Ich spürte, daß die Vertröstung auf die „Möglichkeit späterer Geschäfte" eine unverbindliche Floskel war, eher dazu geeignet, mit dieser Hoffnung mein Schweigen zu erkaufen.

Als ich am späten Nachmittag nach Triest zurückflog, kreiste in meinem Kopf unablässig Benellis Satz: „Sie haben hoch gespielt und hoch verloren. Das kommt halt vor im Leben."

Kaum wieder in Wien, versuchte ich all jene Dokumente, Schriftstücke und Erinnerungsfotos wiederzufinden, die bei den Hausdurchsuchungen beschlagnahmt worden waren. Mein Erstaunen war groß, als ich feststellen mußte, daß die allerwichtigsten Dokumente, die sich auf meine Beziehungen zum Vatikan bezogen, spurlos verschwunden waren, als hätte sie der Erdboden verschluckt. Mein vatikanischer Diplomatenpaß, der mich als „Conseilleur" des Heiligen Stuhles auswies, fehlte ebenso wie die mit Siegel und Unterschrift versehenen Empfehlungsschreiben Tisserants. Das Doktordiplom der Vatikanuniversität blieb ebenso verschollen wie die zahlreichen Erinnerungsfotos, auf denen ich mit Marina Neubert, Tomaso Amato, Barbieri, „Pater Josef" und mit verschiedenen Prälaten des Vatikans abgebildet war. Vor allem fiel mir das Fehlen eines Gruppenfotos auf, das mich in der Gesellschaft der Kardinäle Tisserant, Benelli, Vagnozzi und Cicognani zeigte und anläßlich eines Fischessens in einem romnahen Fischrestaurant unter einem Sonnendeck aufgenommen worden war. Übrigens waren auch damals „Pater Josef" und „Monsignore Pretta" alias Alberto Barbieri dabei. Nur vollständigkeitshalber sei erwähnt, daß auch alle anderen Bilder, die mich mit Staatsoberhäuptern wie Haile Selassie, dem seinerzeitigen König von Äthiopien, oder dem damaligen saudiarabischen Finanzminister zeigten, spurlos verschwunden sind.

Auch die in den Akten ausdrücklich erwähnten Schriftstücke, die sich auf den Handel mit Gemälden und auf Geldgeschäfte mit dem Vatikan bezogen, blieben unauffindbar. Wo sind sie hingekommen? Ich kann darüber nur Vermutungen anstellen, ohne über konkrete Hinweise zu verfügen.

Ich glaube, daß alle diese Dokumente bei den Hausdurchsuchungen oder in den Monaten danach entweder von einem gläubigen Kriminalbeamten, der einen Riesenskandal witterte, vernichtet worden sind, oder daß sie auf eine Weisung hin dem päpstlichen Nuntius in Wien überreicht wurden. Möglicherweise hatte der Vatikan von sich aus die Herausgabe der Dokumente und des Bildmaterials betrieben, wenn auch sicher nicht offen, sondern durch geheime Kanäle, denn sonst hätte er sich ja selbst entlarvt.

Aus „Pater Josefs" Telefonanruf und der Tatsache, daß er über den Termin meiner Freilassung bereits Bescheid wußte, bevor noch ich oder meine Angehörigen es erfuhren, geht hervor, daß es zwischen Benelli und Co. und den österreichischen Behörden irgendeine Kommunikation geben mußte.

Natürlich hätte das Auftauchen der erwähnten Fotos und Dokumente die Akteure der Schwindelgeschäfte im Vatikan eindeutig entlarvt, deshalb leuchtete es völlig ein, daß man offenbar alles unternommen hatte, um in ihren Besitz zu gelangen oder sie zu vernichten. Dabei darf nicht übersehen werden, daß Benelli zu jener Zeit der allmächtige Substitut des vatikanischen Staatssekretariats war und über ausgezeichnete Kontakte in aller Welt verfügte. Es ist ja hinlänglich bekannt, mit welchem Eifer der Vatikan auch sonst jedes scheinbar noch so belanglose Schriftstück nach dem Tod eines Papstes, Kardinals oder sonstigen wichtigen Würdenträgers unter Verschluß hält. Die persönlichen Tagebücher Pius XII. sind bis heute verschollen. Kardinal Tisserant fiel im Vatikan nach seinem Tod unter anderem auch deshalb in Ungnade, weil er seine Aufzeichnungen, Dokumente und seinen Schriftverkehr rechtzeitig seinem Sekretär Georges Roche übergab, der diese, zusammen mit Tisserants Nichte Paula Hennequin, zunächst in die Schweiz und später nach Frankreich brachte.

Was soll ich von der Tatsache halten, daß rund zehn Tage, bevor mein Prozeß im Wiener Landesgericht begann, der damalige UNO-Vertreter Österreichs und spätere Außenminister Dr. Peter Jankowitsch am 1. September 1972 dem New Yorker Kardinal Terence Cooke, der mehrere Vatikan-Ämter bekleidete, einen Besuch abstattete? Wir werden nie Genaueres erfahren, denn selbst wenn die verschwundenen Fotos, Dokumente und Papiere wirklich nach Rom gelangt sind, würden die Beteiligten jeglichen Zusammenhang selbstverständlich leugnen.

Mit Dr. Jankowitsch hatte ich Ende der sechziger Jahre zwei Unterredungen, bei denen er mich warnte, mich in die inneren Angelegenheiten Burundis einzumischen. Ich könnte mir vorstellen, daß er mich Kardinal Cooke gegenüber zumindest erwähnte.

Kardinal Cooke wurde offiziell im April 1973 über die Sache mit den falschen Obligationen informiert, was aber nicht heißen muß, daß er vor diesem Termin von der Affäre nichts erfahren hätte. Seine Reaktion auf das Ansinnen Coffeys und Tamarros, er möge ihnen die Möglichkeit verschaffen, im Vatikan vorsprechen zu können, ist nicht uninteressant. Nach einigen Tagen „Bedenkzeit“, während der er sich wahrscheinlich mit Benelli und Co. über diesen höchst bedrohlichen Skandal beriet, lehnte er jedwede Vermittlung kategorisch ab. Erst als sich das US-Außenministerium eingeschaltet hatte, bequemte sich Benelli zur

Erteilung der Besuchserlaubnis für die amerikanischen Fahnder. Zu diesem Zeitpunkt, am 25. April 1972, wußte Benelli schon längst, daß dem Vatikan nichts nachgewiesen werden konnte.

Meiner Diskretion konnte er sich sicher sein, hätte ich „gesungen", hätte ich mich damit auch selbst belastet. Außerdem konnte er durchaus damit rechnen, daß man einem „vorbestraften Betrüger" keinen Glauben schenken würde, wenn er trotz aller Bedenken aus der Schule plauderte.

Das Verschwindenlassen belastender Fotos und Dokumente, Pässe, Doktordiplome, Empfehlungsschreiben und ähnlichem mehr sollte offenbar ein Weiteres dazu tun, um die Spuren zu verwischen.

Trotz allem gab es aber noch immer genügend Indizien und auch Dokumente, vor allem den ominösen Brief der Ordensleute-Kongregation, die den Vatikan belasten konnten. Damit ausgerüstet machten sich am 25. April 1973 die US-Beamten Lynch, Tamarro und Aronwald nach Rom auf. Das Resultat ist bekannt. Es war eine abgekartete Sache, bei der von vornherein feststand, daß dem Vatikan, eigentlich Marcinkus, Benelli und Co., nichts zustoßen konnte.

Für Nixon, der zu dieser Zeit bis über den Kopf im Watergate-Schlamassel steckte, wäre eine Anklageerhebung gegen den Vatikan und speziell gegen den amerikanischen Prälaten Marcinkus einem Harakiri gleichgekommen. Er brauchte die Stimmen der Katholiken, die Unterstützung des Episkopats und des Vatikans.

Also richtete man an Kardinal Villot lediglich eine höfliche Anfrage, ob man eine kleine Delegation im Vatikan vorlassen würde, die dort einige Fragen stellen möchte. Villot willigte ein, damit dann endlich Ruhe herrsche. Er wußte, daß nichts schiefgehen konnte. Bezeichnenderweise wurde der Detektiv Coffey, der von allen Fahndern der cleverste war, das meiste wußte und mit dem Fall am eingehendsten beschäftigt war, nicht als Delegationsmitglied zugelassen. Seine Proteste halfen ihm nichts. Als Aronwald, Tamarro und Lynch Ende April in Benellis Büro kommen wollten, war der flinke Kardinal gerade in großer Eile. Er speiste die ungebetenen Gäste zwischen Tür und Angel mit einigen Höflichkeitsfloskeln ab und verwies sie an seine Adjutanten Rauber, Rigali und Martinez.

Lynch trug die Angelegenheit mit den gefälschten Obligationen vor, die drei Monsignoris hörten schweigend zu. Martinez, der Benellis Büro leitete, sagte dann, daß er keinerlei Kenntnis von irgendwelchen

Geschäften mit Obligationen, schon gar nicht mit gefälschten, hätte, wobei er wahrscheinlich nicht einmal log, aber man werde gerne herumhören. Im übrigen hätte der Vatikan nicht vor, „zum jetzigen Zeitpunkt mit den offiziellen Stellen der Vereinigten Staaten in diesem Ermittlungsverfahren zusammenzuarbeiten, da man diese Zusammenkunft als informelles Treffen betrachte, mit dem einzigen Zweck, sich zu informieren."

Daraufhin zog Lynch das Papier mit dem Briefkopf der „Sacra Congregazione dei Religiosi" aus dem Sack. Die Monsignoris drehten es hin und her, wendeten es, ließen auf dem Blatt ihre Augen auf und ab gleiten, hielten es gegen das Licht und stellten schließlich fest, daß das Briefpapier zwar echt sein dürfte, aber schon lange nicht mehr verwendet werde.

Die Audienz war damit beendet. Nicht weniger rasch blitzten die drei bei Marcinkus ab. Er zeigte sich über die Angelegenheit höchst erstaunt, betonte, daß er das Bankgeheimnis keinesfalls antasten werde, nur um sich zu verteidigen, schimpfte über Foligni, dessen Bekanntschaft er immerhin nicht leugnete, lobte Sindona, den er allerdings, wie er sagte, nur flüchtig kenne, und machte kein Hehl aus seiner Abneigung gegen Benelli.

Mit leeren Händen, wie es im Drehbuch des Weißen Hauses und des Vatikans vorgesehen war, kehrten die drei Amerikaner nach Hause zurück. Coffey war wütend und lief Gefahr, seinen Glauben an Gott und an Amerika zu verlieren. Spätestens zu diesem Zeitpunkt sah er ein, wie die Gerechtigkeit auf Erden aussieht, und daß kein Satz so felsenfest gültig ist wie jener, der besagt, daß man die Kleinen fängt, während man die Großen laufen läßt.

So endete die Geschichte vorläufig ohne einen Knalleffekt, geschweige denn einen Richterspruch. Foligni geht nach wie vor seinen diversen Geschäften nach, spielt den Vorsitzenden seiner Minipartei „Nuovo Partito Populare" („Neue Volkspartei") und gibt seine Minipostille „Riflettere" heraus.

Ein etwas rundlicher Priester, Don Giuseppe Aquilanti, der mit einer Dissertation über die „Würde der menschlichen Person in der Lehre Pius XII." an der Lateranuniversität promovierte, assistiert ihm dabei.

Wortreich erklärt er auch heute noch, wie sehr er unschuldig sei und wie er durch seine damalige Selbstanzeige den italienischen Staat vor den, wie er sagt, „Destabilisierungsversuchen der Mafia“ gerettet habe. Daß seine „Nuova Sirce“-Gesellschaft in der Bundesrepublik auch nach dem Auffliegen des ersten Versuches, die Falsifikate in Zürich zu deponieren, munter weitere Versuche zur Belehnung falscher Zertifikate unternahm, verschweigt er, nobel wie er ist. Dafür erzählt er, mit einer bunten St. Antonius-Statue im Hintergrund, jedem, der die Geduld dafür aufbringt, von seiner Bekehrung, die er laut eigener Aussage bei einer seiner vorübergehenden Festnahmen erlebt hatte.

Ein Polizist habe aus einem Stapel von Büchern, als er nach Lesestoff verlangte, denn „ohne Bücher sterbe ich“, ausgerechnet die Bekenntnisse des Heiligen Antonius herausgezogen. Ein unscheinbares Büchlein mit zerschundenem Deckel, das ihm aber zur Umkehr und zur Einsicht verholfen habe, daß es müßig sei, vergangene Dinge aufzurühren statt sich mit der moralischen Erneuerung der Menschheit hier und heute zu beschäftigen.

Aber ganz läßt ihn die Vergangenheit nicht los: er nennt die amerikanischen Fahnder Tamarro, Coffey und Aronwald „pazzi“, Irre, die nur Instrumente in der Hand politischer Intriganten gewesen wären. Es ist ja bezeichnend, versucht er die Bedeutung der FBI-Unterlagen und Hammers Enthüllungen in seinem Buch „Eine Messe für den Paten“ herunterzuspielen, daß sich in Italien kein einziger Verleger gefunden hätte, der dieses Buch kaufen wollte; nur ein kleiner Verleger in Neapel gab sich dafür her. Gegen diesen erwäge er gerade gerichtliche Schritte. Schließlich gibt er dann zu, daß er den amerikanischen Vernehmungsbeamten gegenüber, die ihn laut eigener Aussage anerkennend als ein „Monstrum an Intelligenz“ bezeichnet hätten, „nicht gelogen, sondern nur nicht alles“ gesagt habe.

Nicht weniger wortkarg gibt sich nach all den Jahren auch der ehemalige Paulanermönch mit der Blitzkarriere im Schatten des Vatikans, „Monsignòre Pretta“ alias Don Alberto Barbieri. Fragt man den nicht mehr jungen Oberkellner im Nobelrestaurant „piccolo mondo“ in der Nähe der Via Veneto, wo ich früher oft mit Barbieri speiste, ob er sich noch an „Monsignore Pretta“ alias „Mario“ erinnern könne, hellt sich dessen Gesicht zu einem breiten, wissenden Grinsen auf. Der Priester mit den verschiedenen Decknamen lebt heute ganz schlicht im römischen Randbezirk Casal Palocco in der Nähe von Ostia und hält dort Sprechstunden für Pfarrmitglieder, die sich mit ihren verschiedenen Nöten und Sorgen an ihn wenden.

Wer wüßte besser als er, wie willig mitunter der Geist und wie schwach meistens das Fleisch ist. Verständlicherweise weist auch sein Erinnerungsvermögen gewaltige Lücken auf. „Ledl, Ledl ... wer könnte das nur sein?“ sinniert er angestrengt vor Bekannten, die ihn auf die unerquickliche Bekanntschaft mit mir ansprechen. Ah, ja, möglicherweise habe er einen Ledl getroffen, und wenn er sich nicht täusche, sei dieser Ledl kein Priester, sondern ein Laie. Marina Neubert? Nein, die hat er nie gesehen, wie sollte die denn ausgesehen haben? War sie blond, braun, groß oder klein?
Marcinkus? Nein. Den hat er ganz bestimmt nie gesehen. Wer ist denn dieser Barbieri, soll Marcinkus laut Barbieri angeblich gefragt haben, als er diesen Namen zum erstenmal in Zusammenhang mit einer angeblichen Fälscheraffäre hörte.

Natürlich fühlt sich auch die heute in Venedig lebende Marina Giuriati-Neubert unschuldig. Auch sie wurde nur „hereingelegt“. Sie sei dennoch jenen nicht böse, die sie schamlos ausgenützt hätten. Im übrigen „weiß der Herrgott, was ich durchgemacht habe, wie sehr ich gefehlt habe, und wie ich das wieder gutmachen kann.“ Also doch ein Schuldbekenntnis?

XV. „Monsignore, zuviele Leichen!"
Erste Leiche: Eugène Kardinal Tisserant

Wer die lange Geschichte der Kirche auch nur einigermaßen kennt, weiß, daß sie nicht nur vom Blut ihrer Märtyrer und Bekenner getränkt ist, sondern auch vom Blut jener Millionen, die im Laufe der Jahrhunderte zu Opfern ihres Macht- und Herrschaftsanspruches geworden sind. Auf Kreuzzügen, in Religionskriegen, als Opfer der Heiligen Inquisition oder als erschossene Revolutionäre gegen den Kirchenstaat, viele Menschen mußten im Namen Christi sterben.

Unser Verstand sträubt sich aber, die Einsicht zu verarbeiten, daß es im Dunstkreis der irdischen Statthalterschaft des Gottes der Nächstenliebe auch heute noch jede Menge Intrigen, Rachegelüste und Mordanschläge gibt.

Doch die Schlagzeile, mit der das italienische Magazin „Panorama" seine Leser Mitte der achtziger Jahre überraschte: „Monsignore, zuviele Leichen im Keller!", war alles andere als eine journalistische Übertreibung. Wenn auch Leichen üblicherweise kaum reden, hinterlassen sie mitunter doch beredte Spuren: Indizien, die es uns trotz des Schweigens der vielfach nicht mehr genau identifizierbaren Mörder und ihrer Komplizen durchaus ermöglichen, ihre tragischen Geschichten zu rekonstruieren.

Als ich Ende Februar 1972 erfuhr, daß der Kardinaldekan der Heiligen Römischen Kirche, mein alter Gönner und Freund Eugène Kardinal Tisserant verstorben war, verspürte ich außer einer gewissen Traurigkeit über das Hinscheiden dieses prächtigen Mannes kaum ein besonderes Gefühl. Schließlich handelte es sich um einen Mann, der bei aller robusten Gesundheit doch immerhin siebenundachtzig Jahre alt geworden war.

Doch die Details über seinen Tod, die seltsame Übereinstimmung gewisser Daten und Fakten machten mich plötzlich stutzig und veranlaßten mich zu eingehenden Nachforschungen.

Als Tisserant, kraft seines Amtes als Dekan des Kardinalskollegiums zweiter Mann der katholischen Kirche, am 21. Februar 1972 abends um 20 Uhr 40 für immer die Augen schloß, waren seine Beziehungen zu seinen ehemaligen Freunden und Mitbrüdern im Vatikan bereits am Gefrierpunkt angelangt.

Wie sich später herausstellte, hatte Paul VI. keine Zeit gefunden, den Sterbenden zu besuchen und ihm die Sterbesakramente zu erteilen; ja nicht einmal die Spesen für die Beerdigung übernahm der Vatikan. Zwischen Tisserants damals 35jähriger Nichte Paula Hennequin, den Sekretären Georges Roche und Pedro Lopez-Gallo einerseits und dem päpstlichen Zeremonienmeister Monsignore Virgilio Noé setzte ein beschämendes Tauziehen darum ein, doch der Vatikan blieb hart. Lediglich eine Seelenmesse wurde aus der päpstlichen Schatulle finanziert.

All das hinderte Paul VI. keineswegs daran, die Verdienste des solcherart brüskierten Mitbruders vier Monate später, am 23. Juni 1972, mit bewegenden Worten zu schildern: „Wie sollen wir uns nicht an ihn erinnern, der so lange Jahre hindurch der Wortführer des Heiligen Kardinalskollegiums war, der seit seinen ersten Priesterjahren im Dienste des Heiligen Stuhls stand? Seine Kompetenz in allen Bereichen, die ihm von den Päpsten übertragen wurden, war nicht weniger groß als seine brennende Liebe für die Kirche und sein unermüdlicher Eifer, dessen Zeugen wir alle sind."

Außerdem hatte Kardinal Tisserant, wie ein italienischer Journalist bemerkte, eine schlechte Menschenkenntnis, er suchte sich meistens die falschen Freunde aus, während er echten Freunden oft genug mit Mißtrauen und Argwohn begegnete.

Um den tatsächlichen Umständen seines Todes auf die Spur zu kommen, ist ein Blick auf die fulminante Karriere dieses ebenso hochbegabten wie freizügigen und launischen Mannes durchaus zielführend.

Der Kardinal entstammte einer alteingesessenen elsässischen Tierärzte-Dynastie, die in Nancy beheimatet war und in der die Pflege verschiedener Weltsprachen zur Familientradition gehörte. Nachdem Tisserant seine Studien am Priesterseminar seiner Heimatstadt beendet hatte, wurde er am 4. August 1907 zum Priester geweiht. Inzwischen lernte er Hebräisch, Syrisch und Arabisch nicht nur lesen und schreiben, sondern auch sprechen. Aufgrund seiner Sprachkenntnisse wurde er bereits ein Jahr später an die Vatikanische Bibliothek in Rom berufen, wo er die orientalische Abteilung zu betreuen hatte. Daneben unterrichtete er am päpstlichen Institut Apollinaire Assyrisch. Kurz nach Ausbruch des Ersten Weltkrieges wurde er zur französischen Armee einberufen und im Range eines Artillerie-Offiziers der Heeresführung in Palästina und Syrien zugeteilt.

Nach dem Krieg kehrte er nach Rom zurück. In der Uniform eines Artillerie-Leutnants und in Begleitung seines Freundes Monsignore Achille Ratti ging er zur Audienz bei Papst Benedikt XV. Seine ausgeprägte Vorliebe für die Uniform und fürs Militärische ließ damals das Gerücht aufkommen, Tisserant sei im Krieg Oberst des französischen Geheimdienstes gewesen, was er und seine Freunde aber stets dementierten.

Die Freundschaft mit Monsignore Ratti sicherte Tisserant eine reibungslose Karriere im kirchlichen Machtapparat, zumal Ratti als Pius XI. bald den päpstlichen Thron bestieg. Im Jahre 1936 ernannte der Papst seinen Freund zum Kardinal.

Tisserant bekleidete von nun an die verschiedensten Ämter im Vatikan. Er war lange Zeit hindurch Präfekt, also Leiter der Kongregation für die orientalischen Kirchen, Vorstandsmitglied einer ganzen Reihe anderer Kongregationen, wie die Ministerien im Vatikan heißen, und bekleidete außerdem noch die Würde eines Schutzherrn für rund fünfzig Ordensgemeinschaften in aller Welt. Als päpstlicher Delegat und zuletzt Reisebegleiter Papst Pauls VI. unternahm er zahlreiche Auslandsreisen. Seine vielfältigen Aktivitäten hinderten ihn aber keineswegs an der Leitung seiner kleinen Diözese Porto e Santa Rufina, die ihm Pius XII. innerhalb der Bannmeile Roms übertragen hatte.

Tisserants streng konservative Ansichten auf theologischem Gebiet standen in scharfem Gegensatz zu seinem barocken Lebenswandel.

Seinen Priestern in der Diözese Porto e Santa Rufina, an deren Hauptsitz La Storta er eine häßliche moderne Kathedrale aus Ziegelsteinen errichten ließ, vergaß er nie einzuschärfen, daß sie nicht die Aufgabe hätten zu diskutieren, sondern Einigkeit zu zeigen, denn nur dies imponiere der Welt und werde die verlorenen Schafe der Mutter Kirche wieder zur gemeinsamen Futterkrippe zurücklocken. Der Gehorsam, den er gerne predigte, fiel ihm selbst aber nicht leicht. Dennoch mußte auch er sich fügen, als ihm Johannes XXIII. im November 1959 den Vorsitz in der Kongregation für die orientalischen

Kirchen wegnahm. Der Papst begründete diesen Schritt mit dem Argument, die Ämterhäufung bei den Kardinälen sei der Sache der Kirche nicht dienlich. Tatsächlich wurde Tisserant durch die Verfügung des Papstes keineswegs arbeitslos. Seit 1958 leitete er die Bibliothek und das Geheimarchiv des Vatikans und war gleichzeitig Präfekt der Zeremonienkongregation sowie Vorsitzender der Päpstlichen Kommission für Bibelkunde. Am 21. November 1970 erließ Paul VI. eine Verordnung, die einen gehörigen Schock unter den alten Herren im Vatikan auslöste. Alle Kardinäle, die das 80. Lebensjahr erreicht hatten, sollten ihre Ämter zur Verfügung stellen.

Sie dürfen künftig auch an der Papstwahl nicht mehr teilnehmen. Natürlich drang kaum ein kritisches Wort an die Ohren des gemeinen Kirchenvolkes, denn Loyalität und Diskretion sind in Rom großgeschrieben, doch insgeheim gab es kräftige Proteste. Der eine oder andere der Betroffenen machte seinem Ärger so kräftig Luft, daß davon auch der Blätterwald der internationalen Presse ins Rascheln geriet. Tisserant, der sich noch äußerst rüstig fühlte, war neben Ottaviani der Wortführer der Protestanten. Doch es nützte ihm nichts. Am 21. März 1971 mußte auch er, nachdem er das paulinische Alter erreicht hatte, seine Ämter im Vatikan zur Verfügung stellen. Dies hätte ihn, hieß es, von einem Tag auf den anderen zu einem gebrochenen Mann gemacht, der sein seelisches Gleichgewicht verloren hatte. Jedenfalls gilt dies bis heute als Erklärung für jene mysteriöse Erkrankung des bis dahin kerngesunden Mannes, die ihn binnen sieben Monaten ins Grab brachte. Leider hat diese Erklärung für Tisserants plötzlichen gesundheitlichen Zusammenbruch einige Schönheitsfehler. Dieser auffallende Umschwung im Leben des Kardinals erfolgte nämlich keineswegs unmittelbar nach dem Rücktritt von seinen Ämtern, Anfang April 1971, sondern erst Monate später, im Sommer des selben Jahres.

Nach der Logik der zitierten Erklärung hätte Tisserant bereits im Jahr 1959 einen gewissen seelischen Schaden davontragen müssen, als ihn Johannes von der Spitze der Kongregation für die orientalischen Kirchen ablöste, zumal er diese Kongregation 23 Jahre lang geleitet hatte und an dieser Arbeit sehr interessiert war. Außerdem betraf die damalige Verordnung nur ihn, während die Verfügung Pauls VI. auch andere Kardinäle traf, die wie Tisserant schon aus Altersgründen eines Tages mit dem Ruhestand rechnen mußten.

Schon der Zeitpunkt der plötzlichen Erkrankung des Kardinals ist bemerkenswert. Ausgerechnet zu jener Zeit, in der unser Geschäft mit den gefälschten Mafia-Obligationen zunächst schief ging und die Benelli-Marcinkus-Foligni-Gruppe die Angelegenheit an sich riß, wurde Tisserant von einer geheimnisvollen Erkrankung heimgesucht.

Am 30. Juli 1971, kaum zehn Tage, nachdem Amato und ich ihn mit unserem Koffer besucht hatten und er uns bei bester Gesundheit und blendender Laune entgegenkam, wurde er plötzlich in das Spital der Paulanerschwestern in Albano Laziale nahe dem Albanersee und der päpstlichen Sommerresidenz Castel Gandolfo eingeliefert. Man legte ihn nicht in ein gewöhnliches und auch nicht in ein für die höhere Geistlichkeit reserviertes Krankenzimmer, sondern, von allen anderen Patienten abgesondert, in das aus drei Räumen bestehende Appartement der Mutter Oberin. Sie stellte ihre Räume dem hohen Gast bereitwillig zur Verfügung. Alles schien für einen längeren Aufenthalt des Patienten ausgelegt, obwohl man zu diesem Zeitpunkt gar nicht wußte, ob der Kardinal überhaupt einer längeren Kur bedurfte oder nicht.

Als Diagnose wurden Gehirndurchblutungsstörungen, erhöhte Temperatur, Lähmung des linken Unterarms und Harnstauung angegeben. Ganz anders allerdings lautete die Diagnose in den französischen Zeitungen, vor allem aber in dem Brief, den Tisserants ehemaliger Sekretär Georges Roche an einen meiner Bekannten schrieb, ohne zu wissen, weshalb wir uns so eingehend nach den näheren Umständen der Erkrankung des Kardinals erkundigten.

In seinem Brief betonte Roche zunächst, daß es „sehr schwierig ist zu präzisieren, wann die Krankheit des Kardinals begann." Roche meint, erste Zeichen einer gewissen Labilität im Gesundheitszustand des bis zu diesem Zeitpunkt kerngesunden Kardinals hätten sich etwa Ende März 1971 eingestellt. Mitte April hätten die Ärzte, die zur Diagnostik herangezogen wurden, einen „Gemütsschock" festgestellt und geraten, Tisserant solle den Vatikan und Italien zur Erholung für einige Monate verlassen. Kündigte sich in Tisserants „Gemütsschock" ein Gewissenskonflikt an, der in den aufregenden Tagen Mitte Juli dann zum Ausbruch kam? Oder stellte sich dieser „Gemütsschock" erst zwischen dem 20. und 30. Juli ein? Verschwand Tisserant deshalb plötzlich schon um den 21. Juli herum aus dem Blickfeld, als wir noch in Turin und später in Mailand auf neue Nachrichten warteten?

Was hatte sich im Vatikan zwischen Benelli, Marcinkus und ihm in diesen Tagen abgespielt? Eines steht jedenfalls fest: Als er uns am 20.

Juli zusammen mit Benelli empfing, konnte ich nicht die geringste Spur von einem „Gemütsschock“ in seinem Benehmen entdecken. Dieser dürfte also erst zwischen dem 20. und 30. Juli aufgetreten sein und vielleicht auch zu einem leichten Schlaganfall geführt haben, falls die Protokolle des Spitals auch nur ein Körnchen Wahrheit in sich bergen sollten.

Tisserants Freund und Kollege in der Academie Française, der Schriftsteller Jean Guitton, Verfasser der „Gespräche mit Paul VI.“, der den Kardinal im September 1971 besuchte, unterstrich ebenfalls den psychischen Charakter von Tisserants Krankheit.

„Er hatte keine eiserne, sondern geradezu eine bronzene Gesundheit ... Der Kardinal berichtete mir, daß er nie Schwierigkeiten hatte beim Einschlafen, daß er nie Magenbeschwerden verspürte und keine Müdigkeit kannte. Als ich ihn im September besuchte, sah ich, daß er nicht physisch litt, sondern empört und außer sich war über die Tatsache, daß sein Körper ihm nicht mehr gehorchte.“

Tisserant litt nun offensichtlich unter Schlaflosigkeit, Magenbeschwerden und Müdigkeit, was eindeutig auf psychische Ursachen seines Leidens hinweist. Weshalb ist in dem Spitalsprotokoll von all dem nichts verzeichnet? Weshalb „vergißt“ der „Osservatore Romano“ zu erwähnen, daß Tisserants Ärzte den Kardinal keineswegs nach Albano Laziale schickten, sondern aufgrund des eindeutig psychischen Krankheitsbildes einen Erholungsaufenthalt in seiner Heimat, in den französischen Pyrenäen empfahlen?

Bemerkenswert ist jedenfalls, daß es kein Arzt, sondern Kardinalstaatssekretär Villot war, der, angeblich auf Geheiß des Papstes, den Plan der Ärzte durchkreuzte und Tisserant ins Spital der Paulanerschwestern in Albano einliefern ließ. Dies veranlaßte den römischen Korrespondenten der Pariser Le Monde, Jaques Nobecourt, einen versierten Vatikankenner, zu der sarkastischen Frage: „Wirkt die Luft der Albaner Berge erfrischender auf den Kardinal als die der Pyrenäen?“

Wie dem auch sei, Villot und Benelli bestanden darauf, daß der Kardinal unter den wachsamen Augen des Vatikans ausruhte. „Ein Asyl, das ihm in Frankreich angeboten wurde, hatte der Vatikan strikte abgelehnt, als einen für den Dekan des Kardinalskollegiums unwürdigen Aufenthalt.“, schrieb „Le Monde“.

Von all dem erfuhr die italienische Öffentlichkeit nichts. Erst am Vormittag des 21. Februar 1972, also rund sieben Monate später, und

National University

Dominion of Canada

Toronto

DUM VIVAMUS VIVEMUS

Member of the American Council on Schools and Colleges
Approved by the Commission on Adult Education

To whom these Presents may come, Greetings.

Be it known by the Tenor of these Presents, that this day by Virtue of the Authority of the Academic Jurisdiction in Us Vested, we have conferred upon -

LEOPOLD LEDL

Who has satisfied the Requirements of this University

The Degree of

DOCTOR OF

Subject PHILOSOPHY

With all the Rights, Honours and Dignity pernitent to such Degree here or elsewhere thereunto Appertaining

In Witness Whereof, We have hereunto set the Seal of the University this 4th Day of October in the Year of our Lord 1955.

Chancellor

Registrar

President

Members of Council

nur zwanzig Stunden, bevor Tisserant für immer die Augen schloß, brach eine italienischsprachige Zeitung ihr Schweigen. Es war der „Osservatore Romano", das halboffizielle Blatt des Papstes. In einer knappen Siebzehn-Zeilen-Notiz gab er zum erstenmal die Erkrankung des Kardinals bekannt, wobei das Blatt es sorgfältig vermied, Tisserants Krankheit, ihren Beginn und den Termin seiner Einlieferung in das Krankenhaus näher zu bestimmen. Originalton des Vatikanblattes vom 21. Februar 1972:

„Seit einigen Monaten ist der hochwürdigste Herr Kardinal Eugène Tisserant, Dekan des Heiligen Kollegiums, Patient der Klinik Regina Apostolorum der Schwestern der Töchter des Heiligen Paulus in Albano, wo ihn der Heilige Vater in den ersten Tagen seiner Krankheit besucht hat. Der Zustand des Kardinals hat sich in den ersten Stunden des heutigen Tages verschlechtert. Der Kardinal bekam sofort das Krankensakrament und wurde von Seiner Eminenz, dem Kardinalstaatssekretär Jean Villot besucht. Kardinal Villot übermittelte den Segen des Heiligen Vaters und unterhielt sich lange mit ihm."

Offenbar hielt es aber der um die Gesundheit seines Landsmannes ansonsten scheinbar so besorgte Villot nicht für nötig, ärztliche Hilfe anzufordern. Wie eine Schwester sich noch heute erinnert, hat der Leibarzt Tisserants, als er endlich in den späten Nachmittagsstunden zum Sterbebett des Kardinals bestellt wurde, verärgert bemerkt: „Sie rufen mich erst, wenn es keine Hilfe mehr gibt!"

Übrigens werden wir dem Kardinal Villot in der unheimlichen Rolle eines Todesengels am Totenbett des Dreiunddreißigtage-Papstes Johannes Paul I. noch einmal begegnen.

Weder der Arzt noch Tisserants engste Umgebung rechneten mit dem plötzlichen Tod des Kardinals. Ganz im Gegenteil: „Nichts deutete auf einen derart plötzlichen Tod hin", meinte Sekretär Roche wortwörtlich. „Die Ärzte waren selbst erstaunt über seinen raschen Verfall, der sich binnen vierundzwanzig Stunden eingestellt hatte, umsomehr, da sie ihm drei Tage vorher noch die Möglichkeit in Aussicht stellten, zu den Osterfeierlichkeiten nach Frankreich reisen zu können."

Im „Osservatore Romano" vom 23. Februar 1972 werden die letzten Stunden des Kardinals folgendermaßen geschildert: „Vergangenen Samstag empfing der Kardinal einige Jugendliche und Betreuer des von ihm gegründeten Werkes für die Berufsausbildung von Behinderten. In der Nacht überkam ihn eine Übelkeit, die er mit großer Geduld ertrug.

Er betete mit großer Andacht den Rosenkranz. Bis Montag früh trat eine Besserung ein ... Benachrichtigt von der Verschlechterung des Zustandes des Kardinals hatte der Heilige Vater, wie wir gestern berichteten, seine Eminenz, den Herrn Kardinalstaatssekretär Villot abgesandt, um seinen speziellen Segen zu überbringen. Tisserant empfing diesen Segen mit Dankbarkeit und brachte erneut die Gefühle seiner unerschütterlichen Verehrung gegenüber dem Stellvertreter Christi zum Ausdruck ... Die Leiche des Kardinals Eugène Tisserant ist in der Kapelle der Klinik der Königin der Apostel in Albano Laziale, Via S. Francesco, zur Verehrung aufgebahrt."

Gerade nachdem die Ärzte Tisserant für durchaus reisetauglich erklärt hatten und er von ihnen grünes Licht für seine Abreise nach Frankreich bekommen hatte, überfiel ihn plötzlich eine nächtliche Übelkeit, von der er sich nicht mehr erholen konnte ...

Die Begräbnisfeierlichkeiten in der Peterskirche fanden am Vormittag des 24. Februar unter dem Vorsitz des Papstes statt. Außer den Mitgliedern des Kardinalskollegiums nahm eine ganze Reihe illustrer Gäste an dieser Abschiedsfeier teil. Frankreich ließ sich durch Innenminister Raymond Marcellin und durch die beiden Akademie-Mitglieder Maurice Druon und René Clair vertreten. Weder Villot, Benelli noch Marcinkus fehlten. Auffallend war die Abwesenheit des Tisserant-Sekretärs Roche, die er selbst mit einer Erkältung erklärte.

Doch beim Vatikan akkreditierte Journalisten, die es in jahrzehntelanger Übung gelernt hatten, zwischen den Zeilen feierlicher Erklärungen zu lesen und die Hintergründe protokollarischer Verlautbarungen zu deuten, blieben an diesem Detail hängen.

Was die italienischen Blätter vorerst mit keinem Wort erwähnten, ließen die Franzosen platzen: Es hatte um Tisserant herum Verstimmungen gegeben, und zwar nicht erst in den letzten Tagen seines Lebens. Roche wurde aufgestöbert und zeigte sich durchaus nicht abgeneigt, einiges auszuplaudern. So erwähnte der Sekretär Tisserants, daß der Kardinal über alles, was sich im Dunstkreis des Vatikans tat, penible, bis in die kleinsten Details gehende Aufzeichnungen geführt hatte. Sie umfaßten die Schilderung der Krise zwischen Frankreich und dem Heiligen Stuhl in den Jahren 1908 bis 1914, die ersten Kontakte mit der orthodoxen Kirche oder die Versöhnung zwischen dem Vatikan und den Faschisten, schließlich auch die Behauptung, daß sein engster Freund, Papst Pius XI., keineswegs eines natürlichen Todes gestorben

Ratti

sei, sondern durch eine wohldosierte Injektion des päpstlichen Leibarztes und Mussolini-Schwiegervaters Dr. Petacci ins Jenseits befördert worden wäre. Es ist unschwer zu erraten, welchen Wert Tisserants Notizen für die Geschichtsschreibung darstellen, nicht nur, weil der Kardinal alle Briefe, Karten und Notizzettel aufbewahrt und selbst Daten und Uhrzeiten von Gesprächen sorgfältig eingetragen hatte, sondern weil er auch von allen Dokumenten, Depeschen und Dossiers, die er je in Händen hielt, Kopien angefertigt hatte.

Dadurch wurde auch publik, daß Johannes XXIII. nicht, wie er einmal behauptete, „einmütig" zum Nachfolger Petri gewählt wurde, sondern lediglich mit 36 Stimmen das hohe Amt erreicht hatte, was angesichts von 52 Kardinälen, die an der damaligen Papstwahl teilnahmen, nicht gerade als „einstimmige" Entscheidung bezeichnet werden kann.

Aber ist dies wirklich der Grund, weshalb eine aus drei Juristen der Kurie gebildete Kommission nach dem Tod Tisserants allen Ernstes sogar die Exkommunikation des Kardinals erwog? Hat es nicht auch früher solche Indiskretionen gegeben, ohne daß ein derart schwerwiegender Schritt ins Auge gefaßt wurde?

Hatte man nicht auch von Pius IX., Benedikt XV., Pius X., Pius XI. und Pius XII. gewußt, mit wieviel Stimmen sie gewählt worden waren und durch wen die Indiskretion in die Öffentlichkeit gesickert war?

Was konnte der Kardinal überhaupt dafür, daß Roche seine Aufzeichnungen der Öffentlichkeit zur Kenntnis brachte? Wer kann nachweisen, daß Tisserant auch solche Aufzeichnungen in seine Erinnerungen aufnehmen wollte? Jedenfalls kann dieser Aspekt die auffallende Nervosität vatikanischer Kreise im Zusammenhang mit dem Verschwinden der Tagebücher und Aufzeichnungen Tisserants nicht recht erklären, und schon gar nicht jene völlige Ächtung, wie sie nach seinem Tod bis zur letzten Konsequenz durchgesetzt wurde. Kein einziges Erinnerungsstück, kein Bild, kein Gegenstand, keine Gedächtnisstätte erinnert heute im vornehmen Spital der Paulanerschwestern in Albano an den mächtigen Kirchenfürsten, dem damals die Schwester Oberin höchstpersönlich ihr Appartement überließ. Selbst eine kleine Erinnerungsplakette über dem Bett, in dem der Kardinal lag, wurde nach einiger Zeit in aller Stille wieder entfernt.

Die Richtigkeit meiner Argumentation bestätigt auch der italienische Journalist Corrado Incerti, der im „L'Europeo" schon damals, am

9. März 1972, allerdings ohne die wahren Hintergründe zu kennen, schrieb:

„Viel wird von dem Inhalt des Archivs von Tisserant gesprochen, in dem die Tatsachen von fünfzig Jahren Kirchengeschichte, deren Zeuge und Protagonist der Kardinal aus Nancy war, gesammelt sind; die Verhandlungen mit den Faschisten, die Umstände des Todes von Pius XI., die Ereignisse in den Konklaven und so weiter, aber heute, im Lichte der veröffentlichten Dokumente, ist es klar geworden, daß kein einziges dieser Dokumente einen entscheidenden oder auffallenden Wert hat. Sie sind einfach gute Dokumente für die Geschichte."

Weshalb also die große Nervosität und auffallende Eile, mit der sich Villot und Benelli bemühten, von Roche und der Tisserant-Nichte Hennequin zu erfahren, was in den Notizbüchern steht, von denen Roche behauptet, daß Tisserant darin „Tag für Tag alles notierte, was er tat, die Personen, die er traf, seine Eindrücke und Kommentare, in denen er seine Arbeit dokumentierte"? Kaum fand die Leiche des Kardinals in der von ihm errichteten Kathedrale La Storta ihre letzte Ruhestätte, als sowohl Roche als auch Paula Hennequin bereits in das vatikanische Staatssekretariat bestellt wurden. Die Schilderung dieses Vorgangs verdanken wir ebenfalls dem Magazin „L'Europeo". Das Gespräch, das der römische Korrespondent des Blattes mit Roche führte, verdient es, ausführlicher wiedergegeben zu werden.

Der Reporter: „Monsignore Roche, Sie sind am 1. März ins Staatssekretariat im Vatikan gerufen worden, wo Sie mit Kardinal Villot und Erzbischof Benelli zusammentrafen. Auch Signora Paula wurde in den Vatikan berufen. Wie soll man all dies nicht als auffallend empfinden, nicht sehen, wie sehr die höchsten Kreise im Vatikan, vielleicht der Papst selbst, zutiefst besorgt sind?"

Roche: „Mittwoch, etwa um 17 Uhr 30, habe ich ein etwa halbstündiges Zusammentreffen mit Kardinal Villot gehabt. Nachher war ich eineinhalb Stunden lang bei Erzbischof Benelli. Das ist wahr. Was wir getan haben? Sicher haben wir nicht Karten gespielt. Ob wir vielleicht ein wenig geplaudert haben? Ich würde sagen, ja. Aber ich kann darüber nichts verraten. Villot und Benelli kennen mich, Benelli seit zwanzig Jahren, er selber sprach von einer Freundschaft, die bereits zwanzig Jahre bestehe. Sie wissen, daß ich ein Priester bin, der ein heiliger Priester sein will, ich habe ja noch soviel zu tun ... daß ich die Kirche liebe, für sie arbeite. Ich versprach, bis zu meinem Tod für die Mutter

Kirche zu wirken. Mehr, verstehen Sie bitte, kann ich nicht sagen, Villot und Benelli sind meine Vorgesetzten."

Der Reporter: „Ich verstehe ... Es wurde behauptet, daß der Vatikan Kardinal Tisserant daran gehindert hätte, nach Frankreich zu gehen und sein Archiv dorthin zu überführen ..."

Roche: „Dies ist nicht wahr. Ein offizielles Verbot gab es nie. Es war so: Im vergangenen Juli kehrte ich von einem kurzen Besuch in den Pyrenäen zurück. Ich traf den Kardinal müde, sehr müde an. Sein Arzt, Professor Ricciutti, sagte zu mir: 'Monsignore, bringen Sie ihn sofort, aber sofort nach Frankreich. Er braucht Erholung und Ruhe, sofort.' Ich antwortete: 'Zuerst brauche ich ein ärztliches Attest', von ihm, dem Arzt, unterzeichnet, das mir die Garantie gewährt, daß der Kardinal ohne Risiko die Reise antreten kann. Das ist eine Verantwortung. Außerdem, ist der Heilige Vater verständigt worden? Er wurde nicht verständigt. So rief ich Kardinal Villot an, der sofort zu mir kam. Er sagte: 'Schau, nach vierzehn Tagen kannst Du ihn mitnehmen, nicht jetzt, ich finde, er ist zu müde; kannst Du nicht in der Nähe von Castel Gandolfo ein Haus suchen, wo ich ihn zwei-, dreimal in der Woche besuchen könnte? Auch der Heilige Vater würde ihn besuchen, und ich würde mich ihm anschließen.' Einverstanden, Eminenz, sagte ich, ich werde sofort etwas suchen. Ich fand die Klinik bei den Paulanerschwestern in Albano Laziale. Am nächsten Tag stieg ich zusammen mit ihm ins Auto, wir fuhren dorthin, die Mutter Oberin stellte ihr Privatappartement zur Verfügung, und die Ärzte begannen mit der Generaluntersuchung. Drei Wochen später hatte der Kardinal einen neuen Anfall, der seine Abreise erneut verzögerte. Dann kam der Winter ... Bei diesen Stürmen, bei diesem Regen ... besser, wir warten den Frühling ab, dachte ich."

Einwand des Reporters: „Aber der Winter kam ja gar nicht so plötzlich im vergangenen Jahr ..."

Auch Roches Antworten auf die Fragen des Reporters bestätigen das bisher Gesagte, daß nämlich Tisserant Ende Juli von einer „Müdigkeit" befallen wurde - in seinem Brief spricht derselbe Roche, wie zitiert, von einem „Gemütsschock" - worauf ihm der Arzt dringend „Erholung und Ruhe" in Frankreich empfiehlt. Doch Villot tritt dazwischen; der Kardinal soll in der Nähe des Vatikans, ganz offensichtlich unter der Kontrolle des Staatssekretariates verbleiben. Wie auch der Reporter sofort bemerkte, konnte Roche keine plausible Erklärung für die Verlängerung des ursprünglich angeblich nur für „vierzehn Tage" geplanten Albano-Aufenthaltes von Tisserant geben.

Nicht uninteressant ist auch Roches' Schilderung von Tisserants letzten Stunden: „In der letzten Nacht rief ich zweimal den Kardinal Villot an. Er kam eine Viertelstunde vor sechs. Von dort rief er Monsignore Macchi (Sekretär des Papstes) und Monsignore Benelli an, weil diese den Heiligen Vater ständig über den Zustand Tisserants informieren mußten. Ich näherte mich dem Bett und sagte zu seiner Eminenz, daß der Herr Kardinalstaatssekretär hier sei. Ich glaube, er hat mich wahrgenommen und verstanden, aber sofort nachher war er nicht fähig, Villot eine Antwort zu geben."

Diese Schilderung weicht von den salbungsvollen Ergüssen des „Osservatore Romano" über die selbe Szene einigermaßen ab. Übrigens, rund eineinhalb Jahrzehnte nach Tisserants Tod sind seine Aufzeichnungen noch immer unter Verschluß. Der Verleger Robert Laffont soll, wie ich hörte, sein Angebot einstweilen zurückgezogen haben. Selbst wenn die „Memoiren" des Kardinals eines Tages erscheinen sollten, wird es sich mit Sicherheit um eine sorgfältig bereinigte Fassung handeln. Und niemand wird je erfahren, ob und wieviel der Vatikan für diese Säuberungsarbeit bezahlt hat ...

Fassen wir zusammen: Am 29. Juni 1971 wird das formelle Papier, mit dem Tisserant und Benelli die Ernsthaftigkeit ihrer Absichten gegenüber der amerikanischen Mafia bestätigen, gefälschte Zertifikate im Nominalwert von rund einer Milliarde „und mehr" US-Dollar zu erwerben, von jemandem im Vatikan, höchstwahrscheinlich von Kardinal Villot, unterzeichnet.

Am 20. Juli übergebe ich in Tomaso Amatos Begleitung die erste Mustersendung der Falsifikate an Tisserant und Benelli. Beide sind in bester gesundheitlicher und gemütsmäßiger Verfassung. Die Aktion geht schief, weil wir uns über die Währung, in der die „Ware" bezahlt werden soll, nicht einigen können. Was sich in der Folge zwischen Tisserant, Benelli, Marcinkus und Villot abspielt, entzieht sich meiner Kenntnis. Die Aktion läuft weiter, diesmal unter der Regie von Benelli und Marcinkus. Kaum zehn Tage nach unserem letzten Treffen und der mißglückten Übergabe der Musterobligationen wird Tisserant, von einem seelischen Schockzustand gezeichnet, in die Klinik „Königin der Apostel" nach Albano eingeliefert, obwohl er gemäß dem Rat seiner Ärzte nach Frankreich reisen soll. In Albano wird Tisserant unter eine

Art Hausarrest gestellt.

Hier in den Albaner Bergen ist er von seiner Umwelt und von weiteren Kontakten mit mir und anderen isoliert und steht unter der ständigen Kontrolle seiner „Freunde“ im Staatssekretariat, Benelli und Villot.

Nun sollte aber niemand etwas davon erfahren. Erst knapp vor seinem Tod erfährt die Öffentlichkeit überhaupt, daß der Kardinal krank ist und zwar, wie der „Osservatore“ vage formuliert, bereits „seit einigen Monaten“.

Von der Krankheit, die den ansonsten nach wie vor robusten Kardinal bis zu zwei Tage vor seinem Tod nicht abhält, Gäste und Delegationen zu empfangen, erfährt man im Gegensatz zur offiziellen Version, daß sie in einem psychischen Schockzustand besteht. Der Beginn dieses Zustandes ist nicht genau festzustellen, scheint aber - nach Roches ersten Schilderungen - erst Ende Juli eingetreten zu sein.

In der Nacht vom 19. zum 20. Februar 1972 verschlimmert sich der Zustand Tisserants, kurz nachdem der Kardinal von den Ärzten grünes Licht für seine Osterreise nach Frankreich bekommen hat. Bis Montag früh tritt eine vorübergehende Besserung ein. Um sechs Uhr früh dieses Montags bekommt Tisserant erneut Besuch von Kardinal Villot. Der Gesundheitszustand des Patienten verschlechtert sich rapid. Tisserants Leibarzt ist empört, weil er zu spät gerufen wird. Die Ärzte sind über den plötzlichen Verfall, dessen Ursache sie nicht erkennen können, erstaunt.

Am 20. Juli 1971 empfängt mich Tisserant mit dem Musterkoffer aus Amerika. Genau sieben Monate später, am 21. Februar 1972, ist er abends um 20 Uhr 40 tot. Eine Autopsie der Leiche findet nicht statt.

Villot, Benelli und Co. wußten seit geraumer Zeit, daß der alte Kardinal über all sein Tun und Lassen bis in Einzelheiten gehende Aufzeichnungen führte. Sie mußten mit gutem Grund befürchten, daß er auch einiges über die Zertifikat-Affäre seinem Tagebuch oder jemandem aus seiner engsten Umgebung anvertraut hatte. Die Tatsache, daß Roche bereits drei Tage nach Tisserants Begräbnis von Villot und Benelli vorgeladen wird und daß er vor allem mit Benelli ein auffallend langes, eineinhalbstündiges Gespräch führt, zeigt, welche Alarmstimmung im Vatikan herrschte. Sie fiel sogar jenen Journalisten auf, die damals noch nichts von den hier dargelegten Hintergründen wissen konnten.

Für mich fügen sich diese Vorgänge zu einer völlig logischen Indizienkette zusammen. Vor allem Erzbischof Benelli war brennend daran interessiert, was der Kardinal aufgezeichnet oder erzählt hatte, wieweit er auch Aussagen über die Mafia-Connection tätigte. Kein Wunder, daß sowohl er als auch Villot aus Roche und aus Frau Hennequin herauszukriegen versuchten, ob und was sie über diese Affäre wußten. Für Nichteingeweihte konnten diese Details damals kaum irgendwelche Bedeutung haben. Die Presse vermutete lediglich, daß sich der Vatikan allgemein vor den Aufzeichnungen Tisserants gefürchtet hätte, wobei sich viele Journalisten keinen Reim auf Benellis und Villots offenkundige Nervosität machen konnten, zumal sie in keinem Verhältnis zu den lediglich historisch interessanten „Enthüllungen" stand. Aber sie wußten eben nichts von jenen heißen Eisen, die gerade zu jener Zeit unter den Nägeln der Komplizen der Mafia im Vatikan zu brennen begannen. Tisserant starb ausgerechnet zu jenem Zeitpunkt, als die Sache mit den falschen Obligationen in den USA ruchbar wurde. Zwei Wochen vor Tisserants Tod, am 8. Februar 1972, begannen Coffey und seine Kollegen Rizzos Telefon abzuhören ...

Eine lange Reihe von Zufällen? Diejenigen, die zu befürchten haben, daß für sie angesichts der unerbittlichen Wahrheit über den Vatikan eine Welt zusammenbricht, aber auch jene, denen es der Selbsterhaltungstrieb gebietet, alles abzustreiten, so wie es der Vatikan selbst tut, können gar nicht anders, als sich verzweifelt an die Theorie vom Zufall zu klammern und jeden anderen Schluß empört von sich zu weisen.

Ich kann jedoch aufgrund meines Wissens unmöglich an einen Zufall glauben ... Für mich ist klar: Tisserant wurde unter psychischen Druck gesetzt und höchstwahrscheinlich mit einem Gift, das keine Spuren hinterläßt, ermordet. An seiner Beseitigung konnten nur jene Interesse haben, die in die bewußten Gaunereien verwickelt waren und befürchten mußten, durch den rachsüchtigen Kardinal, den sie aus dem Geschäft ausgebootet hatten, entlarvt zu werden.

XVI. Zweite Leiche:
Der Dreiunddreißigtage-Papst Johannes Paul I.

Am 3. Juni 1977 wurde Erzbischof Benelli, bis zu dieser Zeit allmächtiger Substitut im päpstlichen Staatssekretariat, von Paul VI. zum Erzbischof von Florenz ernannt. Runde drei Wochen später, am 27. Juni, verlieh der Papst dem neuernannten Erzbischof den Kardinalshut. Vatikanbeobachtern fiel sofort die Parallele zu einer gar nicht so lange zurückliegenden Geste Pius XII. auf. Auch er schickte seinen damaligen Staatssekretär Montini, den späteren Papst Paul VI., zunächst nach Mailand, bevor dieser nach dem Tod Pius XII. und der kurzen Regierungszeit Johannes XXIII. den päpstlichen Thron bestieg. Innerhalb der Kurie, aber auch außerhalb zweifelte kaum jemand daran, daß der kluge und energische Benelli durchaus das Zeug für einen Papst hätte. Was gegen ihn sprach, war lediglich sein für dieses Amt nach damaliger Auffassung relativ geringes Alter - Benelli war zu diesem Zeitpunkt erst siebenundfünfzig - und seine mangelnde seelsorgerische Erfahrung. Zeit seines Lebens war er hinter dem Schreibtisch gesessen und hatte vornehmlich mit Diplomaten zu tun gehabt. Florenz sollte ihm nun die Möglichkeit bieten, in beiderlei Hinsicht zu reifen. Die von Pius XII. gefundene Lösung bot sich auch diesmal als geschickter Schachzug an. Meiner Meinung nach hatte der ehrgeizige Benelli zweifellos das höchste Amt der Kirche für sich ins Auge gefaßt.

Die Theorie, daß der Substitut als Opfer einer Intrige seiner vatikanischen Rivalen Villot, Marcinkus und des mit Marcinkus befreundeten Papstsekretärs Macchi nach Florenz „verbannt" worden wäre, tut nichts zur Sache. Es hätte an den Plänen des Papstes und seines Freundes Benelli nicht nur nichts geändert, sondern wäre diesen sogar entgegengekommen. Die unmittelbare Verleihung des Purpurs an den Erzbischof war ein deutliches Zeichen. Benelli sollte damit die Möglichkeit bekommen, an der nächsten Papstwahl teilnehmen zu können.

Paul VI. fühlte sich todkrank, er hatte eine schwere Prostata-Operation hinter sich und mußte einen Dauerkatheder tragen, dazu kam eine fortschreitende Arthritis. Der Papst wollte noch beizeiten sein Haus bestellen. Trotz seiner neuen Aufgabe in Florenz blieb Benelli dem Vatikan engstens verbunden. Er gehörte der „Kardinalskommission für die Ernennung der Bischöfe“ und der „Kongregation für die katholische Erziehung“ an.

Die Frage war lediglich, ob Benelli bereits am nächsten Konklave oder erst nach einem neuerlichen Übergangspapst das höchste Amt der Kirche anstreben sollte. Alles hing von der Lebenserwartung Pauls VI. ab. „Wenn der Papst noch mindestens fünf Jahre lebt, hätte Benelli bereits am nächsten Konklave eine Chance“, meinte damals ein hoher Prälat im Vatikan.

Doch es kam anders. Vierzehn Monate, nachdem er Benelli zum Erzbischof von Florenz und zum Kardinal gekürt hatte, verschied Paul VI. am 6. August 1978 in der päpstlichen Sommerresidenz Castel Gandolfo. Das Konklave stand vor der Tür. Es war sofort klar, daß Benelli nicht als Favorit in Frage kam. Er war zu jung, bei vielen, die mit ihm zu tun hatten, unbeliebt, und außerdem wollte die Mehrheit der Kardinäle diesmal keinen kurialen Diplomaten wie den verstorbenen Montini, sondern eher einen Seelsorger-Typ an der Spitze der Kirche sehen. Benelli war klug genug, um die Situation richtig einzuschätzen. Wenn er schon kein Papstkandidat sein konnte, wollte er zumindest die Rolle des Papstmachers an sich reißen. Während im Vorfeld der Papstwahl Namen wie Villot, Siri, König, Suenens und andere genannt wurden, war Benellis Geheimtip von Anfang an der Patriarch von Venedig, Kardinal Albino Luciani.

Der 65jährige Luciani hatte gerade das passende Alter. Er war weder zu jung noch zu alt für das hohe Amt. In zehn Jahren könnte der dann erst 67jährige Benelli mit einigem Glück gute Chancen für die Nachfolge haben. Benellis Strategie war ebenso einfach wie einleuchtend:

Ein über keinerlei kuriale Erfahrung verfügender Luciani würde ihm, Benelli, stets für seine Ratschläge dankbar sein, sollte es tatsächlich gelingen, den Patriarchen von Venedig auf den Sessel Petri zu hieven. So könnte er sich hinter dem Rücken des Papstes als starker Mann aufbauen. Dies würde ihm ebenso die Papstkandidatur bei einer nächsten Papstwahl sichern wie eine gewisse Garantie dafür bieten, daß die bislang erfolgreich verdeckten Gaunereien - nicht zuletzt im Zusammenhang mit der Banca Cattolica del' Veneto - auch weiterhin unentdeckt blieben. Niemandem fiel damals auf, daß Benelli in den Tagen vor der Papstwahl in einem später publik gewordenen Telefongespräch mit Luciani diesem wie beiläufig die seltsame Frage stellte, wie er denn über den möglichen Rücktritt eines Papstes denke.

Als am 26. August 1978 Albino Luciani durch Benellis geschicktes Taktieren nach einem bemerkenswert kurzen Konklave tatsächlich zum Papst gewählt wurde, ist der Erzbischof von Florenz tief befriedigt, erleichtert, ja überglücklich.

Als er am darauffolgenden Tag das Konklave verläßt, beschreibt ihn ein Augenzeuge wie folgt: „Benelli war ganz überschwenglich in seinen Äußerungen: 'Eine einzige Manifestation der Einigkeit der Kirche, unterstützt durch die Gegenwart des Heiligen Geistes. Die Kardinäle kamen aus allen Teilen der Welt, aus jeder Kultur und mit den verschiedensten Mentalitäten, und an einem einzigen Tag ist es gelungen, eine Übereinstimmung zu finden.'"

Zu dem Reporter des Magazins „Panorama", Mario Lancisi, sagte er über den neugewählten Papst: „Ich schätze ihn. Ich habe eine große Zuneigung zu ihm, ja noch mehr: ich verehre ihn. Auch er hat sich mir gegenüber als ein sehr guter Freund erwiesen. Unter anderem saßen wir in der Bischofskonferenz in der selben Bank."

Später verrät der Erzbischof von Florenz: „Ich übte einen gewissen Druck auf die Kardinäle aus, damit wir der Welt einen großen Beweis der Einigkeit der Kirche geben."

Benelli war sich seiner Sache so sicher, daß er laut Aussage eines Kurienprälaten „der einzige war, der seine Begrüßungsansprache an den neuen Papst bereits fertig bei der Hand hatte".

Von dieser Zeit an galt Benelli als Papstmacher, sein Prestige stieg trotz der Tatsache, daß man ihm seinen diktatorischen Stil im Staatssekretariat nie ganz verzeihen konnte, merklich an.

Doch die Begeisterung des Kardinals über Johannes Paul I. schwand rasch dahin. Luciani, den man eher als einen etwas naiven, in kurialen Angelegenheiten unerfahrenen, einfachen „Seelsorger vom Land" eingestuft hatte, entpuppte sich bald als sensibler, hochintellektueller, literarisch und sogar journalistisch gebildeter Mann.

Er kannte sich in den verschiedenen Kunstrichtungen ebenso gut aus wie in den Strömungen der zeitgenössischen Philosophie. Seine erfundenen Briefe an die Größen der Zeit, die mit Humor, Ironie und in gekonntem Stil verfaßt waren, verblüfften die Welt. Auch seine theologische Bildung ließ kaum zu wünschen übrig. Der bekannte amerikanische Theologe und Soziologe Andrew Greeley meinte damals: „Tatsächlich war Johannes Paul I. viel besser theologisch ausgebildet als Paul VI. Er war derart gescheit und gebildet, daß er sich schon wieder leisten konnte, ganz einfach zu sprechen."

Außerdem zeigte der neue Papst einen unbeugsamen Willen, das einmal als richtig Erkannte auch entschieden in die Tat umzusetzen. Nach dem Tod des Papstes wird Benelli bekennen: „Wenn Luciani eine Entscheidung getroffen hatte, dann gab es nichts, und wenn ich das sage, dann meine ich nichts, was ihn noch davon abbringen oder ablenken konnte. Sanft, ja, bescheiden, ja; aber wenn er einmal ein bestimmtes Ziel im Auge hatte, hart wie Stein."

Solange Johannes Paul I. nur alte Feudalformeln wie das majestätische „Wir", den Thron und die Krönungszeremonie abschaffte und von Gott bemerkte, daß er nicht nur unser Vater, sondern auch unsere Mutter sei, schüttelte die Kurie höchstens den Kopf. Als er aber plötzlich in den Räumen des Staatssekretariats erschien, um nachzusehen, was sich da alles täte, verspürte sie deutliches Unbehagen. Als er schließlich den festen Vorsatz faßte, den Finanzdschungel des Vatikans zu lichten, sprach er damit, ohne es zu ahnen, sein eigenes Todesurteil aus.

Der Luciani-Papst hatte einen Fehler, der ihn in den Augen der Kurie entscheidend disqualifizierte: er nahm die Botschaft Jesu Christi viel zu ernst. Für Idealisten dieses Schlages wächst in Rom kein Gras.

Die ersten Zeichen einer Wende lasen Marcinkus, Benelli und Co. aus der Ernennung des schwarzen Kardinals Bernardin Gantin zum Präsidenten der mit der Entwicklungshilfe beschäftigten vatikanischen Institution „Cor unum" heraus, deren Vorsitzender bis zu diesem Zeitpunkt Kardinal Villot gewesen war. Es ist nicht uninteressant, einen Blick auf die Entstehungsgeschichte von „Cor unum" zu werfen. Ursprünglich sollte diese Einrichtung eine von der Kurie unabhängige Entwicklungshilfe-Organisation werden, deren Initiatoren in der Kommission „justitia et pax" („Gerechtigkeit und Frieden") und der „Caritas Internationalis" saßen. Noch im Jänner 1971, nach einer Konferenz von Caritasleuten, Missionaren und Entwicklungshelfern im Palazzo San Callisto in einer engen Gasse des römischen Folklore-Viertels Trastevere, glaubten diese fest, sie könnten Villot, Benelli und

Co. die Stirn bieten. Als Benellis Vertrauensmann in dieser Runde, der französische Monsignore Bodet, um die Finanzierung eines Musterprojektes im afrikanischen Staat Mali bat - die Idee stammte von Benelli und Bodet - winkte die Versammlung ab.

Doch die Freude währte nur kurz. Am 26. Mai 1971 unterzeichnete Villot ein Schreiben, in dem die Gründung eines Kurienorganes, eben „Cor unum“ verkündet und durch Benelli an die „Rebellen“ weitergereicht wurde. In Hinkunft sollten alle Hilfsgelder der diversen Hilfsorganisationen über „Cor unum“ fließen. Nach einem Proteststurm der betroffenen Organisationen kam es dann doch nicht dazu. Es hieß abschwächend, „Cor unum“ möchte lediglich eine Koordinationsstelle von kirchlichen Hilfsmaßnahmen werden, aber „weder Empfänger noch Verwalter von Finanzen“. Chef der Organisation wurde Kardinal Villot, da „Cor unum“ dem Staatssekretariat unterstellt wurde. Präsident des Rates wurde ein Benelli-Schützling, der spanische Bischof Torella, Sekretär und eigentlicher Leiter des Amtes war der Villot-Benelli-Protegé Henri de Riedmatten, ein Schweizer Dominikanerpater.

Nun sahen Benelli und Villot plötzlich bei „Cor unum“ ihre Kontrollmöglichkeiten davonschwimmen. Als sich der Luciani-Papst auch sonst lebhaft für die allgemeine Finanzgebarung des Vatikans zu interessieren begann, um Licht in ein Revier zu bringen, in dem Villot, Benelli und Marcinkus samt ihren Komplicen Sindona und Calvi und ihren Strohmännern wie mir oder Foligni bisher freie Hand hatten, wurden diese hektisch.

Marcinkus brachte es auf den Punkt: „Vergegenwärtigt Euch“, sagte er zu seinen Mitarbeitern und Freunden, „daß dieser Papst anders denkt und daß sich bald alles verändern wird.“

Weshalb sich das Interesse des Papstes bereits in den ersten Wochen auf die Finanzen des Vatikans konzentrierte, hatte mehrere Gründe. Zunächst wollte er verständlicherweise die näheren Umstände des seinerzeitigen Verkaufs „seiner“ Bank, der „Banca Cattolica del Veneto“ an IOR und an Calvi klären. Als er nämlich damals bei Papst Paul VI. diesbezüglich Protest einlegte, schickte ihn dieser zu Marcinkus. Der soll damals den bei ihm vorsprechenden Patriarchen von Venedig mit dem barschen Satz abgehalftert haben: „Eure Eminenz, haben Sie heute nicht besseres zu tun? Tun Sie Ihre Arbeit und lassen Sie mich meine machen.“

Zum eigenen Interesse des Papstes gesellte sich ein immer stärker werdender Druck seitens der Öffentlichkeit. Kaum war Luciani zum Papst gewählt worden, fragte schon Paolo Panerai, Redakteur der Wirtschaftszeitschrift „Il Mondo" offen: „Eure Heiligkeit, ist es richtig, wenn sich der Vatikan auf den Finanzmärkten wie ein Spekulant gebärdet? Ist es richtig, wenn der Vatikan eine Bank besitzt, die beim ungesetzlichen Kapitaltransfer aus Italien in andere Länder mitwirkt? Ist es in Ordnung, daß diese Bank italienischen Bürgern die Steuerpflicht zu umgehen hilft?"

Ja, der Papst war noch gar nicht gewählt, da meinte einer, der es wissen mußte, nämlich der ehemalige Jesuit und einflußreiche Mitarbeiter Papst Johannes XXIII. im Vatikan, Martin Malachi, in einem am 27. August 1978 veröffentlichten Artikel, daß als wesentliche Voraussetzung für eine neue Glaubwürdigkeit der Kirche und damit als vorrangige Aufgabe des Papstes „an erster Stelle die Ordnung der Finanzen des Vatikans" stünde.

„Die Kirche muß sich", schrieb er, „aus der internationalen Finanzwelt zurückziehen und ihr gesamtes Vermögen einer internationalen Treuhandgesellschaft übergeben."

Nichts verriet die profunde Kenntnis dieses ehemaligen Kurienmannes so deutlich wie die sichere Prognose, mit der er am Vorabend der Papstwahl mit erstaunlicher Klarheit bemerkte: „Es gibt einige Kardinäle, die diese Qualitäten in sich vereinigen, zum Beispiel Kardinal Ciappi und der venezianische Kardinal Luciani."

Offenbar als Reaktion auf die Anfrage von „Il Mondo" verfaßte der italienische Außenhandelsminister Ossola ein Rundschreiben an alle Banken in Italien, in welchem er sie auf den Umstand aufmerksam machte, daß die Vatikanbank IOR „in jeder Beziehung ein nicht inländisches Bankunternehmen" sei und deshalb für den Geldverkehr mit der IOR die volle Beachtung der italienischen Bankgesetze gelte.

Das war ein deutlicher Wink mit dem Zaunpfahl. In Bankkreisen war es schon lange ein offenes Geheimnis, daß reiche Italiener ihre Schwarzgelder über die IOR-Sindona-Calvi-Verbindung ins Ausland schafften.

Zum Drängen der Öffentlichkeit und der Behörden nach Aufklärung der finanziellen Verstrickungen des Vatikans, vergessen wir nicht, daß der Fall Sindona und auch Sindonas Verbindungen zur Vatikanbank IOR bereits bekannt waren und in der Öffentlichkeit diskutiert wurden, kam ein anderes Detail hinzu, das nicht nur Johannes Paul I. Kopfzerbrechen bereitete. Es handelte sich um das sonderbare Benehmen des Kardinals Villot unmittelbar vor der Papstwahl. Villot, der in seiner Eigenschaft als Camerlengo, das heißt interimistischer Leiter der Kirche, bis ein neuer Papst gewählt wird, die Geschäfte der Kirche führte, hatte die Pflicht, den zur Papstwahl zusammengekommenen Kardinälen eine Übersicht über die vatikanischen Finanzen vorzulegen.

Kaum hatte Paul VI. seine Augen geschlossen, gab Villot seine gewohnte Zurückhaltung auf und begann, umfangreiche Aktivitäten zu entfalten. Die erste Maßnahme betraf Pauls Sekretär, Pasquale Macchi. Villot forderte Macchi brieflich auf, seine über dem päpstlichen Appartement befindliche Wohnung binnen zwölf Stunden nach dem Begräbnis des Papstes zu räumen. Macchi befolgte den Befehl ohne ein Wort des Widerspruchs. Er bestellte einen ganzen Konvoi von Lastwagen, um die ihm testamentarisch vermachte Hinterlassenschaft des Montini-Papstes, seine Bibliothek und alles sonstige nach Mailand zu überführen.

Die zweite Maßnahme betraf die Abfassung einiger Berichte, darunter eines Berichtes über die Finanzen des Vatikans, der den zum Konklave versammelten Kardinälen vorgelegt werden sollte. Mit der Erstellung dieses Berichtes betraute er den Kardinal Vagnozzi. Vagnozzi war seit 1967 Präfekt des vatikanischen Amtes für wirtschaftliche Angelegenheiten.

Vagnozzi hatte während seiner Amtszeit vergeblich versucht, die Finanzverwaltung der einzelnen vatikanischen Dikasterien einigermaßen zu koordinieren. Es gelang ihm ebensowenig, wie den geheimen Traum seines Lebens zu verwirklichen, ein ernstzunehmender Papstkandidat zu werden.

Der Kardinal wollte einen umfassenden und eingehenden Bericht vorlegen und versetzte dafür sein Büro in eine Art erhöhten Alarmzustand; doch Villot winkte ab. Es genüge, sagte Villot, wenn er einen allgemein gehaltenen, vereinfachten Bericht vorlege. Es sei unnötig, über den Umfang der Beteiligungen des Vatikans und über die Immobilien und Goldreserven zu referieren. Die Afrikaner, zum Beispiel, würden solchen Erklärungen nur wenig Verständnis entgegenbringen und womöglich falsche Schlüsse ziehen.

Viele Kardinäle waren aber mit einem derart summarischen Bericht nicht zufrieden, aber brav und auf unbedingte Loyalität dem Heiligen

Stuhl gegenüber erzogen wie sie waren, traute sich schließlich nur einer seine Gegenstimme zu erheben, der erzkonservative, mit Erzbischof Lefebvre befreundete Kardinal Palazzini. Er bezog sich in seiner Wortmeldung nicht auf den Bericht Vagnozzis, sondern bemängelte, daß die Vatikanbank nicht der Kontrolle der Apostolischen Präfektur unterstehe. Palazzini zeigte sich gut informiert über die Geschichte der IOR, über ihre Verbindungen mit der Banco Ambrosiano und mit Sindona und Calvi. Aber auch Palazzini wußte nichts von unseren Geschäften und von den Machinationen und Rivalitäten zwischen Tisserant, Benelli und Marcinkus.

Als er die Offenlegung der Bilanz der Vatikanbank verlangte, rief ihn Villot, unter anderem auch Mitglied der Kardinalskommission für die Aufsicht über die Vatikanbank, zur Ordnung: die IOR unterstehe nicht der Verwaltung des Heiligen Stuhles.

Zwischen den beiden Kardinälen entzündete sich ein Wortgefecht, das mit einem Sieg Villots endete.

„Wir sind nicht dazu da, daß wir über Finanzfragen diskutieren", meinte schließlich der polnische Kardinal Wyszinski.

Die Diskussion wurde abgebrochen, der Fragenkomplex an eine Kommission unter dem Vorsitz von Kardinal Samoré verwiesen. Dieser teilte achtundvierzig Stunden später mit, daß die IOR tatsächlich ein selbständiger Wirtschaftskörper sei und nicht der Kontrolle der Apostolischen Präfektur unterstehe ...

Damals konnte Villot die Gefahr, daß die Kardinäle zu viel Einsicht in die Finanzen des Vatikans bekommen, mühsam gerade noch abwenden. Doch nun stand eine Prüfung der Angelegenheit durch den Papst selbst bevor, dem Villots Benehmen vor dem Konklave nicht entgangen war.

Johannes Paul I. begann mit mehreren Kardinälen zu konfererieren, um genauere Informationen einzuholen. Unter anderem führte er auch ausgedehnte Telefongespräche mit Benelli, dem er vertraute. Da war er freilich an den Richtigen geraten. Natürlich wußte Benelli durch seine Gewährsleute in den Banken, Ämtern und Ministerien genug, um stets über die neuesten Entwicklungen rund um den Vatikan genau im Bilde zu sein. Er verriet dem Papst gerne das eine oder andere, was seine Rivalen betraf, erzählte sogar über die Zertifikatsaffäre, aber nur soviel, wie er sagen konnte, ohne einen Verdacht gegen sich selbst zu erwecken, und in einer Art, die ihn in den Augen seines Gesprächspartners geradezu als ein Monument der Lauterkeit erscheinen ließ.

In Wirklichkeit dürfte ihn bei seinen Gesprächen mit dem Papst mehr interessiert haben, wieviel Johannes Paul I. wußte und was er zu tun gedachte, und ihn in dem Glauben zu bestärken, es mit einem ehrlichen „Freund, ja Verehrer" zu tun zu haben.

Ich bin auch überzeugt, daß er all das, was er über die Pläne des Papstes erfuhr, nach seinem Ermessen an Villot und Marcinkus weitergab. Schließlich saßen sie alle, trotz ihrer persönlichen Abneigungen und Rivalitäten, im selben Boot. So konnte Marcinkus offenbar nicht nur aus einem Gespräch, das er zu dieser Zeit mit Johannes Paul I. führte, wissen, daß seine Tage im Vatikan gezählt waren. Seine Freunde überraschte er mit der vorbeugenden Bemerkung: „Es kann sein, daß ich nicht mehr lange hier bin."

Das genügte, um Villot und Benelli in höchste Aufregung zu versetzen; was ist, wenn Marcinkus gehen muß und aus Rache zu „singen" beginnt, oder, der schützenden Oberhoheit des Vatikans beraubt, zur gerichtlichen Aussage gezwungen wird?

Ihren dramatischen Höhepunkt dürfte diese Entwicklung um 28. September 1978 erreicht haben. Der Papst ließ Villot wissen, daß Marcinkus, aber auch seine Mitarbeiter Luigi Mennini, Pellegrino de Strobel und Monsignore de Bonis sofort von ihren Posten abzulösen sind. Außerdem müßten alle Verbindungen der IOR zur Ambrosianobank abgebrochen werden. Das Imperium der Schiebereien geriet ins Schleudern, drohte jeden Augenblick zusammenzustürzen und seine unheiligen Paten unter sich zu begraben. Die Reaktion der Benelli-Villot-Marcinkus-Sindona-Calvi-Verbindung blieb nicht aus. Man half sich mit der altbewährten Methode eines spurlos wirkenden Giftes.

Um es gleich vorwegzunehmen, ich hege aufgrund meiner Kenntnisse der in Frage kommenden Personen und ihrer zynischen Skrupellosigkeit keinerlei Zweifel daran, daß sie es waren, die den vielleicht perfektesten Mord des Jahrhunderts, den Mord an dem Luciani-Papst, begangen haben.

Der oder die Killer hatten es dabei nicht schwer. Sie kannten sich in den Treppen, Gängen und Aufzügen des päpstlichen Wohntraktes vortrefflich aus. Die Sicherheitsvorkehrungen im Vatikan waren damals so oberflächlich, daß es laut Meldungen der Schweizergarde immer wieder vorkam, daß unbefugte Personen völlig unbehelligt bis in die Nähe des päpstlichen Arbeitszimmers vordringen konnten.

Es muß hier nicht mehr wiederholt werden, was in der Weltöffentlichkeit bereits hinlänglich diskutiert wurde: daß der 33-Tage-Papst am Vorabend seines Todes alles andere als den Eindruck eines müden oder kranken Mannes erweckte. Nichts, aber schon gar nichts deutete darauf hin, daß Johannes Paul I. einen tödlichen Herzinfarkt erleiden würde, wie man später „diagnostizierte". Der letzte Mensch, der mit ihm sprach, war der Mailänder Kardinal Colombo, den mit Johannes Paul I. eine herzliche Freundschaft verband. Dieser Kardinal, den der Tod Albino Lucianis ebenso überraschte wie viele andere Menschen auch, sagte in einem Interview, nachdem er die Todesnachricht empfangen hatte: „Die Nachricht, unglaublich aber wahr, habe ich durch den Rundfunk erfahren ... Niemand konnte dieses Unglück vorausahnen. Gestern abend, nachdem ich um 21 Uhr nach einer Reise in seelsorgerischen Belangen ins Erzbischöfliche Palais zurückgekehrt war, wartete auf mich bereits ein Telefonanruf aus dem Vatikan. Johannes Paul I. persönlich sprach lange mit mir, und in einem überaus normalen Ton, ohne das geringste Anzeichen von Müdigkeit, in einer Art, die auf keinerlei physisches Unwohlsein schließen ließ. Am Ende bat er mich um mein Gebet, und er war voller Heiterkeit und Hoffnung."

Will man der nachträglichen „Diagnose" des Vatikanarztes Dr. Renato Buzzonetti Glauben schenken, war der Papst nicht ganze zwei Stunden später, „gegen 23 Uhr", bereits tot.

Aber beschäftigen wir uns doch mit der offiziellen Erklärung, die unter Kardinal Villots Federführung entstand und auf der ersten Seite der Sonderausgabe des „Osservatore Romano" am 29. September um 11 Uhr vormittags veröffentlicht wurde.

„Heute früh, am 29. September 1978, gegen 5 Uhr 30, nachdem der Privatsekretär des Papstes den Heiligen Vater nicht wie sonst üblich in der Kapelle seines Privatappartements angetroffen hatte, suchte er ihn in seinem Zimmer und fand ihn tot auf seinem Bett, bei brennendem Licht, wie jemand, der sich gerade anschickt, etwas zu lesen. Der sofort herbeigerufene Arzt, Dr. Renato Buzzonetti, hat den Tod festgestellt, der wahrscheinlich gegen 23 Uhr am vergangenen Abend durch einen akuten Herzinfarkt eingetreten ist."

Diese erste Information wurde durch weitere Details ergänzt: der Papst habe bei der Auffindung durch Sekretär John Magee gerade die „Nachfolge Christi" von Thomas von Kempen in der Hand gehalten. Derselbe Magee habe dem Papst kurz vor 22 Uhr von der Ermordung

L'OSSERVATORE ROMANO

GIORNALE QUOTIDIANO POLITICO RELIGIOSO

UNICUIQUE SUUM NON PRAEVALEBUNT

✝

PAPA GIOVANNI PAOLO I
nella pace del Signore

Ci ha lasciati ieri sera, 28 settembre, verso le ore 23

Costernazione dei credenti e di tutta l'umanità

Sua Santità il Papa Giovanni Paolo I è morto. Il decesso è avvenuto nel Palazzo Apostolico nella serata di ieri, giovedì 28 settembre, verso le ore 23, a poco più di un mese dall'inizio del pontificato. La notizia, giunta improvvisa questa mattina, è stata accolta ovunque con sorpresa e con profonda costernazione.

La prima persona ad ottenere del decesso del Papa è stato il segretario particolare P. John Magee il quale ha informato subito telefonicamente il Segretario di Stato e Camerlengo di Santa Romana Chiesa Signor Cardinale Giovanni Villot, che abita nel Palazzo Apostolico. Erano le prime ore di questa mattina. Il Cardinale Segretario di Stato si è recato immediatamente nella stanza del Papa, dove ha constatato la morte di Giovanni Paolo I. Si premuravano intanto di arrivare anche i medici, i quali attribuivano la morte a infarto miocardico, indicando approssimativamente l'ora del trapasso nelle 23 di ieri sera. Venivano quindi tempestivamente informati il Decano del Sacro Collegio Signor Cardinale Carlo Confalonieri e il Vicario del Papa per Roma Cardinale Ugo Poletti. Verso le ore 9 aveva luogo la ricognizione del corpo da parte del Cardinale Camerlengo Giovanni Villot e dei Prelati della Camera Apostolica. Veniva poi annunciato che la salma sarebbe stata esposta alla venerazione dei fedeli appena possibile.

Il Decano del Sacro Collegio, Cardinale Carlo Confalonieri, ha indetto la prima riunione della Congregazione Cardinalizia per domani mattina, sabato 30 settembre, alle ore 11 nella Sala delle Congregazioni al Palazzo Apostolico.

La notizia della morte del Papa è stata diramata questa mattina nei seguenti termini:

« Stamane, 29 settembre 1978, verso le ore 5,30, il Segretario particolare del Papa, non avendo trovato il Santo Padre nella Cappella dell'Appartamento privato, come di solito, lo ha cercato nella sua camera e lo ha trovato morto nel letto, con la luce accesa come persona intenta alla lettura. Il medico, dr. Renato Buzzonetti, immediatamente accorso, ne ha constatato il decesso, avvenuto presumibilmente verso le ore 23 di ieri per infarto miocardico acuto ».

Il sorridente amore

Come tutti siamo sconvolti e riusciamo appena a definire queste parole perché in noi si mescolano sofferenza e umana incredulità. Abbiamo davanti a noi il suo sorriso con il quale ha conquistato l'animo degli uomini, udiamo il tono profondo e il calore di quella sua parola che nella umiltà evangelica esprimeva la semplicità e la grandezza della verità, dell'amore e della fede. Ci accorgiamo che in queste pochissime settimane del pontificato Giovanni Paolo I ha parlato insistentemente dell'amore che distingue e connota il « viaggio » del cristiano. Non ne ha parlato in astratto ma — con le sue parabole — in fresche immagini pastorali. Ha detto anzi che questo amore tutti è il « massimalismo » cristiano: essere totalmente e completamente nell'amore di Dio e altresì partecipi e testimoni di questa verità, di questo fuoco portato sulla terra per trasformarla e offrire la salvezza.

Nelle udienze e negli incontri ha chiamato attorno a sé i bambini, ha voluto parlare con loro perché sulla semplicità dei fanciulli ha misurato la nostra possibilità di ascolto. Quante volte ha ripetuto « Io ti voglio bene, io voglio bene a tutti ». E abbiamo compreso che in questa espressione la più immediata e la più semplice del mondo, nella parola e nel tono più colloquiale come avviene in ogni linguaggio, c'era il suo grande cuore di pastore, di maestro e di fratello che ricorda di vivere totalmente questo amore.

Con tutto il cuore. Sottolineo qui l'aggettivo « tutto ». Il totalitarismo, in politica è brutta cosa. In religione, invece, un nostro totalitarismo nel confronto di Dio va benissimo. Sta scritto: « Tu amerai il Signore tuo Dio con tutto il cuore, con tutta l'anima e con tutte le forze. Questi precetti che oggi ti do, ti stiano fissi nel cuore. Li ripeterai ai tuoi figli, ne parlerai quando sarai seduto in casa tua, quando camminerai per via, quando ti coricherai e quando ti alzerai. Te li legherai alla mano come un segno, ti saranno come un pendaglio tra gli occhi e li scriverai sugli stipiti della tua casa e sulle tue porte ». Quel « tutto » ripetuto e piegato alla pratica con tanta insistenza è davvero la bandiera del massimalismo cristiano. Ed è giusto: è troppo grande Dio, troppo Egli merita da noi, perché gli si possano gettare, come ad un povero Lazzaro, appena poche briciole del nostro tempo e del nostro cuore. Egli è bene infinito e sarà nostra felicità eterna: i denari, i piaceri, le fortune di questo mondo, al suo confronto, sono appena frammenti di bene e momenti fugaci di felicità. Non sarebbe saggio dare tanto di noi a queste cose e poco di noi a Gesù. Sopra ogni cosa. Adesso si viene ad un confronto diretto tra Dio e l'uomo, tra Dio e il mondo. Non sarebbe giusto dire: « O Dio o l'uomo ». Si devono amare « e Dio e l'uomo », quest'ultimo, però, mai più di Dio o contro Dio o alla pari di Dio. In altre parole: l'amore di Dio è bensì prevalente, ma non esclusivo.

Nell'assunzione del suo mandato, sin dalla prima allocuzione ancora dentro il Conclave, con il nome che si era scelto aveva indicato il senso del suo mandato e della sua responsabilità di pastore certamente turbato ma con la serenità di chi ha confidato che la propria dura missione è affidata, prima ancora che nella propria, nella illuminante forza dello Spirito e nella preghiera di Cristo per Pietro e per la Chiesa e poi ai fratelli dalla loggia di San Pietro aveva detto « Mi chiamerò Giovanni Paolo ». Io non ho né la « sapientia cordis » di Papa Giovanni, né la preparazione e la cultura di Papa Paolo, però sono al loro posto, devo cercare di servire la Chiesa. Spero che mi aiuterete con le vostre preghiere.

Sì certo, Giovanni Paolo I, in queste settimane, ha mostrato quello che significa essere Pietro nella fermezza della fede e nella grandezza incommensurabile della carità da vivere. Poche settimane sufficienti per fare capire ai cristiani e a tutti gli uomini di buona volontà che la vera speranza per il tempo e per il futuro non può essere che nel mistero della Redenzione e nel messaggio eterno di Cristo. E' un insegnamento che ha dato con la splendente interezza del suo carisma, con la sua dirompente carica umana e pastorale con quel sorridente abbraccio che è giunto ad ognuno di noi e che ora ricambiamo attraverso la sofferente preghiera che ci unisce nella Comunione dei Santi alla sua paternità al volere di Dio e nell'attesa della Resurrezione.

Pietro non ci lascia, non ci lascia perché già la sua testimonianza ci ha segnato nell'anima, perché Giovanni Paolo I con Cristo è sempre con noi.

V.V.

eines Studenten in Rom erzählt, worauf der Papst erschüttert ausgerufen haben soll: „Schießen diese jungen Leute schon wieder aufeinander?“

Unermüdlich zitierte man seitens der Kurie in den folgenden Tagen auch einen anderen Ausspruch des Papstes, wonach er bereits öfters operiert worden sei.

Doch es dauerte nicht lange, bis sich das Gerücht und sehr rasch auch die Überzeugung verbreitete, Johannes Paul I. sei ermordet worden. Man wußte auch ziemlich genau, wo der oder die Mörder zu suchen sind: im Vatikan. Schließlich wurde der Ruf nach der Autopsie des Leichnams laut, umso mehr, da sich die offiziellen Erklärungen Villots und die verschiedenen Ergänzungen der Kurie als ein einziges raffiniertes Geflecht von Lügen und Falschinformationen entpuppten.

Es stellte sich zum Beispiel bald heraus, daß der Sekretär des Papstes üblicherweise nicht um 5 Uhr 30, sondern erst um 7 Uhr zur Messe in der Privatkapelle des Papstes zu erscheinen pflegte. Es kam heraus, daß gar nicht Sekretär Magee, sondern die Köchin des Papstes, Schwester Vincenza, den Papst fand, als sie ihm wie üblich um 4 Uhr 30 den Kaffee brachte. Nachdem auf ihre wiederholten Klopfzeichen niemand öffnete, ging sie ins Schlafzimmer des Papstes und fand ihn tot im Bett sitzend. Er hatte noch die Brille auf und hielt einige Papiere in der Hand. Sie rannte davon, um die Sekretäre des Papstes und die anderen Schwestern zu alarmieren. Magee verständigte Villot, der unter dem Appartement des Papstes wohnte.

Auch die vatikanische Erklärung, der Papst hätte gerade die „Nachfolge Christi“ gelesen, als ihn der Tod ereilte, stellte sich bald als eine frömmlerische Lüge heraus. Später erfuhr man auch, was in den Papieren, die der Papst in der Hand gehalten hatte, stand: seine beabsichtigten Umbesetzungen in der Kurie ...

Schon allein diese Fakten, zusammen mit der „Ferndiagnose“ eines Arztes, die angesichts einer beharrlich verweigerten Autopsie lediglich den Stellenwert einer Meinungsäußerung haben kann, mußten in jedem denkenden Menschen die Frage erwecken: Weshalb die Lügen? Und wem sollten sie dienen?

„Ich denke mir, wenn sie bei kleinen Dingen lügen, dann werden sie auch bei großen Dingen lügen. Also habe ich keinen Grund mehr zu glauben, was sie sagen“, resümierte in diesen Tagen verbittert nicht nur Andrew Greeley, der diesen Satz niederschrieb, sondern mit ihm Millionen Menschen auf der ganzen Welt.

Aber es war ja noch nicht einmal alles aufgekommen. Die Festlegung der Todesstunde auf „wahrscheinlich gegen 23 Uhr“, ohne jeden näheren Hinweis darauf, wie man zu dieser Feststellung gelangt war, in Verbindung mit der Meldung, der Papst habe sich etwa eine Stunde zuvor oder jedenfalls nach dem Gespräch mit Kardinal Colombo, bei dem er noch bei bester Laune gewesen war, über die Ermordung eines Jugendlichen heftig aufgeregt, war derartig plump, daß nur ein blindlings Gutgläubiger die Absicht nicht merken konnte, nämlich eine plausible Erklärung für den Tod des Papstes zu liefern.

Die zur Einbalsamierung hinzugezogenen Fachleute Marracino und Ernesto Signoracci, aber auch Papstzeremoniär Virgilio Noé kamen aufgrund der Hauttemperatur und der fehlenden Leichenstarre zu dem Schluß, daß der Papst gar nicht am späten Abend des 28. September starb, sondern zwischen vier und fünf Uhr früh am 29. September, also kurz bevor sein Hinscheiden von Schwester Vincenza entdeckt wurde.

Auffallend war auch die Hektik, die Villot kurz nach der Entdeckung der Leiche entwickelte. Kaum verließ er das päpstliche Schlafzimmer, als auch schon die Brille, die Hausschuhe und das Testament von Johannes Paul I. verschwanden. All diese Gegenstände sind bis heute verschollen. Selbstverständlich gerieten die Papiere, die der Papst in der Hand hielt, ebenso wie das Arzneifläschchen mit den Effortiltropfen, das auf dem Nachttisch stand, auch in Verlust. In höchster Eile wurde dann die Einbalsamierung des Leichnams durchgeführt. Entgegen der üblichen Praxis wurde das Blut nicht aus dem Körper abgelassen; ein einziger Tropfen hätte verräterische Spuren liefern können. Die Durchführung einer Autopsie wurde trotz der öffentlichen Forderung seitens angesehener Mediziner, Journalisten und kirchlicher Würdenträger strikt abgelehnt.

Gerade in diesem Fall, in dem ein Papst, also ein Würdenträger höchsten öffentlichen Interesses, unerwartet und einsam stirbt, hätte der Vatikan von sich aus eine Autopsie veranlassen müssen.

In der „Apostolischen Konstitution“ vom 1. Jänner 1975, in der Paul VI. die Vorgangsweise beim Ableben eines Papstes regelte, findet sich kein Wort, das die Autopsie des Leichnams eines Papstes verbieten würde. Der Hinweis darauf, daß dies eben nicht üblich sei, ist nichts anderes als eine lächerliche Ausrede, die nur den Verdacht erhärtet, der Vatikan hätte im Zusammenhang mit dem Tod des Luciani-Papstes etwas zu verbergen.

Erstens hatte es selten Anlaß zu einer solchen Autopsie gegeben, und zweitens gibt es eine ganze Reihe von Dingen, die im Vatikan bis in die jüngste Zeit hinein üblich waren, dann aber sehr wohl geändert werden konnten.

Es war zum Beispiel auch nicht üblich, daß ein Papst, wie es Papst Paul VI. tat, seine Tiara verschenkt. Dabei ging es in diesem Fall um viel mehr als um einen formellen Akt, hier ging es um die Glaubwürdigkeit der obersten Kirchenführung. Zu allem Überfluß gab es sehr wohl schon einen Papst, nämlich Gregor XVI. (1831-1846), dessen Leiche seziert wurde.

Es wäre nur natürlich und höchst angebracht gewesen, eine an sich völlig normale Prozedur, die bei jedem Normalsterblichen im Falle eines plötzlichen und nicht geklärten Todes reine Routine bedeutet, auch auf den Papst anzuwenden. Nur so hätte der Verdacht ausgeräumt werden können, der Papst sei ermordet worden.

Auch noch so gefinkelte und entschlossen wiederholte Dementis und Ausflüchte können da helfen. Eine der wundersamsten Erklärungen für die Verweigerung der Autopsie lieferte wieder einmal Kardinal Villot. In die Enge getrieben, behauptete er plötzlich einem Kardinalskollegen gegenüber, entgegen seiner eigenen offiziellen Verlautbarungen über den Unfalltod des Papstes, daß Luciani eine Überdosis Effortil erwischt hätte:

„Wenn man eine Autopsie durchführte, würde diese zweifellos die verhängnisvolle Überdosierung belegen. Niemand würde aber glauben, daß Seine Heiligkeit einem eigenen Versehen zum Opfer gefallen sei. Manche würden Selbstmord vermuten, andere Mord. So kam man überein, keine Autopsie machen zu lassen."

Dazu Professor Rama, jener Arzt, der dem Papst die Effortil-Tropfen verschrieben hatte: „Eine versehentliche Überdosierung scheidet praktisch aus. Er war ein sehr gewissenhafter Patient. Er sprach sehr empfindlich auf Medikamente an. Er benötigte nur sehr kleine Dosen. Bei Effortil nahm er tatsächlich die Minimaldosis. Normal sind sechzig Tropfen pro Tag, aber bei ihm genügten zwanzig bis dreißig. Wir waren beim Verschreiben von Medikamenten immer sehr zurückhaltend."

Armer Villot! Er war beim Wegräumen des Arzneifläschchens leider so gewissenhaft und gründlich, daß natürlich hinterher niemand feststellen konnte, ob eine Überdosierung fehlte oder nicht. Wäre es an

Stelle dieses Wusts aus Lügen, Ausreden und unglaubwürdigen Schutzbehauptungen nicht einfacher gewesen, alle Gegenstände, darunter auch das Arzneifläschchen, sicherzustellen und vor den Augen der Öffentlichkeit untersuchen zu lassen?

Bei jedem Mord, besonders im Falle eines „perfekten Mordes", ist die erste Frage: aus welchen Motiven wurde er verübt, und wer konnte ein solches Motiv haben?

Zweifellos war ein sehr starkes Motiv vorhanden. Der Luciani-Papst wollte die Finanzen des Vatikans durchleuchten, vor allem die Sache mit der Banca Cattolica del Veneto klären, möglicherweise ihren Ankauf durch die IOR beziehungsweise Calvi rückgängig machen.

Dabei wären nicht nur Marcinkus, sondern auch Villot und Benelli aufgeflogen. Jedenfalls mußten alle drei um ihre Existenz und ihren Ruf als hohe kirchliche Würdenträger bangen. Alle drei wußten, daß es einen weltweiten Skandal gäbe, wenn ihre Geschäfte aufgedeckt würden und durch Indiskretionen an die Öffentlichkeit gelangten.

Yallop, der in seinem Buch einige Dinge sehr richtig sieht, vieles aber nicht wissen konnte, trifft den Nagel auf den Kopf, wenn er schreibt: „Wer immer Albino Luciani ermordete, rechnete offensichtlich damit, daß das nächste Konklave und der nächste Papst die personellen Beschlüsse Lucianis zu Makulatur machen würde. Für alle fünf Männer (Yallop nennt Villot, Cody, Marcinkus, Calvi und Sindona) konnte es die Rettung bedeuten, wenn der 'richtige' Mann zum Papst gewählt wurde. Gewiß hätte keiner von ihnen einen Mord riskiert, nur um sich eine Gnadenfrist von einem Monat zu verschaffen. Es ging darum, dafür zu sorgen, daß der 'richtige' Mann gewählt wurde, dann würde man nichts mehr zu befürchten haben."

Sindona und Co. waren keine allzu skrupelbehafteten Persönlichkeiten; andererseits hatten sie wenig Einfluß auf die Papstwahl. Sie hätten sonst schon nach dem Tod Pauls VI. den „richtigen Mann" zum Papst gemacht.

Marcinkus oder der berüchtigte Kardinal von Chicago, Cody, kommen auch nicht in Frage. Ebensowenig konnte sich der immerhin 73jährige Villot ernsthafte Chancen ausrechnen, besonders, als der Tod Johannes Pauls I. eine Stimmung erzeugte, in der alle nach einem jüngeren, belastbareren Papst riefen, der neben einer seriösen seelsorgerischen Erfahrung auch ausreichende Kenntnisse im Umgang mit der Kurie vorweisen sollte.

Es gab nur einen, der all diesen Erwartungen entsprach, als „papabile“ galt und selbst den Ehrgeiz hatte, das höchste Amt der Kirche zu erreichen: den Erzbischof von Florenz, Giovanni Kardinal Benelli. Durch den Tod des Luciani-Papstes konnte er zwei Fliegen mit einem Schlag treffen: erstens, seinen geheimen, mitunter freilich geschickt geleugneten Wunsch, Papst zu werden, erfüllen, und zweitens verhindern, daß die durch den Tod Johannes Pauls I. unterbrochenen Untersuchungen über die Finanzen des Vatikans wieder aufgenommen werden.

Der Bock als Gärtner - ein Märchen wäre im Vatikan des 20. Jahrhunderts, knapp nach dem Zweiten Vatikanischen Konzil, beinahe wahr geworden - ein genialer Staatsstreich, mit dessen Hilfe Benellis Verfehlungen, aber auch die seiner Komplicen vielleicht für immer erfolgreich vertuscht worden wären.

XVII. Wie an Stelle Wojtylas beinahe ein Gauner Papst geworden wäre

Es ist nicht uninteressant, wie Kardinal Benelli auf den plötzlichen Tod seines von ihm angeblich so tief verehrten Kardinalskollegen Luciani reagierte.

Wie er Yallop offenbar selbst erzählte, hatte ihn die Nachricht vom Tod des Papstes bereits um 6 Uhr 30 in Florenz erreicht. Sie wurde ihm, von wem, weiß man nicht, telefonisch übermittelt. „Überwältigt vor Gram", berichtet Yallop, „zog er sich weinend in sein Zimmer zurück und begann zu beten."

Sehr viel Zeit zum Grämen und Beten hatte er allerdings nicht, denn an diesem Wochenende sollte er nach Frankreich reisen, um bei den Gedenkfeierlichkeiten zum Todestag der heiligen Therese von Lisieux den Vorsitz zu führen.

Als sich in Lisieux die Nachricht vom Ableben des Papstes verbreitete, meinte der ebenfalls eingeladene und bereits angereiste Kurienkardinal Gabriel Garrone, Benelli werde wohl nunmehr in Italien unabkömmlich sein und kaum nach Lisieux kommen. Ein Telefonanruf in Florenz schuf Klarheit: Benelli versprach zu kommen.

Tatsächlich nahm er an den Feierlichkeiten teil und verriet dabei keinerlei Trauerstimmung, ganz im Gegenteil. Als er am Sonntag, den 1. Oktober, nach der Festmesse eine Pressekonferenz abhielt, bemerkten mehrere Journalisten unabhängig voneinander ausdrücklich, daß Benelli dabei „sehr heiter und gelöst" („très souriant et détendu") gewirkt habe. Er sagte, es liege nunmehr am nächsten Papst, das Werk von Johannes XXIII. und Paul VI. weiterzuführen. Johannes Paul I. erwähnte er mit keinem Wort. Er vergaß auch nicht hinzuzufügen, daß der zukünftige Papst sich sehr gut in den Finanzangelegenheiten der Kirche auskennen müsse. Lediglich bei der Messe kam Benelli in seiner Predigt auch kurz auf Lucianis Tod zu sprechen.

„Wir sollten heute", sagte er, „besonders innig unsere Gebete erheben im Hinblick auf das Unglück, das die Kirche durch die Heimholung unseres geliebten Johannes Paul I. zu Gott erlitten und das sie erschüttert hat." Zum Schluß seiner Ansprache rief der Kardinal die Gläubigen auf: „Beten wir, meine Brüder und Schwestern, inständig für die Kirche, daß der Herr mit ihr sei, daß er die Kardinäle erleuchte, die erneut aufgerufen werden, einen neuen Papst zu wählen, der das Schiff Petri in einer Zeit führen muß, die ebenso reich ist an Problemen und Schwierigkeiten wie an Hoffnungen."

Sein ganzes Verhalten kurz nach dieser Predigt verriet allerdings nicht, daß er den Tod Johannes Pauls I. für ein Unglück hielt. Die Fragen, die ihm Journalisten am Pariser Flugplatz vor seinem Heimflug bezüglich seiner Erwartungen gegenüber dem nächsten Papst stellten, beantwortete er mit dem nichtssagenden Satz: „Er müßte die Beschlüsse des Konzils nicht nur auf dem Gebiet der Liturgie ins Leben umsetzen." Dann flog er nach Rom zu den täglichen Kardinalsversammlungen, die nach dem Tod eines Papstes neun Tage lang stattzufinden pflegen.

In einer Erklärung gegenüber dem Vatikanblatt „Osservatore Romano" charakterisierte der Kardinal, den das Blatt als eine jener Persönlichkeiten bezeichnete, „die dem Papst Luciani am nächsten standen", die Situation wie folgt:

„Die Kirche hatte damals die Aufgabe, schnell ein so großes Problem zu lösen wie die sofortige Wahl des Papstes. Eine Wahl in kürzester Zeit. Ein richtiger Mann zum richtigen Zeitpunkt, wie geschaffen für unsere Zeit, und nun unvorhergesehen dieses Ereignis. Wir, ich wiederhole, wir gläubigen Menschen müssen Gottes Willen begreifen, über den wir nicht verfügen, den wir nicht kennen, dessen Pläne wir nicht erraten können."

Wer Benelli kannte, wußte, daß es sich bei all diesen Erklärungen lediglich um die Floskeln eines mit allen Finten der Diplomatie vertrauten Mannes handelte. Greeley traf ins Schwarze, als er im Vorfeld des Konklave schrieb: „Von Benelli sagt man, daß er seinen persönlichen Charme nur als politische Waffe einsetze." Noch vielsagender ist eine Episode, die Greeley, der von Benellis Doppelleben eigentlich nichts ahnen konnte, folgendermaßen schildert: „Das italienische satirische Magazin 'Il Male' hat eine horrende Schauergeschichte herausgebracht: Benelli soll den Papst vergiftet haben. Für mich ist das absurder schwarzer Humor, aber es zeigt, wie die Leute hier denken."

Unter dem Titel: „Auszüge aus dem geheimen Tagebuch des Papstes Luciani" versuchte „Il Male" in satirischer Weise die 33 Tage des Papstes nachzuzeichnen. Dabei spielt die Person Benellis eine zentrale Rolle. Die fingierten Tagebuchaufzeichnungen verraten eine intime Kenntnis der Vorgänge, die Fakten stimmen auffallend. Das Magazin vergaß auch nicht, auf den plötzlichen Tod des russisch-orthodoxen Metropoliten von Leningrad und Nowgorod, Nikodim, hinzuweisen, der buchstäblich in den Armen des Papstes starb. Nikodim hielt sich bereits seit Anfang August in Rom auf. Er war Gast des Jesuitengenerals Aruppe und des Russischen Kollegs. Anfang September, knapp vor seiner Rückreise nach Leningrad, besuchte Nikodim Johannes Paul I., der ihn in Privataudienz empfing.

Bei der Begegnung, die in der Privatbibliothek des Papstes stattfand, waren außer Nikodim und dem Papst nur Kardinal Willebrands und ein Dolmetscher anwesend. Kurz nachdem der Papst seinen Gast begrüßt hatte, sank dieser, unmittelbar nach dem Genuß des vorbereiteten Kaffees, sterbend in die Arme des Papstes. Gerüchte wollten wissen, daß der Kaffee für den Papst bestimmt gewesen war. Der erst 48jährige Nikodim war allerdings ein herzkranker Mann, der bereits einige Herzinfarkte hinter sich hatte. Sein plötzlicher Tod könnte auch ein Zufall gewesen sein.

Die Tatsache, daß Nikodim ausgerechnet während der Privataudienz beim Papst und nach der Einnahme des Kaffees starb, läßt im Lichte der späteren Ereignisse die Theorie, daß es sich dabei bereits um einen Mordanschlag auf den Papst gehandelt hatte, nicht gänzlich von der Hand weisen. Nikodims Leiche wurde, übrigens ohne Obduktion, auf dem Friedhof des Aleksandr Newsky-Klosters in Leningrad bestattet.

Laut „Il Male" habe sich bis Mitte September das Verhältnis zwischen Benelli und dem Papst, den der Kardinal aus Florenz bis zu diesem Zeitpunkt ständig beraten hatte, abgekühlt. In der fiktiven Tagebucheintragung vom 21. September heißt es: „Benelli meidet mich." Die Satire endet schließlich mit einem ebenfalls fiktiven Gedicht aus Benellis Feder:

„Albino ist tot. Er war wie die Ähre
behältst sie dir nahe
schickst sie in die Ferne.

Unter Freunden der liebste
vollkommenes Andenken
für einen vollen Monat
ein helles Vergnügen.

Zum Ende befördert
durch einen Liebesakt
dies war eine Gnade
dem Herrn sei gedankt.

Er war wie das Lamm
im Lande der Wölfe
er brachte die Freude
in bedrückte Herzen.

Der Tod nahm uns wahrscheinlich
eine Last von den Herzen
er sollte nicht erfahren,
daß die Welt voller Schmerzen.

Giovanni Benelli“

Verständlicherweise wirbelte die Satire des linken Magazins viel Staub auf. Bereits kurz nachdem sie veröffentlicht worden war, verhaftete die Polizei den Sohn des damaligen Vorsitzenden der christlich-demokratischen Partei, Zaccagnini. Ihm wurde vorgeworfen, bei der Verfassung der Satire mitgearbeitet zu haben. Die Aktion gegen Zaccagnini junior verlief schließlich, wie so vieles in Italien, im Sande. Offenbar konnten sich die Verfasser der „geheimen Tagebuchaufzeichnungen“ auf Informationen stützen, die damals in vatikannahen römischen Kreisen kursierten. Nicht einmal ein satirisches Magazin wie „Il Male“ kann es sich ohne triftige Anhaltspunkte leisten, einen so schwerwiegenden Verdacht anzudeuten.

Selbstverständlich nahm niemand die Geschichte ernst. Benelli, der gefürchtete und geachtete Saubermann der Kirche, sollte in Wirklichkeit ein gerissener Gauner, sogar ein Mörder sein? Nein, das konnte, das durfte einfach nicht wahr sein. Doch die Ereignisse nach dem Tod des Luciani-Papstes, vor allem der Verlauf der erneuten Papstwahl und Benellis Reaktion auf die Wahl Wojtylas, nicht zuletzt aber auch die seltsamen Begleiterscheinungen, die den Tod Benellis im Herbst 1982 kennzeichneten, geben genaue Antwort auf die Frage, wem der Tod Lucianis wohl am ehesten nützen konnte, wer am meisten davon zu profitieren gedachte.

Alle Beobachter, die ihren Blick nach dem Ableben des lächelnden Papstes auf das kommende Konklave richteten, waren sich in ihrer Prognose einig. Wenn sich nichts Außerordentliches ereignete, müßte der nächste Papst Benelli heißen. Der Kardinal selber betrieb diesmal, im Gegensatz zur letzten Papstwahl nach dem Tod Pauls VI., seine eigene Kandidatur mit kaum verhülltem Eifer.

Er wußte genau, dies war seine Chance; jetzt oder nie!

In kurialen Kreisen, in denen er nie viele Freunde hatte, führte dies zu bissigen Kommentaren: „Vielleicht wird der Kardinal von Florenz sich selber vorschlagen", sagten die einen, „aber seine Kommunikationsfähigkeit entspricht der eines mittelalterlichen Monarchen." Die anderen fügten hinzu: „So sehr Benelli auch lachen könne, ein flexibler, kollegialer und demütiger Papst Benelli würde einem Leoparden gleichen, der nicht nur seine Flecken verändert, sondern sie überhaupt verschwinden läßt. Aber man sollte sich keinem Irrtum hingeben, Benelli bliebe weiter ein gefährlicher Leopard."

Es schadet nie, wenn ein Papstkandidat eine gute Presse hat. Benelli hatte sie. Für fast alle führenden Blätter Italiens war er bereits kurz nach dem Tod Johannes Pauls I. der sichere Favorit. Als sein einziger ernstzunehmender Konkurrent galt der schwer einzuordnende, in seiner Grundeinstellung aber eindeutig konservative Kardinalerzbischof von Genua, Siri. Es mehrten sich aber auch die Stimmen derer, die sich einen Papst aus dem Ausland, möglichst aus der Dritten Welt, vielleicht aus Lateinamerika, wünschten.

Bereits nach dem Tod Pauls VI. tauchten Namen wie Lorscheider oder Arns auf, beides deutschstämmige Brasilianer und hochangesehene Persönlichkeiten der lateinamerikanischen Kirche.

Manche meinten schon sehr früh, daß der Pole Wojtyla durchaus einige Chancen auf den Papstthron hätte. Benelli reagierte schnell: er ließ Wojtyla wissen, daß er ihm beim Konklave seine Stimme geben werde. Worauf Wojtyla kein Hehl daraus machte, daß er seinerseits Benelli zu wählen gedenke.

Um den Befürwortern eines Papstes aus der Dritten Welt den Wind aus den Segeln zu nehmen, erschien bereits zwei Tage nach Lucianis

Begräbnis im „Corriere della Sera“ vom 6. Oktober 1978 ein großer Artikel mit dem Titel: „Die internationale Öffnung Benellis: Die Wende der Kirche von Europa zur Dritten Welt.“

In diesem Artikel wurde festgestellt, daß Benelli bereits Mitte der sechziger Jahre Erfahrungen zu den Problemen der Dritten Welt gesammelt hatte und daß er wie wenige andere gelernt hätte, diese Probleme auch zu verstehen. Was aber nicht heißen solle, daß er sich nicht mit der gleichen Energie um eine umfassende Einheit Europas bemühe. Daß der angesehene, zur Rizzoli-Gruppe gehörende Mailänder „Corriere della Sera“ diesen Bericht veröffentlichte, dürfte kaum Zufall gewesen sein. Wie es allerdings erst im Sommer 1983 publik wurde, besaß der Vatikan, genauer die Vatikanbank IOR dank einer mit Calvis Hilfe raffiniert eingefädelten Kreditoperation zwischen Juli 1977 und April 1981 die absolute Mehrheitsbeteiligung an dieser liberalen Tageszeitung. Titel des vom Magazin „Il Mondo“ am 8. August 1983 veröffentlichten Berichtes darüber: „Corriere Vaticano“.

Für Marcinkus war Benelli, den er durch sein Wissen in der Hand gehabt hätte, nach dem „Luciani-Schock“ als Papst trotz aller Rivalitäten noch immer besser als ein unberechenbarer, womöglich in den Fußstapfen Johannes Pauls I. wandelnder Pontifex.

Trotz des Umstandes, daß Kardinal Siri bereits beim August-Konklave knapp hinter Luciani rangiert hatte und daß Kardinal König bereits damals die Möglichkeit eines nichtitalienischen Papstes in Erwägung zog, war Benelli sich seiner Sache sicher. Luciani war noch kaum in der Krypta des Petersdomes bestattet, als der Chronist der Papstwahl, Greeley, am 4. Oktober 1978 notierte: „Er, Benelli, benimmt sich bereits wie ein fixer Kandidat.“

Nicht nur Benelli, sondern auch die hauptsächlich kurialen Anhänger Siris, die Benellis Wahl unbedingt verhindern wollten, entfesselten im Interesse ihres jeweiligen Favoriten eine vehemente Pressekampagne, aus der aber am Vorabend des Konklaves wieder einmal der schlaue Benelli als Sieger hervorging. Die Art, wie er seinen Gegner Siri mit Hilfe eines Reporters der in Turin erscheinenden „Gazetta del Popolo“ hereinlegte und ihm daraus einen Strick drehte, war eine Meisterleistung. Benelli, wie ich ihn kannte. Zu einem geschickt gewählten Zeitpunkt, nämlich unmittelbar vor Beginn der Papstwahl, alarmierte er seinen Gewährsmann Gianni Licheri bei der „Gazetta del Popolo“. Am Vormittag des 13. Oktober suchte der junge Reporter

Kardinal Siri in seinem römischen Quartier, einem kirchlichen Pensionat, auf. Siri pflegte seine Besucher im Vorraum seines kleinen Appartements im zweiten Stock des Hauses zu empfangen. Üblicherweise geleitete sein Sekretär die Gäste zu ihm. Diesmal war es etwas anders. Der Kardinal verabschiedete gerade einen seiner Besucher und langjährigen Anhänger, den Direktor der italienischen Rundfunk- und Fernsehanstalt Emilio Rossi, der damals noch an den Folgen eines Attentats der Roten Brigaden litt. Siri begleitete seinen Gast zum Ausgang hinunter. Ohne daß der Kardinal es zunächst bemerkt hätte, stellte sich ihm plötzlich der Reporter der „Gazetta del Popolo" in den Weg. Der Journalist bat in höflichem Ton um ein Interview. Der Kardinal lehnte ab, aber sein Besucher blieb beharrlich. Schließlich willigte Siri ein, unter der Bedingung, das Interview dürfe nicht vor dem Beginn des Konklave veröffentlicht werden. Siri wußte freilich nicht, daß der Journalist Benellis Gewährsmann war und vertraute ihm, als dieser sein Ehrenwort darauf gab, daß das Gespräch nicht vor Beginn der Papstwahl gedruckt würde.

Der Reporter ließ während des ganzen Interviews insgeheim ein Tonbandgerät mitlaufen, das er in seiner Rocktasche verborgen hatte. Noch am späten Nachmittag des selben Tages veröffentlichte eine Nachrichtenagentur den Text des Interviews. Nach dem Bekanntwerden der Angelegenheit dementierte Licheri heftig, daß er von Benelli zu der Sache angestiftet worden sei. Benelli habe, sagte Licheri, von dem Gespräch ebenso wie alle anderen erst aus der Presse erfahren. Siri zog in dem bewußten Interview äußerst temperamentvoll über seine Gegner her. Er beklagte sich zunächst darüber, daß man ihn in aller Welt mißverstehe, denn er sei weder konservativ noch fortschrittlich, sondern lediglich ein Anhänger der Botschaft Christi. Er machte sich über die Antrittsansprache des Luciani-Papstes lustig, lehnte die Idee der Kollegialität der Bischöfe ab und kritisierte auch das Staatssekretariat. Für Benelli war das Interview ein gefundenes Fressen. Er drängte den Journalisten, sobald dieser ihn nach dem Gespräch über dessen Inhalt informierte, seine Vereinbarung mit Siri zu brechen. Tatsächlich berief sich der betreffende Journalist darauf, Siri hätte die Abmachung selbst zunichte gemacht, da er das Interview auch einigen Radiostationen zur Verfügung stellte. Der Kardinal hatte wirklich ähnliche Erklärungen, die aber im Ton wesentlich gemäßigter waren, auch anderen Journalisten gegenüber abgegeben.

Am Vormittag des nächsten Tages versuchte Siri zu dementieren: Was in der „Gazetta del Popolo“ abedruckt worden war, wären einige hastige und offenbar nicht richtig wiedergegebene Gedanken, die er anläßlich eines flüchtigen Treffens vor dem betreffenden Journalisten geäußert hatte. Maßgeblich sei der Inhalt seiner Ansprache während des Requiems für den verstorbenen Papst in Sankt Peter, zu der er stehe und in der er versichert hatte, daß die neue Ära Johannes Pauls fortgesetzt werden müsse, mit „der notwendigen Auseinandersetzung über die Unabänderlichkeit der katholischen Glaubenslehre, der kirchlichen Disziplin und Spiritualität“.

Trotz solcher Abschwächungsversuche schlug das Siri-Interview wie eine Bombe ein und löste lebhafte Diskussionen aus. Benelli tat ein übriges. Er ließ den Zeitungsbericht vervielfältigen und die Kopien in einem roten Umschlag auf die Plätze der Kardinäle legen. Niemand wußte genau, wer die Verteilung der Kopien veranlaßt hatte, aber sie konnte natürlich nicht ohne Wissen und Billigung des Konklaveleiters erfolgen. Dieser hieß nach wie vor Jean Villot.

Zunächst schien also alles wie am Schnürchen zu laufen, Benellis langfristige Strategie und Geduld schienen nunmehr Früchte zu tragen. Dennoch „zitterte und bangte“ der Kardinal, wie Greeley schreibt, weil er trotz allem noch nicht sicher sein konnte, ob er das Rennen machen würde oder nicht. Die Chancen standen aber eher gut.

Benelli war an sich ein fähiger, ja genialer Mann und verstand es auch, den einen oder anderen Gegner für sich zu gewinnen. Außerdem kam ihm ein starker Stimmungsumschwung unter den Kardinälen zu Hilfe. Hieß es nach Pauls Tod, es müsse nun ein gediegener Seelsorgepapst gewählt werden, lautete die Parole diesmal, der zukünftige Pontifex sollte eher ein jüngerer, kräftiger, belastbarer und gesunder Mann sein, der sich in den kurialen Agenden ebenso auskennt wie in den Belangen der Seelsorge. Die Beschreibung paßte Benelli wie auf den Leib geschrieben. Im ersten Wahlgang lag Siri noch stark in Führung, aber beim zweiten fiel er bereits zurück, während Benellis Stimmenanteil sprunghaft anstieg. Auch bei der zweiten Abstimmung am Vormittag des selben Tages hielt dieser Trend an.

Erst am Nachmittag kam die ernüchternde Wende. Durch die Uneinigkeit der italienischen Kardinäle untereinander verfehlte Benelli beim dritten Urnengang nur knapp die erforderliche Stimmenmehrheit. Damit aber war der Traum für ihn aus. Seine Gegner konnten zwar Siri nicht durchbringen, aber sie schnitten Benelli den Weg ab. Am selben Abend bemerkte ein Kardinal zum anderen: „Der Heilige Geist hat uns gerettet.“ Der gute Mann hatte freilich keine blasse Ahnung davon, welch ernste Wahrheit er damit aussprach: daß die Kirche und mit ihr die ganze Menschheit nur knapp der Ungeheuerlichkeit entgangen war, einen Serienbetrüger auf dem Papstthron sehen zu müssen.

Beim vierten Wahlgang schenkte plötzlich eine große Anzahl der Kardinäle ihre Stimme dem Mailänder Erzbischof Colombo. Colombo war schon 76 Jahre alt, und viele Kardinäle lehnten ihn deshalb ab. Aber Siri war auch nicht viel jünger, die beiden Kardinäle trennte lediglich ein Altersunterschied von vier Jahren. Der belgische Kardinal Suenens, der die Kandidatur des Mailänder Erzbischofs als eine für alle Parteien akzeptable Kompromißlösung unterstützte, überzeugte seine Kollegen mit dem Argument, daß auch Johannes XXIII. bereits 77 Jahre alt war, als er zum Papst gewählt wurde. Nun aber geschah etwas Unerwartetes: Colombo erklärte dezidiert, daß er, selbst wenn er die erforderlichen fünfundsiebzig Stimmen bekommen sollte, die Wahl nicht annehmen würde. Erinnern wir uns: dieser Kardinal war der letzte Mensch, mit dem Johannes Paul I. vor seinem plötzlichen Tod am Abend des 28. September zwischen 21 und 22 Uhr noch lange telefonisch gesprochen hatte. Kardinal Colombo hegte offenbar Befürchtungen, die ihn dazu veranlaßten, seine Wahl zum Papst trotz guter Chancen von vornherein abzulehnen.

Dadurch schlitterte das Konklave von Samstag auf Sonntag in eine Krise. Am Sonntag begann sich die Situation wieder zu klären. Nicht zuletzt auf Initiative des Wiener Kardinals König, des Münchner Kardinals Ratzinger und anderer deutschsprachiger und europäischer Kardinäle trat neben dem eher kurz ins Spiel gebrachten Holländer Willebrands immer stärker die Person des Krakauer Kardinals Wojtyla in den Vordergrund.

Am Montagmorgen waren die Stimmen für Wojtyla bereits sprunghaft angestiegen. Am selben Abend um 18 Uhr 43 war es dann soweit. Kardinal Felici, Oberredakteur des neuen Kirchenrechts und begeisterter Freizeitdichter, konnte der jubelnden Menge am Petersplatz das traditionelle „Habemus papam“ verkünden. Die Schlacht war zu Ende, der große Verlierer hieß Giovanni Benelli.

Man behauptete, daß er seine Stimme tatsächlich für Wojtyla abgegeben hätte, als er sah, daß er unterliegen würde, aber das dürfte nicht stimmen. Wie Greeley bemerkte, war er in Wirklichkeit über Wojtyla „sehr verbittert", denn dieser war um ein Jahr jünger als er, und ihm, Benelli, hatten seine Gegner immer sein Alter als Hindernis für die Kandidatur vorgehalten.

Als die Kardinäle am Dienstag, den 17. Oktober 1978, nach dem Dankgottesdienst in der Sixtinischen Kapelle das Konklave verließen, trug Benelli statt seiner Kardinalsrobe nur einen einfachen schwarzen Talar mit roter Schärpe. Er war sichtlich ermüdet. Welch ein Gegensatz zu dem strahlenden, optimistischen Benelli der Papstwahl im August! Damals war er überschwenglich und glücklich, nun stand er vor den Trümmern seines Lebensplanes. Kein Wunder, daß er einen nervösen und zerfahrenen Eindruck erweckte. Als ihn Journalisten um seinen Kommentar baten, antwortete er recht unwillig und kurzangebunden.

Wojtyla sei „der richtige Mann zur richtigen Zeit" wiederholte er mit freudscher Konsequenz seinen stereotypen Ausspruch vom August. „Haben Sie einen ausländischen Papst erwartet?" fragte irgendein boshafter Zeitungsmann unhöflich, als wüßte er nicht, daß Benelli dieses Amt selbst angestrebt hatte. Da explodierte der Kardinal: „In der Kirche gibt es keine Ausländer." Dann faßte er sich wieder, rang sich ein kurzes Lächeln ab und verschwand eilig in seinem Auto.

Ich weiß nicht, ob ihm in diesen Tagen in den Sinn gekommen ist, was er Jahre vorher zu mir gesagt hatte, als ich ihn nach meiner Entlassung aus der Haft aufsuchte: „Sie haben hoch gespielt und hoch verloren?"

Ganz offensichtlich hat Benelli sich von dieser Niederlage nie mehr erholt. Damals wußte noch niemand von seinen Umtrieben und von den Gaunereien seiner Komplicen, die Details kursierten über die Calvi-Sindona-Marcinkus-Verbindung nur unter Freunden und Eingeweihten. Die große Öffentlichkeit konnte nicht einmal davon träumen, was sich da hinter den Mauern des Vatikans abgespielt hatte.

Kaum ein halbes Jahr, nachdem Wojtyla den päpstlichen Thron bestiegen hatte, starb einer der wichtigsten Kronzeugen unserer Geschäfte, Jean Kardinal Villot. Als er Mitte März 1979 zu Grabe getragen wurde, nahm er sein Geheimnis mit.

Wojtyla wurde binnen kürzester Zeit weltweit zum gefeierten Superstar. Seine Theaterstücke, Schriften und Schallplatten fanden riesige Verbreitung. Er, der einst Schauspieler werden wollte, konnte nun endlich seinen Jugendtraum verwirklichen: die Welt wurde buchstäblich zu „seiner“ Bühne. Sein ausgeprägtes missionarisches Bewußtsein lieferte dazu die vordergründige Rechtfertigung. Jene fortschrittlichen Priester aber, die ihm dies und vieles anderes vorwerfen, sollten stets bedenken: Es hätte noch wesentlich schlimmer kommen können. Benelli wäre sicher nicht minder autoritär gewesen, und obendrein hätte die Kirche beinahe das seit dem Mittelalter nicht mehr übliche Kunststück fertig gebracht, einen gerissenen Gauner an ihre Spitze gewählt zu haben.

XVIII. Im Dunstkreis des Vatikans: Das Ende des „Bankiers Gottes" Calvi

Schon während sich Benelli wieder seiner Aufgabe in Florenz und in den römischen Kongregationen widmete, zogen düstere Wolken über dem heiteren Himmel des Vatikans auf.

Im September 1974, als das Sindona-Imperium zusammenkrachte, bemerkte Italiens späterer Staatspräsident und damaliger Vorsitzender der Deputiertenkammer Sandro Pertini: „Es ist unfaßbar, daß das Parlament bis heute über alles im Dunkeln gelassen wurde. Es ist unzulässig, daß die Regierung über die Affäre Sindona den Mantel der Pietät breitet."

Erst auf das Betreiben der kleinen Partito Radicale wurde ein parlamentarischer Untersuchungsausschuß eingesetzt, der die Hintergründe der Sindona-Pleite ausleuchten sollte.

Es dauerte bis zum Mai 1980, bis die Kommission die Approbation erhielt, ihre Arbeit konnte sie erst im September des Jahres aufnehmen.

Sindona war ein großzügiger Geldgeber, er hatte in den hohen und höchsten Kreisen der Regierung und der Parteien, aber auch im Vatikan mächtige Freunde; kein Wunder, daß sie sich alle wehrten und durch ihre Abwehrmaßnahmen die Arbeit der Kommission behinderten, wo es nur ging.

Während die parlamentarische Untersuchungskommission im Fall Sindona also erst Anfang der achtziger Jahre aktiv werden konnte, wurden jene zwölf Prüfer der italienischen Kontrollbank Banca d'Italia, die von ihren neuen Chefs Baffi und Sarcinelli mit der Durchleuchtung des Calvi-Imperiums beauftragt worden waren, bereits im Sommer 1978 fündig. Sie trafen am 17. April 1978 in Mailand ein, um die Bücher von Calvis Ambrosiano-Bank durchzuackern.

In sechsmonatiger Arbeit trugen sie eine ganze Reihe von Indizien zusammen, die den Verdacht nahelegten, daß Calvi mit Hilfe seiner

Geldinstitute und Scheinfirmen wie der Schweizer Ambrosiano-Filiale „Banca del Gottardo“, einer geheimnisvollen Finanzierungsgesellschaft namens „Suprafin“ und der Ambrosiano-Filiale auf den Bahamas große Mengen von Aktien ins Ausland transferiert hatte, um sie zu gegebener Zeit zu einem erhöhten Preis wieder zurückzukaufen. Der Gouverneur der Banca d'Italia, Paolo Baffi, und der Direktor der Bankenaufsicht, Mario Sarcinelli, schickten den fünfhundertseitigen Bericht ihres Chefprüfers Giulio Padalino an die zuständige Mailänder Finanzprokuratur, deren Chef Mario Gresti den Richter Emilio Alessandrini mit den konkreten Nachforschungen betraute. Alessandrini, ein unbestechlicher Jurist, kam mit seinen Nachforschungen nicht weit. Am 29. Januar 1979 wurde er um 8 Uhr 30 auf dem Weg zu seinem Büro, als er bei einer Verkehrsampel anhalten mußte, mit einem Feuerstoß aus einer Maschinenpistole ermordet. Als Täter meldete sich telefonisch die linksextreme „Prima linea“.

An Stelle des ermordeten Alessandrini führte dann ein auf Devisenvergehen spezialisierter Richter der Finanzbehörde in Mailand, Luca Mucci, die Erhebungen weiter. Der Bericht, den seine Fahnder ihm vorlegten, beinhaltete zunächst nichts Beunruhigendes. Mucci war dennoch nicht zufrieden und ordnete weitere Nachforschungen an. Ein Jahr später, im Juni 1980, stieß er auf die wunden Punkte. Seine Beamten berichteten ihm, daß Calvi zwischen 1973 und 1975 Aktien der Versicherungsgesellschaft Toro, an der die „Centrale“ die Aktienmehrheit besaß, an eine ausländische Tochter der Ambrosiano verkauft hatte, ohne dafür je eine Lira bekommen zu haben. Etwas später stieß die selbe Tochtergesellschaft der Ambrosianobank diese Aktien an Calvi ab. Dieser zahlte für jede einzelne Aktie 34.000 Lire, obwohl sie an der Börse nur mit 13.000 Lire notierten. Auf diese Weise verschob Calvi, wie die Finanzfahnder herausfanden, unauffällig 23 Milliarden und 400 Millionen Lire ins Ausland. Das war, gemessen an den Größenverhältnissen der Ambrosiano nicht allzu viel Geld, aber eindeutig ein Vergehen gegen die einschlägigen Gesetze. Mucci überlegte: Wenn er Calvi verhaften ließe, würde dies mit Sicherheit ein Erdbeben auslösen, und Calvis Freunde würden von einer regelrechten Verfolgung sprechen.

Er ließ deshalb nur Calvis Reisepaß einziehen, händigte diesen aber wieder aus, als Calvi im September zur Tagung des Internationalen Währungsfonds in die Vereinigten Staaten reisen wollte. Mucci beschloß, vorerst abzuwarten und keine weiteren Schritte zu unternehmen.

Inzwischen tat sich in der Causa Sindona bereits allerhand. Seit dem 29. September 1974 war ein junger ambitionierter Rechtsanwalt, Giorgio Ambrosoli, mit der Konkursmasse der Sindona-Bank „Banca Privata Finanziaria" beschäftigt. Mit verbissenem Fleiß und in mühevoller Kleinarbeit versuchte er sich auf die Fährte von Sindonas Finanzmanipulationen zu setzen. Sein Resumee zeigte, daß der Zusammenbruch des Sindona-Imperiums keineswegs auf Unfähigkeit oder unvorhersehbare Entwicklungen zurückzuführen war, sondern die Folge einer ganzen Serie von kriminellen Manipulationen darstellt.

Immer wieder mußte Ambrosoli bei seiner Arbeit mit diversen Schwierigkeiten kämpfen, die ihm Sindona und seine mächtigen Freunde im Staatsapparat in den Weg legten. Da Sindona in den USA bereits seit dem 19. März 1979 unter Anklage stand, waren die Amerikaner an den nunmehr jahrelangen Untersuchungen Ambrosolis verständlicherweise interessiert. Der Antrag, seinen Bericht anzuhören, kam aber nicht von der amerikanischen Anklagebehörde, sondern von Sindonas Anwälten, die hofften, auf diese Weise die gegen Sindona vorgebrachten Beschuldigungen entkräften zu können.

Als Ambrosoli am 9. Juli 1979 mit der Darlegung seiner Nachforschungen, einem Riesenkonvolut von Unterlagen, die er in den vier Jahren gesammelt und gesichtet hatte, begann, kamen die Zuhörer, zwei Vertreter der amerikanischen Anklagebehörde, einige Sindona-Anwälte und der italienische Richter Giovanni Galati aus dem Staunen nicht mehr heraus. Unter anderem konnte Ambrosoli detailliert belegen, wie sich das Trio Sindona-Marcinkus-Calvi die Banca Cattolica del Veneto unter den Nagel gerissen hatte, und er nannte auch die Höhe der dabei eingestreiften Provisionen, „je 6,5 Millionen US-Dollar an einen Mailänder Bankier und an einen amerikanischen Bischof."

Es war unschwer zu erraten, daß der Bankier Calvi und der Bischof Marcinkus hieß. Letzterer hatte noch kurz vorher behauptet, Sindona nie begegnet zu sein. Aber auch andere Vatikan-Granden kamen zum Vorschein. Bei seinen Nachforschungen stieß Ambrosoli immer wieder auf Hinweise, die sich auf eine geheimnisvolle „Liste der 500" bezogen. Es soll sich dabei um rund 500 Persönlichkeiten handeln, die mit der Hilfe Sindonas und der von keiner Bankenaufsicht kontrollierten Vatikanbank IOR größere Summen von Schwarzgeld auf ausländische

Bankkonten verschoben hatten. Ambrosoli versuchte, die Namen dieser Leute herauszufinden. In 77 Fällen gelang es ihm schließlich, die Inhaber der geheimnisvollen Konten zu identifizieren. Zwei von ihnen sind im Vatikan keine Unbekannten: Massimo Spada war vor Marcinkus langjähriger Leiter der Vatikanbank; Luigi Mennini, Gentiloumo (Edelmann) Seiner Heiligkeit, Vater von vierzehn Kindern, darunter auch eines Monsignore im Dienste der vatikanischen Diplomatie, war der zweite Mann nach Marcinkus an der Spitze der IOR.

Während Ambrosoli die Ergebnisse seiner Untersuchungen vorlegte, war der Henker bereits auf seiner Spur. Sindona hatte 100.000 Dollar Kopfgeld auf Ambrosoli ausgesetzt. Der Mann, der sie wenig später einstreifen würde, war ein Profikiller aus dem amerikanischen Gangstermilieu: William Arico.

Ambrosolis Ausführungen nahmen drei Tage in Anspruch. Am Vormittag des 12. Juli sollte das Protokoll über die Gespräche abgeschlossen und unterfertigt werden. Aber dazu kam es nicht mehr. Als Ambrosoli am 11. Juli gegen Mitternacht heimkehrte, warteten bereits drei Killer auf ihn. Sie waren mit einem roten Fiat 127 in die Via Marozzo im Mailänder Stadtteil Rocca di Milano gekommen, wo der Rechtsanwalt wohnte. „Sind Sie Ambrosoli?“ fragte eine Stimme aus dem Dunkel. „Ja.“ Die Antwort war ein Feuerstoß. Von vier Magnum-Projektilen getroffen, sank Ambrosoli schwer verletzt zu Boden.

Als die Polizeistreife, die noch vor der Rettung eingetroffen war, ihre Arbeit aufnahm, war Ambrosoli noch bei Bewußtsein. Er konnte erzählen, daß er von drei unbekannten Männern attackiert worden war. Dann fiel er ins Koma. Während des Transportes ins Krankenhaus starb er.

„Ich hege keine Zweifel darüber, daß ich auf jeden Fall einen hohen Preis für diese Aufgabe zahlen werde. Ich wußte es, bevor ich sie angenommen habe. Nun will ich mich nicht beklagen, umso weniger, als es für mich die einzige Möglichkeit war, für das Land etwas zu tun“, schrieb Ambrosoli bereits am 25. Februar 1975 an seine Frau Anna.

Erst vier Jahre nach dem Mordanschlag wurde der Täter entlarvt und sein Auftraggeber nun auch wegen Anstiftung zum Mord verurteilt. Vorerst aber inszenierte Sindona noch Anfang August 1979 seine Selbstentführung aus New York. Er tauchte unter und schrieb im Namen einer imaginären Entführergruppe linker Provenienz Briefe an seine Familie, an seinen Rechtsanwalt und Komplizen Guzzi und andere mehr. Darin beklagte er sich bitter über die Untreue seiner Freunde im Vatikan.

„Die betroffenen Personen haben nie ein Wort für mich eingelegt, und ich fühle mich auf moralischer Ebene in keiner Weise protegiert", schrieb er am 27. August an Guzzi. „Keine", fügte er hinzu, „ich wiederhole: keine der von mir darum gebetenen Personen unter meinen Gönnern hat mir auch nur eine Hand gereicht."

Ob solcher Vorwürfe willen oder aus purem Mitleid, jedenfalls entschlossen sich im Februar 1980, als Sindona aus seinem sizilianischen Exil wieder in die USA zurückkehrt und dort prompt vor Gericht gestellt worden war, drei hohe vatikanische Würdenträger, für Sindona eine öffentliche Ehrenerklärung abzugeben. Es handelte sich um die drei mit den Finanzangelegenheiten des Vatikans beschäftigten Prälaten: die Kardinäle Giuseppe Caprio und Sergio Guerri sowie Erzbischof Marcinkus. Sie wollten ihre Aussage zugunsten Sindonas per Videoband den Sindona-Anwälten zur Verfügung stellen.

Doch kurz bevor es in der römischen US-Botschaft zur bewußten Aufnahme kam, sagte Guerris Sekretär, Monsignore Blanchard, ab. Staatssekretär Casaroli, der immer mehr als Saubermacher und Feuerwehrmann des Vatikans in den Vordergrund trat, hatte das redefreudige Trio im letzten Augenblick zurückgepfiffen. Auf die Souveränität des Ministaates bedacht, wollte er keinen Präzedenzfall schaffen. Wo würde es schließlich hinführen, wenn jeder die per Konkordat mit dem italienischen Staat gesicherte Immunität der Kardinäle auf diese Weise unterlaufen könnte!

So blieb der Vatikan seiner Devise, „im Zweifelsfall nichts gesehen, nichts gesagt und nichts gehört zu haben", treu und Sindona im Regen stehen.

„Mein liebster Gelli", schrieb am 11. Februar 1980 der Freimaurer und Logenbruder des „Ehrbaren Meisters" Licio Gelli in der „Propaganda 2"-Loge, Philipp Guarino, aus Washington an seinen Logenobmann, „wie gerne würde ich Dich sehen. Die Lage unseres Freundes Sindona hat sich verschlechtert. Auch die Kirche hat ihn verlassen. Vor zwei Wochen, als die Kardinäle sich bereit erklärten, zugunsten Micheles auszusagen, sah es noch besser aus. Plötzlich verbot der Staatssekretär des Vatikans, seine Eminenz Casaroli, den Eminenzen Caprio und Guerri, ein Zeugnis zugunsten Micheles abzulegen."

Dazu Gelli in seinem Brief vom 8. April 1980 an Guarino: „Meine

Erfahrungen mit der menschlichen Psyche sagen mir, daß es für gewisse Schichten der Menschheit ein Naturgesetz ist, den Starken zu helfen und die Schwachen zu treten. Und so kann auch die Kirche nicht anders, als jenen Mann zu verleugnen, den sie noch kurz zuvor als ein Geschenk der Vorsehung bezeichnet hatte."

Eine Erfahrung, die auch ich selbst machen mußte.

Der Vatikan hatte damals schon den Sindona-Skandal am Hals, mit all seinen negativen Folgen für das ohnehin nicht gerade makellose Image der irdischen Statthalterschaft Gottes; eine weitere Affäre, diesmal mit dem Etikett „Calvi", wollte er unbedingt vermeiden.

Bereits 1979 hatte Papst Johannes Paul II. eine Kommission von fünfzehn Kardinälen eingesetzt, die die schlechten Bilanzen der IOR untersuchen sollten. Doch kaum hatten sich die hochwürdigsten Herren in das Zahlengewirr einigermaßen vertieft, das ihnen Marcinkus vorgelegt hatte, da sammelte dieser die Bögen auch schon wieder ein; die Purpurträger waren so klug wie vorher.

Anfang 1981 erhielt der Vatikan im Zusammenhang mit Calvi eine ebenso gut gemeinte wie ernstzunehmende Warnung. Italiens damaliger Finanzminister Benjamin Andreatta bat um eine Audienz bei Casaroli. Der Vatikan müsse etwas unternehmen, meinte der Minister, bevor ein Skandal mit unabsehbaren Folgen losbricht. Casaroli hörte zu, wußte aber entweder zu wenig oder zu viel. Jedenfalls nützten Andreattas Warnungen nichts. Wie konnten sie auch angesichts der totalen Verfilzung zwischen der IOR und der Ambrosiano-Bank noch zu wirksamen Konsequenzen führen? Man konnte lediglich darauf hoffen, daß nichts Konkretes an die Öffentlichkeit dringe.

Doch dann führten Carabinieri in der Villa des „Ehrbaren Meisters der Propaganda 2"-Loge, Gelli, in Castiglion Fibocchi bei Arezzo eine Hausdurchsuchung durch. Aus dem dort beschlagnahmten Material gingen nicht nur die Erkenntnisse hervor, daß Calvi zur „P2"-Loge gehörte und daß ein weiterer „Gentiluomo Sua Santita", der Vatikan-Edelmann Emilio Ortolani, sogar Stellvertreter des „P2"-Chefs war, sondern auch eine Menge andere Neuigkeiten, die sich auf die Verbindung zwischen Calvi und der IOR bezogen.

Die Freimaurerloge „Propaganda 2", kurz „P2", war keineswegs Gellis Erfindung. Sie bestand bereits seit 1877. In ihre Reihen wurden nur „Brüder" aufgenommen, die aus irgendwelchen Gründen verbergen wollten, daß sie einer Freimaurervereinigung angehörten. Gelli übernahm die Leitung der P2 von seinem Vorgänger Lino Salvini, einem Arzt aus Florenz, der von 1970 bis 1978 als Großmeister der Freimaurer in Italien amtierte. Gelli wurde an Salvinis Stelle zum „Maestro venerabile", zum „Ehrenwerten Meister" der P2-Loge, wie die Leiter der einzelnen Logen im Gegensatz zum Großmeister, dem Leiter eines nationalen Freimaurerbundes heißen, ernannt.

Gellis Beziehungen konnten sich sehen lassen. Er vergaß nie, den Gästen in seiner Villa den farbigen 35-mm-Film über die Hochzeit seiner schönen Tochter Maria Grazia vorzuführen, an der so illustre Gäste wie Weltbankdirekter Robert McNamara, Henry Kissinger und Richard Nixon teilnahmen. Mit dem seinerzeitigen US-Präsidenten Gerald Ford verband ihn eine ebenso enge Freundschaft wie mit George Bush. Gelli war folglich auch der einzige Italiener, der mit allen Ehren zu den Amtseinführungsfeierlichkeiten von Carter (1977) und Reagan (1981) nach Washington eingeladen wurde.

Der „Venerabile" bewunderte Sindona und empfand große Sympathien für ihn, die sich unter anderem darin manifestierten, daß er die Prozeßkosten für Sindona übernahm.

Zu Gellis Freunden zählten auch mehrere Kardinäle. Er hatte bereits zu Johannes XXIII. Verbindung aufgenommen, aber erst mit Paul VI. pflegte er einen regelmäßigen Gedankenaustausch, was ohne Wissen und Billigung des Papstfreundes und vatikanischen Wachhundes Benelli wohl kaum möglich war.

Mit dem Polen-Papst Johannes Paul II. kam Gelli eher durch eine kuriose Begebenheit in Verbindung. Die wegen ihrer Cleverness und Respektlosigkeit ebenso bekannten wie berüchtigten römischen Fotografen fertigten vom Papst während eines Sommeraufenthaltes in Castel Gandolfo Bilder an, die den Pontifex beim Umkleiden zum Baden im neuangelegten Privatschwimmbad zeigten. Darunter befanden sich auch Bilder, die Wojtyla so zeigten, wie Gott ihn geschaffen hatte. Als Gelli von der Angelegenheit erfuhr, unternahm er laut eigener Aussage alles, um die Bilder zu erwerben. „Denn", sagte er, „wenn einer dem Papst so nahe kommt, daß er ihn ohne sein Wissen fotografieren kann, dann kann er ihm auch so nahe kommen, daß er ihn töten könnte." Gelli hat, noch immer laut eigener Aussage, die Bilder tatsächlich erworben und sie dem Papst eigenhändig übergeben.

Calvi kam bereits im Dezember 1969 mit der P2-Loge in Berührung. Bei einem Weihnachtsessen in der Wohnung des späteren Gelli-

Stellvertreters Umberto Ortolani schloß Calvi mit Sindona jenen Pakt, der ihn mit Sindonas Hilfe im Vatikan einführen sollte. Dafür versprach Calvi, bei den Sindona-Transaktionen behilflich zu sein.

Aus den in der Gelli-Villa gefundenen Unterlagen ging bald hervor, daß die Freundschaft der beiden Männer, die immerhin zehn Jahre gehalten hatte, mittlerweile zerbrochen war, und daß Sindona mit Hilfe eines befreundeten Journalisten namens Cavallo kräftig gegen Gelli intrigierte.

Aufgrund des bei Gelli gefundenen Belastungsmaterials sah die Staatsanwaltschaft in Mailand nunmehr den Zeitpunkt gekommen, gegen Calvi einzuschreiten. Er wurde in den Morgenstunden des 20. Mai 1981 in seiner zweigeschossigen Apartmentwohnung in der Via Frua verhaftet und ins Gefängnis Lodi in der Nähe von Mailand eingeliefert. Dort schwankte er zwischen verzweifelten, panikartigen Zuständen und der illusorischen Hoffnung auf die Hilfe seiner mächtigen Gönner hin und her. Doch wie viele andere vor und nach ihm mußte auch er bald die bittere Erkenntnis verkraften, daß die sogenannten Freunde in der Regierung, in den Parteien, in der Hochfinanz und im Vatikan außer phrasenhaften Vertröstungen nichts für ihn übrig hatten.

Verzweifelt polterte er: „Wenn das so weitergeht, sage ich vor Gericht alles, was ich weiß, angefangen mit dem Vatikan. Ich denke nicht daran, allein für alle zu bezahlen."

Wie immer, wenn Gefahr in Verzug ist, ging der Vatikan natürlich auch diesmal auf Tauchstation. Anläßlich eines Gefängnisbesuches, den Calvis Frau Clara mit ihrer Tochter Anna unternahm, fuhr in einem Dienstwagen der Ambrosiano-Bank auch Alessandro Mennini, Sohn des IOR-Direktors Luigi Mennini, mit. Mennini junior bekleidete in der Ambrosiano-Bank einen Direktorsposten. Bei dieser Gelegenheit erzählte Calvi seiner Frau: „Der Gefängnispfarrer wollte mit mir sprechen. Frage Alessandro, ob der Priester vielleicht von der IOR ermächtigt ist, mir etwas mitzuteilen. Seit Februar bitte und beschwöre ich seinen Vater, daß er sein Schweigen brechen und mir Verantwortungen abnehmen soll, die nicht die meinen sind. Mich haben sie wegen der Toto-Geschichte ins Gefängnis geworfen, aber ich bin nicht verantwortlich für diese Angelegenheit."

Als Calvis Frau ihren Mann verließ, gab ihr Calvi einen Zettel mit, den sie Alessandro Mennini zeigen sollte. „Dieser Prozeß heißt IOR", stand auf dem Papier. Als Mennini junior diese Botschaft las, war er regelrecht schockiert. Der Name IOR war bis zu diesem Zeitpunkt nicht einmal in der Beichte genannt worden. Auf diese Nachricht hin versuchte nun Calvis Sohn Carlo, der sich zu dieser Zeit in Washington aufhielt, persönlich mit Achille Silvestrini und Kardinal Casaroli im Staatssekretariat in Verbindung zu treten. Er suchte auch Marcinkus auf, aber, wie er später vor Gericht aussagte, bekam er überall nur unverbindliche und ausweichende Antworten. Etwas deutlicher wurde allerdings Erzbischof Cheli, der damals den Vatikan bei der UNO in New York vertrat. Über diese Details berichtete Carlo Calvi dem italienischen Magazin „Panorama" Ende November 1981: „Während des Prozesses gegen meinen Vater in Mailand sagte mir Pazienza (ein dubioser Calvi-Freund mit Geheimdienstkontakten), daß Monsignore Cheli, Vertreter des Vatikans bei der UNO, mich sofort und unbedingt sehen wolle.

Ich nahm ein Flugzeug und flog zusammen mit Pazienza nach New York. Nach der Ankunft führte mich Pazienza in ein Apartment in Manhatten, wo mich ein bekannter Mafioso, ein ehemaliger Freund Sindonas und Gellis, und ein Priester, der später wegen Gemäldeschmuggels verhaftet wurde, erwarteten. Diese beiden Herren legten mir nahe, mich zu Monsignore Cheli zuvorkommend zu verhalten und seine Ratschläge zu befolgen. Alle zusammen, der Mafioso, der Priester, Pazienza und ich, fuhren wir zur UNO, wo uns Monsignore Cheli in seinem Büro empfing. Cheli teilte mir auf diplomatische Art und Weise dasselbe mit, was mir bereits Marcinkus am Telefon gesagt hatte: ich solle meinem Vater ausrichten, er möge stillhalten, keine Geheimnisse ausplaudern und auch weiterhin auf die göttliche Vorsehung vertrauen."

Calvis Vertrauen zur göttlichen Vorsehung war allerdings nicht so groß, daß es all die Enttäuschungen aufgewogen hätte, die ihm seine vermeintlichen Freunde zugefügt hatten.

In der Nacht vom 8. zum 9. Juli, nachdem er sich vergewissert hatte, daß seine Zellengenossen Giorgio Gapuggi und Antonio Tonello eingeschlafen waren, schluckte er neunzig Barbiturat-Tabletten und schnitt sich obendrein mit einer Rasierklinge die Pulsader seiner rechten Hand auf.

In der Früh um 7 Uhr 30 wurde Alarm gegeben. Die Ärzte pumpten Calvi den Magen aus und versorgten seine Wunde. Er war bald wieder außer Lebensgefahr.

Inzwischen trat Erzbischof Marcinkus, den Calvis Bitten und Drohungen keineswegs kalt ließen, in Aktion. Er schickte seinen zweiten Mann, Dr. Pellegrino de Strobel, am 3. Juli nach Lugano, dem Sitz der Ambrosiano-Filiale Banca del Gottardo. In den Tresoren dieser Bank waren die Unterlagen über die ausländischen Verbindungen der Mailänder Bank, die Beteiligungsverhältnisse zwischen der Ambrosiano und der IOR, aber auch über jene Postkasten-Filialen verwahrt, von denen nicht klar war, ob sie der IOR oder Calvi gehörten. Vor allem interessierten ihn die beiden Holdings Manic und Utc, die auf dem Papier in Luxemburg beziehungsweise in Panama beheimatet waren. Pellegrino de Strobel wußte genau, daß diese zwei Holdings als „Parkplätze“ für jene Unmengen von Aktien dienten, die Calvi an der Mailänder Börse durch eine dort zugelassene Finanzierungsgesellschaft namens „Suprafin“ erwarb. Bereits in einem Brief, den Luigi Mennini und de Strobel 1975 an Calvi geschrieben hatten, bestätigten die beiden schwarz auf weiß, daß die „Suprafin“ der Vatikanbank gehörte. Was de Strobel hingegen nicht wußte, war der Umstand, daß die beiden Holdings in Luxemburg und Panama dank Calvis Cleverness insgeheim weitere acht Töchterchen geboren hatten. Calvi verschob auf diese, angeblich ohne Wissen der IOR ins Leben gerufenen Tochtergesellschaften eine Unmenge von Wertpapieren, sodaß sie zusammen 10,2 % aller Ambrosiano-Aktien besaßen.

Calvi kaufte diese Aktien mit Hilfe von Geldern, die er auf dem Eurodollarmarkt aufgenommen hatte. Rund 250 Bankinstitute in aller Welt, darunter allein 18 deutsche Banken, gewährten dem Mann, der in aller Augen als „Bankier des Vatikans“ oder gar als „Bankier Gottes“ galt, bereitwillig Kredite. Nun ging aus dem von de Strobel in Lugano gesichteten Material hervor, daß der Wert der gesamten, im Besitz der Manic, der Utc und deren acht Tochtergesellschaften befindlichen Aktienpakete höchstens 200 Millionen US-Dollar ausmachte. Dem stand eine Verschuldung von rund einer Milliarde und 200 Millionen Dollar gegenüber.

Marcinkus dürfte knapp an einem Herzinfarkt vorbeigegangen sein, als ihm der Schweiz-Heimkehrer Pellegrino de Strobel über das Ergebnis seiner Erhebungen in Lugano Bericht erstattete. Spätestens von diesem Zeitpunkt an dürfte es mit der Freundschaft zwischen Marcinkus und Calvi aus gewesen sein. Doch so einfach, wie er es gerne gehabt hätte, konnte sich der Erzbischof von seinem ins Schleudern geratenen Partner nicht trennen. Schließlich lagen Zertifikate der Manic in einem

Dossier mit der verräterischen Aufschrift IOR in der Kreditbank von Anversa, und auch von der Utc war bekannt, daß sie zur Vatikanbank gehörte.

Wann immer also Calvi Bankrott machen würde, müßte die IOR dem Ansturm der Kreditgeber aus aller Welt standhalten. Und eine Milliarde US-Dollar sind kein Pappenstiel.

Am 20. Juli 1981 wurde Calvi aufgrund eines Gesetzes aus dem Jahr 1976, das illegalen Kapitaltransfer ins Ausland mit einer Gefängnisstrafe bis zu sechs Jahren ahndet, zu viereinhalb Jahren Freiheitsentzug verurteilt. Gleichzeitig wurde er bis zur Berufungsverhandlung auf freien Fuß gesetzt. Auch Massimo Spada durfte das Gefängnis verlassen.

Im August 1981 fuhr Calvi zweimal nach Rom, zu Anfang des Monats und am Vorabend des „Ferragosto", des traditionellen Auszugs der Römer Mitte August aus der siedend heißen Stadt am Tiber. Er traf dabei Lamberto Dini, den Generaldirektor der Banca d'Italia und führte auch Gespräche mit Marcinkus, Mennini und de Strobel. Am 3. August bekam die Ambrosiano-Bank einen Brief von der Bankenaufsicht, der Banca d'Italia, in dem diese auf eine volle Offenlegung aller Geldoperationen der Calvi-Bank drängte. Besonderes Augenmerk sollte dabei dem Schalten und Walten der ausländischen Tochtergesellschaften der Ambrosiano gewidmet werden.

Auch Calvis Gespräche mit Lamberto Dini konnten an dieser Situation nichts mehr ändern. Der „Bankier Gottes" geriet zusehends unter Druck, nicht nur seitens der italienischen Bankkontrolle, sondern auch im eigenen Haus. Die Direktoren der Auslandsfilialen verlangten angesichts der Gerüchte, Calvi sei am Ende seines Lateins und werde bald abgelöst werden, Garantien für ihre Position. Dies kam alles im Gespräch mit Marcinkus, Mennini und de Strobel aufs Tapet. Vor allem aber galt die gemeinsame Sorge des „Bankiers im Talar", Marcinkus, und des „Bankiers im Zweireiher", Calvi, der Milliarden-Verschuldung.

Calvi wußte, daß er noch vor der eingehenden Prüfung seines Finanzimperiums seitens der Banca d'Italia und vor der Berufungsverhandlung die eine Milliarde US-Dollar herbeischaffen mußte, auf welche Weise auch immer. Auch Marcinkus wußte, daß er die Affäre bereinigen mußte, bevor die Sache publik würde, der Ansturm der Gläubiger einsetzen und alles in einen weltweiten Skandal für die Kirche münden könnte.

Deshalb ging der Erzbischof ein Vabanque-Spiel ein. Er stellte für Calvi per Datum 1. September zwei Bürgschaftsbriefe aus. Auf dem offiziellen Briefpapier der IOR bestätigte er, daß sich die Vatikanbank für rund zwanzig Auslands-Gesellschaften Calvis verbürgt. Diese Gesellschaften würden, wie es in der schlauen, unverfänglichen Formulierung heißt, „direkt oder indirekt“ von der IOR kontrolliert. Die Bürgschaft wird auf knapp ein Jahr befristet. Bis zum 30. Juni 1982, forderte Marcinkus, müsse Calvi die eine Milliarde aufgetrieben haben.

Natürlich vergaß Marcinkus nicht auf eine Rückversicherung, bei der Calvi bereitwillig mitspielte. In einem geheimen Entlastungsbrief mit dem Datum 27. August, der nur im äußersten Notfall vorgezeigt werden sollte, bat Calvi zunächst, der Vatikan möge sich als Eigentümer der Manic, der Utc und deren acht Tochtergesellschaften deklarieren, fügte aber sofort hinzu, „daß die IOR von jedem Schaden oder jeder Belastung, die für sie entstehen können, freigestellt ist, weil diese Gesellschaften vollständig zum Bereich der Banco Ambrosiano gehören.“ So wurde die offizielle Verpflichtung des Vatikans durch den „Gegenbrief“ Calvis wieder aufgehoben und die IOR von jedweder Verpflichtung entbunden. Es war offensichtlich nicht zum erstenmal, daß Marcinkus und Calvi diesen Trick mit der offiziell übernommenen Bürgschaft und dem inoffiziellen Entlastungsschreiben anwendeten. Wie bisher rechneten sie offenbar auch weiterhin damit, daß die Sache nicht auffliegen würde.

In Wirklichkeit dachte Calvi gar nicht daran, das entstandene Milliarden-Loch durch die Aufnahme neuer Kredite zu stopfen. Ganz im Gegenteil, der Gedanke, der Vatikan sei an seiner Misere mitschuldig und werde daher aus Angst vor einem Skandal zahlen, wurde bei ihm immer mehr zu einer fixen Idee.

Doch seine ehemaligen Freunde hatten ihn schon längst fallen gelassen. Ihre einzige Sorge galt der Rettung der eigenen Haut, des eigenen Rufes. Die Marschroute des Vatikans stand fest: was immer auch kommen möge, man werde nichts zugeben und nichts zahlen.

Marcinkus fühlte sich wieder einigermaßen sicher im Sattel. Die Tatsache, daß ihn der Papst, übrigens genau am dritten Jahrestag des Todes von Johannes Paul I., am 28. September 1981, zum Gouverneur des Vatikanstaates ernannte, konnte er gleichsam als Vertrauensbeweis und als Zeichen seines ungeschmälerten Prestiges verbuchen.

Umsonst versuchte inzwischen Calvi immer wieder, sei es persönlich, sei es durch Mittelsmänner, an die Tore des Vatikans zu pochen. Ob es Kardinal Pietro Palazzini war, Mentor der kirchlichen Geheimorganisation Opus Dei, von der Calvi wußte, daß sie über immense Geldmittel verfügte, oder der ebenfalls Opus Dei-nahe italo-amerikanische Monsignore Franco Hilary, der ihm den Weg zu Marcinkus, der mit Hilary unter einem Dach wohnte, ebnen sollte, ob er von Mennini oder gar vom Papst hoffte, sie würden die 1,2 Milliarden auslegen, die Antwort aus dem Vatikan lautete stets kategorisch: nein. Nach seinem Vorstoß bei Kardinal Palazzini ließ ihn ein erzürnter Marcinkus, gerade von einer Auslandsreise mit dem Papst wieder nach Rom zurückgekehrt, wissen, daß er auf keinerlei Hilfe mehr vom Vatikan hoffen könnte. Mennini warf ihn gleich persönlich aus dem Zimmer, als ihn Calvi dennoch um seine Unterstützung bat.

Auch bei den Bankiers, die er, angefangen von alten Freunden in Italien bis zum Rothschild-Abkömmling Karl Kahane in Österreich, der Reihe nach abgeklappert hatte, blitzte er ab. Zu allem Überdruß erinnerte ihn Mennini jetzt auch noch drohend daran, daß er der IOR noch 300 Millionen US-Dollar schuldete, die er bis zum 11. Juni 1982 zu berappen hätte. Als Calvi dann noch erfuhr, daß er am 21. Juni des selben Jahres erneut vor Gericht erscheinen mußte, wurde ihm langsam klar, daß er verloren hatte. Menninis Drohungen versetzten ihn in Panik. Als letzten Ausweg sah er nur mehr die Flucht ins Ausland, wo er zugleich noch allerletzte Versuche zur Herbeischaffung der fehlenden Riesensumme unternehmen wollte. Am 11. Juni trat Calvi seine letzte Odyssee quer durch Europa an. Sein Fluchtweg führte ihn über Triest, Klagenfurt, Wien und Bregenz nach Zürich und London. Mitte Juni, anläßlich seines kurzen Aufenthaltes in Wien, wollte er auch mich im Hotel Intercontinental sprechen. Zunächst bekam ich einen Anruf aus dem Hotel Hilton, ich möge dorthin kommen. Zu meiner Überraschung wurde ich in der Halle des Hiltons mit meinem richtigen Namen „Ledl" ausgerufen. (Ich hatte nach all den dramatischen Ereignissen meinen Namen geändert, um aus dem Blickfeld der Öffentlichkeit zu verschwinden und meine Ruhe zu haben.)

Ich wurde also zum Telefon gebeten. Calvi war in der Leitung und bat mich, hinüber ins Hotel Intercontinental zu kommen. Wir sollten uns, sagte er, am besten an der Bar treffen. Ich eilte ins Intercontinental und wurde nach kurzem Warten an der Bar erneut unter meinem alten

Namen ausgerufen. Wieder war Calvi am Telefon. Er entschuldigte sich, er hätte noch eine Besprechung gehabt, würde aber nun binnen einer halben Stunde erscheinen, doch er tauchte bereits nach etwa zwei Minuten plötzlich auf. Möglicherweise hatte er sich nur vorher vergewissern wollen, daß ich auch allein gekommen war und nicht beobachtet wurde. Ich kannte Calvi nur flüchtig und war deshalb darüber erstaunt, daß er meine Telefonnummer wußte. Er erklärte mir, daß er über mich und meine Rolle vollstens informiert war, daß ihm meine ehemaligen römischen „Freunde" meine Telefonnummer ausgehändigt hätten, und daß er hoffe, er könne mit mir im Vertrauen, wie von Freund zu Freund, sprechen. Der Bankier wirkte nervös und fahrig. „Marcinkus will meinen Kopf", sagte er. Er wollte von mir wissen, wie sich der Vatikan mir gegenüber verhielt, ob ich erpreßt oder unter Druck gesetzt würde? Er meinte, er fühle sich verfolgt, und als ich ihn fragte, was er nun zu tun gedenke, gab er mir zur Antwort, er möchte in Zürich, Genf und London mit „Freunden" verhandeln und beabsichtige, danach nach Südamerika weiterzufliegen. Ich konnte ihm leider nichts Aufmunterndes mitteilen.

Ich sagte ihm, daß ich zwar keineswegs unter Druck gesetzt wurde, daß man mir aber bedeutet hatte, ich möge über unsere Geschäfte schweigen. Im übrigen ließ man mich einfach fallen. Unsere Unterredung dauerte ungefähr eine halbe Stunde. Calvi hoffte also noch immer auf Hilfe aus Zürich und London, er nannte mir gegenüber aber keine Namen.

Auch Michel Leemans, ein Belgier, den Calvi früher zur Führung der „Centrale" eingesetzt hatte, unternahm noch einen Versuch, gemeinsam mit dem Vatikan eine Lösung für Calvi zu finden. Er heckte einen Finanzierungsplan aus, den er mit Mennini besprach. Doch auch Leemans Versuch scheiterte an der Weigerung des IOR-Managements, weitere Schritte zu Calvis Gunsten zu unternehmen.

Übrigens, am 14. Juni, während sich Calvi noch in Österreich aufhielt, verließ Marcinkus schnell das sinkende Schiff; er legte seine Funktion als Vorstandsmitglied der Calvi-Bank Ambrosiano-Overseas auf den Bahamas zurück.

Am 18. Juni war Calvi endgültig am Ende seiner Reise angelangt. Im Morgengrauen dieses Sommertages entdeckte der Zeitungsbote Anthony Huntley Calvis leblosen Körper, an einem Kunststoffseil an einem Gerüst unterhalb der „Blackfriars"-Brücke baumelnd.

„Im ersten Moment", berichtete Huntley, „sah ich nur einen Kopf zwischen den Eisenträgern des Brückengerüstes. Ich beugte mich über das Brückengeländer, damit ich mehr sehen konnte. Ich erblickte nun den Leib eines Mannes, der an einem orangefarbenen Seil hing. Der Mann trug einen Anzug bester Qualität ..."
Calvis Kopf steckte in einer Schlinge, die Taschen seines Sakkos waren mit Mauersteinen beschwert, seine Füße hingen bis etwas über die Knöchel im Wasser der Themse. War es Mord oder Selbstmord? Bis heute gehen die Ansichten darüber auseinander. Wenn es Mord war, wer hatte denn an einem toten Calvi, der nicht mehr reden, nicht mehr betteln, nicht mehr drohen konnte, Interesse? Gelli? Der Vatikan? Die Mafia? Fragen, auf die es bis heute keine schlüssigen Antworten gibt.

Ungeklärte Verbrechen haben schon immer die Phantasie beflügelt. So deutete man die Tatsache, daß Calvis Leichnam mit Mauersteinen beschwert war und daß er unter der Brücke der „Schwarzen Brüder" aufgefunden wurde, als Hinweis auf ein makabres Hinrichtungsritual von Freimaurern. Doch für die „Schwarzen Brüder" gibt es auch eine andere Erklärung. Überraschenderweise stammt die Erklärung aus dem Vatikan. Dort bemerkte kurz nach Calvis Tod ein Prälat, daß mit den „Schwarzen Brüdern", nach denen diese Themsebrücke benannt ist, eigentlich jene in schwarzen Kutten gekleideten Augustinermönche gemeint sind, deren Kloster in der Nähe der Brücke liegt. In der nach diesen Mönchen benannten Austin Friars Street Nr. 15 hat auch die Bank jener katholischen Geheimorganisation Opus Dei, an die Calvi seine letzte Hoffnung knüpfte, die „Banco Urquijo Hispano-Americano" ihren Sitz.

Was es auch immer mit diesen Symbolen auf sich haben mag, Calvis Frau und seine beiden Kinder Carlo und Anna sind bis heute davon überzeugt, daß Calvi raffiniert und kaltblütig ermordet wurde, und daß die Verantwortung für seine Tragödie in erster Linie bei den Bankiers des Vatikans liegt. Am 13. November, einem naßkalten Herbsttag, wird Calvi um 9 Uhr 30 auf dem kleinen Ortsfriedhof seiner Heimatgemeinde Drezzo am Comosee beerdigt.

Ein Jahr später hatten sich die Gemüter der Hinterbliebenen noch immer nicht beruhigt. Ganz im Gegenteil: Am 2. November, am Allerseelentag 1983, erschien im Mailänder „Corriere della Sera" eine Anzeige mit folgendem Wortlaut: „Anläßlich des traurigsten Allerseelentages bitten Clara, Anna und Carlo Calvi die Verwandten und

Freunde um ihr Gebet für die Seele des Bankiers Roberto Calvi, der ausgenützt, verfolgt, erpreßt, bedroht und schließlich mit raffinierter Grausamkeit ermordet wurde. Die Familie vergißt nicht, vergibt nicht, resigniert nicht, sondern erbittet von Gott Gerechtigkeit, sowohl in diesem als auch im jenseitigen Leben."

XIX. Der seltsame „Selbstmord" des Kardinals Benelli

Während der arme Calvi seinen Irrweg mit unausweichlicher Konsequenz bis zum bitteren Ende ging, sonnte sich Marcinkus unangefochten in der Gunst des Papstes. Das Gerücht ging um, Marcinkus solle den Kardinalshut empfangen. Es ist für viele bis heute ein Rätsel, weshalb Papst Wojtyla, der nichts dagegen einzuwenden hatte, wenn sein deutscher Großinquisitor Ratzinger fromme, durchaus auf das Wohl der Kirche bedachte und vorbildliche Priester und Theologen in aller Welt reihenweise zur Ordnung rief und bestrafte, an seinem zwielichtigen Finanz-Erzbischof so lange festhielt, obwohl dieser als Einzelner seiner Kirche mehr moralischen Schaden zugefügt hat als alle schlampigen Pfarrer und Theologen zusammen.

Eine Erklärung dafür lautet, daß sich Wojtyla Marcinkus gegenüber zu Dank verpflichtet fühlte, da dieser die polnische Gewerkschaft Solidarnosć mit 100 Millionen Dollar aus dem Sack der siamesischen Zwillinge IOR-Ambrosiano unterstützt hatte. Andere meinten, er könnte seinen Finanzmann schon deshalb nicht fallen lassen, weil dieser zuviel wisse. Ich halte beide Erklärungen für zutreffend. Als das Gerücht aufkam, Marcinkus solle bald zum Kardinal ernannt werden, appellierte einer der prominentesten Journalisten Italiens, Eugenio Scalfari, öffentlich an Johannes Paul II.

„Gott erleuchte den Papst", schrieb Scalfari, „und halte seine Hände davon ab! Und wenn Gott dieses Wunder noch vervollständigen will, dann möge er ihm eingeben, daß er sich über die zweideutigen Geschäfte seines Finanzbischofs vergewissern und ihm mit beiden Füßen den Abschied geben sollte. Eine so hochstehende und erlauchte Gestalt wie Johannes Paul II. darf kein Mitbeteiligter an Affären sein, wie es die von Gelli, Sindona oder der panamesischen Gesellschaften von Roberto Calvi sind."

Doch der Papst dachte nicht daran, Marcinkus den Fußtritt zu geben. Er behielt ihn auch weiterhin in Ämtern und Würden. Die Devise des Vatikans blieb auch fortan: nichts zahlen und nichts zugeben.

Am 2. Juli 1982 trafen drei Kommissare der italienischen Bankenaufsicht mit den Leitern der IOR zusammen. Finanzminister Andreatta gab diesen Schritt auch im Parlament bekannt und erklärte, die Bank des Vatikans sei in die Affäre Calvi verwickelt. Die Regierung erwarte seitens des Vatikans eine klare Übernahme der Verantwortung. Überflüssig zu sagen, daß die drei Kommissare nichts erreichten.

Marcinkus wiederholte nur, was er schon immer beteuert hatte: die Schulden auf dem internationalen Geldmarkt hätte Calvi gemacht, und zwar noch bevor die IOR die Bürgschaft über die luxemburgischen und panamesischen Tochtergesellschaften übernahm, der Vatikan werde nicht die Schulden anderer bezahlen.

Wer auch immer die Bürgschaftsbriefe der IOR sehen möchte, dem wird, wie auch schon der Dreierkommission bei Calvis Stellvertreter Rosone, eine Fotokopie des geheimen Entlastungspapiers, in dem Calvi die IOR von allen Verpflichtungen freispricht, vorgelegt, allerdings immer nur gezeigt, nie ausgehändigt.

Am 13. Juli ernannte der Vatikan drei Experten seines Vertrauens, die eine Untersuchung der Calvi-IOR-Verbindung einleiten sollten. Es handelte sich um den Italiener Carlo Cerutti, einen leitenden Angestellten der italienischen Telefongesellschaft STET, den New Yorker Bankier Joseph Brennan und den Schweizer Bankfachmann Philippe de Weck. Diese Aktion, die die Unparteilichkeit des Vatikans in der Affäre unterstreichen sollte, konnte allerdings die öffentliche Erörterung des Skandals, die Aktivitäten der italienischen Behörden und die entsprechenden Zeitungsmeldungen nicht mehr aufhalten.

Indigniert wandte sich der „Osservatore Romano“ in einem ungezeichneten Kommentar gegen die seiner Meinung nach verleumderische Berichterstattung in den Medien. Was da alles über vatikanische Würdenträger geschrieben werde, „verletze das elementarste Berufsethos der Information“, bediene sich einer „provinziellen Klatschlust“ und gebe Vorgänge als „erwiesen“ aus, die „von den Betroffenen geleugnet werden“.

Dabei erheitert die Erwartung, ein hochrangiger Kirchenmann würde jemals etwas zugeben, was an seiner persönlichen Glaubwürdigkeit und an der Glaubwürdigkeit der durch ihn repräsentierten Kirche rütteln könnte. Die Glaubwürdigkeit des Vatikans war zu diesem Zeitpunkt durch die merkwürdigen Aussagen, die er im Zusammenhang mit dem Tod Johannes Pauls I. verbreitet hatte, aber auch durch andere Verdachtsmomente allerdings schon längst erschüttert. Niemand in der italienischen Regierung, im Behördenapparat und in den Zeitungsredaktionen glaubte noch den vielen Unschuldsbeteuerungen der Monsignori.

Ende Juli erhob die Staatsanwaltschaft Mailand erneut Anklage gegen den Prokuristen der IOR, Luigi Mennini, und seinen Vorgänger, Massimo Spada, diesmal im Zusammenhang mit den Ermittlungen gegen Sindona. Mit ihnen zusammen sollten weitere 25 Personen die Anklagebank drücken. Aber das war noch nicht alles. Kaum eine Woche später verständigte die selbe Staatsanwaltschaft Erzbischof Marcinkus, Luigi Mennini und Pellegrino de Strobel, daß im Zusammenhang mit den Aktivitäten der Ambrosiano-Bank gegen sie gerichtliche Ermittlungen eingeleitet würden. Die entsprechende Mitteilung wurde dem Vatikan auf dem Postweg zugestellt. Die Betroffenen verweigerten die Annahme.

Die ungeöffneten Gerichtsbescheide wurden vom Vatikan-Botschafter für Italien an das Justizministerium zurückgeschickt. Die Begründung lag auf der Hand: Der Vatikan sei ein souveräner Staat, die Vorgangsweise der Mailänder Staatsanwaltschaft verstoße gegen das Konkordat. Inzwischen behauptete ein Publizist namens Thomas Gordon aus Irland, der Papst habe Marcinkus zu sich gerufen und ihm den Rücktritt als Präsident der IOR nahegelegt. Der Vatikan dementierte: „Es ist nicht üblich, daß der Papst persönlich einen Prälaten zu sich ruft, um ihm nahezulegen, daß er zurücktreten möge.“ Als hätte der Himmel auch noch die letzte Geduld mit seinen ungetreuen Verwaltern auf Erden verloren, erschien zu allem Überdruß in diesem heißen Sommer auch noch ein Buch mit dem Titel: „The Vatican Connection“ (die deutsche Ausgabe heißt „Eine Messe für den Paten“). Der Verfasser Richard Hammer ist ein bekannter amerikanischer Bestseller-Autor, Reporter der New York Times und Redakteur der Zeitschrift „Fortune“.

Während wir alle über die Zertifikats-Geschichte schon im eigenen Interesse rund zehn Jahre lang den Mund gehalten hatten und sowohl der Vatikan als auch die amerikanische Regierung die Hoffnung hegten, über die Sache, die ohnehin nur im engsten Kreis der unmittelbar Betroffenen bekannt war, wäre nun endgültig Gras gewachsen, brach Detektiv Coffey sein Schweigen.

Er konnte sich einfach nicht mit dem Gedanken abfinden, daß alles für immer vertuscht werden sollte, daß man die Kleinen verfolgt und die Großen laufen läßt. Er fing an, die Geschichte zu erzählen, und Hammer schrieb mit. Natürlich konnte sich Hammer nur auf Coffeys Aussagen, auf die vorhandenen Verhörprotokolle und einige Zeugenaussagen stützen. Es kam aber doch so einiges zusammen, wenn auch die ganze Geschichte notwendigerweise unvollendet blieb und teilweise verzerrt dargestellt wurde. Es konnte ja bei weitem nicht alles aufgeklärt werden, und bei den Verhören hatte jeder Delinquent nur zugegeben, was ihm in mühevoller Arbeit nachgewiesen worden war.

So schrieb Hammer beispielsweise durchaus richtig, daß neben Tisserant auch noch ein Erzbischof in die Obligationen-Affäre verwickelt war, er konnte aber nicht näher präzisieren, um wen es dabei ging. War es Marcinkus? Ein anderer? Er hatte diese Angabe von mir, aber ich verschwieg damals noch, daß es sich um Benelli gehandelt hatte.

Das Buch schlug ein wie eine Bombe.

Da die Verleger in aller Welt mit einer Flut von einstweiligen Verfügungen seitens der Betroffenen rechneten, zögerten sie zunächst mit dem Ankauf der Lizenzen. Erst verspätet erschienen die verschiedenen Übersetzungen. Zudem klang die ganze Geschichte so unglaublich, daß man zumindest ein wenig damit rechnen konnte, sie vor der nichtsahnenden Öffentlichkeit als „ungeheuere Verleumdung“, „Horrorgeschichte“, als „haarsträubendes Lügengeflecht“ hinzustellen oder mit ähnlichen Ausdrücken heuchlerischer Empörung zu disqualifizieren. Doch diejenigen, die es betraf, wußten genau, daß das Buch, wenn auch nicht die ganze Wahrheit, so doch den mehr oder weniger genauen Ablauf einer ebenso unglaublichen wie ungeheuerlichen Geschichte aufdeckt.

Natürlich behauptete Marcinkus, als ihn Journalisten am 13. August auf Hammers Buch ansprachen und dabei fragten, wieweit er persönlich in die Wertpapier-Affäre verwickelt sei, er hätte von der ganzen Angelegenheit erst erfahren, als die amerikanischen Justizbeamten im Vatikan ihre Fragen stellten.

Auch Benelli tauchte wieder auf. Er hatte die ganze Entwicklung und die sich überstürzenden Ereignisse bisher zwar nur aus dem Hintergrund, aber keineswegs unbeteiligt verfolgt. Nun wurde er durch Hammers Bestseller wieder ans Rampenlicht der Öffentlichkeit geholt. Selbst die Tatsache, daß sich die gegen den Vatikan gerichteten Vorwürfe immer mehr auf Marcinkus konzentrierten, konnte ihm kaum Genugtuung verschaffen. Er wußte sehr genau, wen ich bei den Verhören mit dem „Erzbischof" gemeint hatte. Es mußte ihm, der viel sensibler war als er sich nach außen hin gab, schlaflose Nächte verursacht haben, wenn er an das Desaster dachte, das seine Bloßstellung unweigerlich nach sich ziehen würde. Kardinal Benelli, der gefürchtete und geachtete Substitut Pauls VI., Freund des Papstes und hochangesehener Erzbischof von Florenz, als Komplize betrügerischer Finanzmanipulationen und Geschäftspartner der Mafia? Undenkbar!

Hammers Buch dürfte den Kardinal wie ein Keulenschlag getroffen haben. Darin werden nicht nur Benellis Verbindungen zu solch zwielichtigen Figuren wie Marchini und Foligni aufgedeckt, sondern auch seine Rivalität mit Marcinkus angedeutet. Dem aufmerksamen Leser konnte es auch nicht entgehen, ohne daß er darüber allerdings Näheres erfahren hätte, wie schnell sich Benelli aus seinem Büro entfernte, als die amerikanischen Fahnder seinerzeit mit dem ominösen Bestellbrief der „Sacra Congregazioni per i Religiosi" dort auftauchten, und wie rasch er die Erledigung der lästigen Angelegenheit auf seine Untergebenen abgewälzt hatte.

Nun schien er nicht mehr davonlaufen zu können. Sein Schicksal hatte ihn eingeholt. Wie groß seine Verbitterung war, geht daraus hervor, daß er in dieser Zeit, genauer gesagt drei Tage, nachdem Marcinkus von amerikanischen Journalisten zum erstenmal auf das Hammer-Buch angesprochen wurde, am 16. August 1982, plötzlich sein Testament verfaßte. Er dachte ganz offenkundig ans Sterben, denn die Schande, die seine Entlarvung mit sich bringen würde, den Rattenschwanz von Pressemeldungen oder sogar gerichtlichen Beanstandungen könnte er nicht überleben.

Wie einer, der mit seinem Leben abgeschlossen hat, schrieb der erst 61jährige Kardinal in seinem Testament: „Ich danke Gott, daß er mir das Leben gab, daß er mir den Glauben schenkte, daß er mich zum Priestertum berief und daß er mir die Gnade gewährte, auf seinen Ruf antworten zu können. Ich danke meinen Eltern, die bereits verstorben sind, für ihr Beispiel des Glaubens und des Anstandes, ihre Opfer. Ich danke meinem Bruder, der vor einigen Wochen verstarb, und meinen drei Schwestern Paola, Albertina und Delia, die an Stelle meiner verstorbenen Mutter meine Erziehung übernahmen. Ich wünsche, daß meine tiefe Zuneigung gegenüber dem Heiligen Stuhl und Papst Johannes Paul II. allen bekannt werde. Es drängt mich aber auch, mit bewegtem Herzen und in besonderer Weise an Paul VI. zu erinnern, der bereits als junger Priester bis zu seinem Tode wahrhaftig mein Vater und Meister war. Ihm fühle ich mich in besonderer Weise verpflichtet und verbunden ... Euch allen, geliebte Söhne und Töchter von Florenz, hinterlasse ich einen einzigen Satz: Vertraut immer auf Jesus Christus ... Gott möge mich in seine Barmherzigkeit aufnehmen!"

Wer zwischen den Zeilen lesen kann und auf den Tonfall achtet, wird trotz der feierlich-frommen Sätze, die für die Öffentlichkeit bestimmt sind, die Abschiedsstimmung eines Mannes herausspüren, der sich erledigt fühlt.

Bezeichnenderweise fehlt in Benellis geistigem Testament jeder Hinweis auf Johannes Paul I., während er sich mit bewegten Worten über Paul VI. und Johannes Paul II. äußert. Dieser Umstand wirkt recht befremdlich, um nicht zu sagen verräterisch, wenn man bedenkt, daß Benelli laut „Osservatore Romano" zu jenen Menschen gehörte, „die dem Papst Luciani am nächsten standen", und der laut eigener Aussage Luciani zutiefst „verehrte", zumal „auch er (Luciani) sich mir gegenüber als ein sehr guter Freund erwies". Und war es nicht Benelli, der sich aus Gram über das Hinscheiden dieses Papstes angeblich in sein Zimmer einschloß, weinte und betete? Ja, hatte nicht eigentlich er Luciani zum Papst gemacht? Trotz aller Nervosität, die ihn wegen des plötzlich wiedererwachten Interesses der Öffentlichkeit für seine Person übermannte, versuchte er dennoch, Fassung zu bewahren und weiter nach der Devise zu handeln: nichts gehört, nichts gesehen und nichts gesagt zu haben.

Als ihm die katholische Wochenzeitung „Il Sabato" in diesen turbulenten Augustwochen die Frage stellte, was er zu den Vorgängen um die Vatikanbank zu sagen habe, behauptete er allen Ernstes, der Papst hätte über die Bilanzen des Vatikans Bescheid gewußt. Gleichsam vorbeugend fügte er hinzu, daß er selbst in den zehn Jahren, in denen er als Substitut im Vatikan tätig war, kein einziges Mal eine Bilanz der Vatikanbank zu Gesicht bekommen hätte, „obwohl ich doch versuchte, alles zu kontrollieren". Solange Kardinal Alberto di Jorio an der Spitze der IOR gestanden sei, hätte er, Benelli, volles Vertrauen in dessen Klugheit und Sachverstand gehabt. Wenn danach „Unvorsichtigkeiten begangen wurden, dann nur aus Unfähigkeit und Unerfahrenheit“.

Als ihn etwas später Journalisten auf dem Flughafen von Rio de Janeiro befragten, ob es ihm wahrscheinlich erscheine, daß Marcinkus nach der Veröffentlichung des vatikanischen Untersuchungsberichtes zurücktreten werde, antwortete er, dies könne nicht ausgeschlossen werden. „Ich halte Erzbischof Marcinkus für eine sehr achtbare Persönlichkeit, aber in der Kirche besitzt niemand einen Platz für immer. Die Tatsache, daß Erzbischof Marcinkus ein Freund des Papstes ist, bedeutet nicht, daß er für immer seinen Posten behalten wird.“

Man kann sich unschwer vorstellen, was Marcinkus von den öffentlichen Seitenhieben seines Mitbruders und Rivalen Benelli hielt. Calvis Tod, die schweren Vorwürfe gegen Marcinkus, der unausgesprochene Verdacht seitens der Journalisten um ihn herum, er müsse doch eigentlich mehr über die inkriminierten Finanzgeschäfte des Vatikans wissen, als er zugeben wolle. Hammers Buch, Sindonas drohende Aussagen und sein Rachebedürfnis gegen seine treulosen Freunde im Vatikan, nicht zuletzt aber auch die Entschlossenheit der Regierung, unter der energischen Führung des neuernannten Präfekten von Palermo, General Carlo Alberto della Chiesa, das Geflecht der Mafia im ganzen Land ein für allemal zu zerschlagen, versetzten Benelli in höchste Unruhe.

Auch der Gedanke, daß Staatssekretär Casaroli, der einst im Staatssekretariat in seinem Schatten gestanden war und sich nun offenbar im Vatikan einnisten wollte, über ihn Dinge erfahren könnte, die er bisher erfolgreich verborgen hatte, dürfte ihn nicht unerheblich belastet haben.

Benelli mußte jeden Tag mit neuen Überraschungen rechnen. Irgendwann in dieser Zeit ersuchte die Vorsitzende des parlamentarischen Untersuchungsausschusses im Fall Gelli und P2-Loge, die christdemokratische Abgeordnete Tina Anselmi, um eine dringende Aussprache mit Casaroli. Angesichts der aus den Akten dieser Kommission hervorgehenden vielfachen Komplizenschaft hoher und höchster kirchlicher Würdenträger mit Gellis Geheimloge, die die demokratische Ordnung Italiens unterminierte, sprach Frau Anselmi tief erschüttert „sowohl als praktizierende Katholikin als auch als italienische Staatsbürgerin und Demokratin“ Casaroli gegenüber von dem „Drama meines Gewissens".

Am 24. August brach der vatikanische Staatssekretär dem Magazin „L'Espresso" gegenüber sein Schweigen. Wie nicht anders zu erwarten, bezog sich Casaroli bei der Verteidigung der IOR auf die Bürgschaftsbriefe, von denen er bemerkte, sie seien „in einem Ton gehalten, daß sie nicht notwendigerweise in allem verbindlich sind". Den Bericht der Prüfungskommission erwartete er noch in diesem Sommer.

Am Montag, den 13. September 1982, wurde Gelli in der Schweiz verhaftet. Um den 20. herum trafen die Kardinäle Höffner aus Köln, Cooke aus New York und Sin von den Philippinen in Rom ein. Sie gehörten dem vom Papst am 6. Juli 1981 gegründeten „Rat der Kardinäle für das Studium der organisatorischen und wirtschaftlichen Probleme des Heiligen Stuhls" an. Zusammen mit Casaroli sollte nun die Situation erörtert werden.

Zur selben Zeit dementierte der Pressesprecher des Vatikans, Pater Romeo Panciroli, Zeitungsmeldungen, nach denen Casarolis Nuntiaturrat, Monsignore Piovano, von seinem Chef beauftragt worden wäre, nach New York zu Erzbischof Cheli zu reisen. Cheli sollte angeblich mit amerikanischen Bankleuten Gespräche führen, „um notwendige Hilfen für den Fall zu bekommen, daß sich für die IOR die Verpflichtung ergeben sollte, ihren Verbindlichkeiten gegenüber den ausländischen Tochtergesellschaften der alten Ambrosianobank nachzukommen".

Apropos „alte Ambrosianobank": Nach Calvis Tod wurde das Mailänder Geldinstitut, das sich in den Jahren 1971 bis 1981 unter Calvis Führung zur größten Privatbank Italiens entwickelt hatte, liquidiert und unter dem Namen „Neue Ambrosianobank" wiedereröffnet. Während zum damaligen Zeitpunkt Calvis Leiche in einem Kühlraum des Londoner Gerichts noch immer auf die Überführung nach Italien wartete, waren Italiens Zeitungen voll von Gerüchten. So wollte man wissen, daß sich innerhalb des Vatikans zwei Machtgruppen gebildet hätten: jene, die mit dem Papst an der Spitze für Marcinkus' Verbleib als Präsident der IOR eintrat, und eine aus Opus Dei-Anhängern bestehende Gruppe von Kardinälen, zu denen die Purpurträger Sebastiano Baggio, Agnelo Rossi und Pietro Palazzini gehören. Diese bestünden auf der Ablösung von Marcinkus, des „Gnoms von Rom", wie ihn das amerikanische Nachrichtenmagazin „Newsweek" wenig respektvoll titulierte.

Wohin auch immer Benelli in diesen Tagen blickte, seine Zukunft schien alles andere als verheißungsvoll zu sein. Unter der dünnen, aus dem brüchigen Garn halbherziger Dementis und irreführender Halbwahrheiten gewobenen Decke der Lüge tickte eine Zeitbombe, die jederzeit hochgehen konnte.

In der Woche vom 10. bis 17. Oktober 1982 fand die Herbstkonferenz der italienischen Bischöfe statt. Benelli fuhr deshalb nach Rom. Als er am Wochenende wieder nach Florenz zurückkehrte, fühlte er sich niedergeschlagen und krank. Montag abend stellten sich erste Anzeichen eines Herzinfarktes ein. Benellis Hausarzt, der ihn im Frühjahr wegen einer infektiösen Bronchitis behandelt hatte, empfahl die sofortige Einlieferung ins Krankenhaus, doch Benelli lehnte dies kategorisch ab. Wiederholte Überredungsversuche von Freunden und Verwandten scheiterten an seinem Widerstand.

Donnerstag, den 21. Oktober, erging an das gesamte Kardinalskollegium eine geheime Einladung Casarolis. Am 23. November sollten sich alle Kardinäle in Rom einfinden, um einige aktuelle Fragen der Kirche zu erörtern. Es gehe vornehmlich um die Revision des Kirchenrechtes, und „bei dieser Gelegenheit", fügte Casaroli hinzu, würden die Kardinäle auch in voller Offenheit über die Finanzangelegenheiten des Vatikans informiert werden.

Casarolis Brief muß Freitag, den 22. Oktober, in Florenz eingetroffen sein. An diesem Abend erlitt Benelli einen Herzanfall. In bewußtlosem Zustand wurde er auf Veranlassung seiner Schwester Paola in die Universitätsklinik von Careggi eingeliefert.

Professor Francesco Antonini und sein Team diagnostizierten einen Hinterwand-Infarkt. Samstag früh um 4 Uhr 30 erwachte der Kardinal aus der Bewußtlosigkeit, doch sein Zustand blieb ernst. Trotz der Blutwäsche stellte sich ein irreparables Nierenversagen ein. Die Ärzte unternahmen das Menschenmögliche, doch die Weigerung des Kardinals, sich beizeiten in Spitalspflege zu begeben, hatte jede Chance zur Rettung Benellis von vornherein verwirkt. Am Montag, den 25. Oktober, äußerte der Kardinal den Wunsch, ins Erzbischöfliche Palais zurückgebracht zu werden: „Ich möchte in meinem Bett sterben." Seine Angehörigen erlebten dramatische Stunden. Benellis Schwester Paola redete auf ihren Bruder ein, er möge doch im Spital bleiben, und beschwor die Ärzte, noch einen letzten Rettungsversuch zu unternehmen. Doch der erst 61jährige Kardinal hatte mit dem Leben bereits abgeschlossen. Er wollte sterben. Die Ärzte respektierten seinen

Wunsch und wiesen seine Schwester auf den Umstand hin, daß der Kardinal bereits vor dem akuten Herzinfarkt entgegen den Rat seiner Ärzte einen Spitalsaufenthalt ausdrücklich abgelehnt hatte. Am Dienstag, den 26. Oktober 1982 um 6 Uhr 42 war Benelli tot.

Was hatte sich in der Woche vor dem tödlichen Herzinfarkt des Kardinals abgespielt? Wen traf er, mit wem führte er Gespräche? Hatte er eine Aussprache mit Marcinkus, was ich für sehr wahrscheinlich halte? Hatte ihm dieser die von Benelli in der Presse ausgeteilten Seitenhiebe vorgehalten oder gar gedroht, im Falle eines Falles alles zu erzählen, was er über ihn wisse? Bedeutete man ihm auch im Staatssekretariat, daß dort mehr über ihn bekannt sei, als er glaubte? Wurde er von irgendeiner Seite erpreßt? Oder ist Benellis Herzinfarkt unmittelbar nach seiner Heimkehr aus Rom und die offenkundige Lebensmüdigkeit des erst 61jährigen, rüstigen Mannes zu einem Zeitpunkt, da er anhand eines Bestsellers und der dramatischen Vorgänge rund um die Finanzen des Vatikans immer stärker in Bedrängnis geriet, wieder einer jener seltsamen Zufälle, an die sich beflissene Apologeten so gerne klammern?

Bezeichnenderweise wird im „Osservatore Romano", der ausführlich über die letzten Tage und Stunden des Kardinals berichtete, seine jüngste Romreise mit keinem Wort erwähnt.

Freitag nachmittag, am 29. Oktober, wurde Benelli im Dom von Florenz feierlich verabschiedet. In seiner Ansprache würdigte Kardinal Casaroli als persönlicher Abgesandter des Papstes die Verdienste seines ehemaligen Kollegen im Staatssekretariat, sparte aber auch nicht mit einigen kritischen Bemerkungen. Auch der Papst fand lobende Worte für den Verstorbenen: Dieser sei „ein Mensch gewesen, der, um es in einem Satz zusammenzufassen", sagte Wojtyla, „der Kirche diente, ohne sich der Kirche zu bedienen". Eine kleine Kuriosität am Rande: der Papst hob als Beispiel für Benellis Großzügigkeit unter anderem eine Wohltätigkeitsaktion für Kambodscha-Flüchtlinge hervor, für die Benelli einige Stücke aus seinem Privatbesitz gespendet hatte. Dabei fielen mir seine Pläne mit den gefälschten Pässen für reiche Kambodschaner ein; Kardinal Benelli war eben vielseitig ... Auch bei dieser Gelegenheit fällt auf: Weder der Papst noch der Kardinalstaatssekretär Casaroli erwähnten den Luciani-Papst in ihren Ansprachen auch nur am Rande, und sei es nur in einem Nebensatz.

Zu einem Zeitpunkt, an dem die Briefe Johannes Pauls I. an

bekannte Persönlichkeiten, seine sonstigen Schriften und seine Lebensgeschichte in aller Welt bereits auf den Bestsellerlisten rangierten, verwundert es umso mehr, daß dieser Papst für Benelli, seine Freunde, aber auch für die Kurie zur vollkommenen Unperson geworden ist.

Nichts zeigt dies so deutlich wie die Ansprache des damaligen Weihbischofs von Florenz, Piovanelli, zumal dieser unter Benellis Tugenden an erster Stelle seine betonte Papsttreue anführt. „In ihm“, sprach Piovanelli, „mischte sich die Treue zum Papst mit seiner Erfahrung, die er durch die einzigartige und direkte Zusammenarbeit mit Paul VI. gewann. Sie drückte sich in der Wertschätzung und Verehrung, im Gehorsam und in der Zuneigung gegenüber Seiner Heiligkeit Johannes Paul II. aus, der ihn bei sich haben wollte, als er anläßlich seiner jüngsten Reise nach Brescia kam.“

Der Luciani-Papst, den Benelli laut eigener Aussage nicht weniger verehrte als Wojtyla, allerdings in jener Zeit, bevor er Papst wurde und sich für die Finanzen des Vatikans zu interessieren begann, kommt einfach nicht mehr vor. Das Schweigen über Johannes Paul I. dürfte, zumindest bei den prominenten Leichenrednern, noch ein weiteres Motiv gehabt haben. Man wußte sehr wohl um das Gerücht, Benelli sei bei der vermutlichen Vergiftung des Papstes zumindest Mittäter gewesen, und wollte daher offenbar keine unnötigen Assoziationen erwecken.

Benelli war in Florenz ohnehin nicht sehr beliebt. Obwohl der Kardinal mit seiner Unmittelbarkeit sehr gut verstand, auch Sympathien zu erwerben, hielt man ihn nicht zu unrecht eher für einen mit allen Salben geschmierten Diplomaten im Talar. Dazu trugen auch Neigungen wie seine Vorliebe für schnelle Autos und eine rasante Fahrweise bei. Es konnte schon einmal vorkommen, daß ihn die Polizei aufhielt und ohne Führerschein ertappte.

Bemerkenswert im Zusammenhang mit dem Begräbnis Benellis war nicht nur das Schweigen über den Luciani-Papst, sondern auch die Gästeliste. Während die Vermögensverwaltung des Vatikans durch ihren Chef, den gutaussehenden Kardinal Caprio, vertreten war, fehlte die gesamte IOR-Mannschaft. Weder Marcinkus, Mennini oder Pellegrino de Strobel ließen sich blicken. Vermutlich nicht nur deshalb, weil sie Benelli nicht ausstehen konnten, sondern auch, weil gegen sie zu dieser Zeit Ermittlungsverfahren italienischer Gerichte liefen und sie die schützende Oberhoheit des Vatikans nicht verlassen wollten. Ich glaube eigentlich nicht, daß ihnen etwas zugestoßen wäre, wie ja Folignis Beispiel zeigte, aber sie dachten offenbar: sicher ist sicher.

Also war die IOR lediglich durch den Sekretär Monsignore Donato de Bonis vertreten. Er konnte noch unbeschwert nach Florenz reisen, da gegen ihn erst später von der Turiner Justizbehörde wegen seiner Verwicklungen in einen Steuerhinterziehungsskandal mit einer Schadenssumme von rund einer Milliarde Dollar ermittelt wurde.

Wie sagte Benelli damals zu mir? „Sie haben hoch gespielt und hoch verloren!" Ich möchte hier klarstellen, daß ich seine Geschichte nicht deshalb erzählt habe, weil ich gegen ihn vielleicht Rachegefühle hege. Ganz im Gegenteil, ich fand Benelli immer sympathisch und zuvorkommend, wenn auch konsequent und hart, wenn es um finanzielle Belange ging. Das einzige, was ich ihm vorzuwerfen habe, ist, daß er mich hängen ließ, als ich seine Hilfe dringend gebraucht hätte, sonst nichts. Schließlich kostete ihn letztlich seine eigene Durchtriebenheit und die damit verbundene Furcht, jemand könnte ihn eines Tages durchschauen, das Leben.

Die Finanzaffäre, die mit dem Namen des Erzbischofs Marcinkus verknüpft ist, endete einstweilen mit einem Vergleich. Wie vorgesehen fand am 23. November 1982 in Rom die von Casaroli einberufene Zusammenkunft der Kardinäle statt.

In einem Brief, den der Papst am 20. November, vor seinem Abflug nach Sizilien, an seinen Staatssekretär gerichtet hatte und der erst auf der Kardinalsversammlung vorgelesen werden sollte, entwickelte Wojtyla seine Gedanken über die zukünftige Finanzstrategie des Vatikans. Die Haupteinnahmequelle sollte der Spendenbeitrag der Gläubigen bilden. „Der Heilige Stuhl soll sich aber nicht auf materielle Mittel stützen, die wegen ihres speziellen Charakters vielleicht weniger ehrbar zu sein scheinen."

Um das steigende Defizit einigermaßen zu verringern, wurde unter anderem ein Heiliges Jahr ausgerufen, die Kunstschätze des Vatikans zum erstenmal in der Geschichte auf Weltreise geschickt und die Exklusivrechte an der Berichterstattung über die Restaurierung der Sixtinischen Kapelle an eine japanische Fernsehgesellschaft verkauft. Für die gute Sache ging der Papst sogar höchstpersönlich unter die Plattenstars. Nach einer Agenturmeldung sollten allein im Jahr 1987 30 Millionen Schallplatten mit musikuntermalten Papstansprachen verkauft werden. Man rechnete mit einem Reinertrag von rund 13 Millionen US-Dollar.

Mit diesen und ähnlichen Methoden soll das steigende Defizit verringert werden. An dem auffallend dick aufgetragenen Lob gemessen, das Kardinalstaatssekretär Casaroli dem Kölner Kardinal Höffner zu seinem 80. Geburtstag Anfang 1987 spendete, dürften Höffner und seine Diözese, die als die reichste der Welt gilt, nicht unmaßgeblich an der Sanierung der vatikanischen Finanzen beteiligt sein. Einen nicht unbeträchtlichen Beitrag würden zweifellos auch die Memoiren des Erzbischofs Marcinkus zum Defizitabbau des Vatikans leisten ...

Zur Eröffnung der Kardinalsversammlung erschien der Papst gemeinsam mit Casaroli, was die Schlüsselrolle des Staatssekretärs bei der Lichtung des vatikanischen Finanzdschungels unterstrich. Bereits ein Jahr zuvor war Marcinkus von Saubermann Casaroli gewarnt worden. Allerdings konnte der Präsident der IOR nicht so leicht entmachtet werden. Als ihm Kardinal Höffner, einer der vom Papst ernannten Finanzberater des Vatikans, den deutschen Bankier Abs auf den Hals hetzen wollte, ließ Marcinkus über den Kölner Kardinal ein Dossier zusammenstellen, das beweisen sollte, daß Höffner Nazi war und sich an jüdischem Eigentum bereichert hatte. Die Dokumentation enthielt auch einige Fotos, die Kardinal Höffner zusammen mit verschiedenen Nazioffizieren zeigten. Jedenfalls wurde nichts aus dem Vatikan-Job des Bankiers Abs ...

Der Kardinalstaatssekretär legte eine Art Bilanz zur Bereinigung der IOR-Ambrosiano-Angelegenheit vor. Aufgrund der Gutachten der vom Vatikan ernannten Dreierkommission versuchte Casaroli, die Schuld an der ganzen Misere von der IOR auf Calvi abzuwälzen. Bis zu dem Zeitpunkt, an dem Marcinkus im Juli 1981 dahinterkam, daß Calvi über eine Milliarde US-Dollar aufgenommen hatte, vertrat Casaroli die Ansicht, die Zusammenarbeit der IOR mit der Ambrosianobank sei klaglos verlaufen. Dann hatte Calvi das Vertrauen des Erzbischofs Marcinkus mißbraucht und die Manic, die Utc und ihre acht Tochtergesellschaften, von denen der Vatikan nichts wußte, der IOR „zugeteilt", um den Vatikan für seine Schulden haftbar machen zu können. Anders ausgedrückt: er wendete einen üblen Trick an, um zu erreichen, daß der Vatikan seine, Calvis, Schulden begleiche.

Leider konnte Casarolis Argumentation weder die italienische Regierung noch die Bankenaufsicht der Banca d'Italia noch die Staatsanwaltschaft oder die neue Führung der Ambrosiano-Bank, geschweige denn die Öffentlichkeit, von der Schuldlosigkeit des Vatikans überzeugen.

Wenn Marcinkus der Betrogene war, und er wußte spätestens seit Juli 1981 von der Existenz der acht Tochtergesellschaften der beiden Holdings Manic und Utc, weshalb versorgte er dann Calvi mit Bürgschaftsbriefen, statt sich von ihm zu trennen? Und was soll die Ermahnung des Erzbischofs Marcinkus und des UNO-Prälaten Cheli an den Calvi-Sohn bedeuten, sein Vater möge schweigen und nichts verraten, wenn der Vatikan nichts zu verbergen hatte? Weshalb konnte Marcinkus nie beweisen, daß die von ihm „kontrollierten" Gesellschaften keine Schulden gegenüber den ausländischen Töchtern der Ambrosiano hatten? Solche und ähnliche Fragen tauchten auf; weder Casaroli noch Marcinkus konnten sie befriedigend beantworten.

Um irgendwie aus der Klemme zu kommen und das stark angeschlagene Image des Vatikans wenigstens einigermaßen zu retten, versprachen sowohl Casaroli als auch Marcinkus, selbstverständlich alle Zahlungsverpflichtungen gegenüber den Ambrosiano-Gläubigern zu erfüllen, wenn sich solche zwingend ergeben sollten. Um diesbezüglich guten Willen zu beweisen, setzte sich Ende 1982 eine aus drei Vatikan-Experten und drei Kommissären des italienischen Finanzministeriums bestehende Untersuchungskommission zusammen, die ihre Erkenntnisse nach monatelanger Arbeit in einem 86 Seiten umfassenden Bericht darlegte.

Man konnte, wie zu befürchten war, zu keiner einhelligen Beurteilung der Situation kommen. Zwei der drei italienischen Finanzfachleute, Mario Cattaneo und Alberto Santa Maria, stellten aufgrund der zur Verfügung stehenden offiziellen Korrespondenz der IOR und der Ambrosianobank fest, daß alle zehn in Frage kommenden Auslandsgesellschaften eindeutig zur Vatikanbank gehörten. Kein einziger Funktionär der Ambrosiano oder der Auslandsfilialen hatte dies je anders gesehen.

Der dritte staatliche Experte, Pasquale Chiomenti, meinte, man könne nicht mit letzter Sicherheit sagen, daß die Manic und die Utc Eigentum der IOR sind. Alle drei waren sich jedoch darin einig, daß die IOR sehr wohl wußte, daß sie mit ihrem Namen Calvis dunkle Geschäfte deckte, die dieser sonst nie in der Öffentlichkeit hätte abwickeln können. Es sei überdies angesichts der engen Zusammenarbeit, ja sogar Freundschaft zwischen Calvi und Marcinkus einfach undenkbar, daß Marcinkus über die Zielsetzungen und Strategien Calvis nicht informiert war.

Die drei vom Vatikan nominierten Experten gelangten, nicht ganz unerwartet, zu einer völlig gegensätzlichen, den Vatikan weitgehend entlastenden Expertise.

Ein zähes, rund eineinhalb Jahre dauerndes Ringen zwischen dem Vatikan und den Konkursverwaltern der alten Ambrosianobank setzte ein. Am 25. Mai 1984 endeten die Verhandlungen mit einem Vergleich. Der Vatikan verpflichtete sich zur Zahlung eines Betrages in der Höhe von 250 Millionen US-Dollar, der Hälfte seines gesamten Vermögens. Das Geld sollte durch eine langfristige Anleihe aufgebracht und in Raten zurückgezahlt werden. Am Montag, den 2. Juli 1984, bestätigte die „Banco Ambrosiano Holding" in Luxemburg den Erhalt des Betrags. Da die Vatikanbank die Gesamtsumme auf einmal aufbrachte, war ihr ein Skonto eingeräumt worden, das den Betrag auf 240,9 Millionen verringerte ... Damit war der finanzielle Schaden einigermaßen abgegolten, der moralische Schaden für die Kirche blieb bestehen.

Am 21. März 1986 wurde ein weiterer Zeuge der nur zum Bruchteil aufgedeckten Finanzmachenschaften der italienischen und vatikanischen Finanzmakler beseitigt: Michele Sindona.

Er bekam auch an diesem Tag, wie gewohnt, das übliche Gefängnisfrühstück: Kaffee, Milch und Cornflakes. Nur enthielt der Kaffee diesmal einen kleinen Zusatz: 150 Milligramm Zyankali. Sindona trank aus dem Becher, griff sich um den Hals und fiel röchelnd zu Boden. Trotz einer sofort verabreichten Adrenalinspritze starb er am darauffolgenden Samstag, ohne das Bewußtsein wiedererlangt zu haben.

Bis heute weiß niemand, wer den vergifteten Kaffee in Sindonas Zelle geschmuggelt hatte. Wieder einmal sprachen die einen von Mord und die anderen von Selbstmord. Und wieder einmal konnten mindestens fünfhundert Personen aufatmen, die auf Sindonas mysteriöser Liste standen, die wie selbstverständlich aus seinen Akten verschwand und mit deren mündlicher Enthüllung er ständig gedroht hatte. „Wer viel weiß, muß sterben", kommentierte Aldo Bozzi, ein liberaler Abgeordneter des römischen Parlaments, Sindonas plötzlichen Tod.

Auch die Frage, wieweit Marcinkus und seine Kollegen in Calvis gewagte Geschäfte eingeweiht waren, blieb offen. Fast drei Jahre dauerte es, bis die jungen Anwälte Antonio Pizzi und Renato Bricchetti aufgrund ihrer Nachforschungen und der Sichtung ganzer Aktenberge den schon immer bestehenden Verdacht erhärten konnten, Marcinkus, Mennini, de Strobel und die anderen seien sehr wohl in kriminelle Handlungen verwickelt gewesen. Wegen des Verdachts, daß sie am Zusammenbruch der Ambrosiano-Bank schuld seien, wurden Ende Februar 1987 gegen Marcinkus, Mennini, Pellegrino de Strobel und weitere 21 Personen erneute Haftbefehle erlassen.

Marcinkus zeigte sich von diesem Wirbel unberührt. Während vor seinem Wohnsitz, der Villa Stritch, italienische Kriminalbeamte Ausschau nach ihm hielten, verließ er seelenruhig den Vatikan, um in der Villa Pamphili mit Freunden zu dinieren.

Der Vatikan drückte wieder einmal seine „Verwunderung" über die Vorgangsweise der italienischen Justiz aus und wies auf den Paragraph 11 der Lateranverträge hin, laut dem zentrale Einrichtungen des Vatikans nicht der Oberhoheit der italienischen Justiz unterstehen. Tatsächlich kann Marcinkus kaum jemals verhaftet oder gar in Haft gehalten werden. Selbst Mennini und de Strobel kann nichts zustoßen, obwohl sie italienische Staatsbürger sind, denn auch sie sind Angestellte des Vatikans.

Die einzige Möglichkeit, der Verdächtigen habhaft zu werden, bestünde in ihrer Auslieferung seitens des Vatikans, was vorerst kategorisch abgelehnt wurde. Allerdings wurde intern bereits von der Ablösung des unbequem gewordenen Erzbischofs gesprochen.

Tisserant, Papst Johannes Paul I., Calvi, Benelli, Sindona: Sie alle starben eines geheimnisvollen Todes.

Wer trägt die Schuld dafür? Werden wir je die volle, ungeschminkte Wahrheit erfahren? Die Täter, ihre Opfer und ihre Komplizen sind tot oder schweigen.

Übrig bleibt die traurige Erkenntnis, daß die Stellvertreter Gottes auf Erden nicht so gehandelt haben, wie Millionen von Gläubigen es erwartet hätten.

Personenverzeichnis